LIVROS PROFÉTICOS

Dados Internacionais de Catalogação na Publicação (CIP)
(Câmara Brasileira do Livro, SP, Brasil)

Scalabrini, Patrizio Rota
  Livros Proféticos / Patrizio Rota Scalabrini :
tradução Francisco Morás. – Petrópolis, RJ : Vozes, 2019. –
(Introdução aos Estudos Bíblicos)

  Título original: Sedotti dalla Parola : introduzione ai libri profetici
  ISBN 978-85-326-6092-3

  1. Bíblia A.T. Livros Proféticos – Comentários 2. Bíblia – Profecias
3. Profecia – Cristianismo I. Título. II. Série.

19-24673   CDD-224.506

Índices para catálogo sistemático:
1. Livros Proféticos : Bíblia : Interpretação
224.506

Iolanda Rodrigues Biode – Bibliotecária – CRB-8/10014

LIVROS PROFÉTICOS
PATRIZIO ROTA SCALABRINI

INTRODUÇÃO AOS ESTUDOS BÍBLICOS

Tradução de Francisco Morás

EDITORA VOZES

Petrópolis

© 2017 Editrice ELLEDICI

Título do original em italiano: *Sedotti dalla Parola – Introduzione ai libri profetici*

Direitos de publicação em língua portuguesa – Brasil:
2019, Editora Vozes Ltda.
Rua Frei Luís, 100
25689-900 Petrópolis, RJ
www.vozes.com.br
Brasil

Todos os direitos reservados. Nenhuma parte desta obra poderá ser reproduzida ou transmitida por qualquer forma e/ou quaisquer meios (eletrônico ou mecânico, incluindo fotocópia e gravação) ou arquivada em qualquer sistema ou banco de dados sem permissão escrita da editora.

CONSELHO EDITORIAL

Diretor
Gilberto Gonçalves Garcia

Editores
Aline dos Santos Carneiro
Edrian Josué Pasini
Marilac Loraine Oleniki
Welder Lancieri Marchini

Conselheiros
Francisco Morás
Ludovico Garmus
Teobaldo Heidemann
Volney J. Berkenbrock

Secretário executivo
João Batista Kreuch

Editoração: Leonardo A.R.T. dos Santos
Diagramação: Sheilandre Desenv. Gráfico
Revisão gráfica: Nilton Braz da Rocha / Nivaldo S. Menezes
Capa: WM design

ISBN 978-85-326-6092-3 (Brasil)
ISBN 978-88-01-04713-4 (Itália)

Editado conforme o novo acordo ortográfico.

Este livro foi composto e impresso pela Editora Vozes Ltda.

Sumário

Apresentação da coleção original italiana – Manuais de introdução à Escritura, 7

Prefácio, 11

1 Introdução aos Livros Proféticos, 15

2 Isaías, 50

3 Jeremias, 107

4 Lamentações, 156

5 Baruc, 162

6 Ezequiel, 170

7 Daniel, 201

8 O Livro dos "Doze Profetas", 224

9 Oseias, 230

10 Joel, 247

11 Amós, 254

12 Abdias, 269

13 Jonas, 273

14 Miqueias, 280

15 Naum, 287

16 Habacuc, 292

17 Sofonias, 299

18 Ageu, 305

19 Zacarias, 311

20 Malaquias, 325

21 Os profetas: uma palavra para o hoje, 332

Bibliografia comentada, 353

Índice, 367

Apresentação da coleção original italiana
Manuais de introdução à Escritura

Em continuação ideal com *Il Messaggio della Salvezza* [A mensagem da salvação] e *Logos* [Logos], coleções que marcaram a divulgação e a formação bíblica nos estudos teológicos italianos depois do Concílio Vaticano II, em 2010 um grupo de biblistas decidiu, de comum acordo com a Editora Elledici, proceder à elaboração de um novo projeto. Nasce assim esta série de volumes, intitulada *Graphé – Manuais de Introdução à Escritura*. O vocábulo grego *"graphé"* indica, como termo técnico, aquilo que chamamos a "Escritura": com efeito, no Novo Testamento é comumente empregado, junto com o plural *"graphái"* [Escrituras], para indicar a coleção dos livros sagrados da tradição hebraica, aceitos também pela comunidade cristã e integrados com as novas obras dos apóstolos, centradas sobre Jesus Cristo. Além do título, evocativo do ambiente das origens cristãs, o subtítulo esclarece de que se trata.

O objetivo visado pelo projeto é o de propor um curso completo de estudos bíblicos básicos, fornecendo manuais úteis para os cursos bíblicos nas faculdades de teologia, nos seminários e demais institutos. Não se trata, portanto, de pesquisas novas sobre assuntos particulares, mas do enquadramento global da matéria, proposto de maneira séria e acadêmica aos estudantes que iniciam o estudo da Sagrada Escritura. Faltam também ensaios de exegese específica, porque estes são deixados à iniciativa particular dos docentes, que, assim, dentro da lição frontal, podem inserir os aprofundamentos sobre a base introdutória oferecida por estes volumes.

Os autores dos vários volumes são biblistas italianos, comprometidos há anos no ensino da específica disciplina que apresentam: por isso, podem mais facilmente dirigir-se de modo realista aos efetivos destinatários da obra e propor assim, de maneira orgânica, cursos já realizados e, portanto, efetivamente realizáveis nos atuais planos de estudo.

O plano da obra prevê dez volumes com a divisão da matéria segundo os habituais módulos acadêmicos. Determinam a moldura do conjunto o primeiro volume, dedicado à introdução geral, e o décimo, que oferecerá algumas linhas de teologia bíblica. Dos outros volumes, quatro tratam dos livros do Antigo Testamento (Pentateuco, Livros Históricos, Livros Sapienciais e poéticos, Livros Proféticos) e quatro introduzem o Novo Testamento (Evangelhos sinóticos e Atos dos Apóstolos, cartas de Paulo, literatura paulina e cartas católicas, literatura joanina).

Cada volume procura apresentar de maneira clara o quadro global de referência para as várias seções bíblicas, propondo o estado atual da pesquisa. De maneira geral, as componentes constantes de cada tomo são: a introdução geral aos problemas da seção, depois a introdução a cada livro segundo a sucessão considerada escolasticamente mais útil e, por fim, o tratado dos temas teológicos importantes, mais ou menos transversais às várias obras do setor.

A articulação das introduções aos diversos livros varia necessariamente segundo o tipo de volume; mas um elemento é constante e constitui a parte mais original desta coleção: trata-se de um *guia à leitura*, no qual o autor acompanha o leitor através de todo o texto, mostrando suas articulações, seus problemas e seus desenvolvimentos. Longe de ser um simples resumo, constitui uma concreta introdução ao conteúdo e aos problemas de todo o livro, com a possibilidade de apresentar o conjunto do texto literário para fazer que o estudante capte a maneira em que o texto se desenvolve.

O estilo dos textos é intencionalmente simples e claro na exposição, sem períodos demasiadamente longos e complexos, com um uso moderado de termos técnicos e raros, explicados e motivados caso por caso. As palavras em língua original, hebraica e grega, são propostas sempre em transliteração e o recurso a elas é limitado ao estritamente indispensável: a transliteração e a acentuação dos termos gregos e hebraicos respondem unicamente à exigência de legibilidade para aqueles que não conhecem adequadamente tais línguas, sem contudo comprometer o reconhecimento dos termos para os competentes. Onde, por necessidade, se usarem termos estrangeiros, sobretudo alemães, oferece-se a tradução; da mesma forma, as notas de rodapé são muitíssimo limitadas e usadas só para oferecer o indispensável documento daquilo que é afirmado no texto. Para facilitar a leitura, o conteúdo é organizado em parágrafos não excessivamente longos e é marcado por numerosos pequenos títulos que ajudam a seguir a argumentação.

Em cada volume estão presentes algumas seções de bibliografia comentada, onde se apresenta – sem as indevidas exigências de exaustividade – o que é disponível no mercado atual sobre o tema tratado. Durante o tratado, porém, as referências bibliográficas são o mais possível limitadas a algum envio significativo ou circunscrito, não presente na bibliografia posterior.

Há milênios, a Escritura é testemunha do encontro entre a Palavra de Deus viva e gerações de crentes que nesses livros encontraram motivos e alimento para sua caminhada. Esta coleção quer pôr-se hoje a serviço desse encontro sempre renovado e renovável. Aos que hoje, no século XXI, pretendem pôr-se à escuta daquele que, através desses testemunhos escritos, continua a se manifestar, estes volumes querem oferecer os conhecimentos (históricos, literários, teológicos) adequados para fazê-lo. E, ao mesmo tempo, são dirigidos também a quem não considera a inspiração mais alta, para que possam experimentar o valor dos testemunhos fiéis que a Bíblia contém e confrontá-los com as perguntas e as opções de seu pessoal itinerário de vida.

Claudio Doglio
Germano Galvagno
Michelangelo Priotto

Prefácio

Encarar a leitura de um livro pressupõe escolhas e expectativas que em alguns casos são satisfeitas, outras vezes frustradas. E ainda assim, às vezes, é justamente nessas frustrações que se encontra o presente mais precioso que o livro oferece ao leitor, pois o obriga a mudar os próprios olhares, as perspectivas, direcionando a atenção para aquilo que lhe parece marginal. Uma experiência semelhante se dá com quem se aproxima dos textos dos profetas bíblicos, já que muitas expectativas poderiam cair no vazio.

Desejas encontrar relatos? Encontrarás poucos, e mesmo esses se referem principalmente a sofrimentos e incompreensões sofridas pelos profetas. Pretendes aproximar-te de aprofundamentos elucubrativos e bem ponderados? Não há muitos; encontrarás antes ameaças, ordens, condenações. Se em seguida buscas páginas emotivamente tocantes, ouvirás dizer, de um profeta como Ezequiel, que escutar a palavra profética não é como ir a um concerto de músicas românticas, com vozes maviosas ou exímios intérpretes.

Contrariamente, ler os profetas significa estar disposto a deixar-se arranhar e ferir por palavras geralmente muito duras, quase excessivas. No entanto, é exatamente por meio dessas palavras que o leitor encontra a atualidade de uma mensagem de liberdade, a liberdade que está no centro do relato da Lei com toda a sua perspectiva de êxodo. Os profetas repetem essa mensagem de liberdade anunciando a queda de toda forma de poder que oprime o humano e que pretende ser idolatrada, que incute medo e sujeição. Feito chicote, portanto, é o sarcasmo de Jeremias que compara os ídolos (e as realidades humanas que se divinizam) a espantalhos, inutilmente colocados como fantasmas em campos de pepinos.

Trata-se de uma liberdade que é dom, mas acompanhada da exigência de responsabilidade concreta com a justiça. E é exatamente esse chamado à justiça, à responsabilidade do poder e da riqueza em relação ao bem comum, e em particular em relação aos fracos, aos pobres, aos últimos, um dos aspectos que tornam árduo, incômodo, mas certamente fecundo, o encontro com os textos proféticos. Se alguém pensa permanecer neutro, é mais sábio não se aproximar deles. Entretanto, para quem busca um sentido para viver e uma esperança para lutar, certamente ali os encontrará.

A presente obra pretende colocar-se ao serviço desse encontro com os Livros Proféticos, denominados "Profetas posteriores". Coerentemente com os intentos perseguidos pela coleção à qual pertence, este livro pretende oferecer acima de tudo algumas indicações para situar o fenômeno do profetismo bíblico, colhendo os frutos do debate exegético que vem se articulando ao longo de mais de um século e meio.

Num segundo momento buscamos aprofundar – após alguns acenos introdutórios – a leitura sistemática dos diferentes textos com uma preocupação de caráter exaustivo; isso não impede que seja dada maior atenção a algumas passagens particularmente importante por seu conteúdo e pela história de sua recepção. O percurso segue o cânon bíblico católico no qual, nos "Profetas maiores", a Jeremias seguem o Livro das Lamentações e o deuterocanônico Baruc; depois de Ezequiel vem Daniel com os acréscimos deuterocanônicos. Logo em seguida aparece o Livro dos "Doze Profetas", apresentado em sua globalidade. Por fim buscaremos apresentar uma leitura de cada escrito, de Oseias até Malaquias.

Os textos proféticos são fortemente inseridos na história, nas vicissitudes contemporâneas ao profeta a quem é atribuído o escrito. Isso poderia fazer pensar em antiguidades de interesse museológico, preciosas, mas datadas e distantes, embora a palavra profética, ao contrário, desde os primórdios foi sentida como interpeladora do presente do ouvinte e do leitor; é exatamente por isso que os escritos sofreram frequentes revisões, voltadas principalmente para a atualização de sua mensagem. A última parte deste livro, além da função de retomada sintética das temáticas surgidas, busca fazer emergir a atualidade da mensagem profética.

Se, pela vastidão dos materiais analisados, nem todos os aprofundamentos necessários foram possíveis, o desejo é, ainda assim, o de mostrar alguma coisa do misterioso e criativo itinerário da Palavra de Deus pela mediação profética:

Como a chuva e a neve descem do céu e para lá não voltam, mas regam a terra para deixá-la fértil e produtiva, para dar semente ao semeador e pão para comer, assim acontece com a palavra que sai de minha boca: não volta para mim vazia, sem ter realizado a minha vontade, sem ter cumprido sua missão (Is 55,10-11).

1

Introdução aos Livros Proféticos

"Vinde e armemos planos contra Jeremias, pois a lei não faltará ao sacerdote, tampouco conselho ao sábio, nem palavra aos profetas" (Jr 18,18). Eis a consciência das três formas de mediação da revelação divina a Israel: lei, sabedoria e profecia. Trinômio que constitui a articulação fundamental da Bíblia hebraica (*TaNáK*), presente no Eclesiastes: "Muitos e importantes ensinamentos nos foram dados pela lei, pelos profetas e por outros escritos sucessivos, que nos permitem reverenciar Israel em termos de doutrina e sabedoria" [Eclesiástico, prólogo do tradutor para a língua italiana].

O *corpus* canônico dos *Livros Proféticos* aparece no centro da Bíblia hebraica, entre *Torá* e *Escritos*. Ao mesmo tempo é subdividido em duas partes: "Profetas anteriores" e "Profetas posteriores", na acepção de "livros que precedem" e "livros que sucedem".

A interpretação hebraica define como "Profetas anteriores" – na denominação cristã "históricos" – os livros que vão de Josué a 2 Reis (excetuando Rute), visto que, ao apresentar os fatos, faz-se uma interpretação da história à luz da palavra profética, que remete à aliança com Deus.

Os "Profetas posteriores", no cânon hebraico, são quatro: Isaías, Jeremias, Ezequiel ("Profetas maiores") e o Livro dos "Doze Profetas", que reúne os textos dos doze profetas denominados "menores", segundo a Vulgata. O Livro de Daniel – que nas bíblias cristãs aparece em quarto lugar entre os Profetas maiores – não é incluído entre os profetas na Bíblia hebraica, mas inserido nos Escritos. Essa disposição dos livros na Bíblia hebraica mostra acima de tudo o papel privilegiado da Torá, em relação à qual os textos dos Profetas funcionam como comentário. Segundo a visão rabínica – nas sendas do ensinamento de Dt 34 – Moisés é de fato considerado o protótipo do profeta, e por meio dele Deus disse tudo o que devia revelar. Dessa forma os profetas não mudam nenhuma palavra dos mandamentos, nem acrescentam um conteúdo de fé, já que tudo está presente, implícita ou explicitamente, na revelação sinaítica: no cânon hebraico a função essencial atribuída aos textos proféticos é a de garantir a interpretação e a atualização da Torá. É o que aparece desde o início dos *Pirqé Abót*, tratado mais sagrado da Mishná: "Moisés recebeu a Torá do Sinai e a transmitiu a Josué, Josué aos anciãos, os anciãos aos profetas, e os profetas a transmitiram aos homens da grande assembleia. Daqui passou aos rabinos, os mais eminentes dos quais foram Hillel e Shammai" (*Pirqé Abót* I,1).

Em relação à disposição canônica dos Livros Proféticos na *TaNáK*, o cânon da Bíblia cristã adota uma colocação diferente. De fato, o Primeiro (ou Antigo) Testamento cristão apresenta quatro partes e não três: a Torá, que atesta a revelação das origens; os *Livros Históricos*, que tratam da história passada de Israel na terra; os *Livros Sapienciais*, que contém um ensinamento relativo ao presente; os *Livros Proféticos*, que falam do futuro. De fato, colocar os livros dos "Profetas posteriores" no final do cânon do Antigo Testamento significa, na Bíblia cristã, evidenciar sua orientação messiânica, a tensão em direção ao futuro da vinda de Jesus Cristo.

Também se explica a razão pela qual, nela, o Livro de Daniel foi inserido no cânon profético: devido à figura do Filho do Homem ser interpretada como profecia cristológica. Também o Livro das Lamentações é aqui inserido, já que lido como uma antecipação da paixão e da morte de Cristo Jesus.

Terminologia relativa ao profeta

O profetismo bíblico é um fenômeno variado, e isso já se reflete na terminologia com a qual de vez em quando é designado o profeta. Esse último termo é o mais usado, e é o clichê do vocábulo grego *profetés* com o qual, na antiga versão da *Septuaginta* [LXX], é traduzido o termo hebraico *nabí'*. Infelizmente a acepção atual de "profeta" está muito longe de seu significado original, já que reduzida à de previdente, de alguém que prega o futuro.

O verbete grego, ao contrário, dá a ideia de uma pessoa que fala em nome de outro, ou fala diante de alguém (em alta voz), e como tal não comporta o aspecto preditivo do futuro. De qualquer forma, o termo grego não é a exata tradução do correspondente hebraico *nabí'* (plural *n°bí'ím*; feminino *nabí'áh*), que pareceria derivado de um verbo semítico do Noroeste *nb'* ("chamar", "convocar"). Etimologicamente, portanto, o *nabi'* significaria "aquele que foi chamado" (e por sua vez chama, convoca). O termo *nabi'* e o correspondente verbo são, entretanto, usados com prudência e circunspecção em vários escritos proféticos pré-exílicos, talvez para tomar distância de algumas práticas de membros de "corporações de profetas" (*b°né n°bi'ím*). De fato, fenômenos como incisões corporais, danças obsessivamente buscadas para entrar em estados de transe, caracterizam os grupos dos profetas de Baal (cf. 1Rs 18,28-29), mas em graus diferentes se encontram também junto aos profetas javistas; daí a anotação amargamente irônica de 1Sm 19,24: "Então também Saul é do número dos profetas?"

O termo mostra, portanto, uma evolução no uso: no início indica os responsáveis pelos oráculos cultuais, ou os membros de grupos praticantes, os adivinhos no interior de práticas extáticas. Aos poucos ele passa a designar pessoas que fazem oráculos, mas não mais em coligação com o monarca e com os vários centros de poder, mas de forma absolutamente livre e muitas vezes em oposição a eles.

O termo "profeta" às vezes é substituído por "vidente" (*chozéh*, como em Am 7,12, em 2Sm 24,11; ou *ro'éh*, em 1Sm 9,9.11.18.19). Amós, de fato, rejeita o título de "profeta" ou "filho de profetas", mas não o de "vidente"; ainda assim aceita o verbo "profetizar" para indicar a missão que lhe foi confiada por YHWH. "Vidente" é vocábulo relacionado ao fato de uma comunicação divina por meio de visões, com as quais é possível vislumbrar alguma coisa do plano do Senhor na história. Essas são comunicadas aos destinatários pelo gênero específico da visão profética, que habitualmente não exige explicações particulares porque seu significado é bastante explícito.

Seja como for, justamente enquanto vidente, ao profeta é concedido ver aspectos da vida ignorados ou desconhecidos dos demais. Ele concretamente vê a injustiça escondida que se oculta à consciência, mas também a salvação que Deus prepara para além das tragédias e dos sofrimentos da história.

Outra expressão para indicar o profeta é "homem de Deus" (*'ish 'elohím*), título que sugere uma relação especial com o mundo divino, enquanto o profeta, como homem de Deus, se apresenta ao povo com sua vida austera e totalmente voltada para a causa do Senhor. O *homem de Deus* recebe frequentemente do Senhor a capacidade de fazer milagres, e em particular curas, em favor da comunidade. Esse traço é salientado nos relatos dos círculos proféticos de Elias e de Eliseu (cf. 1Sm 9,6; 1Rs 17,18.24; 2Rs 1,9; 4.7.9.16). Justamente esse título nunca é dado aos profetas aos quais são atribuídos escritos, mas é interessante notar que na época pós-exílica esse título é desenterrado e oferecido como característica honorífica aos grandes personagens, como Moisés.

Outra denominação atribuída à pessoa do profeta – mesmo que de modo não exclusivo – é o de *'ébed* ("servo") de Deus, do Senhor. Esse título é atribuído em primeiro lugar a Moisés, em seguida a Josué, a Davi e a outros personagens ilustres do Antigo Testamento. Quando associado explicitamente à missão profética, esse título é usado em textos da escola deuteronomista (cf. 2Rs 17,13.23; Am 3,7; Jr 7,25; 25,4; 26,5; 29,19). Assim a missão profética aparece como serviço integral à vontade do Senhor em favor de seu povo. Na realidade não há nada de negativo em declarar-se "servo" do Senhor, mas uma consciência positiva de ser portador de uma missão vinda do alto.

Outras vezes o profeta é designado com o termo "mensageiro/anjo" (*mal' ák*) do Senhor. É o caso de Ageu, em Ag 1,13, e do nome "Malaquias" – que significa "mensageiro do Senhor" –, a quem é atribuído o último escrito dos "Doze Profetas". O termo reafirma o fato que o profeta é portador de uma mensagem que lhe foi confiada pelo Senhor e ao qual deve rigorosamente obedecer.

Outros termos relativamente sinônimos entre si denominam o profeta como "sentinela" (*shomér*; *tsopéh*). Esses vocábulos indicam alguém que vigia e adverte o povo sobre a chegada de um perigo iminente, mas também a tão esperada libertação (cf. Is 21,11-12; Ez 3,17; 33,2-7; Os 9,8). O fenômeno profético é designado inclusive com outros termos mais raros, como, por exemplo, "homem do espírito" (*'ish harú*^a*ch*, Os 9,7), ou também "sonhador" (*cholém*, Dt 13,2-6; Jr 27,9).

A profecia de Israel: um caso único?

O fenômeno religioso da profecia é realmente fato característico do mundo hebraico. Mas isso permitiria definir a religião judaica como *religião profética*?

Para dar uma resposta é necessário fazer uma observação comparativa entre a profecia bíblica e a do Oriente Médio Antigo. A própria Bíblia reconhece a existência de um fenômeno profético fora do âmbito da própria religião e da cultura. É o caso de Balaão, quando YHWH parece se servir de um adivinho pagão para fazer ouvir a própria voz (Nm 22–24). Embora dispondo hoje de abundante material proveniente dos países limítrofes de Israel, a profecia extrabíblica permanece em grande parte desconhecida, e a pretensão de iluminar com ela o fenômeno profético bíblico parece discutível. A luz proveniente dos textos bíblicos é muito mais útil e eficaz para interpretar os dados provenientes da arqueologia do Oriente Médio Antigo sobre a profecia do que o movimento contrário.

Sinteticamente pode-se dizer que hoje se reconhece uma maior afinidade da profecia bíblica com as correntes siro-mesopotâmicas, em detrimento da profecia egípcia. A arqueologia de fato colocou à disposição da pesquisa científica materiais constituídos por textos egípcios e textos mesopotâmicos.

Para os primeiros recordamos as *Admoestações de Ipu-Ver*, a *Profecia de Neferti* e a *Crônica Demótica*. Ainda em âmbito egípcio sublinha-se o *Relato de viagem do egípcio Wen-Amon* em Biblos.

Para o mundo mesopotâmico o material é particularmente abundante e aparecem com evidente importância umas trinta cartas paleobabilonienses provenientes de Mari, das ruínas do palácio de seu último rei, Zimri-Lim. Nestas constam trinta e cinco oráculos divinos. Os textos de Mari apresentam fundamentalmente duas formas de comunicação divina: as profecias, públicas ou privadas, e os sonhos. Entre as "profecias" de Mari e os textos bíblicos emergem algumas analogias muito evidentes. Em primeiro lugar o profeta é um enviado de Deus; em segundo lugar usa-se a fórmula do mensageiro e emerge igualmente o fenômeno do êxtase profético. A profecia tem ainda um caráter oral e pode ser cultual, e inclusive leiga.

Sempre para o mundo mesopotâmico destacam-se uns trinta oráculos proféticos, escritos em pedras de argila, conhecidos como *profecias neoassírias* (da época de Assarhaddon e de Assurbanipal – 681-669; 669-629).

Pouco nos chegou do mundo hitita e do mundo de Canaã.

Para o primeiro existem duas orações (séc. XIV a.C.): uma para a peste, de Muršili II, e outra oração real destinada à deusa do sol, Arinna. Nessas orações as divindades comunicam a um "mediador" uma experiência de revelação.

No mundo siro-palestinense existe a inscrição sob estelas (780 a.C.) do rei sírio Zakkur de Hamat, que alega ter recebido de seu deus *Ba'alshamayin* [ou Baal-Shamin], por meio de um "vidente", a promessa de atendimento de uma de suas orações.

Um confronto entre esses dados arqueológicos e o profetismo bíblico mostra pontos em comum, mas também profundas diferenças. Traços de semelhança ocorrem no fato de que a comunicação da palavra de um deus acontece numa situação de crise; verifica-se igualmente o aceno para uma experiência pessoal com a divindade, da qual o responsável pelo oráculo é seu porta-voz, seu mensageiro. Quanto ao conteúdo, as mensagens divinas (na maioria das vezes ao rei) são anúncios de salvação, entretanto, não isentas de alguma ameaça ou condição para que o oráculo se cumpra.

Comparadas mais de perto, entretanto, mais diferenças ainda emergem dessas mensagens. De fato, o profetismo bíblico tem um traço contestador e polêmico que não encontra paralelos nos documentos do Oriente Médio Antigo, ou que reflete uma tonalidade dominante de acusação, de juízo. E os poucos casos nos quais, nos textos extrabíblicos, aparecem críticas, estas se reportam a temas cultuais e não à problemática social e ética.

Enfim, nada efetivamente garante que o material profético do mundo extrabíblico tenha se constituído numa espécie de compilação canônica, fenômeno, ao contrário, absolutamente relevante no caso da profecia bíblica[1]. Realmente a profecia extrabíblica nunca gerou um tradição comparável – nem mesmo duradoura – à profecia bíblica, que oferece uma genuína interpretação teológica da história e da experiência religiosa de Israel.

Base de tudo: a vocação

O fenômeno da profecia bíblica é bastante complexo, como se pode deduzir das posições muito distintas assumidas de tempos em tempos pela pesquisa exegética em relação a esse fenômeno. Existe, de fato, quem acredita

---

1. Se a profecia bíblica encontra uma certificação escrita, é para ser transmitida às sucessivas gerações, e não para ser simplesmente arquivada, como acontece para as profecias extrabíblicas (cf., p. ex., as profecias de Mari). Essa é uma das mais importantes entre as várias diferenças que, mesmo na afinidade, se detectam no confronto entre o fenômeno profético bíblico e o atestado no Oriente Médio Antigo, como resulta das contribuições reunidas em DURAND, J.-M.; RÖMER, T. & BÜRKI, M. (orgs.). *Comment dévient-on prophète?* Actes du colloque organisé par le Collège de France (Paris, le 4-5 avril 2011). Friburgo/Göttingen: Academic/Vandenhoeck & Ruprecht, 2014 [Orbis Biblicus et Orientalis, 265].

poder individuar a dimensão constitutiva da profecia em traços especificamente psicológicos, ou instalando-a na instituição cultual ou, ao contrário, colocando-a numa sistemática oposição às instituições (monarquia, sacerdócio e profecia institucionalizada e especializada nas previsões), ou considerando-a ainda uma genialidade religiosa do próprio profeta. Contudo, para não deturpar a natureza da profecia bíblica, sublinhando um elemento em detrimento de outros, urge partir da própria experiência da relação com Deus feita pelo profeta, da forma como os textos proféticos a apresentam.

Só é possível compreender quem realmente o profeta é a partir da iniciativa divina de ir ao encontro do profeta. Não é o profeta que adquire um estado particular de experiência do divino, mas é Deus que se desloca em sua direção, comunicando-lhe sua paixão pelo ser humano, sua solicitude para com as criaturas. Para os profetas Deus não é apenas um objeto de suas experiências, mas um sujeito que os agarra, uma realidade irresistível que irrompe em suas vidas.

A experiência de Deus feita pelo profeta não é o resultado de uma prática particular sua, mas um dom, um acesso que YHWH, Deus de Israel, lhe abriu. Trata-se do evento da vocação profética, que, aliás, se inscreve no interior do movimento mais amplo da eleição de Israel feita pelo Senhor.

"O movimento do espírito que vai de Deus na direção do profeta diz, sobretudo, que na experiência profética Deus não é sentido como um objeto. Deus é sujeito que agarra o homem e o introduz em seus planos. Agarrar-se a Deus, para o profeta, é ser agarrado por seu espírito. Ver a Deus é ser perscrutado por seu espírito"[2].

Evidentemente, os profetas são bastante reticentes ao expor a própria experiência espiritual, e isso porque o central não é a pessoa deles, mas a mensagem, a palavra ao serviço da qual são postos por iniciativa de YHWH, que se revelou a Israel como o Deus da aliança e da liberdade. Essa confidencialidade se estende à vida inteira do profeta, e se ele rompe o silêncio acerca de sua identidade profética, é somente porque se sente coagido a exibir a legitimidade de sua própria missão diante da resistência ou da hostilidade dos destinatários. Por outro lado, entre a experiência vivida pelo profeta e a redação escrita desta, cria-se um espaço no qual o redator e os editores dos

---

2. BORGONOVO, G. "Il testo biblico: per un approccio scolastico". In: BORGONOVO, G.; BAGNI, A. & DE CARLI, S. *Il testo biblico*: per un approccio scolastico. Turim: SEI, 1990, p. 43.

Livros Proféticos não se limitam a fazer conhecer aspectos da personalidade do profeta, mas buscam igualmente atribuir-lhe alguns traços ideais, para oferecer ao leitor uma possível atualização.

Não existe, no entanto, nenhuma concessão à curiosidade dos ouvintes (e dos leitores), tampouco se parte para o anedótico, por ocasião da própria apresentação autobiográfica. Isso é possível adotando-se no relato de vocação profética alguns esquemas teológicos[3] que sublinham, de vez em quando, aspectos específicos do chamado, expressos numa pluralidade de linguagens, já que nenhuma delas pode esgotar totalmente o santo mistério do Deus que se revela ao profeta.

Quando se quer evidenciar o fato de que a iniciativa procede do Senhor e que ela pede uma obediência plena, usa-se o esquema aos moldes militares, de modo que a pessoa chamada é apresentada como um soldado que deve obedecer ao seu comandante. Esse é o caso da vocação de Abraão (Gn 12,1-4; Js 24,3), Oseias (1,2-3) e Amós (3,8; 7,15). Este último, enquanto é questionado pelo sumo sacerdote Ananias, justifica assim o próprio ser profeta: "Não sou profeta nem filho de profeta; sou um criador de gado e cultivador de sicômoros. Mas o Senhor tirou-me de junto do rebanho e me disse: 'Vai, profetiza a meu povo Israel'" (Am 7,14-15).

Assim sublinha-se o domínio do Senhor, sua suprema realeza sobre a história e sobre as pessoas. Se não existe nenhuma objeção da parte da pessoa chamada, é porque o Senhor estará sempre ao seu lado, da mesma forma que um dedicado general sempre está ao lado de seus combatentes. Aqui a vocação coincide com a experiência da fé como submissão: é quase um sentir-se atraído e subjugado por uma força irresistível.

Outras vezes, por outro lado, o objetivo é destacar a dialética que se estabelece entre a liberdade do escolhido/chamado e a iniciativa divina, cujos paradigmas mais célebres são os da vocação de Moisés (Ex 3–4), de Gideão (Jz 6,11-24) e de Jeremias (1,4-19). No relato costuma-se seguir o esquema do diálogo entre um patrão e seu servo de confiança que dispõe de plenos poderes, como ocorre, por exemplo, com o servo convidado por Abraão a escolher uma esposa para Isaac (Gn 24,37-48). Nesse caso, a pessoa chama-

---

3. Aqui seguimos a proposta de VOGELS, W. Les récits de vocation des prophètes. *Nouvelle Revue Théologique*, 105, 1973, p. 3-24. Vale sublinhar que os relatos de vocação não dizem respeito apenas aos profetas, mas também aos denominados "libertadores", e inclusive às figuras dos patriarcas.

da continua dispondo inteiramente de sua liberdade, inclusive para objetar, para resistir, diante de uma missão que lhe parece sobrepor-se às próprias forças; mas, por outro lado, tão grandiosa e desejável que não pode ser afetada por sua humana fragilidade. Por exemplo, no caso de Jeremias, que confessa dolorosamente ser inexperiente, demasiadamente jovem, talvez de caráter fraco, e, em última análise, um péssimo comunicador: "Ah! Senhor meu Deus, eu não sei falar, porque sou ainda um jovem" (Jr 1,6). O Senhor, porém, descarta todas as objeções, garantindo a própria presença ao seu lado e oferecendo-lhe um sinal de tal promessa. Seja como for, esse esquema é o mais articulado e compreende em seu interior quatro momentos: a teofania com a missão dada ao escolhido; a objeção deste; a refutação da objeção da parte de Deus; a oferta de um sinal.

Outro esquema é o da relação entre o soberano e o conselheiro. O profeta é introduzido na corte celeste para participar do conselho real, ambiente em que se tomam as decisões relativas à inteira criação e à história humana. Assim o escolhido entra num projeto maior, é assumido como colaborador de um plano que o sobrepõe, embora o plano passe por sua pessoa. É o caso, por exemplo, da vocação dos profetas Miqueias ben Imla (1Rs 22,19-22), de Ezequiel (1,26–3,1), e principalmente de Isaías, que é envolvido na grande visão da sala do trono, na qual o Senhor comunica o próprio plano misterioso sobre a história e pede ao profeta que se coloque à disposição deste espinhoso encargo: "Então ouvi a voz do Senhor que dizia: 'Quem enviarei, e quem irá por nós?' E eu disse: 'Aqui estou, envia-me!'" (Is 6,8). Esse esquema, aliás, também aparece em outros textos proféticos pelo termo *sod*, isto é, a "reunião do conselho" divino ao qual o profeta é admitido e do qual sai com tarefas específicas (cf., p. ex., Jr 23,18.22).

Enfim, alguns relatos, geralmente presentes nos "Profetas anteriores", lembram aquela iniciação que se realiza na relação entre mestre e discípulo. Um relato exemplar dessa situação é o da vocação do pequeno Samuel (1Sm 3). Aqui o profeta, mediante a aceitação da própria vocação, entra na escola da Palavra de Deus e vai amadurecendo no conhecimento do Senhor e da sua vontade.

Esses esquemas teológicos, que apresentam de forma diversificada a relação entre Deus e o chamado/escolhido, às vezes aparecem misturados, ainda que com a predominância de um deles.

O encontro com o *pathos* divino

O profeta, justamente porque aferrado pela iniciativa divina, é por assim dizer introduzido no mundo de Deus, em seu modo de sentir e olhar a realidade humana, em particular a realidade do povo do Senhor, Israel. O profeta participa tão intimamente do mundo de Deus que praticamente faz a experiência das mesmas "emoções" e da forma visceral e racional com que Deus se aproxima dessa humanidade, dessa história.

O profeta jamais busca uma autovisibilidade; ele só pretende remeter ao mistério e à verdade de Deus. Ele é testemunha por ter feito a experiência fascinante de Deus, e por ter aceitado seu chamado. Ele não testemunha a própria psicologia ou a própria sensação religiosa, tampouco a própria fé, mas o Deus vivo que suscitou nele a experiência de fé.

E, na qualidade de testemunha da verdade de Deus, o profeta não é porta-voz neutro, distanciado e desligado da verdade que testemunha: ele exerce a função da testemunha em sua forma mais elevada. É testemunha no sentido de relatar o que viu e sentiu, mas em seu significado mais profundo, visto que se dispõe a depor inclusive num contexto judiciário. Ele se envolve na mensagem, de corpo e alma se dedica a ela, como é o caso de Jeremias ou da misteriosa figura profética do "Servo do Senhor" relatado por Isaías.

O profeta, portanto, fala como testemunha tocada pela Palavra de Deus mais do que como investigador empenhado em comprovar a natureza divina dessa palavra. Sob a ação do espírito divino (*rú^{a}ch*) o profeta se torna sensível aos sinais da presença divina na história. Seu Deus é extremamente pessoal, envolvido numa relação íntima e sumamente interessado nele, e particularmente preocupado com a humanidade inteira.

A.J. Heschel, ao referir-se a essa experiência profética do *pathos* de Deus, sublinha:

> Os profetas não tinham nem teorias nem "ideias" de Deus. O que tinham era uma *compreensão*. Essa compreensão de Deus não era o resultado de um estudo teórico, de um tatear entre alternativas sobre a essência e os atributos de Deus. Para os profetas Deus era real de maneira arrebatadora e sua presença era avassaladora. Não falavam jamais dele de forma distanciada. Viveram como testemunhas, mais tocados pela palavra de Deus do que como investigadores empenhados em comprovar a natureza de Deus; seus discursos eram mais

uma libertação de um peso do que vestígios percebidos no nevoeiro da incerteza[4].

Entretanto, o profeta às vezes tem dificuldade de entrar em sintonia com esse *pathos* do Senhor, e chega a experimentar uma espécie de ausência e incompreensibilidade desse Deus. Então desabafa com Ele, chega a contestá-lo, a desafiá-lo, à espera de uma resposta. É o caso, por exemplo, das assim denominadas "confissões" de Jeremias. Também pode acontecer que o profeta não concorde com as decisões divinas a ponto de rebelar-se, de fugir da própria missão, como o faz Jonas.

E tudo isso é transferido para os escritos proféticos, que continuam surpreendendo por sua carga passional e por sua vibrante imaginação. Realmente o objetivo do escrito profético não é o de levar o leitor a uma sossegada e tranquila reflexão, mas despertá-lo, provocá-lo, abstraí-lo da indiferença, a fim de que finalmente se decida por um caminho de conversão, pela prática da justiça.

E assim também se explica a primazia dada nos escritos proféticos aos oráculos de juízo, às palavras de ameaça ou de condenação. Um aspecto essencial do *pathos* divino é realmente a ira, que não deve ser entendida como perda de controle, como impulsividade que temporariamente obnubila a razão, ou como incontrolável desejo de vingança. A ira, presente nos escritos proféticos, exprime a força da paixão com a qual Deus quer o bem, o respeito à vida, à liberdade e à dignidade de suas criaturas.

Em última análise os profetas descobrem, a partir do reconhecimento da própria vocação, que Deus não é indiferente ao mal, e que é justamente por isso que sua ira se desencadeia, embora o caráter dessa ira seja apenas contingente, não definitivo. É o mal do homem que a provoca. Entretanto, a ira divina nunca se constitui num fim, mas num simples instrumento ao serviço do amor. Dessa forma, mesmo que Deus profira palavras de condenação, Ele sempre dispõe do poder de revogá-las; aliás, Deus faz o possível e o impossível para que a revogação se concretize.

Mesmo nem sempre ciente, o homem tem poder sobre a ação possível de Deus: convertendo-se e arrependendo-se ele faz com que Deus passe da ira ao perdão, da punição – como ameaça ou já em ato – ao dom da salvação. Dessa forma se verifica o paradoxo de um Deus que salva, mesmo quando julga.

---

4. HESCHEL, A.J. *Il messaggio dei profeti*. Roma: Borla, 1981, p. 5-6.

Obviamente, a palavra *pathos* é emprestada da cultura grega, mas a essência (não a tradução) pode ser reconhecida no termo hebraico *rú^ach*, que indica um movimento de Deus na direção do profeta, com o qual Deus o leva a experimentar algo de seu coração divino.

O profeta, homem da Palavra

O fato de o profeta "ser agarrado" por Deus faz dele o homem do *dabár*, da Palavra, e de forma realmente singular. De fato, diferentemente dos eruditos, o profeta não se aproxima da Palavra trilhando um complexo caminho intelectual de aprofundamento da própria experiência; ele sequer aparece – como para os sacerdotes a quem é entregue a Torá – como depositário de uma Palavra a ele entregue por uma tradição, como seu guardião. Em geral, inversamente, é a Palavra divina que o surpreende e o alcança, e em lugares e modos os mais inimagináveis, por ocasião do reconhecimento da própria vocação profética.

O profeta sequer pode arvorar-se dono dessa Palavra. Daí porque geralmente ele usa expressões como "oráculo do Senhor", "eis o que diz o Senhor", "assim diz o Senhor". Essencialmente, com a aceitação da missão divina que lhe é comunicada por ocasião do chamado, ele se entrega de corpo e alma ao serviço dessa Palavra. É o que podemos perceber em várias passagens dos escritos proféticos. Por isso, em Amós 3,7-8 o profeta é declarado "servo" do Senhor, que não pode subtrair-se à tarefa de dizer o que ouviu dele, em seu *sod*: "Na verdade, o Senhor Deus não faz coisa alguma sem revelar seu plano a seus servos, os profetas. Ruge um leão, quem não tremerá? O senhor Deus falou: quem não profetizará?" A palavra do Senhor é o sujeito; o profeta é seu instrumento para que ela chegue aos destinatários, como o mostra a fórmula como essa Palavra é apresentada pelos profetas: "A palavra do Senhor me foi dirigida nestes termos..." (cf. Jr 1,4; Ag 1,1.3).

Em vários relatos de vocação, como os de Isaías, de Jeremias e de Ezequiel, a palavra divina repentinamente surge como um dom feito ao profeta que, no entanto, não se torna seu proprietário; mas, antes, é ela que se apossa do profeta. Este deve comunicá-la integralmente aos destinatários indicados pela própria Palavra, bem como proferi-la em ocasiões e lugares que às vezes, para ele, parecem pouco propícios. Por isso Isaías, num dado momento, explode com o Senhor e lhe pergunta "até quando" deverá fazer-se portador de uma Palavra sempre menos ouvida e sempre mais hostilizada (cf. Is 6,11). Na mesma linha o Profeta Jeremias sente que não pode escolher palavras que lhe agradem ou selecionar destinatários; mas, ao contrário, sentir-se comandado nestes termos: "Irás a todos aqueles a quem te enviarei e dirás tudo o que te ordenarei" (Jr 1,7). Além disso, nem sempre se trata de uma palavra positiva, que edifica e planta, mas uma palavra que desenraiza, destrói e põe abaixo (cf 1,10).

O fato é que a palavra entregue aos profetas pertence a Outro, ao Santo de Israel. Sendo assim, quando esse Outro se cala, a própria mensagem deve ser mantida em silêncio, protegida dos costumeiros falatórios e considerações pessoais dos falsos profetas (cf., p. ex., Jr 23,30.32). E o verdadeiro profeta aceita a disciplina do silêncio, mesmo quando constrangedor e contraproducente.

A Palavra a que o profeta se submete não revela apenas o coração de Deus e seu projeto de salvação, mas também o coração do homem. Ela revela os segredos que jazem no mais íntimo do ser humano, e não se restringe a uma capacidade pessoal de investigação psicológica do profeta. Assim acontece, por exemplo, com a mulher sunamita, que após a morte repentina de seu pequeno filho, corre ao Profeta Eliseu e este confidencia ao próprio servo, Giezi, desconhecer a razão da amargura dessa mulher que lhe vem ao encontro: "Quando ela chegou junto do homem de Deus no monte, abraçou-lhe os pés. Giezi aproximou-se para afastá-la, mas o homem de Deus disse: 'Não a importunes, porque ela está com a alma amargurada, e o Senhor me ocultou o fato, sem me revelá-lo'" (2Rs 4,27). Trata-se de uma Palavra com força de desmascarar o que permanece oculto à consciência dos outros, em particular os distintos modos com que a injustiça busca camuflar-se, esconder-se.

E essa força da Palavra se releva em sua eficácia implacável não obstante as oposições, as recusas e a surdez dos ouvintes. O *d^ebár YHWH* que o profeta testemunha se torna de algum modo uma realidade objetivável, quase como um projétil lançado por máquinas de guerra sobre a cidade sitiada: "O Senhor enviou uma palavra contra Jacó, e ela caiu sobre Israel" (Is 9,7).

O *dabár* do profeta se realiza porque não é palavra do profeta, mas palavra do Senhor. De fato, o *d^ebár YHWH*, enquanto julga e condena, contemporaneamente corrige, consola, cura e salva. Aí reside em ato a força de Deus que se ergue com todo seu poder sobre a fragilidade humana e sobre as coisas mundanas. Esse contraste é descrito de forma muito plástica em Is 40,6-8: "...cada criatura é como capim... seco, a flor murcha, mas a palavra de nosso Deus permanece [*yaqúm*: se elevará] para sempre".

Em sua missão o profeta também faz experiência da natureza paradoxal da palavra divina, já que seu irresistível poder se esconde por detrás de uma palavra humana frequentemente fraca, perseguida, rejeitada, por vezes traída pelo próprio portador. É o que Amós vive na própria pele quando tentam impedi-lo de pregar. No caso de Isaías, desde o despertar de sua vocação lhe é dito que a Palavra da qual será anunciador não encontrará audiência e sim corações sempre mais empedernidos. Jeremias é a testemunha sofredora dessa Palavra e, quando faz um balanço de seus vinte e três anos de serviço profético, amargamente deve reconhecer que foram um fracasso, e que a palavra do Senhor nunca foi ouvida pelo povo de Deus (cf. Jr 25,3-4). Do mesmo modo Ezequiel deve reconhecer essa tensão entre poder e fragilidade da Palavra: "Tu lhes falarás as minhas palavras – quer te escutem, quer não –, pois são uma corja de rebeldes" (Ez 2,7).

Considerando a paradoxal natureza da palavra divina dada ao profeta, no Livro de Isaías chega-se a compará-la à chuva ou à neve que, descidas do céu, parecem desaparecer na terra, ao passo que, na realidade, a fecundam, garantindo assim o fruto necessário ao presente e ao futuro (Is 55,10-11).

O profeta está a serviço dessa Palavra, mas o é de forma livre, e de tal forma que lhe é permitido usar de todas as suas capacidades e recursos linguísticos para transmiti-la. E o faz elaborando e adaptando as mais diversas formas comunicativas para alcançar mais eficazmente seus destinatários. Essa criatividade dos profetas no ato de transmissão da palavra do Senhor não se limita ao momento da oralidade, mas envolve totalmente a pessoa do profeta. É o que acontece com as assim chamadas "ações simbólicas" que os profetas realizam em alguns momentos de crise, quando a relação entre o profeta e seus destinatários parece fortemente comprometida.

Em última análise, os profetas podem ser considerados homens e mulheres da *mensagem total*. Se real é o sentido do *dᵉbár YHWH*, mais real e corpórea ainda é a mensagem profética que se faz existência, que se faz carne. De fato, dois são os modos proféticos de associar a ação à Palavra: um é a ação simbólica, outro é a totalidade da existência, a partir da experiência da vocação, dedicada ao serviço da mensagem do Senhor, como acontece com Oseias e seu atormentado casamento, com Jeremias e seu celibato e com Ezequiel diante de sua dolorosa viuvez.

O profeta "inspetor" da aliança

O ministério profético tem uma relação particular com a aliança entre Deus e Israel. A profecia elabora imagens e símbolos úteis para explicitar o significado dessa relação. A linguagem mais elevada com que o profeta busca exprimir essa aliança não procede das experiências do mundo político e diplomático circunstante (de fato, o termo *berít* é raro entre os profetas), mas procede das relações afetivas existentes entre o homem e a mulher, entre pais e filhos, entre pastor e rebanho, viticultor e vinha. São essas metáforas que permitem aos profetas falar da fidelidade, da lealdade, da ternura de Deus, e ler os pecados do povo como inconstância e propensão à traição do pacto.

Mais uma vez o profeta testemunha assim sua experiência do *pathos* de Deus, empenhado seriamente na história dos homens e tão diferente dos "deuses serenos e delicados" de algumas formas religiosas pagãs. O profeta, como custódio da aliança, é coagido frequentemente a fazer-se porta-voz da acusação que Deus dirige ao povo de ter violado a relação pactual, afastando-se de um caminho de justiça e aderindo a estilos de vida idolátricos e desumanizadores. Ele desenvolve a função de "inspetor" da aliança e verifica se esta é observada ou descumprida, transgredida. Não por acaso faz-se recorrente nos textos proféticos o termo *paqád*, que dentre suas acepções comporta justamente as de inspeção e, se necessário, de punição (cf., p. ex., Am 3,2.14).

Como inspetor e custódio do pacto, o profeta mostra uma particular sensibilidade ao tema da justiça (*tsedaqáh*). E é aqui que – retomando a comparação com a profecia do Oriente Médio Antigo – sobressai toda a especificidade da profecia bíblica.

A voz dos profetas se levanta incessantemente em defesa dos direitos dos fracos, dos que são ameaçados e vilipendiados em sua dignidade. Eles se reportam a um mandato, a um carisma cuja iniciativa é de Deus. Portanto, não é tanto uma questão de lucidez na análise dos fenômenos sociais, de mente iluminada na abordagem das problemáticas econômicas, tampouco de uma particular coragem e precisão em termos de caráter, mas de algo que o profeta sente como um dom: o dom de uma visão. De fato, os profetas "veem" o que permanece escondido aos olhos dos outros, desvelando uma injustiça disfarçada em mil formas. O que o profeta afirma acerca da sociedade quer ser a comunicação do olhar divino sobre ela, e não tanto seu exercício de crítica social particular. A palavra profética, entretanto, não quer simplesmente informar e denunciar, mas transformar, mudar. Se um determinado modo de viver não é conforme a vontade de Deus, tampouco o é segundo a dignidade humana; por isso não pode ser ulteriormente tolerado e, consequentemente, precisa ser mudado. Pois bem, o profeta é enviado por Deus a consolidar sua relação de aliança com seu povo (Israel e Judá), relação esta que parece quebrar-se por causa do pecado.

Por isso o primeiro momento da obra de restauração da aliança é paradoxalmente a denúncia, o desvelamento do mal escondido, ocultado à consciência. Isso frequentemente ocorre com a assunção de uma modalidade específica de acusação, a que ocorre no *rib*, que é o litígio bilateral[5]. O *rib* profético não é um processo em que os dois litigantes são julgados por um juiz acima das partes; ele é antes uma espécie de litígio familiar em que a parte lesada lembra a outra parte o necessário respeito à relação, à assunção das próprias responsabilidades. Uma vez reconhecido e aceito esse critério, a relação não se rompe, mas se consolida. Em última análise, o escopo perseguido pelo profeta ao servir-se do *rib* não é o de chegar a uma ruptura das relações, mas restaurar a fratura e reconduzir novamente a relação de aliança à sua verdade originária.

Num segundo momento o profeta mostra as consequências em curso em razão da transgressão da aliança, como catástrofes naturais ou históricas se abatendo sobre o povo, não simplesmente para puni-lo, mas para levá-lo ao arrependimento. Assim, se o povo aceita a palavra do profeta, imediatamente lhe é oferecida a possibilidade de restabelecer novamente aquela relação com Deus que parecia irremediavelmente destroçada.

E é dessa forma que se manifesta a justiça divina, como vontade de manter viva a *berít*. Trata-se das inesquecíveis palavras que se sucedem de um profeta a outro, e que anunciam a vitória do amor de um Deus Esposo fiel que de novo acolhe ternamente a esposa infiel que a Ele retorna. No fundo os profetas reiteram aquela realidade teológica que nos relatos do Êxodo é expressa na forma de aliança violada e recuperada (cf. Ex 32–34). Não resta dúvida, portanto, que no centro da pregação profética o castigo é anunciado,

---

5. Fundamental para o estudo do gênero profético *rib* é a obra de BOVATI, P. *Ristabilire la giustizia* – Procedure vocabolario, orientamenti. 2. ed. Roma: Editrice Pontificio Istituto Biblico, 1997 [Analecta Biblica, 110].

mas concomitantemente superado, englobado num processo no qual, por meio da conversão e do perdão, a aliança se revela uma aliança nova, ou melhor, renovada na misericórdia.

A pregação profética busca restabelecer a aliança em sua mais profunda verdade, não se contentando apenas com tentativas de reforma visando estruturas sociais, políticas e religiosas. Ela inclusive as ultrapassa, visto que o profeta insiste que a reforma deve alcançar a raiz da qual brota a injustiça: o coração humano. Dolorosamente os profetas quase sempre são obrigados a constatar a falência das estruturas salvíficas de Israel: a instituição do Templo e o sacerdócio, a monarquia e os aparatos políticos, o mundo dos escribas e sua busca de conhecimento, e inclusive os grupos de profetas "profissionais".

A aliança renovada ou nova prevê então a promessa da circuncisão do coração (Jr e Dt), a inscrição da Lei nele (Jr), o dom de um coração novo, de carne (Ez), a efusão do espírito divino (Is, Jl), a restauração de uma relação esponsal plena (Os).

Tantas linguagens para manifestar uma certeza: o coração – como metáfora do princípio nascente da liberdade humana guiada pela inteligência, pelo discernimento e pelo impulso amoroso – passará a ser capaz de fidelidade à aliança por obra da misericórdia divina, que se dá pelo dom de sua Palavra.

A comunidade, primeira destinatária da palavra profética

A vocação profética coloca a pessoa chamada numa relação especial e íntima com aquele que chama, mas essa relação deve abrir-se necessariamente aos destinatários de uma missão que está sempre associada à própria vocação. Em cada relato de vocação consta também um envio a anunciar a palavra do Senhor, que interpela a comunidade inteira, e em particular as pessoas constituídas em autoridade (rei, juízes, conselheiros, sacerdotes, outros profetas). O profeta se sente investido de uma responsabilidade particular em relação à comunidade, exatamente como a do vigia que deve alertar a cidade em caso de perigo iminente, mas também anunciar-lhe a chegada do socorro para libertá-la (cf. Os 9,8; Is 62,6-7; Ez 3,17-19). Nesse sentido o profeta oferece um discernimento sobre a vida cotidiana da comunidade para despertar-lhe a consciência, primeiramente mirando naquilo que não funciona direito e pedindo-lhe conversão, em seguida abrindo-lhe perspectivas de um futuro tornado possível pela fidelidade a Deus, um futuro cheio de esperança, no qual o culto só será autêntico com obediência à lei divina e no qual "amor e verdade se encontram, justiça e paz se abraçam" (Sl 85,11).

Entretanto, geralmente surge uma situação conflituosa entre a comunidade e o profeta, não porque este aspire a açambarcar uma posição de poder, mas porque ele sente a necessidade de comunicar aquele olhar sobre as várias realidades humanas do qual Deus o fez partícipe. Essa tensão entre profeta e comunidade geralmente não se enraíza numa marginalidade sociológica do profeta, como alguns sustentam, já que o profeta pode inclusive pertencer às estruturas que ele mesmo critica. É o caso de Jeremias[6] e de Ezequiel, ambos sacerdotes, e mesmo assim vozes extremamente críticas contra um culto e um sacerdócio corrompidos, com práticas sincréticas e coniventes com o poder político. De Isaías não se tem uma clara indicação sobre sua pertença sociológica, mas certamente é pessoa conhecida e estimada em ambientes ligados à corte.

Quando o profeta insiste que não se busque alianças políticas ou que se aceite que o Senhor não deu um domínio a uma determinada potência militar no quadro geopolítico do próprio tempo, nunca o faz em nome da pertença a um estrato social ou a uma determinada facção política. Ele sempre se sente pessoa livre, dependente exclusivamente de YHWH, do qual extrai a legitimidade de suas palavras. Não lhe interessam jogos de poder, mas somente o serviço ao *dᵉbár YHWH*, a fim de que o povo encontre uma relação genuína com o Senhor, superando o desmoronamento espiritual e moral gerado pela idolatria e pela injustiça.

Essa palavra do Senhor, da qual o profeta é constituído mensageiro, tem como primeiro destinatário o povo de Deus, mais considerado em sua identidade de comunidade da aliança do que em realidade política estruturada segundo o modelo monárquico. Quando, pois, o profeta se volta para os chefes políticos e religiosos do povo ele não pretende interpelá-los somente como meros indivíduos, mas como parte solidária com o destino da comunidade, do qual são os primeiros responsáveis.

---

6. Para a ascendência sacerdotal de Jeremias, que, aliás, nem aparece em atividades cultuais, cf. Jr 1,1.

Pode acontecer que o profeta se dirija a povos estrangeiros (e aos seus chefes)[7]; mas, na verdade, estes não são seus interlocutores diretos. O primeiro destinatário continua sendo a comunidade do Senhor, para a qual os oráculos sobre esses povos também constituem uma advertência a converter-se do pecado que a une a eles (violência, desrespeito à justiça, idolatria...). E quando se prospecta um juízo que se abate sobre inimigos responsáveis por muitos sofrimentos para Israel e para Judá, busca-se assim oferecer uma palavra de consolo ao povo de Deus, prospectar que a justiça seja restabelecida e o senhorio divino sobre a história se torne evidente. Esclarecedores, a esse propósito, são os oráculos sobre Ciro (Is 44,28; 45,1-7), que só aparentemente são dirigidos ao rei da Pérsia, já que de fato são proferidos para que Israel possa reconhecer como, por meio de Ciro, o Senhor realiza o próprio projeto de salvação para os deportados na Babilônia, tornando possível seu retorno à pátria[8].

Também é verdade, porém, que se a palavra profética diz primeiramente respeito ao povo de Deus, num futuro mais ou menos distante ela envolverá todas as nações e a criação inteira. Esse aspecto, que emerge nos textos denominados "escatológicos", permanece em segundo plano em relação à tarefa primeira do profeta, que se dirige ao presente do povo, denunciando e combatendo o pecado, e promovendo o bem da justiça.

Ao cumprir a própria missão junto à comunidade do Senhor, o profeta aparece primeiramente como homem da crise, contestador da falsa segurança; mas, justamente por isso, também como educador do povo na prática da justiça e numa autêntica fé em YHWH.

O profeta é o homem da crise porque sua missão cruza os momentos mais críticos da história de Israel e de Judá, e porque sua palavra anuncia a desgraça que está para se abater sobre os culpados. Ele é contestador das falsas seguranças porque abala as consciências dormentes que se embalam em ilusórias esperanças e se fiam em falaciosas proteções. Assim procedendo,

---

7. Como ocorre, por exemplo, nos oráculos sobre as nações de Am 1–2; Is 13–23; Jr 46–51 e Ez 25–32.

8. O texto de Is 45,1-7, por um lado, exalta a figura de Ciro e, por outro, a redimensiona, já que pretende mostrar o poder de YHWH sobre a criação e sobre a história (cf. SCHMIDT, U. Die Perser im Jesajabuch – Beobachtungen zu "den Persern" in Jesaja 40–48. *Zeitschrift für die Alttestamentliche Wissenschaft*, 127, 2015, p. 575-586).

o profeta convida a voltar ao Único que pode verdadeiramente salvar, que oferece um valioso refúgio: o Senhor Deus.

Em sua contestação o profeta não poupa ninguém, apresentando-se assim como o *homem do contra*, o "protestante"[9]. E isso vale para qualquer instância: da política à religiosa, da jurídica à cultural. Uma das finalidades dessa contestação é levar à pureza e à santidade a relação com Deus, porque Ele não suporta "iniquidade com reunião solene" (Is 1,13). Daqui a tese dos que quiseram ver nos profetas os fundadores do monoteísmo ético. Apesar disso, o profeta não se quer um inovador, mas uma voz que chama novamente à fidelidade, à aliança e, portanto, aos valores religiosos e morais fundamentais, valores constitutivos da tradição religiosa de Israel. Paradoxalmente, sob esse perfil, o profeta pode aparecer também como um conservador, como homem da tradição; a novidade que ele quer instaurar graças à palavra da qual é portador é a conversão, assim como uma vida conduzida na justiça e na fidelidade à lei do Senhor.

Portanto, o profeta aparece como "construtor da comunidade" que, entre o "sim" e o "não" à política, propõe o sonho de Deus à comunidade: sonho de um povo reunificado para além de suas divisões, de um mundo pacificado sem opressores e oprimidos. Construtor da comunidade entre o "sim" e o "não" ao culto, já quer um culto ideal, agradável a Deus, acompanhado de uma verdadeira busca do Senhor, busca que passa a reivindicar em seguida a justiça e o direito. Culto ao qual outros povos poderão aderir: "... minha casa será chamada casa de oração para todos os povos" (Is 56,7). E no âmbito social o profeta, entre o "sim" e o "não" à lei, propõe o sonho de uma lei justa, inscrita no coração.

A relação da comunidade com o profeta

Mas, qual é a atitude da comunidade em relação ao profeta, sobretudo quando este é fiel à missão recebida e não se comporta como os falsos profetas que manipulam a Palavra de Deus e oferecem mensagens complacentes aos destinatários?

---

9. ZENGER, E. "Peculiarità e significato della profezia d'Israele". In: ZENGER, E. (org.). *Introduzione all'Antico Testamento*. 3. ed. Bréscia: Queriniana, 2013 [orig. alemão: 2012], p. 704: "O profeta é, em base a seu impulso fundamental, crítico, visionário e 'protestante', e sua única legitimação é seu contato imediato com Deus. Como 'protestante', ele (ou o livro que carrega seu nome) constitui a necessária instância de contraste em relação ao ofício e à instituição".

Trata-se de uma atitude altamente complexa, e inclusive contraditória, pois, se por um lado a comunidade deseja o profeta, por outro frequentemente ambos entram em conflito.

O lado positivo dessa relação é que a comunidade é o berço no qual nasce a experiência profética: sem o povo de Deus não há profeta do Senhor. Entretanto, a comunidade não é apenas o lugar de origem do profeta; mas, por meio de alguns de seus grupos, ela o sustenta de diversas maneiras. Assim constatamos, por exemplo, que os "filhos dos profetas" podiam contar com o apoio material de alguns simpatizantes, que Jeremias, em suas atormentadas vicissitudes, é protegido por vários membros da família de Safã (Jr 26,24; 40,5-6) e de Nerias, pai de Baruc (Jr 32,12; 51,59). Sem esse apoio não teria sido possível recolher dados e memórias do profeta, tampouco garantir a transmissão e a elaboração escrita desses dados.

A comunidade acusa a necessidade de profetas que a iluminem sobre a vontade de Deus, especialmente em momentos críticos (cf., p. ex., Josias que manda consultar a profetisa Hulda em 2Rs 22,13-14) e que intercedam por suas necessidades junto ao Senhor. Este, de fato – como se pode verificar em Moisés e Samuel (Sl 99,6) –, é o verdadeiro dever do profeta, como o afirma o próprio Jeremias: "Se eles são verdadeiros profetas e têm com eles a palavra do Senhor, que intercedam junto ao Senhor dos exércitos..." (Jr 27,18).

Há momentos em que a ausência dos profetas – e por isso da palavra divina por eles transmitida – gera um sofrimento profundo na comunidade, que se sente sufocada pelo silêncio do Senhor. E o salmista então se lamenta: "Não vemos mais nossos símbolos, não há mais profetas, nem, entre nós, quem saiba até quando" (Sl 74,9). A comunidade se depara então com uma espécie de fome e sede de uma palavra do Senhor que traga sentido e esperança. Fome e sede que, por outro lado, não são aplacadas justamente porque Deus se fechou num silêncio intransponível em razão da surdez e da oposição aos profetas por parte do povo. É uma situação similar ao pesado silêncio sobre Israel nos dias do velho sacerdote Eli, incapaz de corrigir os abusos perpetrados pelos próprios filhos: "A palavra do Senhor era rara naqueles dias, as visões não eram frequentes" (1Sm 3,1). É igualmente da busca insensata, aliás, desesperada, de uma palavra do Senhor que dê esperança, busca que envolve as jovens gerações de Israel depois que o povo quis impor a todo custo o silêncio aos profetas, indesejados por causa de sua incômoda mensagem (Am 8,11-12).

E quando o profeta falta e Deus parece silenciar, espera-se da comunidade paciência e confiança. Entretanto, nem sempre é assim, e muito frequentemente a comunidade acaba substituindo a Palavra de Deus por práticas supersticiosas e idolátricas. Aliás, isso não se restringe à comunidade, mas foi o que aconteceu com Saul, quando consultou a necromante (1Sm 28,6-7), foi o que aconteceu com os contemporâneos de Isaías que, para resolver seus problemas, recorreram ao veredicto de adivinhos e necromantes (Is 8,19).

Mas, se o povo aceitar esse silêncio do Senhor e trilhar os caminhos da conversão, profetas novamente surgirão, e suas palavras revivificarão a existência de Israel (cf., Os 12,10-11; Jl 3,1-2). E dessa forma o espírito profético perpassará novamente a comunidade, agora renovada por um arrependimento sincero e por um perdão concedido pelo Senhor (Is 59,21).

É nesse contexto que vemos a espera ansiosa pela vinda de um profeta que ajude a dirimir questões pendentes, como, por exemplo, a das pedras do altar do Templo profanadas por Antíoco IV (1Mc 4,46), e a expectativa da vinda de um profeta que seja sinal visível da fidelidade divina (1Mc 14,41).

Mas, por outro lado, o comportamento da comunidade em relação ao profeta também pode ser extremamente negativo, podendo beirar à rejeição, à supressão de sua atividade. Geralmente o motivo de tal hostilidade procede do fato que o profeta perturba, que sua mensagem incomoda, sobretudo quando ele busca tirar a máscara do rosto da comunidade e dos ambientes onde se decidem os processos sociais fundamentais: a corte, o Templo, os círculos de escribas, o mundo da economia. Nesses ambientes geralmente o profeta é *persona non grata*.

Se possível, busca-se então ignorá-lo, não o ouvir. No entanto, é a essa surdez sistemática que virá imputado o destino trágico que se abaterá sobre o reino da Samaria e de Judá (cf. Jr 7,25-28; 11,7-8; 2Rs 17,7-18).

Na impossibilidade de silenciar a palavra profética, recorre-se então à irrisão, a um tipo de desprezo que coloca o profeta numa espécie de exílio, de isolamento social. É o que dolorosamente vive Jeremias, e o que igualmente deixa transparecer Oseias, ao alegar que "o profeta se torna um tolo, e o homem inspirado um louco" (Os 9,7). Para silenciá-lo lança-se mão de qualquer meio disponível, como no caso de Amós, expulso de Betel, o santuário do Reino do Norte, para que lá não mais profetize (Am 7,12-13), razão pela qual o profeta acusa Israel de ter anulado os sinais da presença divina em seu meio por obrigar os nazireus a beberem vinho (proibidos de ingerir bebidas inebriantes), e por proibir os profetas de profetizarem (2,12).

Em casos extremos busca-se inclusive a eliminação física, fato que dá origem à tradição judaica do martírio dos profetas, como claramente se percebe em Neemias 9,26, bem como no apócrifo Vida dos Profetas. O apócrifo Ascensão de Isaías propõe o mesmo tema: "Manassés cortou ao meio Isaías com um serrote" (5,1)[10].

Se, por um lado, existe uma perseguição ao profeta, por outro seu próprio corpo – como no caso de Jeremias – golpeado, marcado pela violência, se torna uma extrema exortação ao povo para que, acolhendo a palavra do Senhor, se deixe corrigir e emendar. É a experiência narrada por um coro de testemunhas diante dos sofrimentos do Servo do Senhor, simultaneamente figura real e profética: "Caiu sobre ele o castigo que nos salva, e suas feridas nos curaram" (Is 53,5). Eis, portanto, o paradoxo de uma rejeição do profeta da parte da comunidade, mas transformada pelo amor do Senhor em motivo de cura e de vida nova.

Verdadeira e falsa profecia

A amplitude e a variedade da realidade profética em Israel e a presença repetidamente denunciada da existência de falsos profetas, que exteriormente parecem autênticos, torna o problema do reconhecimento da verdadeira e da falsa profecia mais agudo. Para dificultar mais ainda a questão, a Bíblia hebraica não tem um termo para designar o falso profeta, diferentemente da septuaginta e do Novo Testamento que usam a expressão *pseudo-profétes*.

Repetidas vezes os textos bíblicos testemunham um conflito entre os profetas, como é o caso entre Miqueias e Sedecias (1Rs 22), entre Jeremias e Hananias (Jr 28). E esse confronto se transforma em polêmica acirrada contra os acusados de profetizar em nome do Senhor sem ter recebido dele qualquer mandato (Jr 23,9-40; Ez 13). O problema é que tanto os verdadeiros quanto os falsos profetas se querem anunciadores das palavras do Senhor, fato que impõe o estabelecimento de critérios de discernimento entre verdadeira e falsa profecia. Trata-se de um tema presente tanto nos Livros Proféticos quanto no Deuteronômio.

---

10. Uma ideia similar se encontra no NT: cf. Mt 5,12; 23,30.34.37; Lc 13,34; Hb 11,35-38.

Alguns critérios existem nas páginas bíblicas. Um diz respeito à realização da mensagem. No entanto, quando a mensagem promete uma salvação fácil, é preciso esperar sua concretização, pois os ouvintes são levados a escutar piamente o que os (falsos) profetas lhes oferecem de forma complacente (Jr 28,8-9).

Quando, ao contrário, a mensagem profética fala de juízo divino, de conversão, e denuncia uma série de práticas idolátricas e de desrespeito à justiça, o profeta é crível, e não é necessário nem esperar a realização da mensagem proferida. Enfim, o profeta verdadeiro sempre faz um discurso crítico, provocatório, ao contrário dos discursos vazios dos falsos profetas (Mq 2,11).

Outro critério relativo ao conteúdo da mensagem profética é a coerência com a fé javista, e em particular com o primeiro mandamento (Dt 13,1-6). Esse critério funciona bem quando se trata de distinguir os profetas javistas daqueles pertencentes aos grupos baalistas ou a outros cultos e práticas de ocultismo. Mais difícil de distinguir, no caso dos assim chamados falsos profetas, é quando estes estão em conformidade com o culto javista. Aliás, estes podem parecer inclusive mais de acordo com as tradições de fé do povo de Israel, já que alegam esperar a realização das promessas divinas. Diante destes, o verdadeiro profeta pode parecer um derrotista e seu anúncio do castigo consequente ao juízo parece então uma falta de fé na presença salvífica do Senhor. No entanto, é possível reconhecer a autenticidade do verdadeiro profeta, aquele que foi enviado pelo Senhor, a partir de um traço específico: ele sempre convida à conversão, aspecto que, ao contrário, falta ao falso profeta. O profeta autêntico, portanto, pode tornar-se um guia espiritual do povo, quase alguém que o gera na fé, e por isso é chamado às vezes de "pai" (2Rs 2,12; 6,21; 13,14) ou "mãe" de Israel, como ocorre com a profetisa Débora (Jz 5,7).

O falso profeta não tem um verdadeiro contato com Deus, e suas palavras não podem fornecer senão míopes visões humanas, na maioria das vezes consequentes com as expectativas dos que o consultam, especialmente quando são ricos e poderosos. Ele cede e faz ceder à tentação de instrumentalizar o Senhor, reduzindo sua infinita majestade aos estreitos limites das expectativas humanas. Por isso Jeremias endereça aos falsos profetas uma recriminação em nome do Senhor mesmo: "Sou por acaso apenas um Deus apenas de perto, oráculo do Senhor, e não um Deus de longe?" (Jr 23,23).

Não basta, portanto, que as profecias sejam proferidas em nome do Senhor; é necessário que a profecia respeite profundamente o mistério da santidade de Deus e seu imperscrutável projeto sobre a história, ao qual só se pode aderir na fé. E justamente pelo fato de o profeta ter um respeito profundo pelo mistério de Deus, nele não há traços de arrogância ou ostentação de segurança, como aparece claramente, por exemplo, no confronto entre Hananias e Jeremias em Jr 27–28.

Existe também uma série de traços relativos ao estilo de vida do profeta. O verdadeiro profeta não vive de proventos derivados de sua atividade profética, e justamente por isso se sente livre para dizer inclusive coisas desagradáveis, duras de ser ouvidas, e não se deixa condicionar pelas estruturas de poder (Am 7,10-17). Pungente é a sátira de Miqueias contra os profetas assalariados "que anunciam a paz quando têm algo para morder com os dentes, mas declaram guerra a quem não lhes põe nada na boca" (Mq 3,55).

O estilo de vida do verdadeiro profeta exibe uma profunda correspondência ou coerência com a mensagem de que é portador. Isso se deduz da liberdade profunda em seus confrontos com o poder, com o ter e com o ser. Essa liberdade se manifesta como coragem de resistir às pressões do ambiente que exigem que ele se conforme à vida dos maiorais.

E, paradoxalmente, é essa liberdade decorrente de uma profunda obediência ao querer divino[11] que consente ao profeta ser solidário com o destino do próprio povo, não fugindo quando a situação desanda. E é aqui que se manifesta a diferença entre a verdadeira e a falsa profecia, como se pode constatar no confronto entre Jeremias e Urias que, embora repetindo as mesmas profecias de Jeremias, foge para o Egito para salvar a própria pele, abandonando o povo a si mesmo, mostrando não ser um verdadeiro profeta enviado pelo Senhor (Jr 26,20-23).

O critério da coerência entre a mensagem e o estilo de vida do profeta tem inegavelmente seu valor, mas não pode ser usado de forma unívoca, já

---

11. "E, de qualquer forma, deve-se manter firme a distinção entre uma conduta conforme a vontade de Deus e uma conduta obediente às normas puramente humanas: os verdadeiros profetas aparecem mais como rebeldes em relação às diretrizes impostas pela autoridade do rei; e são muito críticos... em relação a determinadas práticas religiosas, mesmo que eventualmente tradicionais e sancionadas por especialistas em leis" (BOVATI, P. "Alla ricerca del profeta. 2. Criteri per discernere i veri profeti". In: BOVATI, P. *"Così parla il Signore"* – Studi sul profetismo biblico. Bolonha: EDB, 2008, p. 51-52).

que o profeta continua autêntico mesmo quando infiel à própria missão, como no caso de Jonas.

Nenhum critério, se usado de forma isolada, é suficiente. Urge, portanto, buscar um critério último que garanta que uma tradição profética seja conservada, aprofundada, confiada à atestação escrita, e na qual a comunidade de fé reconheça que a Palavra de Deus proferida pelo profeta tem como destinatário último a própria comunidade.

Entretanto, esses critérios "objetivos" devem ser integrados a um critério "subjetivo" que, na verdade, diz respeito aos destinatários da mensagem profética. Estes, se quiserem reconhecer o verdadeiro profeta como alguém que fala movido pelo espírito do Senhor e como anunciador de suas palavras, precisam colocar-se em sintonia com ele e abrir o próprio coração para melhor acolher a Palavra.

Desenvolvimento histórico da profecia: o profetismo pré-clássico

O profetismo marca profundamente a história religiosa do Israel bíblico. Os profetas colheram e interpretaram o sentido velado dos acontecimentos, anunciaram o juízo divino, recordaram as fascinantes e amargas lições da história da aliança; mediante o carisma recebido souberam intuir a lógica secreta do projeto salvífico de Deus e por vezes também previram seus desenvolvimentos futuros.

Nesse sentido a tese exegética que vê neles a consciência crítica da experiência de fé de Israel colhe um inquestionável elemento de verdade. Por outro lado, a religiosidade e a fé de Israel sofrem transformações ao longo da história e, associado a esse fato, o fenômeno do profetismo conhece um desenvolvimento histórico com significativas modificações. Não se pode, pois, compreender a profecia separada do momento histórico na qual ela ocorre; de fato, o profeta é verdadeiramente o homem do presente, envolvido nas vicissitudes políticas, sociais, econômicas e religiosas da sociedade de seu tempo, nas quais anuncia o *dabár* do Senhor e o significado secreto dos eventos em seu misterioso plano salvífico.

É útil então percorrer novamente o período do desenvolvimento do profetismo de Israel, até seu declínio.

Na releitura da própria história, Israel chega a interpretar como figuras proféticas os próprios patriarcas, a começar por Abraão (Gn 20,7), passando depois por Moisés, que é tido como paradigma supremo da profecia: "Não voltou a surgir em Israel profeta semelhante a Moisés, com quem o Senhor tratasse face a face" (Dt 34,10). E quem está perto dele participa ao menos em parte desse carisma profético, como a irmã de Aarão, Maria (Ex 15,20). Na época dos juízes também se aponta a figura de uma profetisa, Débora (Jz 4,4), bem como a de Samuel (1Sm 3,20).

No primeiro período monárquico, seja durante o reino unido, seja ao longo da divisão dos reinos de Israel e Judá, se desenvolve um profetismo conhecido como "pré-clássico", já que aos profetas de então não é atribuído nenhum escrito indicando seus nomes. Sobre esse aspecto falam os livros dos Profetas anteriores, que atestam a presença de profetas individuais ou profetas corporativos, em grupos chamados "filhos de profetas", isto é, "discípulos dos profetas" (cf., p. ex., 1Rs 20,35; 2Rs 2,3.5.7.15; Cf. tb. Am 7,14). Dentre emergem alguns nomes: Natã (2Sm 7); Gad, vidente de Davi (2Sm 24); Aías de Silo (1Rs 11); Miqueias ben Imla (1Rs 22). Mas, sobretudo, Elias e Eliseu, aos quais são dedicados dois amplos ciclos de narrativas (1Rs 17,1–2Rs 13,21). Para as figuras femininas denominadas "profetisas" – além de Míriam, irmã de Moisés, e Débora – aparecem a mulher de Isaías, da qual, entretanto, não se conhece o nome (Is 8,3); Hulda, no período de Josias (2Rs 22,14); e Noadia, falsa profetisa da época de Neemias (Ne 6,14).

Esse profetismo é conhecido como "estático" porque às vezes busca contato com a divindade por meio de práticas particulares – especialmente música e dança –, que podem produzir uma espécie de êxtase ou transe a fim de entrar em contato com a divindade. É dentro desse contexto que Samuel comunica a Saul um encontro particular com um grupo de profetas reconhecíveis por seus excêntricos comportamentos (1Sm 10,5). Algo similar acontece também com Eliseu (2Rs 3,15), por ocasião das guerras com os moabitas.

Frequentemente os que pertencem a esses grupos proféticos são vistos como curandeiros, como comunicadores de mensagens divinas, mas também como agitadores políticos. Sua afinidade com certas manifestações do profetismo dos ambientes cananeus é incontestável, e seguramente suscitava muitas perplexidades, a ponto de um dos discípulos de Eliseu – mandado a ungir em segredo Jeú como rei de Israel – ter sido definido como "louco" (2Rs 9,11). É provável que esses grupos também instigassem o povo à solidariedade em nome da fé comum por ocasião de guerras e catástrofes. Depõe a favor dessa afirmação a figura de Débora, a profetisa que encorajava a reagir contra a opressão e a combater contra Jabin e a coalizão das cidades cananeias do Norte (Jz 4,4-9).

E remontando aos tempos mosaicos, algo semelhante acontece com Míriam, a profetisa, quando esta ensinava aos israelitas, fugidos da perseguição do faraó, um canto que celebrava a vitória: "Cantai ao Senhor porque estupenda foi a vitória; cavalo e cavaleiro ele jogou no mar" (Ex 15,21).

O profetismo pré-clássico, portanto, é principalmente um profetismo organizado em grupos nos quais às vezes emergem personalidades de particular destaque e forte carisma. Sua localização sociológica é principalmente o ambiente da vida dos santuários (incluído o Templo de Jerusalém), e mais raramente a corte. Habitualmente os membros dessas confrarias pertenciam a estratos sociais humildes e não viviam em condições de conforto, como decorre dos episódios relatados sobre os grupos dos filhos de profetas que giravam ao redor de Eliseu para os quais a alimentação era geralmente insuficiente e deviam recorrer assim a empréstimos de utensílios de uso ordinário, como, por exemplo, um machado. Às vezes esses grupos eram reconhecidos pelo fato de rasparem a cabeça e por usar um manto particular (cf., respectivamente, 2Rs 4,38-41.42.44; 2Rs 2,23; 1Sm 28,14; 2Rs 2,8.13-14). É evidente que eles não podiam viver exclusivamente de esmola; por isso exerciam algum ofício como agricultor ou pastor, e se reuniam para encontros proféticos com aqueles que consideravam seus guias espirituais, aos quais chamavam de "pai", ou "senhor", ou simplesmente "homem de Deus".

A relação que eles mantinham com o poder nem sempre é totalmente clara. Por vezes pareciam comportar-se como profetas da corte, proferindo oráculos favoráveis ao monarca e ao seu entorno, mas às vezes no grupo emergiam figuras particularmente críticas em relação ao poder e fortes em defender, em nome de YHWH, os direitos dos pobres, dos fracos, como aconteceu, por exemplo, com Elias, que condenou Acab e Jezabel pelo delito perpetrado contra Nabot, ao qual haviam subtraído a vinha dos pais (1Rs 21).

A forma como cada profeta acabou aderindo a essas confrarias proféticas não é dita, a não ser para algumas personalidades de maior destaque, que recebiam um chamado particular do Senhor[12].

---

12. Cf., para Samuel, 1Sm 3,1-18; para Elias 1Rs 17,2; para Eliseu 1Rs 19,19-21.

Desenvolvimento histórico da profecia: o profetismo clássico

À profecia pré-clássica sucede a profecia clássica, aquela ligada a profetas singulares, livres, frequentemente na oposição, e aos quais são referidos os escritos sob o mesmo nome. Numericamente são mais reduzidos, mas certamente mais significativos pela influência tida sobre o desenvolvimento da experiência de fé de Israel. A reconstrução da história da profecia clássica deve levar em conta três grandes períodos: o precedente ao exílio, o período exílico e o pós-exílico. Não existe propriamente uma sucessão de um profeta a outro; estes surgem quase que intermitentemente, em momentos críticos da história do povo, e convidam à conversão, à prática da justiça, justamente para que o juízo por eles anunciado seja suspenso, para que não se concretize.

Assim, no último período do Reino do Norte, Amós e Oseias fazem ouvir suas vozes. Um pouco mais tarde, ao Sul, eis a profecia de Miqueias e de Isaías se realizando, e, em seguida, nos decênios sucessivos, a de Habacuc e Sofonias. As confrarias proféticas davam a impressão de sempre dispor de algum oráculo profético, fato que não ocorre junto aos profetas clássicos. Estes dependem do aparecimento da Palavra do Senhor, da qual se fazem porta-vozes; quando isso não acontece, preferem ficar em silêncio, na expectativa.

Muito próxima ao período do exílio surge uma figura profética de importância excepcional: Jeremias de Anatot. Mesmo sendo ignorado em sua pregação, Jeremias acompanha o povo de Judá que, por sua vez, guiado por chefes ensandecidos, se encaminha para uma catástrofe. Sistematicamente, Jeremias, que permanece em terras de Judá durante o exílio para em seguida ser arrastado para a morte no Egito, continua sua missão profética e volta a oferecer esperança ao povo que, doravante, vê seu futuro totalmente incerto. No mesmo período recebe a vocação um exilado, Ezequiel, que, entre a primeira e a segunda deportação, dirige aos companheiros de deportação um veemente convite à conversão. Justamente quando as esperanças pareciam ter chegado ao fim, ei-lo anunciando uma esperança grandiosa, a promessa do retorno à pátria, e, sobretudo, a oferta de um coração renovado, capaz de observar amorosamente a lei do Senhor.

Após o exílio emerge um surto profético por ocasião da reconstrução do Templo, com os profetas Ageu e Zacarias. Estes buscam motivar espiritualmente o povo e seus chefes a assumirem generosa e prontamente o trabalho de reconstrução. Entretanto, justamente aqui começa a emergir a consciência de que a profecia está agonizando, como se percebe de uma pergunta que Zacarias formula: "Onde estão vossos pais? E os profetas, acaso vivem para sempre?" (Zc 1,5).

Apesar disso, nem tudo está acabado, visto que à profecia oral sucede a profecia escrita, a literária. Não temos informações suficientes sobre o ambiente em que se concretiza esse trabalho, que culminará na formação de um *corpus* canônico dos Livros Proféticos. Esse trabalho participa, de alguma forma, do carisma profético. Além disso, é bastante provável que alguns dos escritos proféticos remontem diretamente a essa fase e se configurem por isso, já na origem, como profecia literária; esse parece ser o caso de escritos como os de Abdias, Naum e Jonas, e de uma série de textos de Isaías, conhecidos como Segundo e Terceiro Isaías, de Zc 9–14, de Joel e de Malaquias, cujo escrito é uma espécie de retomada das temáticas proféticas fundamentais no final da compilação dos escritos proféticos dos Doze e de todo o *corpus* profético.

A profecia literária, ela também, se presta a apoiar a fé em momentos de crise. De fato, Judá se move ao redor do Templo, da Lei e dos sacerdotes, mas deve enfrentar uma mudança cultural profunda, primeiro com aquela causada pelo encontro com os persas e depois com a dos gregos e seu fascínio intelectual. Recolher e editar textos proféticos pode constituir um ponto de referência para não fraquejar na fé, para encontrar a natureza mais profunda da aliança com YHWH, para continuar a viver a eleição como dom e como responsabilidade.

A linguagem dos Livros Proféticos

A profecia em Israel se dá prioritariamente como uma comunicação oral da palavra viva do Senhor que interpela o presente de seus destinatários. Rapidamente, porém, essa palavra é entregue à escrita, já que o alcance da mensagem profética vai além da situação concreta em que foi oferecida aos ouvintes. Já na fase oral se delineiam algumas modalidades comunicativas padronizadas, como, por exemplo, o oráculo, a ameaça, a lamentação fúnebre.

Quando a profecia se transforma em escrito profético, emergem ulteriores características que configuram os gêneros literários específicos do *corpus* canônico profético. De fato, os escritos proféticos não são uma cópia estenográfica das palavras proféticas; eles sofreram um trabalho de redação e de revisão, que às vezes levou séculos, e tornou ainda mais fascinante e culta a linguagem das obras. Por outro lado, os livros dos profetas não são manuais de teologia, mas obras literárias que usam a linguagem característica da literatura, diferente da linguagem técnica da teologia, e da linguagem comum, falada no dia a dia (às vezes banal). Mesmo assim a criatividade dos autores proféticos por vezes é canalizada em formas estáveis e repetíveis, ou seja, em gêneros literários específicos dos Livros Proféticos[13].

O mais comum desses gêneros – e igualmente o mais próximo da forma oral originária – é o *oráculo*. Neste o profeta fala como mensageiro, como porta-voz de Deus, e apresenta as próprias palavras como palavras de Deus.

O conteúdo dos oráculos é variado, assim como as finalidades visadas. Dessa forma temos o oráculo de denúncia, ao qual está coligado também o anúncio do castigo, eventualmente expresso em forma de lamentação fúnebre (do qual um vestígio é o "ai" que, além de ameaça, é uma expressão de condolência). O oráculo apresenta constantes formas, por vezes com expressões que apontam seu início e fim, remetendo à sua origem divina ("Assim diz o Senhor... Oráculo do Senhor... Palavra do Senhor...").

Numericamente são esses os oráculos mais atestados, mas também existem outros, que normalmente são chamados "oráculos de salvação", que pretendem exortar, encorajar, instruir, consolar. Os destinatários dos oráculos são geralmente o povo de Deus ou outros povos, ou grupos em seu interior (chefes políticos, religiosos, judiciários...), ou classes sociais específicas. Muito raramente os oráculos são destinados particularmente a um indivíduo.

As origens da forma oracular remontam evidentemente ao âmbito cultual, ao costume de pedir uma resposta solene a Deus pela mediação de agentes sagrados. Entretanto, com o surgimento do profeta que age não enquanto pertencente a congregações proféticas, mas enquanto indivíduo chamado por Deus, o oráculo sofre uma evolução significativa, apta a tornar sempre mais evidente o fato de que, por meio dele, o Senhor comunica seu projeto sobre a história e sobre todos os atores envolvidos.

Como veremos mais adiante, os oráculos sofreram com frequência, da parte dos discípulos e dos redatores sucessivos, retoques necessários em razão da mudança dos destinatários e de um novo contexto histórico. Re-

---

13. Para o estudo dos gêneros literários dos escritos proféticos, iniciado por H. Gunkel, continua fundamental a contribuição de WESTERMANN, C. *Grundformen prophetischer Rede*. Munique: Kaiser, 1960 [Beiträge zur evangelischen Theologie, 31].

conhece-se assim ao oráculo uma vitalidade autônoma, mas com um certo deslocamento de significado já no interior do texto canônico.

Como já o sublinhamos, por vezes o oráculo assume internamente o gênero literário do *rib* (cf., p. ex., Is 1,2-9.10-20; Jr 2,9-13; Os 4,1-3; Mq 1,2-7), isto é, de um particular procedimento jurídico ao encargo do transgressor do pacto, cuja estrutura é a seguinte: anúncio do processo e convocação das testemunhas; benefícios envidados pelo querelante; acusação contra o imputado ou discussão entre os dois litigantes; veredicto. O *rib* profético pode ser frequentemente equiparado a um ou mais oráculos de juízo, quando a distinção é por vezes tênue; mas, por outro lado, trata-se de um dos gêneros que melhor reflete a novidade da mensagem profética[14].

Coligadas às acusações de rompimento da aliança estão igualmente algumas fórmulas de bênção e de maldição.

Outros gêneros literários desenvolvidos do núcleo originário do oráculo são as *meditações históricas*, que deveriam levar o povo à emenda, as *exortações*, os *cânticos fúnebres* e as lamentações diante das consequências do castigo divino. Indícios afins ao gênero oracular aparecem nos relatos de *visão profética*. Se o profeta nos tempos antigos era chamado *ro'éh* ou *chozéh*, é porque a comunicação com o mundo divino acontece em várias ocasiões nas modalidades das visões. Esse elemento, particularmente caro à fase do profetismo que desenvolve uma atividade divinatória institucional (Nm 23,9; 24,3-4; 1Rs 22,19-22), se conserva também sucessivamente, até desaguar no gênero da visão apocalíptica. De fato, o gênero literário da visão nos textos proféticos se apropria do plano da imaginação e da linguagem simbólica, mas sem as complicações mais cerebrais que caracterizam as visões da apocalíptica, que, por sua vez, necessita de uma voz que a interprete e esclareça suas particularidades obscuras.

Outro gênero literário característico da profecia é o relato de *vocação*[15]. O escopo desses relatos não é o de informar sobre uma experiência particular do profeta, mas de legitimar a atividade narrando a irrupção de Deus e de sua Palavra na vida do vocacionado. Por vezes o evento da Palavra, no

---

14. O estudo da especificidade do gênero do *rib* corrige a impostação de Westermann, que sustenta de modo exclusivo o esquema bipartido do oráculo de juízo: acusação e sanção divina.

15. Is 6,1-13; Jr 1,4-10; Ez 1,1-3,15; Am 7,10-17... Sobre essa temática já nos referimos antes, mostrando suas tipologias fundamentais (p. 22s. deste volume).

relato de vocação, está coligado à apresentação de uma teofania. Essencial, entretanto, é a missão dada ao profeta, frequentemente associada a um sinal e a uma confirmação que se fazem necessários na medida em que o profeta apresenta objeções.

Em seguida vem o gênero do relato de *ação simbólica* – semelhante à encenação e ao teatro de rua –, que apresenta a seguinte articulação: ordem divina; sua execução prática; sua interpretação em primeiro lugar aos primeiros destinatários e, em seguida, aos leitores. Dentre esses relatos pode-se mencionar como exemplos a roupa de saco e o caminhar nu e descalço da parte de Isaías (Is 20), o casamento de Oseias (Os 1–3), o celibato de Jeremias (Jr 16), a compra do terreno situado em Anatot (Jr 32,6-15), o mutismo de Ezequiel diante da morte da mulher (Ez 24,15-24).

As ações simbólicas dos profetas poderiam parecer gestos mágicos, ao passo que na realidade sua eficácia não está numa força secreta, mas na aceitação da parte dos destinatários, ao se deixarem impressionar pela mensagem profética, oferecida numa modalidade fortemente provocativa e interpeladora.

Outros textos que narram episódios da vida do profeta são cunhados segundo gêneros literários sempre mais complexos, que vão da *legenda profética* à épica profética, até à biografia exemplar[16]. Esta última se encontra nas narrativas sobre a vida do profeta que, embora não escondendo as fraquezas, exaltam a forte personalidade empenhada na luta contra a idolatria e a injustiça, em favor de uma fé exclusiva e plena em Deus. Indícios consistentes de tal operação são, por exemplo, Is 36–39, e a seção considerada "biográfica" de Jr 26–45.

A linguagem profética usa também outros gêneros literários que pertencem à literatura sapiencial ou a de âmbito sacerdotal, como é o caso da epístola, do hino, do poema, da parábola, da alegoria e das próprias orações. De particular afinidade com a linguagem dos Salmos são aqueles textos proféticos nos quais o profeta interroga Deus, suplica, protesta, manifesta dúvidas e vontade de renunciar, como, por exemplo, nas "confissões" de Jeremias (Jr 11,18–12,6), ou nas orações de Isaías (Is 63,7–64,11), de Jonas (Jn 2,3-10), de Habacuc (Hab 3,1-17).

---

16. Fundamental para o estudo dos gêneros literários proféticos em prosa é a obra: ROFÉ, A. *Storie di profeti* – La narrativa sui profeti nella Bibbia hebraica. Turim: Claudiana, 1991 [Biblioteca di storia e storiografia dei tempi biblici, 8].

Da oralidade à escrita profética

A abordagem exegética da linguagem dos Livros Proféticos, de seus gêneros literários, havia privilegiado por longo tempo o aspecto oracular, visto que, ao menos aparentemente, mais próximo ao momento oral, à fase germinal da comunicação profética. Assim se comportou a pesquisa do último século e meio, empenhada em reconstruir a figura histórica do profeta e o núcleo original de sua pregação. Empresa que se revelou impossível e empobrecedora da mensagem profética sob o perfil teológico. A atenção se volta hoje para o processo que leva da tradição oral ao escrito profético e para a questão de como este buscou garantir a atualidade permanente da profecia bíblica[17]. Hoje já se tem clareza de que a redação dos ditos proféticos não teve tanto a intenção primária de traçar um convincente retrato da pessoa do profeta, mas de condensar sua mensagem e mostrar sua constante validade para cada tempo. Para que a mensagem permaneça viva, urge um intenso trabalho de atualização que se realiza por meio de uma progressiva ampliação dos escritos proféticos e uma reorganização do material antecedente, segundo um acurado padrão redacional. Hoje se renuncia à hipótese, antes amplamente adotada, da existência de "círculos de discípulos" como responsáveis pela redação e edição dos oráculos proféticos. De fato, a reescrita dos textos proféticos é operação que se prolonga por séculos, justamente com a finalidade de mostrar a vitalidade e a atualidade, para as gerações sucessivas, da Palavra de Deus dada aos profetas[18]. Esta faz com que o trabalho dos redatores se configure como uma verdadeira empresa de autor, e não simplesmente como intervenção editorial.

Consequentemente, aquele processo exegético destinado a isolar as *ipsissima verba* dos profetas, não é mais justificado, pois os ditos originais

---

17. Para esse processo redacional do *corpus* profético, cf. BOS, J. M. "The 'Literalization' of the Biblical Prophecy of Doom". In: SCHMIDT, B.B. (org.). *Contextualizing Israel's Sacred Writings* – Ancient Literacy, Orality and Literary. Atlanta: SBL, 2015 [Ancient Israel and Its Literature, 22].

18. "É possível qualificar o processo das palavras do profeta aos livros dos profetas como exegese de atualização" (ZENGER, E. "Peculiarità e significato della profezia d'Israel". In: ZENGER, E. (org.). *Introduzione all'Antico Testamento*. Op. cit., p. 701). No mesmo parágrafo (p. 700-702) Zenger propõe também uma descrição do processo dessa exegese – valendo-se, em particular, das contribuições de O.H. Steck – e conclui que tal processo confere à maior parte dos Livros Proféticos uma perspectiva *histórico-salvífica*, dando à proclamação do juízo o significado de profecia de conversão e de anúncio de salvação.

não são os únicos detentores do carisma profético. Do carisma profético se beneficia também o trabalho dos redatores. A estrutura conferida aos textos proféticos, os acréscimos e as modificações dos dados tradicionais também fazem parte da mensagem profética, com valor não inferior às memórias que remontam ao profeta histórico.

2

Isaías

Introdução

O Livro de Isaías: uma obra complexa e uma longa história redacional

Na tradição canônica da Bíblia cristã, o Livro de Isaías é o primeiro dos escritos proféticos; na hebraica é o primeiro dos "Profetas posteriores". Prioridade não tanto cronológica, mas canônica, confirmada pelo privilégio que o livro conheceu já no médio-judaísmo. Disso temos provas irrefutáveis, em particular graças aos achados de Qumran, mas também pelo fato de que o Livro de Isaías, nos textos neotestamentários, é o mais citado ou referido.

No Talmude, porém, é indicada outra localização, e Isaías é situado após Jeremias e Ezequiel pelo fato de seu uso litúrgico, no judaísmo, prever um número inferior de *parashót* (ou perícopes): "Nossos rabinos ensinaram: a ordem dos profetas é Josué, Juízes, Samuel, Reis, Jeremias, Ezequiel, Isaías e os Doze Profetas menores" (*Baba Batra*, 14b).

Aproximando-nos desse escrito profético ficamos imediatamente surpresos por sua vastidão e pela grande variedade de temas, de formas literárias e pela multiplicidade de referências históricas, que nem todas parecem claramente reconciliáveis com a figura de Isaías, filho de Amós, cuja missão profética se desenvolveu na segunda metade do século VIII a.C.

A investigação crítica, não satisfeita com a leitura tradicional que atribui a um único profeta todo o livro, propôs subdividi-lo em duas partes (Is 1–39; 40–66), ou em três partes (Is 1–39, designado como Proto-Isaías ou Primeiro Isaías; Is 40–55, Dêutero-Isaías ou Segundo Isaías; Is 56–66, Trito-Isaías ou Terceiro Isaías)[19]. Segundo esta última hipótese existiria, portanto, à origem, a profecia de Isaías, recolhida pelo círculo de seus discípulos; depois a de um profeta anônimo da época exílica que a ele se referia espiritualmente; e, enfim, a de outro profeta anônimo da primeira época pós-exílica.

Do ponto de vista da história da formação da obra, a proposta parece razoável e capaz de explicar vários aspectos do texto, mas corre o risco de dissolver sua unidade. Ora, a orientação atual é a de considerar o livro não somente em seu processo de formação, mas também em sua totalidade redacional.

A descoberta do rolo isaiano completo de Qumran (1QIsa[a]) introduziu, pois, um elemento de grande interesse no debate: entre o final do capítulo 33 e o início do capítulo 34 existem três linhas brancas que geralmente separam dois livros no mesmo rolo (como, p. ex., Oseias e Joel). Isso significa que, no século II a.C., o Livro de Isaías era percebido como bipartido. Por outro lado, a pesquisa paleográfica mostraria que o copista seguiu dois manuscritos diferentes para Is 1–33 e Is 34–66, e isso provavelmente é indício de que blocos de material profético referido a Isaías circulavam separadamente.

Exegeticamente o fato leva a repensar a forma atual de Isaías como uma obra única em dois volumes: Is 1–33; 34–66. Isso não tira a consistência da pesquisa da complexa história redacional pela qual foi possível individuar três ou mais estratos, mas sublinha como a redação final deu um cunho unitário à obra, estruturando-a como duas partes de um mesmo livro. Por outro lado, isso resolve também uma série de problemas que se impunham quando se seguia a estrutura tripartida. Por exemplo: era difícil explicar a razão pela qual o capítulo 35, pertencente ao Proto-Isaías, apresentasse fortíssima afinidade com os textos deuteroisaianos.

Seguiremos, na presente leitura, esta plausível estruturação do Livro de Isaías[20]:

---

19. Essa proposta remonta ao célebre comentário de D. Duhm: *Das Buch Jesaja, übersetzt und erklärt*. Göttingen: Vandenhoeck und Ruprecht, 1892 [5. ed.: 1968] [Handkommentar zum Alten Testament, 3,1].

20. É a proposta de MELLO, A. *Isaia* – Introduzione, traduzione e commento. Cinisello Balsamo: San Paolo, 2012, p. 19-20.

	PRIMEIRO ISAÍAS (as "coisas antigas")
1	título geral
2–12	primeira compilação de oráculos sobre Judá e Jerusalém
13–23	oráculos (ou "ameaças") contra as nações
24–27	fim do mundo presente e inauguração do mundo futuro
28–33	oráculos sobre Samaria e Jerusalém
	SEGUNDO ISAÍAS (as "coisas novas")
34–35	processo contra Edom
36–39	relatos históricos relativos ao Profeta Isaías
40–48	o Dêutero-Isaías (A)
49–55	o Dêutero-Isaías (B)
56–66	o Trito-Isaías

As duas partes não são simplesmente aproximadas, mas têm fortes vínculos temáticos que a redação evidenciou por meio de um duplo procedimento: antecipação e retomada. Assim, na primeira parte se antecipam temas que depois são retomados e aprofundados em direções específicas na segunda parte do livro.

Quanto à formação do livro, sua intrincada história redacional é objeto de reconstruções que necessariamente continuam hipotéticas. A proposta mais interessante nos parece a de M.A. Sweeney[21]. Ele supõe quatro fases fundamentais na composição do livro. Propomos aqui seu percurso sem entrar em muitos detalhes.

No início, na primeira fase, estão as palavras do profeta histórico Isaías; a segunda fase é uma redação da época de Josué (fim do séc. VII), que insere junto a um material mais antigo alguns textos próprios, como, por exemplo, os capítulos 36-37. Como terceira fase, temos a edição do livro que remonta ao final do século VI. Em seguida vem a redação final, coligada com a reforma de Esdras e Neemias, e, por isso, datada por volta do final do século V. Esta integra toda uma série de materiais próprios (como, p. ex., os capítulos 56-59; 63-66) e, sobretudo, cria relações de inclusão entre as duas partes do Livro de Isaías.

---

21. SWEENEY, M.A. *Isaiah 1-39* – with an Introduction to Prophetic Literature. Grand Rapids: Eerdmans, 1996 [por exigências editoriais, o autor comenta até o cap. 39, embora, para a estrutura, siga a divisão em 1–33 e 34–66].

O Profeta Isaías e sua época

O título o livro (Is 1,1) remete a obra a uma figura histórica: Isaías, filho de Amós, e situa sua atividade profética no período que vai do reinado de Ozias ao de Ezequias. A análise histórico-crítica chega a indicar alguns núcleos de sua pregação constatáveis fundamentalmente nos capítulos 1; 2-4; 5-10; 14-23; 28-32. Sobre o profeta existem ainda narrações reunidas nos capítulos 36–39 e substancialmente paralelas à versão deuteronomista de 2Rs 18–20.

Para compreender o núcleo originário do qual se desenvolve o Livro de Isaías, é necessário, pois, focar nas informações que temos sobre o profeta e sobre sua época.

O ambiente social de pertença parece ser o das elites jerosolimitas, com as quais tem estreitos contatos, mesmo se às vezes conflituosos. Por outro lado, os textos de Isaías denotam uma refinada preparação cultural do filho de Amós.

Sua missão profética se radica na vocação, advinda – segundo Is 6 – no último ano do Rei Ozias (740 a.C.). A partir desse momento Isaías se sente chamado a adotar um estilo de vida alternativo ao dominante, envolvendo um grupo de discípulos que o rodeiam (8,16) e também o próprio núcleo familiar, incluindo, portanto, mulher e filhos, dos quais conhecemos os nomes: Sear-Jasub e Maher-Shalal-Hash-Baz (7,3; 8,1-3).

Sua ação profética, sob os reinos de Joatão, Acaz e Ezequias, coincide com o período do máximo expansionismo assírio na direção dos reinos vizinhos, incluídos Israel e Judá. À época do reinado de Joatão remonta provavelmente uma série de oráculos que denunciam corrupção moral, injustiça, opressão social, idolatria e formalismo cultual.

As denúncias continuam também posteriormente, especialmente sob o reinado de Acaz, quando se deflagra a guerra siro-efraimita, na qual uma coalizão antiassíria de Samaria e de Damasco pretendia envolver inclusive o Reino de Judá. Nessa ocasião o profeta exorta o rei a não buscar políticas de alianças, mas a confiar-se somente no Senhor (cf. 7,1-9). Exortação ignorada, já que Acaz chama em auxílio, contra Israel e Damasco, justamente o imperador assírio, pagando-lhe inclusive tributos. E dessa forma os assírios serão ulteriormente motivados a expandir-se em detrimento de Damasco e de Israel, dos quais, com Sargão II, sitiarão e destruirão a capital, Samaria, em 721.

Desse momento trágico – com matanças, destruições, devastações e cruéis deportações – dão testemunho vários oráculos, como, por exemplo, Is 7,17-25.

Quando a Acaz sucede o filho Ezequias (716-687), Isaías encontra um interlocutor mais disponível. Não é explícita no texto de Isaías, entretanto, a posição tomada pelo profeta em relação à tentativa de reforma religiosa do rei, mas é presumível seu apoio, em consonância com as mesmas instâncias de autenticidade religiosa, rigor moral, justiça social.

Durante o reinado de Ezequias, que se nega a pagar o tributo aos assírios, Senaquerib invade Judá, destrói dezenas de fortalezas e vilarejos, sitia Jerusalém, mas não consegue conquistá-la. As razões desse (parcial) insucesso militar assírio não são claras, e vão de uma possível epidemia desencadeada nos acampamentos inimigos às notícias de desordens graves que obrigam o retorno do exército à Assíria (cf. 2Rs 19,35-37 e 2Cr 32,21-22). O texto de Isaías vê nisso uma intervenção providencial do Senhor, que evoca o extermínio dos primogênitos do Egito (Is 37,36).

Nessa história ocorre o paradoxo em que a intervenção do profeta como intercessor junto ao Senhor é solicitada oficialmente no momento mais crítico (cf. 37,1-7), mas seu apelo a confiar-se apenas no Senhor e não continuar na ilusória política de alianças permanece ignorado.

Da morte do profeta não temos informações no texto canônico, e de seu possível martírio (é serrado por um serrote) sob Manassés falam somente os textos apócrifos, como a Ascensão de Isaías (5,1) e Vida dos Profetas ("Isaías de Jerusalém morreu serrado ao meio por Manassés e foi colocado debaixo do carvalho de Roguel, próximo ao aqueduto que Ezequias destruiu bloqueando as águas..." – 1,1).

É provável que a memória da pessoa de Isaías tenha sido guardada por círculos proféticos que nele se inspiraram. Assim, não é de se admirar que um autor exílico (Dêutero-Isaías), contemporâneo, por conseguinte, de personagens históricos como Ciro da Pérsia, tenha colocado a própria profecia sob o patrocínio espiritual de Isaías. O movimento profético que se inspira em Isaías continua no pós-exílio com o assim chamado Trito-Isaías, e, sobretudo, com a escola de escribas a quem é referida a redação final do livro. Também desse período existem evidentes indícios na obra de Isaías, como, por exemplo, quando se levanta a sátira contra a Babilônia, que quase certamente alude à sua destruição por parte de Xerxes (485 a.C.).

O texto de Isaías

Quanto ao Texto Massorético (TM), o códice que está na base das atuais edições das bíblias hebraicas – em particular a *Bíblia Hebraica Stuttgartensia* – é o Códice B19a, conhecido também como Códice L, isto é, de Leningrado (concluído por volta de 1008/1009 d.C.). Mas existem da escola tiberiense de Ben 'Asher códices mais antigos, que apresentam os textos de Isaías: o Códice dos Profetas do Cairo (C), e o de Aleppo (A), datado entre 925-930 d.C., que é o melhor pelo rigor e pela integridade em relação aos textos de Isaías.

A crítica textual do Livro de Isaías deve hoje beneficiar-se das descobertas de Qumran, onde foram detectados fragmentos de ao menos 21 manuscritos do livro e, sobretudo, de um pergaminho completo, datável da segunda metade do século II a.C. (1QIsa^a). Disso se pode inferir a grande difusão que o Livro de Isaías tinha no mundo judaico daquele tempo.

Temos, portanto, uma testemunha textual precedendo aproximadamente mil anos o Códice C (895/896 d.C.) e praticamente idêntica, na ordem e na extensão, à sua forma atual, mesmo que não faltem variantes ortográficas e pequenos acréscimos ou omissões em relação ao Texto Massorético. E justamente aqui está um aspecto interessante: essas variantes parecem confirmar também um texto hebraico subjacente às variantes atestadas na versão grega da LXX. Esta, além disso, apresenta leituras teológicas específicas e reformulações literárias como, por exemplo, no caso de Is 7,14 e 28,16, que são retomadas no Novo Testamento com forte ressonância messiânica.

Guia de leitura

Título e denúncias iniciais (Is 1)

A reescrita de Is 1,1 é obra da redação final e oferece as coordenadas históricas nas quais se situa a atividade profética de Isaías ("YHWH salva"), filho de Amós. Essa atividade é descrita como *visões* por ser uma das modalidades com que Deus revela ao profeta o próprio plano sobre a história. A missão de Isaías começa no ano da morte do Rei Ozias e continua sob os reinados de Joatão, Acaz e Ezequias. Como lugares de sua atuação são indicados Judá e Jerusalém, mas a mensagem de Isaías envolve também Israel e outras nações.

Ao título seguem três denúncias proféticas (*rib*) que funcionam como introdução temática ao livro inteiro.

A primeira denúncia (1,2-9) acusa o povo de ingratidão e rebeldia contra o Senhor, bem como desconhecimento de sua paternidade. Céus e terra são testemunhas desse litígio judicial, já que foram testemunhas do contrato originário do pacto (cf. Dt 32,1). Enquanto os animais conhecem facilmente qual é a vontade de seu dono, o povo é incapaz de reconhecer os benefícios e também os castigos pedagógicos de YHWH, dentre os quais se menciona a guerra, que devastou totalmente a região. Esta deixou o povo na desolação, comparado a um corpo recoberto por contusões e feridas não curadas. A referência mais provável é à invasão assíria, no tempo de Senaquerib (701 a.C.). Não obstante tudo, Jerusalém foi poupada, já que o Senhor quis conservar um *resto* (i. é, sobreviventes). Esse resto sabe admitir que o castigo divino teve como escopo a correção e não a destruição. Não fosse assim, teria recaído sobre Jerusalém a mesma sorte de Sodoma e Gomorra (cf. Gn 19; Dt 29,22).

A segunda denúncia (Is 1,10-20) tem como destinatários os chefes e o povo, e critica um culto exteriormente solene destituído da prática da justiça. Entretanto, continua possível um culto sincero, desde que se abandone o mal e se adote práticas de justiça, objetivando obter assim do Senhor o perdão e a promessa de uma eliminação plena do pecado.

A terceira denúncia (Is 1,21-28) exprime toda a consternação diante do repúdio a uma esposa inicialmente fiel. A esposa é a comunidade do Senhor, agora degenerada pelo pecado, comparada ao vinho aguado e à prata refugada. Concretamente se mostra que a justiça nos tribunais se perverteu e a solidariedade para com os pobres deixou de ser praticada. Aceitando esse juízo divino, Sião, símbolo do povo em sua totalidade, será purificada e profundamente renovada, de forma a poder ser denominada "cidade da justiça" e "cidade fiel", ao passo que a sentença de condenação será redirecionada para os rebeldes e pecadores.

Os versos 29-31 são uma glosa que condena nos cultos de fertilidade um dos casos da degeneração precedentemente denunciada.

Primeira compilação de oráculos sobre Judá e Jerusalém

Uma palavra definitiva sobre a história humana (Is 2,1-5)

Com outro título (2,1) inicia a primeira seção da primeira parte do Livro de Isaías (cap. 2-12). O profeta vê a palavra do Senhor que se realiza como dom de paz universal (2,1-5). É uma visão que tem um paralelo, com algumas variantes, em Mq 4,1-5, mas quanto às relações entre as duas versões por ora é difícil decidir qual é a mais próxima do original.

A versão se abre em hebraico falando não de "final dos dias", mas de "continuação dos dias"; a referência, portanto, está em alguma coisa que não virá para além da história, mas na história. Antes de mais nada Deus torna estável e ponto de atração o Monte Sião, onde reside sua morada. Para ele acorrerão em peregrinação todos os povos, realizando assim um movimento oposto ao do episódio da Torre de Babel (Gn 11,8-9): da periferia ao centro, de baixo para cima. O percurso da história humana não é uma irreversível degeneração, mas um crescimento, uma elevação tornada possível pela revelação e pela promessa do Senhor (*lei* e *palavra*). Os povos se falam, dialogam e se encorajam mutuamente, enquanto as energias inicialmente voltadas para objetivos de morte e destruição são agora colocadas a serviço da vida e da paz. Nessa peregrinação universal a tarefa da casa de Jacó, isto é, Israel, é caminhar na luz do Senhor e observar a Torá.

Essa visão tem um valor programático e será retomada e aprofundada no final do livro, tornando-se a última palavra, o selo da profecia.

Do juízo divino à esperança de um novo início (Is 2,4-6)

Segue-se um oráculo de juízo, que anuncia o *dia do Senhor* não para salvar, mas para punir (Is 2,6-22). Julgada, acima de tudo, é a idolatria de Jerusalém, que se manifesta pela contaminação humana das próprias realizações: a pretensão de conhecer o futuro, a segurança recolocada no poder ou nas riquezas e qualquer tentativa de coisificar Deus (fabricação de ídolos). Na raiz de tudo está o orgulho humano, sobre o qual – suscitando terror – recai o juízo do Senhor, que vem humilhar o que se exalta e derrubar por terra tudo o que verticalmente se eleva.

Se na visão da paz universal toda a humanidade se eleva pela força de atração da lei e da palavra do Senhor, aqui, ao contrário, o povo do Senhor pretende elevar-se sob o impulso do próprio orgulho, quase adorando a si mesmo ("adoram as obras das próprias mãos" – v. 8). Mas só Um pode elevar-se a si mesmo: YHWH.

Segue uma denúncia contra a anarquia que reina em Jerusalém (3,1-15). À ilusória plenitude corresponde – segundo a correspondência entre delito e suplício – uma experiência de vazio total, que o Senhor mesmo aplicará em seu juízo; assim a cidade permanecerá desprovida de meios de sustentação, pobre de habitantes, sem que ninguém tome conta do povo. A punição se abate em particular sobre os gananciosos chefes do povo que perpetuam abusos contra os pobres, a vinha do Senhor (v. 12-15).

O juízo envolve também as mulheres nobres de Jerusalém, que ostentam opulência, com armários abalroados de roupas e acessórios luxuosos. Como punição ao delito, o Senhor as aniquilará completamente e as privará de qualquer aparência de beleza e riqueza (v. 16-24). A desventura que se abaterá sobre a cidade será tão grave que por falta de homens – mortos em batalha – sete mulheres deverão se contentar com um único homem, dispostas também a sustentá-lo, só para ter filhos (3,25–4,1).

Mas, eis uma palavra de esperança: o anúncio do nascimento de um *rebento do Senhor*, que cresce e prospera (4,2-5), e se alinha perfeitamente ao resto do povo, sobre o qual o Senhor derrama sua salvação. Jerusalém é renovada com a purificação do pecado, com o dom de uma nova fecundidade e de um culto aceito pelo Senhor. A comunidade recriada (*bará'*) por Ele, revive a esperança de um novo êxodo, advertida pelos símbolos da névoa, da nuvem e do fogo, e tem com Ele uma relação esponsal, sugerida pela imagem do baldaquim nupcial (*chuppáh*, traduzido aqui como "proteção").

O canto da vinha e os "ais" (Is 5)

O profeta entoa, em nome do próprio amigo que não ousa falar, um canto de trabalho que na realidade é uma canção por um amor traído (5,1-7). A amada é como uma vinha que o vinhateiro fatigosamente cultiva com esmero; cansaço este não retribuído pela vinha, que permanece infrutífera. O profeta pergunta então aos habitantes de Jerusalém e de Judá o que o vinhateiro deve fazer diante de tamanho insucesso, e a resposta é óbvia: deixar que a vinha seja sufocada pelo matagal.

Mas justamente aqui se revela a verdadeira identidade do amigo do profeta: Deus, o único que pode ordenar às nuvens de não versarem água. E as surpresas não terminaram, já que os que proferiram o juízo sobre a vinha se encontram no banco dos réus. Surpreendente é o fato de o amante não exigir tanto ser amado, mas implorar que sua bondade para com a vinha/amada se tornasse amor para com o próximo. Infelizmente as coisas tomaram outro rumo, e ao invés de justiça e direito, o povo ofereceu a Deus massacres e gritos de oprimidos, exatamente como a vinha predileta não produziu uva, mas tão somente frutos amargos.

A condenação da vinha se prolonga numa série de seis *ais* (v. 8-23), que será completada em Is 10,1-2. O termo hebraico traduzido como "ai" indica, mais do que uma ameaça, uma lamentação fúnebre, que paira diante do desencadeamento da ira divina contra os culpados.

O primeiro "ai" denuncia a realidade do latifúndio, que transgride a lei bíblica da impenhorabilidade da terra, já que dada em herança pelo Senhor ao seu povo. A tantas casas e campos acumulados corresponderá uma ausência de habitantes e uma solidão arrepiante (v. 8-10).

Em seguida é denunciada a vida festiva que aturde a percepção do querer de Deus; as orgias e farras dos foliões serão substituídas pelas mandíbulas famintas e insaciáveis da morte (v. 11-17).

O terceiro "ai" é em razão do ceticismo dos que desafiam a Deus, negando seu senhorio sobre a história; o mal se abaterá sobre eles como uma carruagem que ingenuamente atraíram contra si mesmos (v. 18-19).

A próxima lamentação diz respeito à perversão, à subversão dos valores, com a confusão entre bem e mal, luz e trevas (i. é, verdade e falsidade). Aqui não é necessário um suplício correspondente ao delito, já que esse estilo de vida traz em seu bojo a própria condenação (v. 20).

Aparece em seguida o "ai" contra uma sabedoria autossuficiente (v. 21) e, finalmente, o "ai" contra a corrupção no exercício da justiça nos tribunais (v. 22-23). Na raiz dessas culpas está a rejeição da lei e da palavra do Senhor, cuja ira se deflagrará trazendo destruição (v. 24-25).

Na prática, para executar a sentença, o Senhor convoca uma nação inimiga que invade Israel e Judá (v. 26-30). Chegará um exército poderoso e bem armado, sempre vigilante e em constante atitude de guerra. Intui-se que se trate das milícias assírias, citadas expressamente a partir de Is 7,17-18.

A vocação de Isaías (Is 6)

A essa altura do livro, diante de tantos anúncios tão severos, é necessário esclarecer se Isaías é realmente o homem autorizado por Deus. Por essa razão o profeta narra na primeira pessoa a própria vocação. Segundo um grande número de exegetas, é exatamente aqui que tem início a primitiva compilação profética atribuível ao personagem histórico de Isaías, denominada *Livrinho do Emanuel* (Is 6–8).

Isaías relata uma experiência de visão e de audição dentro do Templo (6,1-13). O fato se dá no ano da morte do Rei Ozias (740 a.C.), o rei leproso, e por isso totalmente impuro (cf. 2Rs 15,55).

Ele vê *'Adonáy* ("senhor") sentado na sala do trono, isto é, no ato de reinar; na realidade, o que o profeta pode vislumbrar são apenas as franjas do manto, suficientes para encher o santuário. A sensação de plenitude permeia tudo, das franjas do manto à fumaça do incenso, em favor da glória divina que recobre a terra. Plenitude que contrasta com a insuficiência humana. O trono é comparável ao das cortes orientais, com uma imponente escadaria sobre a qual se posicionam os guarda-costas, neste caso os serafins. Trata-se de seres de fogo – como afirma a raiz *srf*, que significa "queimar" –, tornados assim pela proximidade com o Senhor, cuja majestade é tão indefensável que até eles devem cobrir-se o rosto e o corpo.

Ao ver segue-se o ouvir. Isaías sente a tríplice proclamação da santidade do Senhor dos exércitos, isto é, do Onipotente, mas também a de sua misteriosa proximidade e presença no mundo (a glória – *kabód* – que cobre a terra). Tudo vibra, à semelhança do abalo de um terremoto; enquanto isso, uma nuvem de incenso envolve a visão, consentindo que Isaías não sucumba, já que o que vê e escuta o abala e o faz sentir-se perdido (ou talvez, melhor, emudecido). Ele se sente um homem de lábios impuros, em meio a um povo de lábios impuros. E mesmo assim lhe foi consentido ver o Rei, o Senhor onipotente. É uma impureza que transcende a categoria do rito e se reveste de conotação moral. Urge uma purificação, a operada pelo serafim que lhe toca a boca com uma brasa ardente junto ao altar, e declara que a iniquidade de Isaías é removida, e que seu pecado é expiado, isto é, encoberto.

A essa altura, Isaías ouve a voz de *'Adonáy*, que faz um misterioso pedido ao conselho real: "Quem enviarei, e quem irá por nós?" E Isaías, doravante autorizado a responder, se declara inteiramente preparado para a missão que o Senhor lhe quer confiar.

Após esse consentimento de Isaías, o Senhor lhe revela o conteúdo de sua difícil missão: trata-se do anúncio do juízo diante de um povo sempre menos disponível a ouvir, cuja incredulidade misteriosamente aumenta. Aos olhos do profeta, esse povo é impermeável à palavra divina, razão pela qual o compara a pessoas com ouvidos que não ouvem, com olhos que não enxergam, com corações que nada entendem.

Seria sempre assim, ou existiriam alternativas? É o que o profeta se pergunta com a expressão "Até quando, Senhor?" (v. 11), manifestando a expectativa de que, para além da incredulidade, existe uma possibilidade de conversão. O Senhor responde que o castigo que se abaterá sobre a terra será terrivelmente devastador por causa da desobediência do povo. Entretanto, sobreviverá um *resto* que ulteriormente será purificado – não coincidindo de fato com os sobreviventes – e assim poderá ser declarado *santo* (v. 13b).

A fé, o Emanuel, a invasão assíria (Is 7)

Narra-se na terceira pessoa um momento da missão profética de Isaías durante a guerra siro-efraimita. Síria/Aram e Israel/Efraim projetavam uma coalizão contra os assírios, e pretendiam envolver também Judá, mas o Rei Acaz se opôs. Por essa razão eles declararam guerra a Jerusalém, imaginando poder destituir o monarca e sua Dinastia Davídica para elevar ao trono um rei fantoche (cf. 2Rs 16,5).

Segundo o relato de Is 7,1-9, o Rei Acaz – designado aqui como *casa de Davi*, para lembrar a promessa do Senhor sobre a Dinastia Davídica (2Sm 7) –, à simples notícia de movimentos de tropas aramaicas nos territórios do Norte – e todo o povo – é tomado por uma profunda agitação. Nesse contexto Isaías vai ao encontro do rei que está controlando os fortes setentrionais da cidade. É acompanhado pelo filho Sear-Jasub, cujo nome significa "um resto voltará", ou seja, regressará do exílio ou, melhor ainda, voltará ao Senhor. Ele é, portanto, o símbolo da fidelidade de Deus, mesmo se os protagonistas do episódio parecem ignorá-lo.

A palavra do profeta revela a inconsistência das conspirações humanas, razão pela qual a coalizão de Damasco e Samaria, com os reis Resin e Faceia (ou Pecaías), é condenada à falência; aliás, seus reinos em breve serão destruídos[22]. Ao Rei Acaz o Senhor não pede respostas militares, mas as da fé, pois somente na fé encontrará verdadeira solidariedade (v. 9). O texto hebraico joga habilmente com o mesmo verbo *'amán*: a primeira ocorrência está na conjugação *hiph 'il*, e significa "crer"; a segunda está na conjugação *niph 'al*, e significa "estar certos, garantidos, tornados estáveis". Fé e autêntica solidariedade são, portanto, a mesma coisa.

---

22. O texto atual de Isaías parece falar de "setenta e cinco anos", mas a queda de Samaria aconteceu um pouco mais de dez anos depois; razão pela qual alguns exegetas propõem corrigir em "cinco ou seis anos".

Qual é a reação do rei? E qual é a resposta do Senhor? O rei é incrédulo, e se camufla por detrás de uma aparência de respeito religioso; o Senhor fica exasperado com a atitude do rei, mas mesmo assim concede a promessa do Emanuel (v. 10-17).

O oráculo anuncia a Acaz a gravidez da *'almáh* – provavelmente sua jovem esposa –, o consequente parto e em seguida o crescimento da criança, fatos que mostrarão como a cidade não cairá nas mãos dos temidos inimigos. O nome do menino revela que em tudo isso se manifesta a fiel proximidade de Deus, o *Deus conosco*[23].

Enfim, fala-se também da dieta da criança, baseada em *nata* e *mel*. O significado originário, antes das releituras sucessivas que vislumbrarão nisso a dieta paradisíaca, sugere, mais do que o alimento da terra prometida, onde corre leite e mel, um tempo de devastação, com poucos campos cultivados, mas muito mel selvagem e muito leite, já que os animais são mais numerosos do que as pessoas que sobreviveram.

Essa leitura é confirmada pelo que é prospectado na passagem sucessiva de Is 7,18-25, onde se fala da invasão não tanto dos siro-efraimitas, mas do terrível exército assírio, comparado a insetos irritantes e nocivos, ou, por sua prática sistemática de extermínio dos vencidos, a uma navalha que tudo seifa. Tudo regride, inclusive os terrenos cultivados, e dessa forma passam a predominar os arbustos e bosques.

Um escrito para ter esperança (Is 8,1-20)

No *Livrinho do Emanuel*, várias vezes o *tema* do *filho*, ou da criança, aparece. Ele é símbolo de esperança e portador de novidade. Por isso se presta perfeitamente a indicar as vias inéditas com a quais o Senhor pretende oferecer a salvação ao seu povo enfraquecido pelas vicissitudes históricas e por suas próprias culpas. Às várias crianças são dados nomes que esclarecem a especificidade da mensagem de cada oráculo.

---

23. O texto hebraico é bastante disforme da versão grega da LXX, que depois é adotada pelo NT (Mt 1,23). Literalmente soa assim: "Eis, a 'jovem mulher' está grávida e dará à luz um filho e seu nome chamar-se-á 'conosco [está] Deus'". No texto grego a expressão "jovem mulher" (*'almáh*) é traduzida por "virgem" (*parthénos*) e todos os verbos estão no futuro. A versão grega é quase uma reescrita que evidencia, em relação ao significado imediato do oráculo de Isaías, uma superabundância de sentido que se orienta na direção de um alcance messiânico do oráculo. Coisa que o NT evidencia plenamente, vendo nisso uma profecia da concepção virginal de Maria, a mãe de Jesus.

É assim para o filho que Isaías terá com sua mulher, ao qual o Senhor, antes mesmo de sua concepção e sob a ordem divina e diante de testemunhas qualificadas – o sumo sacerdote Urias, e Zacarias, sogro do rei –, impõe um nome simbólico: *Maher-Shalal-Hash-Baz*, que significa *pronto-saque-próxima-pilhagem*. A confirmação escrita do nome da criança faz com que ela, ao nascer, se transforme em anúncio vitorioso da profecia que lhe é associada: Efraim e Damasco, atualmente inimigas de Judá, serão derrotadas, e seus espólios serão divididos entre os vencedores. Implicitamente, nos versículos 1-4, a ação profética sugere que Deus não é apenas genericamente Senhor da história, mas submete à sua vontade qualquer evento histórico.

Isaías recomendou a Acaz a fé, mas o rei confiou somente em alianças políticas. O oráculo de Is 8,5-10 mostra que essa política se voltará contra o Reino de Judá, já que limitará muito sua liberdade, tornando-o súdito tributário dos assírios. Melhor seria confiar-se no Senhor, optar pela fé, simbolizada nas águas de Siloé que correm tranquilas. Mas, contrariamente, o que o rei pede é a ajuda dos assírios, que em seguida se assemelha a uma inundação avassaladora, devastadora. Mesmo diante de tanta desolação resta esperança: os planos dos inimigos falharão, pois Deus continuará sendo o Emanuel, o *Deus conosco*.

A essa altura Isaías lembra o momento da própria vocação, de como ele foi agarrado pelo Senhor e impulsionado a seguir um estilo de vida alternativo aos comportamentos e aos pensamentos de seu povo (v. 11-15). Ao envolvimento com os cálculos políticos e aos medos com as conspirações e reversões de alianças, o profeta contrapõe o reconhecimento da santidade de Deus e de seu santo temor. Não se pode tratar Deus com leviandade, como Israel e Jerusalém estão fazendo.

Assim, diante de uma dinastia e de um povo que temem mais aos homens do que a Deus, Isaías compila num memorial sua pregação ignorada (v. 16-20). Pareceria tratar-se da redação de sua mensagem (simbolizada nos termos "prender/embrulhar" e "selar"); mas, de fato, o que se quer é garantir a conservação da revelação e do testemunho profético no interior do grupo dos discípulos de Isaías. O momento é difícil, porque Deus parece ter escondido seu rosto, entretanto, o profeta e seus discípulos (filhos) continuam esperando a salvação do Senhor e mantendo viva a esperança, na certeza de sua misteriosa e fiel presença em Sião. Por outro lado, diante do silêncio divino, o povo incrédulo se entrega às práticas de adivinhação e necromancia, caindo assim no ridículo, visto que do mundo dos mortos não brotam respostas ao mundo dos vivos. A uma religiosidade mágica e manipuladora, que alimenta ilusões, contrapõe-se a disciplina da fé: "Mantenham-se ao ensinamento, ao testemunho" (v. 20).

Um nascimento que traz luz (Is 8,21-28)

O *Livrinho do Emanuel* (cap. 6-8) é redacionalmente ampliado com dois oráculos: o primeiro se refere à invasão assíria, o segundo fala de um nascimento real, ou, talvez, da entronização do novo rei.

Is 8,21-23 é uma profecia sobre as regiões do Norte, as primeiras sujeitas à invasão assíria, que causou devastações e carestia. O próprio Rei Acaz é implicado nisso, sobretudo por ter pedido auxílio assírio, razão pela qual os habitantes dessas regiões amaldiçoam o rei e seu Deus. Entretanto, o Senhor reverte essa condição de escuridão e degradação, transformando-a em luz e glória.

O oráculo seguinte retoma o tema da inversão da situação (9,1-6). É uma espécie de hino à alegria, pois das trevas emerge a luz e da guerra brota a paz. A mudança emerge da irrupção de Deus na história de seu povo, que o liberta da opressão estrangeira de forma tão prodigiosa que lembra a vitória de Gideão sobre os madianitas (cf. Jz 7). A guerra e tudo o que a lembra acaba com a queima das botas e das capas ensanguentadas dos soldados.

Mas a intervenção realmente decisiva é o nascimento/entronização de um filho real. Os dois verbos hebraicos conjugados em forma passiva evidenciam que tudo isso se deve ao agir divino: "Porque nasceu para nós um menino, um filho nos foi dado" (v. 5).

Ao novo nascido/entronizado são conferidas as insígnias reais, e se lhe confere um quádruplo título. Primeiro: *Conselheiro admirável*, isto é, capaz de projetos maravilhosos, como Deus é capaz (cf. Is 28,29; 29,14). Segundo: *Deus forte*, por isso portador daquela força que Deus mesmo tem na realização dos próprios projetos. Terceiro: *Pai para sempre*, indicando que tornará visível a paternidade divina, garantindo a justiça e a ordem das coisas. Quarto: *Príncipe da paz*, lembrando que esse filho real só é príncipe enquanto refere essa realeza a YHWH, comunicando conjuntamente aquela plenitude de bem-estar e de vida (*shalóm*) que somente Deus pode garantir.

O oráculo prospecta enfim o futuro do menino no horizonte de uma promessa que remete à aliança davídica de 2Sm 7. Direito e justiça serão as pilastras de seu reino inabalável, e não em razão de qualquer capacidade humana, mas pelo amor apaixonado (*ciúme*) de YHWH por seu povo. A releitura cristã, ao insistir nos títulos atribuídos ao novo rei, vislumbra uma profecia do Messias como mediador da salvação escatológica.

Juízo sobre Israel e Assíria, e esperança para o resto (Is 9,7–10,27a)

Segundo a alternância dos oráculos de salvação e de juízo, eis o momento de um oráculo de juízo ritmado por refrões sobre a implacabilidade da ira divina (9,7–10,4). Talvez, em última análise, se encontre aqui a referência à submissão aos assírios das regiões mais setentrionais (733 a.C.) e da Samaria (722-721). Seja como for, a palavra do Senhor desaba sobre o povo com seu peso punitivo sobre seu orgulho, sua falta de conversão, sua hipocrisia e sua injustiça perpetrada contra os mais fracos. A invasão é comparada a um incêndio devastador, acompanhada pelo extermínio e deportação de muitos habitantes de Israel. O tecido social se desagregará, todas as chefias serão eliminadas e desaparecerá toda forma de convivência pacífica.

Segue-se outro oráculo em forma de lamentação sobre a Assíria, nação que peca de grave orgulho e presunção ao considerar-se senhora da história, mesmo não passando de simples instrumento nas mãos de Deus (10,5-19). Ela excedeu todos os limites fixados pelo Senhor, sobretudo ao insistir na destruição total dos próprios inimigos (Calane, Carquemis, Emat, Arfad, Samaria e Damasco).

YHWH dá continuidade à sua obra, não a de uma destruição total, mas a de uma purificação de Sião, e decreta seu juízo sobre a Assíria principalmente porque ela só confia nas próprias forças e por ser incapaz de reconhecer o verdadeiro senhor da história. Segundo o texto, trata-se de uma ilusão tragicamente ridícula, como se um machado ou um serrote quisesse dar ordens a quem os maneja (cf. v. 15).

O juízo sobre a Assíria – inimiga mortal de Israel – comporta uma perspectiva de salvação para Israel. De fato, o Senhor age para que um resto de seu povo volte da dispersão. Não se trata de um simples regresso à própria terra; mas, sobretudo, de uma volta ao Senhor (10,20-23).

Daí o anúncio de libertação das mãos da Assíria (10,24-27a), que o povo de Deus não deve mais temer. Se, para esse povo, a Assíria foi vara e bordão, contra ela o Senhor procederá da mesma forma, como o fez com o chefe madianita Oreb (cf. Jz 7,25), e com o mar, na saída do povo do Egito.

O rebento de Jessé e o canto dos salvos (Is 10,27b–12,6)

Estranhamente, depois do oráculo de libertação do resto do povo da Assíria, eis que aparece a descrição do impressionante avanço dos assírios sobre o território de Judá, que se aproximam de Jerusalém (10,27-34). É uma ofensiva avassaladora, com a ocupação dos territórios do Norte da cidade, dos quais os habitantes fogem aterrorizados. Entretanto, esse avanço se interrompe justamente em frente à colina de Jerusalém, sem poder ocupá-la. É o Senhor que diretamente intervém e corta a mata espessa com ferro (v. 34): trata-se do juízo divino que se abate sobre a arrogância do poderio assírio, que ultrapassou os próprios limites.

Se a invasão assíria parece ter destruído tudo, alguma coisa, na verdade, permaneceu, e a partir desta o Senhor faz um novo começo: é a promessa do rebento de Jessé (11,1-9).

Em contraste com a desolação precedente, eis que nasce um broto do tronco da Dinastia Davídica, Jessé, pai de Davi, mais lembrado como a humildade dos inícios do que como exemplo de potência soberana (cf. 1Sm 16,1-13). E esse descendente davídico recebe o dom divino por excelência: o espírito do Senhor, em hebraico *rúᵃch*. Dom pleno e estável, como indica a quádrupla menção do termo *espírito*, e o verbo *pousar* (*núᵃch*).

Ao espírito do Senhor, segundo o Texto Massorético, são atribuídos seis dons (sete na LXX). Dons que se reportam ao sentido da vida (*esperança*), ao conhecimento do mistério da vida e ao próprio plano divino (*inteligência*), à capacidade de decisão sensata e à força para levá-la adiante (*conselho* e *fortaleza*), à experiência íntima com Deus (*conhecimento*), e, sobretudo, à fé (*temor do Senhor*). Esses dons se traduzem num governo que garante a justiça social e protege os fracos contra os mal-intencionados. Portanto, justiça e fidelidade são atribuídas a ele, ao rebento, numa espécie de indumentária própria.

Em seguida se descreve uma visão escatológica relativa ao dom de uma paz universal invadindo a criação inteira, que elimina toda forma de violência. Eis, portanto, presa e predador, vivendo em paz, lado a lado. A concórdia que reina entre os animais é metáfora evidente de uma novidade antropológica, ou seja, de uma humanidade que pela força do espírito de YHWH é renovada e reconciliada, deixando para trás a injustiça e a violência.

Essa passagem – de forte colorido messiânico – se conclui com uma extraordinária promessa: "...porque a terra estará tão cheia do conhecimento do Senhor quanto as águas que enchem o mar" (v. 9). Eis, portanto, a plenitude trazida pelo Senhor, após ter esvaziado a falsa e idolátrica plenitude humana (cf Is 2,6-8; 3,1).

A promessa de salvação é ulteriormente ampliada por outro oráculo (11,10-16), provavelmente de época bem mais tardia, dada a multiplicidade de lugares da diáspora de onde retornará o povo de Deus. É o rebento de Jessé que empunhará o estandarte que atrairá e chamará os povos dispersos de Israel e Judá, que, por sua vez, deixarão de ser rivais entre si para transformar-se num povo constituído de irmãos. Acontecerá um novo êxodo, e o próprio Senhor removerá todos os obstáculos, tanto de ordem política quanto natural.

A primeira grande seção do Livro de Isaías (2–12) se conclui com um hino de agradecimento pela consolação dada pelo Senhor ao seu povo (12,1-6). É um louvor porque a salvação divina substituiu a condenação. Numa espécie de celebração de um novo êxodo, ecoa aqui o canto de louvor elevado por Moisés após a travessia do mar. O canto é conjuntamente oração, testemunho e exortação. Oração de louvor pela consolação concedida generosamente pelo Senhor, testemunho de suas obras de salvação, exortação que envolve todos numa verdadeira ação de graças.

Oráculos contra as nações (Is 13–23)

Oráculos sobre nações: contra a Babilônia e seu rei (Is 13,1–14,23)

Já em Is 11,14-16 se prospectava um juízo sobre as nações envolvidas no castigo de Israel e Judá. Agora elas se tornam efetivamente objeto de anúncios do castigo divino, de oráculos definidos literalmente como "fardos" (*massá*). As nações são julgadas por crime de orgulho, razão pela qual se acham senhoras da história, esquecendo-se assim que o verdadeiro senhorio universal só pertence a YHWH. O tom de juízo predomina, muito embora não faltem aqui e acolá algumas palavras de esperança para as nações.

A primeira nação a ser julgada é a Babilônia (cap. 13), precedentemente não mencionada; indício claro de uma redação mais tardia, influenciada pela experiência do exílio babilônico e, muito provavelmente, alusiva à completa destruição da cidade por Xerxes em 482 a.C. O Senhor convoca contra a Babilônia – paradigma de um poder antidivino, anti-humano, anticósmico – um imenso exército cujos soldados se destacam por sua *consagração* à guerra santa, por seu entusiasmo pela grandeza de YHWH e pela execução dos projetos de sua ira contra os poderes que subjugam a humanidade.

Trata-se do "dia do Senhor", dia em que Ele realiza seu juízo histórico, transferindo o poder ao novo reino e infligindo sofrimentos e flagelos aos culpados. Tudo assume uma dimensão cósmica. Por isso céu e terra tremem, fogo e trevas emergem como elementos do castigo.

O Senhor mesmo assume a palavra e declara a própria sentença contra ímpios e arrogantes, contra os poderosos da terra. Só no final do relato emerge o nome do inimigo que realiza a completa destruição da Babilônia e do Império Caldeu: o povo da Média (v. 17).

A queda da Babilônia é paradoxalmente expressão do amor terno e compassivo (*rachám*) do Senhor, que faz retornar os expatriados e submete os opressores aos oprimidos (14,1-2). É o povo libertado que entoa uma sátira sobre o fim do rei da Babilônia, rei que encarna aquele poder humano que se pretende absoluto, quase divino (v. 3-23).

A sátira exprime a satisfação pela morte do tirano, e em seguida passa a palavra a vários atores, começando pelos cedros do Líbano, que finalmente se sentem livres da destruição que mandava cortá-los para construir máquinas de guerra. Depois são descritos imaginariamente os preparativos frenéticos que acontecem no *sheól*, o reino dos infernos, para acolher o rei. A surpresa dos que moram no *sheól* é total, vendo a completa desintegração em podridão e vermes daquele que em vida ousava escalar a montanha sagrada, morada dos deuses, e considerar-se o astro matutino (Lúcifer), filho da aurora, isto é, um ser divino.

Desdenha-se assim a insolência humana que leva a uma autoexaltação e se transforma em opressão dos outros seres humanos e em total falta de respeito para com a natureza.

Oráculos sobre as várias nações (Is 14,24–17,14)

Um oráculo é proferido contra a *Assíria* (responsável pela invasão de Judá, no período de Senaquerib), cujo poder opressor é anulado pelo avanço irrefreável do plano divino (14,14-27).

O oráculo sobre a *terra dos filisteus* (v. 28-32) pede a estes que não se alegrem com a morte do rei assírio, vara com a qual eles também foram açoitados, já que seus sucessores serão mais implacáveis ainda, como uma víbora que gera um dragão alado e como um exército sem desertores. Enquanto isso o Senhor permanecerá ao lado de seus pobres. Por isso o embaixador filisteu, que provavelmente sugere uma aliança com Judá numa coalizão antiassíria, deve saber que Sião tem sua proteção em seu verdadeiro aliado: o Senhor.

Logo em seguida chega a vez de *Moab*, objeto de vários oráculos nos quais prevalece um tom de lamentação fúnebre (15,1–16,14). Um canto de luto (15,1-9) sobre os vários lugares da região moabita é apresentado: em toda a parte há gritos, lamentações e ritos fúnebres. Trata-se de uma catástrofe gigantesca causada pelo próprio Senhor que, como leão, destrói o resto de Moab. Sobre o destino deste, embora inimigo de Israel e Judá, o profeta geme e se lamenta (v. 5).

A única esperança para Moab é submeter-se a Jerusalém – com o envio de um tributo – enquanto destinatária das promessas divinas à Dinastia Davídica. Mesmo assim o profeta faz um veemente convite para que se ofereça uma proteção aos moabitas que buscam refúgio junto ao Monte Sião (16,1-5). Aqui se anuncia o fim do poder do agressor e o advento de um rei justo, preocupado com o direito e a justiça.

Inevitável é a lamentação sobre Moab (16,6-14) pelas graves consequências de seu orgulho e arrogância. A um passado próspero sucede um presente desafortunado; aos cantos dos vinhateiros e pisadores das uvas sucede a lamentação do profeta. Moab buscará ajuda junto aos seus deuses, mas inexoravelmente a palavra do juízo divino se cumprirá, e em breve.

Após o fim de Moab chega a vez de *Damasco* (17,1-3) e seu aliado *Efraim* (v. 4-6). Para Damasco, capital de Aram, o castigo será mais grave, pois, se Israel perdeu a classe nobre, sobra-lhe ainda um resto (como no respigar e no restolhar do agricultor), concessão negada aos arameus, já que perderam inclusive o resto. Diante do castigo divino resta uma única possibilidade: elevar os olhos ao Criador, tirando-os dos ídolos, que não passam de obras de mãos humanas (v. 7-8).

Julgada e extirpada a idolatria, acontecerá para Israel e para os demais povos (heveus e amorreus) a entrada na terra. O culto idolátrico realizado nos quintais, que teria por objetivo garantir a colheita, não passaria de ato estéril (v. 9-11).

Enfim, embora nações poderosas se coliguem contra o povo do Senhor, ameaçando-o de perto como águas impetuosas, um simples grito do Senhor as dispersará e as aniquilará (v. 12-14).

Contra a Etiópia e o Egito e anúncio de conversão (Is 18–19)

O oráculo contra a *Etiópia* (18,1-7) – ou melhor, contra a Núbia – faz referência a uma missão diplomática enviada a Jerusalém por um faraó pertencente a uma Dinastia Nubiana, com o objetivo de envolver Judá numa coalizão contra a Assíria. A estatura elevada e a pele escura dos mensageiros nubianos impressionaram os habitantes de Jerusalém. Entretanto, Isaías recomenda recusar a proposta alegando que uma palavra divina por ele recebida preanunciava o desastre total da coalizão e o fim do poderio assírio. Os cadáveres seriam tantos que as feras levariam um verão e um inverno inteiros para consumi-los. A palavra final, no entanto, não promete apenas castigo, visto que o povo da Núbia se converterá ao Senhor dos exércitos e passará a pagar tributos a Sião.

Segue-se um oráculo contra o *Egito* (19,1-15), evocando as temáticas do Êxodo relativas à opressão, às pragas e à libertação. Em primeiro lugar é o Senhor que fala, mostrando sua chegada, e com ela o desencadeamento de uma guerra civil e a submissão a um rei estrangeiro (um rei assírio vitorioso sobre o Egito, ou o etíope Shabaka). De nada valem os cultos aos ídolos e as práticas mágicas para livrar-se da situação.

A cena sucessiva mostra o colapso da economia egípcia, em consequência de uma grave seca do Nilo, que compromete a agricultura, o artesanato e a pesca. Culpáveis de tamanha desventura são os chefes do Egito e seus conselheiros, cuja sabedoria ilusória os torna incapazes de reconhecer os planos do Senhor, visto que confiam em seu próprio espírito (*rú^ach*) de confusão.

A essa altura o redator final o Livro de Isaías – e disso se explicam as afinidades com o pensamento da segunda parte do livro – insere uma das passagens mais universalistas de todo o Antigo Testamento: o anúncio da conversão do Egito e da Assíria (v. 16-25). Mesmo essas duas superpotências, responsáveis por graves opressões contra Israel, são destinatárias de uma palavra de esperança. No *dia do Senhor* o Egito experimentará a liberação divina e participará da mesma fé de Israel. Até mesmo a Assíria, potência implacável, passará pela mesma experiência. Dessa forma Israel, Assíria e Egito, não obstante as divisões e hostilidades históricas, unir-se-ão em adoração ao único Deus, que os abençoará e dirá: "Bendito o meu povo, Egito e Assíria, obras de minha mão, e Israel minha herança" (v. 25). Eis, portanto, o grande paradoxo: o "dia do Senhor", tido por dia do fracasso das nações, transformar-se-á em dia de conversão e de plena paz.

Ação simbólica e oráculos diversos (Is 20–23)

Aos oráculos contra os povos realizados verbalmente acompanha uma ação profética (Is 20). Assim, Isaías, por ordem do Senhor, vagueia por Jerusalém descalço e com as nádegas nuas. Estamos em 712 a.C., quando a cidade filisteia de Azoto entra na coalizão antiassíria orquestrada pelo Egito, pretendendo levar consigo também Judá. No ano seguinte, o *tartan* assírio – isto é, o general em chefe – reprime duramente a revolta de Azoto. O gesto profético de Isaías deve ser uma advertência para não entrar nessa coalizão catastrófica. Aos povos que se iludiram de poder ser humanamente libertados da opressão assíria resta a pergunta sobre onde realmente é possível encontrar a salvação.

E eis um novo anúncio sobre a queda da Babilônia (21,1-10), no qual se sobrepõem alusões às vicissitudes históricas da cidade, indo da destruição por obra dos assírios à conquista por parte de Ciro, incluindo sua destruição almejada por Xerxes. O oráculo se abre falando do *deserto do mar*, isto é, uma zona pantanosa e salgada, mas talvez corresponda ao título do *rei do país do mar* que os assírios davam ao rei babilônico. O anúncio da chegada da potência que destruirá a Babilônia descreve o último banquete antes do ataque decisivo e convida a ungir os escudos, para consagrá-los à própria divindade. Enquanto isso, o profeta, como sentinela, espera a chegada dos mensageiros com a notícia do desejado fim da Babilônia, da subordinação da violência e da idolatria. Na queda da Babilônia e dos seus ídolos reside um motivo de esperança para o profeta e para o seu povo, que tanta opressão sofreu.

O oráculo seguinte (v. 11-12) é um *fardo*, uma ameaça. Destinatário é o oásis de *Duma*, no deserto arábico (cf. Gn 25,14), mas o termo significa também "silêncio". Fala-se com o profeta como sentinela que olha longe, perguntando quanto tempo durará ainda a noite, isto é, quando terá fim um momento tão tragicamente nebuloso. Ele responde de forma alusiva, alegando que ao dia sucederá novamente a noite. Ele, de fato, não pode forçar o silêncio de Deus e comunica uma única exigência: voltar a Ele, converter-se.

Apesar disso, o Senhor comunica alguma coisa também nesse seu silêncio: é preciso cuidar da vida ameaçada, sofrida, como deixa entender o oráculo sobre a estepe, dirigido às tribos do sul da Arábia que vivem no oásis de *Dedan* e *Tema* (v. 13-17). Deverão ser solidários com os que fogem da guerra e buscam refúgio junto a eles. O Senhor garante que o domínio da violência terminará em breve, juntamente com a aniquilação da riqueza e da importância político-militar de Cedar.

As palavras de ameaça se voltam agora contra *Jerusalém* (22,1-4), que leva um estilo de vida festivo, absolutamente descabido. A cidade acabará sofrendo a invasão de Judá por parte de Senaquerib, que calará a inanidade dos planos de defesa militar contra o cerco (o arsenal do castelo, chamado "Palácio da Floresta", ou os vários reservatórios de água). Infelizmente ela ignorou o plano de Deus ("Mas não fixastes os olhos naquele que dispôs essas coisas..." – v. 11). A autodefesa não é ilegítima, mas permanece, entretanto, secundária em relação à obra de Deus, determinante para a salvação. Por isso é necessário chorar e arrepender-se, ao invés de entregar-se aos banquetes e festejos desmedidos, a fim de evitar em tempo o massacre devido à culpa não expiada.

Ao oráculo contra Jerusalém sucede outro contra um indivíduo preciso, *Sobna* (v. 15-25), algo insólito na literatura profética. Trata-se do mordomo do palácio, o primeiro ministro do reino, que será destituído e substituído por Eliacim. Sobna é acusado de cuidar apenas de seu próprio interesse e prestígio, como se deduz de sua decisão de construir-se uma sepultura importante; ao contrário de Sobna, Eliacim procurará o bem do reino, e sua autoridade será consagrada pelo querer divino. Infelizmente, também a família de Eliacim conhecerá a corrupção e o nepotismo, que a levarão à ruína e ao desaparecimento.

O último oráculo é um lamento sobre Tiro (23,1-4) – envolvendo também Sidônia, representando toda a Fenícia – que, para favorecer os próprios comércios, selou com o deus dos mares um pacto que, no entanto, permanecerá infecundo. Espera-se que seus habitantes, voltando de suas viagens marítimas a negócios, encontrem devastada a cidade. Esta se havia confiado às riquezas, mas em breve constatará o fim de seu comércio, a ponto dos habitantes da Fenícia – chamada aqui de Canaã –, de abastados mercadores se transformem em meros agricultores. A sorte de Tiro é similar à de uma prostituta ignorada por todos, já que envelhecida. As riquezas com as quais os povos eram seduzidos desapareceram. Entretanto, após um tempo de provação, simbolicamente identificado em setenta anos como o tempo do exílio babilônico, será reabilitada (v. 15-18). Seu renascimento como potência comercial, porém, é associado ao tributo que ela deverá devolver ao Senhor para as necessidades do Templo.

O fim do mundo presente e início do novo (Is 24–27)

A exegese moderna costuma definir Is 24–27 como o *grande apocalipse* de Isaías. Razões escriturísticas o sugerem, uma vez que o juízo divino aí aparece com traços fortemente universalistas e cósmicos. Vários elementos literários indicam igualmente a pertença ao gênero apocalíptico, especialmente a presença de sonhos e visões, com relativas explicações. Esses capítulos, no entanto, são bem integrados à seção dos oráculos sobre os povos, dos quais são a retomada e a conclusão.

O juízo divino envolve a terra inteira e seus habitantes (24,1-12). Este se abate sobre a *cidade do nada*, ou melhor, do caos (*tóhu* – v. 10), que não é ulteriormente especificada, mas na qual – por detrás da falta de vinho – se vislumbra uma desordem que invalida toda alegria de viver, todo sentido da existência.

Para além do juízo, porém, se prospecta a sobrevivência de um *resto*, como o que sobra após a varejadura ou a vindima. Desse resto se elevará um canto à majestade do Senhor, que vem aclamado como o Justo (v. 13-16a).

Emerge em seguida a voz do profeta que, ao contrário, eleva uma lamento e um anúncio do reino do Senhor (v. 16b-23). Ele começa gritando duas vezes: *razí-lí, razí-lí* ("meu segredo é para mim, meu segredo é para mim"). Não é um duplo segredo, mas um único segredo com duas faces: a salvação não apenas acompanha a dor, mas a atravessa.

Assim temos uma catástrofe universal, em que a abóbada celeste desmorona e a terra treme e se abre engolindo todas as coisas: os poderes celestes e terrestres são julgados e aprisionados.

O corar e o envergonhar-se da lua e do sol – não enquanto astros criados pelo Senhor Deus, mas como símbolos de realidades pagãs – sublinham a realização de seu juízo, no qual se revela seu real senhorio com o reconhecimento de sua glória por parte de Jerusalém e de seus anciãos.

A vinda do Reino de Deus suscita no profeta um hino de agradecimento ao Senhor, como Rei vitorioso que acompanha desde sempre (literalmente: "de longe") seus planos na história (25,1-5). Ele derrota os poderosos que se fecham em suas cidades no interior de suas fortalezas. Tudo desmorona, e o povo forte, isto é, o povo que glorifica o Senhor, o reconhece como suporte do miserável e adversário dos opressores, dos tiranos.

Segue a visão do banquete escatológico preparado pelo Senhor sobre o Monte Santo (25,6-10a). Segundo o costume da época, um novo reino se inaugura com um banquete solene. Agora é a vez do reino universal do Senhor, que convida todos os povos ao banquete por Ele preparado. Tudo evidencia o dom de uma vida plena, com as imagens dos abundantes pratos e vinhos preciosos. Como nas refeições de grandes ocasiões, aos convidados são oferecidos dons. Aqui, três dons! Um é o conhecimento de Deus, simbolizado na remoção do véu que cobre o rosto dos povos; outro é a vitória sobre a morte, que de devoradora universal é agora *devorada* por Deus (*balá'*); um terceiro é pessoal, e é a consolação de cada um, com sua história de dor. Tudo isso se deve exclusivamente ao agir de Deus, em quem é colocada a verdadeira esperança. Do banquete da vida é excluído, entretanto, Moab (25,10b-12), que é devastado. Este não representa aqui a população moabita em si, mas é símbolo de uma humanidade rebelde ao Senhor e dominada pelo orgulho.

Segue outro hino de agradecimento, que se apresenta como um canto de vitória (26,1-6). O povo dos justos reconhece existir uma cidade forte (Jerusalém?), cuja segurança está na salvação propiciada pelo Senhor. Essa cidade forte se abre para as pessoas pobres e é habitada pelos justos. Inversamente, a cidade dos poderosos é abatida e pisoteada pelos passos dos oprimidos.

Nesse momento a comunidade dos fiéis dirige sua oração ao Senhor (26,7-19), invocando sua ajuda diante da experiência da própria falência, dando graças pela salvação por Ele operada, e principalmente por uma de suas promessas verdadeiramente inaudita: a ressurreição dos mortos (v. 19). O orvalho celeste e luminoso, que arranca os mortos da terra na qual estão aprisionados, é símbolo do poder de vida e de bênção provenientes do Senhor, que não se detém nem mesmo diante do reino da morte, reino de pó e trevas.

A esperança na ressurreição, na vitória sobre a morte, permite suportar as realidades negativas da história. Daí o convite do profeta a que cada um se feche em seu quarto e permaneça em oração, no período da provação, até que a desgraça se dissipe (26,2–27,1). É bastante provável que haja aqui uma alusão a Ex 12,22-23, episódio em que o povo é poupado do Exterminador graças à proteção do sangue aspergido nos umbrais das portas das casas. Aqui, no entanto, é a oração que evita o extermínio, enquanto as forças do caos são eliminadas, simbolizadas pelo Leviatã, o dragão marinho.

Ao juízo sobre as forças caóticas se contrapõe a canção sobre a vinha amada do Senhor, por Ele libertada dos espinhos e adequadamente irrigada

(27,2-5). Inverte-se assim, positivamente, a imagem da vinha devastada, já que infrutífera (5,1-7). A única condição exigida é que a vinha se disponha a fazer as pazes com seu custódio: o Senhor.

Um ulterior anúncio de salvação prevê Jacó, isto é, o povo israelita, renovado e revitalizado justamente pelo castigo que o Senhor lhe desferiu não para aniquilá-lo, mas para purificá-lo e libertá-lo das práticas idolátricas (27,6-9).

Enfim, novamente as imagens das duas cidades se contrapõem (v. 10-13): de um lado, o Criador decreta o fim da "cidade do nada", tornada deserta e cujos habitantes são recolhidos como ramos quebrados e secos com os quais se alimenta o fogo; de outro, o Senhor reúne os israelitas dispersos no Egito e na Assíria, que vão a Jerusalém adorá-lo no Monte Santo.

Oráculos sobre Samaria e sobre Jerusalém (Is 28–33)

"Ai" a Efraim: contra os guias embriagados de Samaria e Jerusalém (Is 28)

A essa altura do livro encontramos uma ampla seção organizada ao redor de seis repetições da interjeição *ai* (28,1; 29,1.15; 30,1; 31,1; 33,1). Vale lembrar que cada subseção aberta com um *ai* – lamentação fúnebre – sempre comporta também uma promessa de restauração, com um colorido sempre mais escatológico.

O primeiro *ai* (28,1-6) é contra os chefes de Israel e de Jerusalém, assemelhados a guias embriagados. O profeta eleva um oráculo de castigo sobre Israel e sua capital, Samaria, como o final de um banquete onde se veem por terra as coroas de flores que ornavam a cabeça dos convidados, metáfora da muralha da cidade destruída pelos assírios. No entanto, após o castigo existe salvação, pois o Senhor, com a própria presença, se transformará em coroa e diadema do *resto* do povo que finalmente viverá na justiça.

Infelizmente, magistrados, profetas (falsos) e sacerdotes agem como que apalermados, dedicados ao vinho em banquetes onde tramam alianças político-militares ineficazes (v. 7-13). À advertência do profeta respondem fazendo-lhe um verso para ridicularizá-lo, já que os estaria tratando como crianças e não como adultos: "Ordem sobre ordem, regra sobre regra, um pouco aqui, um pouco ali!" A resposta contra esses zombeteiros é que, no momento da necessidade, o Senhor não responderá com uma palavra de salvação, mas lhes restituirá o próprio verso, que será semelhante às palavras incompreensíveis e terríveis dos invasores (cf. Is 33,19).

Segue um oráculo de ameaça misturado à promessa (28,14-22). Contra a arrogância e a idolatria o Senhor coloca em Sião uma "pedra de granito, uma pedra angular, preciosa, lançada como pedra fundamental" (v. 16), com uma dedicatória – como era costume para as pedras fundamentais dos templos, palácios e cidades – relativa à estabilidade dada pela fé e apresentando, como medida ideal, o direito e a justiça[24].

Após a promessa aparece o castigo pelos delitos mencionados na primeira parte do oráculo: o pacto com o deus Mot (a Morte) não garantirá, seguramente, – graças aos esconjuros que o invocam – uma vitória sobre a morte. As falsas seguranças serão imprestáveis, como um cobertor demasiadamente curto. O juízo divino contra os arrogantes será por eles imprevisto, assim como o foram as vitórias de Davi sobre o Monte Farasim e Gabaon.

À postura dos arrogantes, que serão julgados por terem ignorado a pregação profética, contrapõe-se a sabedoria do camponês, que conhece sua terra, seus ritmos, suas estações e as práticas agrícolas conexas (v. 23-29). É uma sabedoria que se deixa instruir pela sabedoria do Criador, e que sabe que cada coisa dura um determinado tempo e não é para sempre, como acontece, por exemplo, para a debulha do grão. Do mesmo modo, o plano de Deus prevê uma destruição para todo o país, mas esta não será para sempre. Portanto, se a sabedoria do camponês é maravilhosa e admirável, tanto mais extraordinário é o desígnio de Deus sobre a história, que é para a salvação, que exige provação, mas não para sempre.

Ai a Ariel, *ai* ao povo, *ai* aos filhos rebeldes (Is 29–30)

O segundo *ai* é contra Jerusalém, chamada *Ariel*, isto é, *leão de Deus*, termo que designava também o braseiro do altar (assim em Ez 43,15). No entanto, Jerusalém se tornará um braseiro por causa do cerco assírio, mas em seguida a repentina intervenção do Senhor tornará o formidável exército inimigo inconsistente como a poeira. A imprevisibilidade da intervenção do Senhor se dá na repentina derrota dos sitiantes, comparada ao despertar angustiado de um sonho do sedento ou faminto em cujo sonho comia e bebia (29,1-8).

---

24. A última parte do v. 16 é de difícil tradução (a Conferência Episcopal Italiana [CEI] traduz por "não se perturbará" e poderia ser compreendido, talvez melhor, por "não terá pressa", que, aliás, se adapta bem ao querigma isaiano sobre a fé como um permanecer na calma, um não precipitar-se. A LXX ao v. 16 mostra um deslocamento para uma leitura messiânica retomada no NT e interpretada o último verso como "não será envergonhado". No caso presente tratar-se-ia de não se precipitar numa política de alianças que resultarão em fracassos.

O modo com que Deus salva deixa os destinatários aturdidos, que diante do plano divino se portam como cegos ou embriagados (v. 9-14). O oráculo envolve também os profetas (falsos) e os chefes do povo. Todos são comparados a analfabetos aos quais é dado um livro e que, para não admitir que não sabem ler, alegam a desculpa de que o livro estaria lacrado. Trata-se de uma incapacidade de perceber o projeto do Senhor sobre a história, porque seus corações estão longe dele, mesmo louvando-o com os lábios. Não obstante tudo o Senhor persegue seu plano acumulando maravilha sobre maravilha (ou milagre sobre milagre) e confundindo a sabedoria dos sábios e a inteligência dos doutos.

O terceiro *ai* é destinado à condenação dos chefes por suas tramas secretas, que pensam mantê-las escondidas não somente ao povo, mas também ao profeta e inclusive ao Senhor (v. 15-16). Pensamentos destrambelhados, semelhantes aos do vaso tentando dar ordens ao seu oleiro: ninguém pode subtrair-se ao olhar de Deus.

Tantos elementos negativos – como a cegueira, a surdez, o analfabetismo, a estupidez – são agora revertidos positivamente pela intervenção divina (v. 17-24). A transformação prodigiosa da natureza é indício de uma mudança espiritual do povo, com a erradicação das várias formas de injustiça e de opressão e com o júbilo dos humildes e dos pobres, que confiaram somente no Senhor, o Santo de Jacó, o Deus de Israel, aquele que resgatou Abraão. Estes reconhecerão a obra de suas mãos e santificarão seu Nome. E, quase que secretamente, "os perturbados de espírito compreenderão, e os murmuradores aprenderão a lição" (v. 24).

O quarto *ai*, endereçado aos filhos dos rebeldes, é um oráculo de juízo contra os que buscam a salvação por estratégias político-militares (30,1-7), como no caso da decepcionante aliança com o Egito, justamente denominado "Raab, o ocioso", já que gigantesco, mas inerte, como o mítico monstro do caos, derrotado pelo Criador (cf. Is 51,9; Jó 9,13; Sl 89,11).

As palavras do profeta não são ouvidas, tanto que ele, por ordem do Senhor, deve redigir por escrito a própria profecia para sua futura memória, como testemunho aos que estiverem dispostos a acolhê-la. É uma espécie de testamento de Isaías, já que a mensagem é confiada à escrita; não está claro, entretanto, se o escrito se limita a poucas linhas (uma tabuinha) ou a um documento mais amplo (hebraico *séper*), mas seu conteúdo colide com as expectativas fomentadas pelas palavras complacentes de pretensos videntes e falsos profetas, que induzem a buscar a salvação não no Senhor, mas alhures. Tais expectativas vão ao encontro de um desastre total, como muralha que desaba ou ânfora que se despedaça.

Tudo o que Deus pede (e que é fixado no escrito) é, ao contrário, muito simplesmente o seguinte: conversão e calma, tranquilidade e confiança (v. 15). Às muitas negociações em busca de soluções político-militares se contrapõe um não agir que supõe um abandonar-se confiante no Senhor. Mas o profeta não se ilude: essa palavra do Senhor continuará desprezada e o desastre será total, tanto que de Jerusalém restará somente um mastro de bandeira no topo da colina.

Esse *testamento de Isaías* recebe posteriormente acréscimos redacionais, dentre as quais dois desenvolvimentos. O primeiro diz respeito à promessa de uma cura divina para o povo doente, que é curado (v. 18-26). A cura do povo é obra de YHWH, que lhe concede clemência (*chanán*) e dele tem piedade (*rachám*), e que apenas espera poder trabalhar em seu favor. Assim, até mesmo o tempo da aflição (pão e água racionados) aparece sob a bênção do Senhor e será um tempo de purificação da idolatria e de trilhar a justa via, indicada pelo próprio Senhor. A volta das chuvas e a retomada da vida nos campos – com trabalhos de irrigação que substituirão os meses precedentes desperdiçados na construção de defesas (diques de água ao invés de torres desmoronadas) – ilustram o dom da salvação. Assim, o dia da tragédia, isto é, do fim total da ameaça inimiga, será aquele no qual a luz do sol e da lua se tornará muito forte não para queimar, mas para curar as feridas do povo.

Outro desenvolvimento redacional anuncia a aniquilação da Assíria por obra da ira de YHWH, motivo de salvação e consolação para Israel (v. 27-33), e que será como uma renovada experiência de libertação pascal ("Então entoareis um cântico como na noite em que se celebra uma festa – v. 29"). O Senhor mostrará todo o seu poder na batalha contra a Assíria, atingida por seu bastão e queimada com fogo e lenha abundante.

Ai dos que confiam no Egito: juízo sobre a Assíria e salvação de Jerusalém (Is 31–32)

O quinto *ai* é contra a ilusão de receber socorro de alianças políticas como a do Egito que, sendo realidade humana (por isso, *basár*, carne) e não divina (*rú^ach*, espírito), não poderá ajudar, mas arrastará os que nela confiam para a ruína decretada pela sapiência do Senhor (31,1-3).

Ele é como um leão que defende sua presa e como um pássaro que protege seus filhotes. Assim estende sua proteção sobre Jerusalém, embora chamada ainda à conversão e a repudiar a idolatria. Seu poder descarregar-se-á contra a Assíria, que, portanto, não será vencida por forças humanas, mas pelo Senhor que em Sião colocou seu fogo, seu braseiro, a fornalha devastadora dos inimigos (v. 4-9). As palavras de Isaías se concretização no fracassado cerco de Senaquerib contra Jerusalém (cf. 2Rs 19,35-37; Is 37,36-38).

A derrota da Assíria coincidirá com o governo de um rei que instaurará um reino de justiça; a comunidade será finalmente curada da cegueira e da surdez espirituais, e tornada capaz de discernir entre sabedoria e estupidez, entre nobreza de ânimo e esperteza que busca os próprios interesses com artimanha, deixando os esfomeados de estômago vazio e os sedentos sem água (32,1-8).

O juízo se estenderá também aos frívolos ambientes femininos (v. 9-14) em razão de sua superficialidade, que leva a subestimar o que está em jogo realmente e a não compreender que a catástrofe está para abater-se sobre a cidade, castelo e palácios incluídos.

Mas, ao juízo sucede uma promessa grandiosa: a efusão do espírito de Deus (32,15-20). Se, no momento de sua vocação, Isaías perguntou "até quando" (*'ad-mattáy*), certamente foi por ter encontrado endurecimento do coração, cegueira e surdez; agora a resposta soa literalmente: "até (*'ad*) que seja derramado sobre nós um espírito do alto!" (v. 15). É o tempo da salvação, ilustrado pela metáfora do deserto transformado em um jardim luxuriante, onde justiça, direito, paz, tranquilidade e confiança crescem. Terminará o mal representado pela cidade rebelde e haverá felicidade plena pela liberdade reencontrada[25]. Enquanto isso, o boi e o jumento observam o camponês no trabalho de plantio de seus campos não mais áridos, mas irrigados; assim, se antes esses dois animais eram uma advertência ao povo rebelde (Is 1,3), agora são sinal da salvação.

Ai ao devastador devastado (Is 33)

No capítulo 33 se conclui a primeira parte do Livro de Isaías. O sexto *ai* é dirigido contra a Assíria, o devastador até agora nunca vencido, mas que

---

25. O v. 19 apresenta dificuldade de interpretação e pode ser tomado em sentido positivo: a cidade se acomodará na planície. No entanto, é sempre uma cena de paz.

certamente será aniquilado (v. 1-6). Trata-se da resposta do Senhor à súplica dos que nele esperam, reconhecendo seu poder sobre todos os povos e a eleição de Sião, por Ele coroada pelo direito e a justiça. O verdadeiro tesouro do povo serão a sabedoria, o conhecimento e o temor do Senhor.

Em seguida o olhar se volta para os habitantes de Ariel, isto é, Jerusalém, sobre quem se abaterá a catástrofe, dilatando-se para todos os países e povos (v. 7-12).

Em resposta à súplica do povo, Deus promete a própria intervenção (v, 13-16), que será reconhecida por próximos e distantes. Não resistirão diante dele os pecadores, porque Ele é como um fogo devastador. Como acontece nas liturgias de entrada no santuário (cf. Sl 15 e 24), a condição para poder resistir à presença do Senhor é uma vida moralmente correta; o justo viverá protegido pelo Senhor como alguém que mora em lugares inacessíveis, impenetráveis, e que, em caso de cerco, mesmo assim terá água e pão.

Em seguida é elevado um cântico em louvor à Jerusalém libertada dos invasores e restaurada; mudança de destino do qual o povo é testemunha e beneficiário (v. 17-24). Ali reinará um soberano de esplêndida beleza, mas é sempre mais evidente que é o próprio Senhor que assumirá todas as funções como juiz, legislador, rei e salvador. Sião será uma ampla e segura tenda, ou uma cidade portuária em cujos canais grandes navios inimigos não entram, mas pequenos botes apenas, aos quais os fracos também terão acesso. Entretanto, ali só habitará o povo que tiver experimentado a plena cura e o perdão dos pecados.

Juízo sobre Edom e salvação de Sião (Is 34–35)

Aqui começa a segunda parte do Livro de Isaías, como parece ser confirmado pelo espaço vazio de três linhas no fundo da coluna do capítulo 33, de acordo com o principal pergaminho isaiano de Qumran.

O livro se abre com um díptico cujo primeiro quadro anuncia o juízo sobre Edom (34,1-17); díptico de tonalidades fortemente apocalípticas, com as imagens do céu que se enrola como um pergaminho ou que desaba como as folhas da figueira ou da videira. Semelhantemente a outros textos tardios (cf., p. ex., Sl 137,7; Lm 4,21-22; Ab 10-14), Edom não indica aqui somente a nação, mas é também apresentada como símbolo do mal, talvez em razão de sua atitude vil e oportunista para com Jerusalém durante o cerco babilônico.

80

Por essa razão o castigo será temendo – mas, mais do que violência, fala-se da paixão de Deus pela salvação de seu povo – e comporta massacres e devastação do país, deixando-o à mercê de animais selvagens e demônios como Lilith, demônio feminino noturno (Qumran lê, provavelmente: bruxas noturnas).

Em contraste com a punição de Edom, o segundo pergaminho do díptico celebra a volta dos redimidos a Sião (35,1-10). É uma visão de felicidade e bênção que o Senhor reserva aos exilados, que serão repatriados atravessando um deserto que, à sua passagem, florirá pela abundância de água que nele jorrará. Tal bênção será atribuída à manifestação da glória do Senhor, que vence qualquer temor e cansaço. Essa água cairá particularmente sobre os humildes, como as pessoas mutiladas (cegos, surdos, mancos, mudos). Todos voltarão caminhando depressa sobre uma via aplainada pelo Senhor e, por essa razão, *santa*. Seguindo-a, o povo, e também os mais inexperientes, não se perderão nem se depararão com nenhum perigo, já que redimidos e resgatados pelo Senhor. Será uma volta cheia de alegria e cânticos, visto que a tristeza e o pranto são coisas do passado.

Relatos históricos sobre Isaías (Is 36–39)

A salvação de Sião está no Senhor (Is 36–37)

Os relatos sobre a invasão de Judá pela Assíria, por obra de Senaquerib, e os da cura de Ezequias ocupam quatro capítulos do Livro de Isaías. Por muito tempo eles foram considerados uma inserção de material estranho proveniente dos paralelos de 2Rs 18–20. A exegese atual tem um olhar diferente sobre esses textos, e os reavalia evidenciando como no texto isaiano o protagonista humano fundamental não é o rei, mas o profeta, com sua mensagem de salvação (nos textos de 2Rs acontece o contrário). A seguir, o relato da cura de Ezequias antecipa, com a menção da Babilônia, as temáticas dos capítulos sucessivos.

Is 36,1–37,9a narra a primeira incursão militar de Senaquerib sobre Judá (701 a.C.), visando a destruir a coalizão antiassíria, à qual também o Rei Ezequias se associou. Após ter conquistado muitos vilarejos e fortalezas de Judá (em particular Laquis), os assírios impõem a Jerusalém um cerco ao longo do qual o copeiro-mor do rei assírio lança um desafio ao rei de Judá e aos habitantes de Jerusalém. O lugar é o do precedente encontro entre

Isaías e Acaz (Is 7,3). Como antes, a questão posta aqui pelo copeiro-mor é a da fé: "Que confiança é essa em que te apoias?" (36,4). Ora, enquanto o copeiro-mor aponta como ilusória a confiança na ajuda do Egito, ou seja, nos homens, está dizendo a verdade; e é o que Isaías sempre sustentou. Mas blasfema ao afirmar que nem YHWH, o Deus em quem Ezequias acredita, libertará Jerusalém da mão da Assíria. Essas palavras impelem Ezequias a mandar mensageiros a Isaías, que por sua vez exorta a não ter medo dos inimigos, pois o cerco terminará repentinamente por vontade divina.

Os assírios enviam, entretanto, uma segunda missão diplomática com uma carta para Ezequias solicitando sua rendição, pedindo-lhe que não se engane em sua fé em YHWH, e reiterando, enfim, a força incontornável do imperador assírio (37,9b-13).

Ezequias não responde ao *ultimatum*, mas se volta para o Senhor em súplica confiante, declarando a própria fé nele, criador do mundo e soberano da história ("sentado sobre os querubins"), como único que pode salvar, ao passo que os deuses nada podem porque são ídolos, obra de mãos humanas (v. 14-20).

A resposta do Senhor à oração de Ezequias lhe chega por meio de Isaías (v. 21-35). Ele entoa uma sátira contra o invasor assírio, que ousou dizer palavras blasfemas contra o Santo de Israel. Senaquerib é condenado tanto por sua blasfêmia quanto por seu orgulho desmedido, que se manifesta na sistemática opressão e destruição dos homens e da natureza. Mesmo que esse fato entre nos planos de Deus, mesmo assim o rei assírio será julgado, pois, embora pareça uma fera irredutível, será capturada pelo Senhor. Além disso, é dado um sinal a Ezequias, que se identifica com o *resto*, isto é, com os sobreviventes de Jerusalém, cuja salvação não é devida à capacidade militar, mas ao amor apaixonado (*zelo*) do Senhor. E o rei da Assíria não conseguirá disparar uma flecha sequer contra a cidade.

E eis o relato da repentina libertação (37,36-38), expresso em termos que evocam o massacre dos primogênitos do Egito e a morte dos egípcios no Mar Vermelho; não se busca explicar racionalmente o evento (p. ex., em razão de uma epidemia junto aos sitiantes...), mas ressalta-se o aspecto milagroso: tudo é devido à intervenção do anjo de YHWH, isto é, tudo é obra do Senhor.

Doença e cura de Ezequias (Is 38–39)

Outro episódio envolve o Rei Ezequias, atingido por uma doença letal, da qual o Senhor o cura milagrosamente pela intervenção de Isaías (38,1-8.21-22).

O relato é um pouco desordenado, já que o pedido de um sinal se encontra no versículo 22, quando nos versículos 7-8 já aparece o sinal do *relógio solar* sobre o qual a sombra do sol retrocede dez graus, para indicar uma fração de vida a mais concedida ao rei.

Diferentemente de seu pai Acaz, que se recusara a pedir um sinal a Deus, Ezequias não o rejeita, mas inclusive o solicita. A expressão de sua fé é a oração (v. 9-20); nesta expõe sua dolorosa condição, invoca o Senhor para que o liberte e dá graças na certeza de que Ele ouviu sua súplica. Assim, o que inicialmente lhe parecia um castigo, se revela sofrimento providencial e se torna experiência da fidelidade divina.

Coligado ao episódio da doença de Ezequias está o relato da missão diplomática babilônica para felicitar-se com ele pela cura (39,1-8). Provavelmente essa missão se inscreve nas tramas antiassírias maquinadas por Merodac-Baladã, rei da Babilônia (721-710). Isaías desaprova a grave imprudência de Ezequias que, vaidosamente, ostentou os tesouros do reino aos emissários babilônios, dando uma razão para no futuro invadirem o Reino de Judá e depredá-lo.

O comportamento de Ezequias diante de Isaías é desolador, pois quando sente que durante os seus dias haverá paz e a invasão acontecerá depois dele, sublinha: "É boa a palavra do Senhor que acabas de falar" (v. 8). Entretanto, essa resposta de Ezequias, segundo alguns exegetas, expressaria não sua mesquinhez, mas antes sua fé na promessa divina sobre a Dinastia Davídica (cf. 2Sm 7). Seja como for, o rei, mesmo sendo o melhor dentre todos os soberanos de Judá, não se pergunta quem poderá verdadeiramente consolar o povo e se satisfaz com um bem que diz respeito à sua pessoa.

O Dêutero-Isaías (A: Is 40–48)

A segunda parte do Livro de Isaías incorpora uma série de capítulos (40–55), que convencionalmente são conhecidos por Dêutero-Isaías. O horizonte histórico mudou porque não estamos mais no século VIII, mas no século VI a.C., época do exílio babilônico. Não está claro se as profecias a ele atribuídas foram proferidas oralmente ou se foram, desde o início, profecia literária, escrita. Seja como for, são páginas de altíssima inspiração profética e de iluminado pensamento teológico. Nelas constam dois grandes blocos: os capítulos 40-48, que exaltam YHWH como único Senhor da história; e os capítulos 40-55, que acentuam o destino do Servo.

A Palavra eterna e a grandeza de YHWH, o Redentor (Is 40–41)

Is 40,1-11 é uma espécie de prólogo. O profeta deve dirigir uma palavra de esperança ao povo que sofreu muito com a queda de Jerusalém e com o exílio. A dor é grande, mas maior será a consolação divina, nos acontecimentos históricos submetidos à decisão do Deus de Israel, seu Rei. O profeta anuncia a iminente volta à terra natal, e precisa preparar o povo para o encontro com Deus, exortando-o a nivelar seu caminho de volta, reto, plano, deixando-se guiar pelo Senhor. É um chamado ao serviço não das realidades humanas efêmeras (*basár*, carne), que secam como o capim, mas um serviço à palavra do Senhor, "que permanecerá para sempre" (v. 6-8). Trata-se do feliz anúncio da chegada do Senhor que liberta. Este procede com a majestade e a força de um pastor que conduz o próprio rebanho, respeitando as ovelhas grávidas e carregando os cordeirinhos no colo.

Enquanto o Senhor é um Deus que se comunica com os próprios interlocutores dando-lhes sua palavra estável e eficaz, os ídolos não passam de seres mudos, que não se comunicam (v. 12-26). Contra eles e sua inutilidade o profeta desencadeia uma polêmica que denuncia a vaidade daquilo que o homem gostaria de construir por conta própria, atribuindo-se poderes divinos. O lado positivo da polêmica é a afirmação da incomutabilidade divina e de sua incomparabilidade. Por isso nada pode ser comparado a Deus. Somente Deus, de fato, é Criador, e guia a história exercendo sobre ela seu senhorio. Os ídolos e os poderosos desta terra não passam de seres inconsistentes.

Para o povo que se lamenta pela grave provação, da qual saiu esgotado e desesperado, só do Senhor pode haurir força e esperança (v. 27-31). Os que nele confiam reviverão a experiência do êxodo, sentir-se-ão levados como que por uma águia (cf. Ex 19,4), encontrarão energia e dinamismo.

A essa altura do texto as nações são chamadas para uma conversa com o Senhor. Para tanto devem colocar-se em silêncio e em atitude de escuta de sua palavra (41,1-7). YHWH declara ser o único capaz de escolher instrumentos de salvação inclusive fora de seu povo, alusão a Ciro, rei da Pérsia, cujo nome não é mencionado até Is 44,28. Ciro não salva os exilados com seu poder, mas é o Senhor que por meio dele salva estes últimos, os oprimidos. Diante de um Deus assim, os ídolos nada podem, e seus fabricantes são ridicularizados.

É o Senhor que escolhe e salva Israel (incluído aqui Judá) como herdeiro dos patriarcas (41,8-16), declarando Abraão seu amigo e Jacó seu eleito. Graças à sua assistência, seus descendentes, embora fracos e insignificantes, dispersam os inimigos como palha ao vento, experimentando que o Senhor é *redentor*, isto é, solidário com eles (como se evidencia pela insistência nos pronomes possessivos: teu Deus, meu servo...).

A salvação prometida assume a imagem de um novo êxodo (v. 17-20). Os exilados retornarão da Babilônia, mas não sofrerão mais sede, já que trilharão estradas cortadas por nascentes e cercadas de vegetação luxuriante; em tudo isso saberão reconhecer a ação (mão) do Senhor, o Santo de Israel.

A essa altura do texto instaura-se uma disputa entre YHWH e os deuses pagãos (v. 21-29). É um *rib* que pretende demonstrar (v. 24) como os outros deuses não são nada (*me'ayin*), nada podem, não passam de sopro e vácuo (*rúᵃch watóhu* – v. 29). Somente o Senhor conhece o passado e o futuro da história, razão pela qual anunciou a Sião o envio de um libertador proveniente do Norte (clara alusão ao Rei Ciro), ao passo que os deuses das nações nada conhecem e nada anunciam porque não passam de meras estátuas inertes.

O Servo do Senhor: da cegueira de Israel ao seu testemunho (Is 42,1–43,13)

O Senhor apresenta diretamente a figura de seu Servo[26], por ele eleito e sustentado com o dom de seu espírito (42,1-9). A missão desse Servo é universal, e é a de "levar o direito às nações", isto é – segundo a linguagem deuteronomista –, favorecer o reconhecimento do senhorio e o caráter único de YHWH. As modalidades dessa missão são paradoxais, pois o Servo as executa com firmeza e perseverança, ainda que com um estilo de brandura, de não violência, de força revestida de fraqueza, em vista da consolação de uma comunidade que está para extinguir-se e perder a fé como caniço rachado e chama ainda tremulante. O Servo será *aliança do povo*, isto é, penhor

---

26. Usamos aqui o maiúsculo para identificá-lo em sua especificidade numa teoria de servos que constelam as profecias deuteroisaianas.

divino para sua salvação, e portador de luz às nações, já que lhes ensinará a vontade de Deus.

Esse é o primeiro dos quatro cânticos que se referem à figura misteriosa do Servo, cuja identidade, nos textos de Isaías, permanece antes indeterminada e multifacetária: elemento unificador é a obediência do Servo à palavra de Deus, que por sua vez é portadora de libertação e de luz tanto para o povo de Deus quanto para a humanidade inteira.

A leitura hebraica privilegiou o sentido coletivo e identificou esse Servo com Israel, com os judeus no exílio que recebem de Deus a missão de serem seus testemunhos (Is 43,10.12; 44,8). A tradição cristã, a partir do Novo Testamento, lê esse texto, assim como os outros três cânticos do "Servo do Senhor", como profecia da missão do Messias sofredor, Jesus de Nazaré.

Is 43,10-12 apresenta um doxologia à glória de Deus, convidando toda a terra a entoar um canto novo envolvendo os quatro pontos cardeais. Se Deus, durante o tempo do exílio, parece ter permanecido em silêncio, agora grita com poder, quase como um guerreiro que se atira na luta ou como uma mulher que está para dar à luz (v. 13-17). E seu grito tudo inverte: os pântanos secam, as colinas e montanhas se aplainam, a escuridão cede diante da luz.

Infelizmente o povo é cego e surdo, como evidencia a tríplice pergunta: "Quem é cego?", cuja resposta diz: cego (e surdo) é o Servo (aqui Israel), já que não sabe acolher a obra de Deus na história (42,18-20). Apesar disso, a lei que o Senhor lhe deu é grande e maravilhosa, e por isso em condições de iluminar as verdadeiras razões do exílio (v. 21-25). Aparentemente o exílio é obra dos babilônios; mas, na realidade, tudo aconteceu por vontade do Senhor, que permitiu a pilhagem de Jacó por ele não ter caminhado nas sendas de sua lei.

O tema do exílio como castigo divino poderia induzir o povo a duvidar do amor do Senhor, o qual, ao contrário, o reafirma apresentando-se como Criador que resgata, reúne, como o Santo de Israel (43,1-7). Ele plasma o seu povo, o resgata da escravidão, o faz experimentar um novo êxodo no qual nem água nem fome poderão ameaçá-lo, porque Ele está pronto para tudo nessa luta para salvar seus filhos e filhas. Vê-se assim a verdade da declaração divina ao povo: "És precioso aos meus olhos, porque és digno de estima e eu te amo..." (v. 4).

A essa grandiosa iniciativa divina, Israel deverá responder como povo que testemunha o caráter único de Deus, no interior de uma nova disputa entre o Senhor e os deuses pagãos (v. 8-13). O Senhor pode "produzir" como próprio testemunho o povo que escolheu para si, ao passo que os outros deuses não podem exibir nenhum testemunho em seu próprio favor. Aqui estamos diante de uma importante afirmação de um monoteísmo doravante em fase de implantação, fase na qual a época exílica é realmente decisiva (cf. Is 43,10; 44,6; 45,5-6.14.18.21-22; cf. tb. Dt 4,35.39).

Novo êxodo e perdão das culpas (Is 43,14–44,23)

O oráculo de salvação de Is 43,14-21 inicia com uma alusão bastante enigmática à missão de Ciro como convidado do Senhor contra os caldeus. Temos ainda o anúncio de outro êxodo, não mais do Egito, mas da Babilônia, novo e superior ao primeiro. Se outrora foi aberto um caminho no mar e neste morreram os egípcios, aqui tudo acontece numa estepe já irrigada por uma água que vivifica e mata a sede. Deus faz agora uma *coisa nova*: trata-se de um evento ainda em estado inicial, quase um broto, que ofuscará os acontecimentos do passado. Com a metáfora da transformação do deserto em jardim irrigado prospecta-se a transformação interior do povo, tornado capaz de louvar o Senhor.

Para consegui-lo, os sacrifícios são ineficazes (v. 22-28). Isso emerge da disputa que o Senhor inicia com Israel, que se considera credor de suas abundantes oferendas sacrificiais. Deus responde que nunca aborreceu o povo com tais pedidos, mas que Ele próprio foi vítima de aborrecimento pelo pecado do povo, que envolveu gerações inteiras e inclusive seus chefes religiosos. Se Ele quer perdoar a culpa, o faz exclusivamente por respeito a si mesmo.

Is 44,1-8 promete a efusão do espírito divino, força que reanima e consola o povo, fazendo-o experimentar a pertença ao Senhor e o dom de um nome novo, razão pela qual Jacó, o *tortuoso*, se chamará Jesurun, o *direito*. Nesse agir emerge a incomparabilidade e o caráter único do Senhor, incomparável aos ídolos.

Contra eles eis novamente uma sátira que menospreza os deuses fabricados (v. 9-20). Os ídolos se assemelham ao vazio do caos (*tóhu*), e seus adoradores não passam de vítimas dessa futilidade, desse vazio. O profeta ridiculariza a fadiga em produzi-los, já que a imprestabilidade deles é total.

Implicitamente a sátira pretende contrastar o fascínio que a religião babilônica exerce sobre alguns judeus e, mais ainda, exorcizar medos alimentados pela idolatria.

Em seguida é oferecida novamente uma palavra de consolação (v. 21-23), que reitera a eleição de Israel e anuncia o perdão das culpas que se dissolvem como nuvens pelo simples aparecimento do Senhor, o Redentor, que convida Israel a voltar a Ele. Daqui o louvor universal a YHWH, que revela sua glória resgatando Jacó.

Deus age sozinho na criação e na história (Is 44,24–47,15)

O Senhor convida o povo a reconhecer seu senhorio sobre a história e sobre a criação (44,24-28). Ele anula as previsões dos astrólogos e magos e, contrariamente a estes, realiza as palavras de seus profetas. A promessa é a de reerguer e reconstruir Jerusalém por meio da missão de seu servo, neste caso o Rei Ciro, ao qual agora se dirige diretamente (45,1-8), o declara seu eleito, seu ungido, seu braço direito, conferindo-lhe assim a investidura de uma tarefa importante: libertar os que se encontram exilados na Babilônia. Embora sem reconhecer ainda o Senhor, Ciro é bem-sucedido em cada decisão tomada, em razão de seu poder. Assim, Deus, em sua escalada irresistível, manifestará os próprios planos sobre a história e sobre sua singularidade, visto que, diferentemente dos ídolos que não podem fazer nem o mal nem o bem, é o Criador de tudo. Uma invocação sobe então ao Senhor para garantir do céu uma fecundidade à terra e nela fazer brotar tanto sua salvação quanto sua justiça (v. 8).

As opções do Senhor são indiscutíveis (inclusive a da escolha de um estrangeiro como libertador) e um possível enfrentamento com Ele está fora de cogitação (v. 9-13). De fato, Ele pode dispor livremente daquilo que criou e decretar a libertação dos exilados, inclusive sem a necessidade de um pagamento pelo resgate. Ele é absolutamente livre em sua decisão sobre o futuro dos próprios filhos.

As nações deverão reconhecer sua presença em Jerusalém, já que é Ele que gratuitamente oferece a Israel uma salvação eterna (v. 14-17). Trata-se de um reconhecimento do caráter único de YHWH, da inexistência de outros deuses e da ignorância dos fabricantes de ídolos. Diante disso o profeta proclama: "Verdadeiramente és um Deus escondido, Deus de Israel, salvador" (v. 15). De um lado, o Senhor permanece um Deus escondido, já que transcende qualquer capacidade humana, de outro, é paradoxalmente um Deus próximo, pois age como salvador na história de Israel.

O Deus criador, que transforma a terra em mundo habitável para o ser humano, quis revelar-se a seu povo para que este não perdesse tempo em buscas inúteis (v. 18-25). Nisso torna-se evidente seu caráter único (numa linguagem mais amorosa do que filosófica). Sua palavra é justa e sincera, e diante dela todos os povos devem confessar a inanidade dos ídolos, incapazes de salvar e prever o futuro. Todos reconhecerão o poder do Deus de Israel por ter-lhes dado a salvação, segundo sua palavra irrevogável, jurada por si mesmo. Essa é sua verdadeira justiça dada gratuitamente a todas as gerações de Israel.

Nova polêmica contra os ídolos: Bel (i. é, Marduk), seu filho Nebo e seus adoradores (46,1-13). Ridículos são os esforços dispensados na fabricação e transporte dos ídolos, incapazes de salvar ou prever o futuro, como, ao contrário, o faz YHWH, que torna realidade seu desejo: salvar imediatamente Israel e Sião (Judá).

Outro cântico desenha a trágica sorte da Babilônia (47,1-15). Segundo o decreto do Senhor, esta, que se pretende rainha eterna, é destronada, torna-se uma espécie de viúva sem filhos, obrigada a realizar os trabalhos cansativos dos camponeses, em punição por não ter tido piedade dos exilados do povo do Senhor, tampouco dos anciãos. De sua instantânea e total catástrofe ela sequer tem consciência, já que inúteis foram seus magos e astrólogos, incapazes de prevê-la e, em razão disso, obter algum benefício. Os ídolos serão queimados como restolhos, tornando-se assim imprestáveis inclusive de fornecer brasas para cozinhar ou esquentar. Já que cada ídolo só pensa em si mesmo, ninguém salvará Babilônia.

Anúncio de coisas novas, ocultas (Is 48)

O Senhor admoesta seu povo pela falta de sinceridade e retidão para com Ele. Embora as promessas e ameaças do passado se tenham cumprido, o povo obstinou-se em sua incredulidade e em sua entrega aos ídolos. Agora, não obstante o passado pecaminoso de seu povo, o Senhor lhe anuncia coisas novas: um futuro em que a salvação por Ele operada transcenderá qualquer experiência precedente, ainda que passe pelo cadinho da aflição, da provação. Nisso o Senhor é movido pura e simplesmente por seu amor incondicional por seu povo (48,1-11).

Jacó (Israel) deve reconhecer a presença do Senhor na criação e na história e, concretamente, na missão de Ciro contra os caldeus. Precisamente pelo fato de ter sido enviado pelo Senhor, sua empresa foi bem-sucedida, e é isso que está atestando o profeta enquanto enviado de YHWH (v. 12-16).

O Senhor, como Redentor e Santo de Israel, adverte o povo, como condição de constância diante dele, a ficar atento aos ensinamentos e preceitos divinos. E, dentre essas advertências, inclui a de seu servo Jacó, para que saia da Babilônia proclamando a salvação divina por um novo e mais esplêndido êxodo, confirmando assim o castigo dos ímpios (v. 17-22).

O Dêutero-Isaías (B: Is 49–55)

Com imenso e terno amor (Is 49,1–50,3)

Imediatamente após a declaração de Deus sobre Jacó como seu servo, reaparece a misteriosa figura do *Servo do Senhor*, que assume aqui a palavra para relatar sua diferenciada missão (49,1-6). Esta se origina no eterno chamado de Deus (cf. Jr 1,5), e é uma experiência análoga à experiência de Israel (cf. Is 44,2.24). O Servo foi chamado ao serviço da palavra divina, que a compara a uma aguçada flecha guardada em sua aljava, e foi colocado sob a predileção do Senhor. Isso, não obstante as oposições sofridas e seu sentimento de total fracasso em sua missão. Mas o Senhor reverte essa dolorosa percepção: a missão do Servo, mesmo que pareça aparentemente falida, é, ao contrário, maravilhosamente fecunda, já que o próprio Deus aceita e retribui novamente o trabalho de seu Servo, garantindo-lhe a presença numa missão ainda mais ampla e segura.

Dessa forma, o Servo, que pelo cântico encarna a própria essência do povo de Deus, se torna motivo de sua reunificação após a dispersão no exílio, e portador de luz e salvação para todas as nações, ou seja, até os confins da terra[27].

Subsequentemente surgem as prerrogativas dessa figura profética do Servo ao povo de Israel, que, por sua vez, também aparece como servo (v. 7-13). Dessa forma, por um instante, a figura sofredora do Servo aparece sob outra perspectiva: a de sua exaltação diante dos reis das nações. À

---

27. Também essa passagem terá uma releitura cristológica no NT, como em Lc 2,32; não se invalida a possibilidade de uma interpretação coletiva da figura do Servo, mas se considera que em Cristo se encontra sua verdadeira realização.

promessa divina de sucesso do Servo corresponde o anúncio do glorioso retorno à terra dos dispersos nas diferentes nações, e o elevar-se de um louvor cósmico ao Senhor que "consolou seu povo e se compadeceu de seus pobres" (v. 13).

Dentre esses pobres inclui-se a desolada Jerusalém, no momento abandonada e devastada. Esta dirige a Deus seu lamento por sentir-se esquecida. O Senhor responde recorrendo ao seu "imenso e inabalável" amor, maior do que qualquer afeto humano, incluído o de uma mãe para com seu bebezinho. Ele mesmo promete reconstruir Sião, já que a considera uma estátua desenhada em sua mão. E se a cidade se sente despovoada como mulher estéril, Ele lhe garante fecundidade e repovoamento tamanho que, para sentar-se, será necessário criar um novo espaço (v. 14-21). Grande será o estupor, já que Jerusalém se sente como uma viúva, sem companheiro algum. De onde viriam, pois, tantos filhos? A resposta é uma só: "Teu Esposo nunca te abandonou".

Esses filhos virão no colo do povo escolhido e dos povos que a ela acorrerão..., os reis os protegerão..., as princesas os nutrirão... E assim Sião compreenderá quem realmente é o Senhor, e que todos os que nele esperam não serão iludidos: Ele, na qualidade de Salvador, Redentor, "o Poderoso de Jacó" (v. 22-26), prenderá o forte e libertará o oprimido.

Aqui se evidencia, de fato, que o Senhor não repudia Jerusalém (50,1-5), como se pensava por ocasião da deportação de seus habitantes. Nisso Jerusalém se enganava, e de tal forma que sequer podia exibir o libelo de repúdio exigido pela Lei (cf. Dt 24,1-4), tampouco a nota de venda dos próprios filhos para saldar um débito (cf. Ex 21,7). Aqui se afirma que Deus jamais abandonou o próprio povo, e que tampouco economizou esforços para salvá-lo. De fato, Ele se comporta como criador, e como quem dispõe de força para drenar mares e rios, ou revestir os céus com suas vestes de luto.

A serviço da Palavra de salvação para Sião (Is 50,4–52,12)

Eis o terceiro cântico do Servo do Senhor (50,4-11). Se no primeiro o Senhor assumia a palavra, e no segundo o Servo e o Senhor dialogavam, no terceiro somente o Servo fala (mencionado no v. 10). O Servo apresenta seu discipulado profético como o de um *limmúd*, ou seja, o de um aluno que vai todos os dias à escola. Nela ele se comporta como alguém que frequenta lições sobre a Palavra de Deus, com fidelidade e plena disponibilidade, atitudes sugeridas na imagem do abrir o ouvido, própria ao indivíduo que, por sua vontade, se dispõe a prestar serviços a alguém (cf. Ex 21,6). Em última análise, é o Senhor que torna o ouvido e a boca do Servo adaptados à missão confiada.

O Servo não se lamenta, ele mostra uma fidelidade incontestável, mesmo diante das provocações, vergonhas e agressões dos adversários. Ou seja, ele aceita, sem se rebelar, os sofrimentos de seu ofício profético. Mas não sem consequências: as marcas de seu corpo denunciam a dor gerada por seu irrefutável testemunho de fidelidade ao Senhor. E eis então o paradoxo: dessa experiência de dor e vergonha, que deveria atestar uma espécie de castigo de Deus, emerge, na atitude do Servo sofredor, uma profunda certeza de que o Senhor Deus o assiste e não permite que ele fique confuso.

"Tornarei minha face dura como pedra"[28]: a expressão lembra muito Jeremias (1,18), e Ezequiel (3,8), e aqui são justamente as dificuldades e a dor que endurecem a face do Servo que, não obstante tudo, não deixa de enraizar sua própria existência naquela *rocha* segura que é Deus. Aliás, ele mesmo, ao fortalecer-se em Deus, se transforma em rocha sólida, capaz de enfrentar qualquer desafio.

A cena final é a de um juízo em que o Servo pode contar com a assistência do Senhor. Esta se evidencia no verbo *'azár*, que indica uma "ajuda/socorro", oferecido em momentos graves, e frequentemente em contexto jurídico (cf. Sl 101,14; 54,6). O Servo está certo da vitória na causa judiciária e da derrota dos inimigos, que, por sua vez, serão destruídos como roupa devorada pela traça ou consumidos pelo fogo por eles mesmos ateado.

Jerusalém, que se imaginava abandonada pelo Senhor, recebe agora o anúncio de uma libertação próxima e perene (51,1-8). Seus habitantes são exortados a prestar atenção nesse anúncio, justamente pelo fato de serem herdeiros das promessas feitas a Abraão e Sara, rocha da qual o povo foi arrancado. Agora os braços do Senhor carregam justiça e salvação a todas as nações, e seu povo recebe em seu coração o dom da Lei do Senhor.

É sempre o braço do Senhor que, com seu poder, traz salvação (51,9-16). Assim, Jerusalém pede ao braço do Senhor que acorde e mostre seus antigos prodígios e seu poder criador, derrotando o caos primordial, Raab. É nesse exato instante que YHWH promete a volta dos exilados, a superação de seu

---

28. Também Jesus, prefigurado pelo Servo da profecia de Isaías, endurece o rosto (Lc 9,51), ou seja, vai com coragem ao encontro do próprio destino de paixão e morte, sabendo que Deus confundirá seu adversário e mostrará a inocência de seu Enviado.

medo dos opressores, sua libertação das ameaças mortais, a proteção da mão poderosa do Senhor.

Mas, concomitantemente ao pedido de Jerusalém para que o braço do Senhor acorde, Deus responde: é Jerusalém que deve acordar. E o repete duas vezes (v. 17-23). Jerusalém parece zonza, inebriada em suas desgraças e esquecida de seus filhos, embora em condições de sair de sua prostração, já que não beberá mais do cálice da ira divina, castigo esse que será redirecionado aos seus opressores.

Por mais duas vezes o Senhor exorta Sião a acordar, a enfeitar-se e a vestir suas roupas mais vistosas para festejar a liberdade reconquistada após seu longo cativeiro (52,1-6). Oito imperativos lhe são dirigidos para que entre na perspectiva do fim de toda opressão, já que o Senhor, soberano absoluto e não devedor de ninguém, redime seu povo sem exigir tributo algum por seu resgate.

Nesse contexto surge um mensageiro anunciando o *evangelho*, ou seja, uma boa-nova anunciando a vitória do Senhor libertando os exilados e instaurando o seu reino (v. 7-10). A notícia é entusiasticamente acolhida por todos, inclusive pelos gritos das sentinelas posicionadas sobre as muralhas parcialmente destruídas de Jerusalém: todos testemunham o retorno do Senhor a Sião.

Após um convite à purificação, os exilados são convidados a deixar a Babilônia e a formar uma espécie de procissão rumo a Jerusalém, no intuito de devolver ao Templo os objetos anteriormente saqueados. Trata-se de um novo êxodo que, diferentemente do primeiro, ao invés daquela apressada fuga, dar-se-á numa moderada calma, e na certeza da proteção do Senhor que, por sua vez, irá abrindo caminhos à frente do povo (v. 11-12).

Paixão e glorificação do Servo (Is 52,13–53,12)

Is 52,13–53,12: eis o último e o mais misterioso poema do Servo.

Vozes as mais diversas intervêm nesse poema[29]. Primeiramente é o próprio Deus que profere seu oráculo sobre o Servo (52,13-15). O corpo do

---

29. É justamente o cruzamento das vozes nesse diálogo que faz emergir o sentido profundo da vida do Servo, como o mostra P. Beauchamp em "Lecture et relectures du quatrième chant du serviteurs: d'Isaïe à Jean" (In: VERMEYLEN, J. (org.). *The book of Isaiah/Le livre d'Isaïe –* Les oracles et leurs relectures. Unité et complexité de l'ouvrage. Lovaina: University Press/Uit/ Geverij Peeters, 1989, p. 325-355 [Bibliotheca Ephemeridum Theologicarum Lovaniensium, 81]).

Servo está desfigurado, horrível, mesmo assim o Senhor o declara definitivamente glorioso. Os reis, enquanto representantes da sabedoria do mundo, devem reconhecer a própria ignorância diante de uma sabedoria da qual o Servo é seu paradigma.

Em seguida um *nós* toma a palavra, representando a comunidade dos crentes com sua dificuldade de compreender o mistério do Servo (53,1-6). Aqui não se oferece uma ideologia nova, uma sabedoria intelectual, mas se prospecta uma biografia, uma sequência de fatos que se torna revelação do braço de Deus. Diante da situação do Servo e de seu sofrimento a comunidade reage em primeiro lugar vendo nesse fato o cumprimento da punição divina, mas em seguida dá testemunho de sua própria mudança íntima ao reconhecer no sofrimento do Servo sua fonte de cura ao ver em suas chagas uma espécie de "substituto" do povo doente[30].

Na terceira parte intervém uma voz anônima, apresentada na terceira pessoa do singular, que também propõe uma revisitação do caminho paradoxal do Servo: caminho que vai em direção à morte, mas não uma morte como falência, mas como promessa de glorificação (53,7-11b).

Enfim, em forma de conclusão, intervém novamente o próprio Deus, que reitera a glorificação do Servo (53,11c-12). A reabilitação do Servo é expressa em termos tradicionais, mas aqui emerge um pensamento novo e impressionante: sua vida inteira, sua paixão e morte foram uma intercessão aceita pelo Senhor, e seu silêncio também foi aceito como oração atendida. Em sua vida o Servo permitiu que triunfasse o desígnio divino, e sua morte foi transformada por Deus em instrumento de expiação para o povo e para a humanidade inteira (os *muitos*). Agora a fidelidade divina está em obra, reabilitando-a. Reabilitação que nos textos de Qumran e na LXX se explicita mais claramente na perspectiva de uma ressurreição do Servo.

Esse poema do Servo foi interpretado em termos coletivos na versão da LXX e no judaísmo palestinense. É o caso, por exemplo, de Dn 12,2-4, onde se vê claramente uma releitura do texto de Isaías, e do qual alguns exegetas entendem poder colher inclusive a ideia de uma expiação vicária. Na inter-

---

30. Aqui está um ponto de forte divergência entre a interpretação hebraica e cristã. No hebraísmo, de fato, não parece aceitável a morte do inocente no lugar do pecador, uma substituição; do ponto de vista cristão, ao contrário, a solidariedade com os pecadores admite também a perspectiva da substituição.

pretação coletiva a questão não reside mais na morte de um indivíduo, mas no exílio e no sofrimento de um povo inteiro.

No Novo Testamento esse poema se reveste de uma importância excepcional, enquanto, com citações explícitas ou alusões, se vê nele prefigurada a paixão e a morte de Jesus (cf., p. ex., Jo 1,29; 12,38; At 8,32; 1Pd 2,21-25). Discute-se se foi o próprio Jesus que interpretou sua própria paixão e morte à luz dessa passagem de Isaías, ou se foi uma elaboração teológica da comunidade cristã das origens. Seja como for, na releitura neotestamentária se evidenciam particularmente a aceitação plena do sofrimento da parte do Servo por coerência à própria missão, a livre e total oferta de si, a fecundidade paradoxal de sua morte como justificação do pecador.

Uma aliança renovada e eterna (Is 54–55)

Do Servo se diz: "se fizer de sua vida um sacrifício expiatório, verá sua descendência" (53,10); ora, sua descendência é a comunidade de Jerusalém, renovada pela salvação, pela aliança de paz e, definitivamente, pela iniciativa sempre nova do Senhor para com o seu povo (54,1-11).

Em primeiro lugar é apresentada a imagem de uma mulher estéril, sem futuro – ilustração da condição do exílio e de suas amargas circunstâncias. Em seguida, outra mulher, viúva. E, por fim, aparece a imagem, talvez mais penosa ainda, de uma mulher abandonada pelo marido em razão de comportamentos deploráveis. Confusão, vergonha, desespero... mas, doravante, tudo está superado, pois o Senhor, que libertou do exílio seu povo, quer agora reavê-lo para si, e para sempre, e em nome de um irrevogável compromisso nupcial. Para além da desolação sempre é possível uma nova vida; para além do abandono, sempre é possível uma nova comunhão e um pacto eterno, indissolúvel. Como se estivesse falando com aquela mulher sofredora, Deus reafirma sua intenção cheia de ternura para com seu povo: "Só por breve instante eu te abandonei, mas com imensa compaixão te reunirei" (v. 7).

A via do castigo mostrou-se insuficiente na derrota do mal, assim como o foi o dilúvio; agora Deus assume a via do perdão: "Provo os mesmos sentimentos como no dilúvio de Noé, quando jurei que as águas de Noé nunca mais inundariam a terra..." (v. 9). O Senhor, Esposo misericordioso, promete a seu povo uma irrefutável aliança de paz.

A nova relação nupcial entre Deus e sua cidade leva à reedificação de Jerusalém, reconduzindo-a assim ao seu antigo esplendor material e moral

(v. 11-17). Nela predominará uma convivência caracterizada pela justiça e pela paz, já que superados os ataques dos inimigos externos, bem como a injustiça e a violência internas.

Chegamos assim às últimas linhas atribuídas ao Dêutero-Isaías pela exegese histórico-crítica (55,1-13). Trata-se de uma espécie de recapitulação da profecia: como um ambulante carregador de água, além de água o profeta oferece preciosas mercadorias: cereais, vinho e leite... e tudo gratuitamente. E, como não tem sentido gastar recursos com material que não sacia, da mesma forma não tem sentido desperdiçar a oferta de uma aliança eterna, precedentemente oferecida por Deus à Dinastia Davídica, mas estendida agora a todo o povo. Trata-se de um novo tempo de infinita misericórdia, de um tempo em que Deus se faz próximo e se deixa encontrar por aqueles que o invocam e o busca com sinceridade.

Assim como a chuva e a neve que desaparecem na terra e voltam ao céu após tê-la tornada fecunda, garantido ao camponês sustento e esperança futura, assim também o profeta é um servo da palavra do Senhor que realiza seu plano de salvação, não obstante as vicissitudes históricas.

Diante dessa grande verdade eleva-se então uma aclamação cósmica e um convite aos exilados para que iniciem seu novo êxodo e testemunhem assim a maravilhosa glória do Senhor.

O Trito-Isaías (Is 56–66)

Paz para próximos e distantes (Is 56–57)

A pesquisa histórico-crítica entende a última seção da segunda parte do Livro de Isaías como uma *profecia literária*, que remonta ao primeiro período do pós-exílio e vai até Esdras e Neemias. Fala-se assim de um Terceiro ou de um Trito-Isaías. Para além das várias hipóteses histórico-críticas, o texto dá claramente uma atenção particular à reconstrução de Jerusalém e uma significativa abertura aos estrangeiros (contrastando assim com o espírito da reforma de Esdras e Neemias). Por outro lado, existe também uma continuidade evidente com as temáticas do Dêutero-Isaías, sendo uma espécie de retomada e aprofundamento dos capítulos precedentes.

Aqui se anuncia uma salvação que transcende os confins de Israel, isto é, os gentios passam a aderir à fé em YHWH (56,1-8). Os repatriados judeus, no entanto, são convidados a praticar o direito e a justiça, superando assim a tentação de se acreditarem uma comunidade perfeita e etnicamente pura. A essa comunidade de fé também podem aderir, de pleno direito, os que antes eram excluídos, como o estrangeiro e o eunuco, embora se lhes imponha uma única condição: viver segundo as exigências da aliança. Dessa forma o Templo se transforma em casa de oração para todos os povos. Paralelamente também se percebe uma insistência na prática do repouso sabático, doravante característica distintiva da religião judaica do pós-exílio (v. 6).

Se, doravante, estrangeiros e eunucos passam a ter um nome mais honrado do que os próprios filhos de Israel, então os chefes religiosos passam a ter a grave responsabilidade de cuidar de todo povo a eles confiado. Dessa forma, abandonadas a avidez e a negligência, devem deixar de se comportar como "cães mudos e sonolentos montando guarda" (56,6–57,2).

É justamente em razão dessa falta de cuidado do povo que se alastram as práticas idolátricas dos cultos de fertilidade e os abomináveis sacrifícios humanos. Assim procedendo, Jerusalém se comporta como uma mulher luxuriosa, de costumes depravados (57,3-13). E tudo isso pode derivar do medo e da ansiedade, devidos a uma falta de confiança no Senhor, que chega a perguntar a Jerusalém: "De quem tiveste tanto medo e pavor, para te tornares infiel? Não te lembraste de mim nem te preocupaste comigo. Não sou eu que desde sempre uso de paciência?" (v. 11). Fora do Senhor, portanto, nada pode salvar. E quem nele confia herdará a terra.

É chegado, pois, o momento de aplainar os caminhos e preparar a via (como em Is 40,3-4), a fim de que Senhor possa vir e salvar. Paz e prosperidade são assim garantidas a próximos e distantes, mas serão negadas aos ímpios (57,14-21).

O culto agradável a Deus (Is 58–59)

Em Is 58,1-12 se declara qual é o culto que o Senhor exige do povo. Um caso emblemático se refere à prática do jejum (outro pilar da religião pós-exílica): Deus desmascara acima de tudo a ilusão de um jejum desprovido de justiça, falsamente tido por agradável a Ele. Aqui se insiste muito na dupla e insolúvel contradição entre as obras de piedade (aqui o jejum) e a busca do interesse próprio, entre o mortificar-se e prejudicar o próximo.

Positivamente Deus declara que o verdadeiro jejum é o respeito à justiça e a atenção aos mais necessitados. Em primeiro lugar aparecem as obras de libertação do homem: soltar os oprimidos de suas correntes, dividir o pão com o faminto, sem esquecer os próprios parentes (hebraico: "a tua própria carne").

Quando a vida cultual da comunidade é realmente inspirada na misericórdia, experimenta-se uma transfiguração do humano. O profeta pensa então numa espécie de cortejo triunfal, aberto pela justiça e concluído pela glória ao Senhor.

E após as palavras do jejum autenticamente religioso, se exorta também à prática rigorosa do repouso sabático, que se transformará em alegre experiência de comunhão com Deus (v. 13-14).

Segue a proposta de uma espécie de "liturgia penitencial" (59,1-21), para que o povo possa encontrar o Senhor como poderoso redentor, e uma oração em forma de salmodia que inicia com a denúncia das componentes do pecado: violência, mentira, má-fé, pensamentos perversos, injustiça. Com desconforto o profeta deve constatar que o povo não conhece a via da paz e que um grupo de rebeldes em seu interior se expande como ovos de serpente que eclodem. O povo reconhece e confessa a própria culpa, admitindo ter sido enganado pelas trevas do pecado e ter-se rebelado contra o Senhor.

Contudo, diante dessa confissão de culpa, o Senhor intervém como um guerreiro bem-armado, não para condenar, mas para redimir Sião e levá-la à conversão. Removido o pecado, começa uma nova etapa, a da aliança, que é garantida pelo espírito divino e pela palavra do Senhor, e dessa forma a comunidade inteira se torna profética (v. 21).

A glória da nova Jerusalém (Is 60–62)

Já em Is 2,1-5 se anunciava a peregrinação dos povos para Sião. Agora esse tema é retomado com um oráculo de salvação: os povos subirão à cidade reconstruída, renascida das ruínas e do despovoamento (60,1-9). Em direção à cidade santa avança uma caravana formada por repatriados da deportação e por nações estrangeiras atraídas pela luz da glória divina que ilumina o Monte Sião. Estas vêm honrar o nome do Senhor que tornou Jerusalém esplêndida, trazendo preciosos dons para o culto.

Jerusalém é reconstruída e repovoada, e para seu renascimento concorrem os generosos dons que os povos trazem em homenagem, bem como o serviço que lhe prestam gratuitamente. Esta se tornará verdadeiramente a cidade do Senhor, a Sião do Santo de Israel e nela estabelecer-se-á um governo de justiça e de paz (v. 1-18).

Expandir-se-á sobre a cidade uma luz que não será a do sol ou a de outros astros, mas a do próprio Senhor. A comunidade será composta por justos que herdarão definitivamente a terra e vicejarão como primeiro broto do Senhor (v. 19-22).

O capítulo 61 é o verdadeiro centro de gravidade dessa última seção do Livro de Isaías. Nele se encontram, de fato, todos os temas-chave, como os do espírito do Senhor, de sua vingança ou revanche, da consolação, do esplendor, das ruínas e sua construção. Ora, o profeta (e pouco importa que provavelmente se trate apenas de profecias literárias) apresenta aqui a própria vocação como um ser consagrado pela unção do espírito do Senhor em vista de uma missão específica: a proclamação do ano jubilar[31], com a libertação dos prisioneiros, e uma profunda mudança dos destinos de Sião. Por isso a cidade é reconstruída, mesmo com a ajuda dos estrangeiros, e o Senhor renova para ela suas promessas de salvação. A resposta de Jerusalém é o júbilo por aquilo que o Senhor faz por ela, ligando-a a si com um vínculo esponsal.

Continua a celebração da nova Jerusalém como esposa do Senhor (62,1-12). Esta é sua mulher, bem-vestida para o festivo dia das núpcias. Terminou, portanto, o tempo do silêncio de Deus que, por amor a Sião, não mais se calará. Por isso o sofrimento e a desolação daquela que se sentia *Repudiada* e *Devastada* estão superados, e esta recebe o nome de *Minha Querida* e *Desposada*. E as sentinelas, que sempre vigiam por ela, darão voz a um frêmito de alegria que a percorrerá toda inteira no dia das núpcias.

O profeta se volta então para os que mantêm viva na comunidade a lembrança do Senhor, a fim de que elevem a Ele uma súplica em favor de Jerusalém sem trégua. Com juramento solene YHWH promete conceder aos habitantes o desfrute de seu trabalho, a remoção de todos os escombros e sua chegada vitoriosa em Jerusalém, levando consigo o salário e o pagamento de seu povo, declarado santo, redimido pelo Senhor, e por Sião, que passará a chamar-se *Cobiçada* (i. é, "desejada") e *Cidade não abandonada*.

Amargurada súplica (Is 63–64)

Um misterioso personagem chega às portas de Jerusalém proveniente do Sul, de Edom (indicação frequente nas teofanias). Ele se apresenta como

---

31. O texto de Is 61,1-3, em Lc 4,16-21, é lido por Jesus na sinagoga de Nazaré como referência escriturística que constitui o programa de sua missão. O evangelista oferece na realidade uma citação compósita tirada da LXX. Omite "enfaixar as feridas dos corações despedaçados" e também "Dia de vingança de nosso Deus", e substitui o "proclamar" de Isaías pelo "pregar". (Na Bíblia Vozes, o termo usado na tradução do texto de Lc é "proclamar" e não "pregar" [N.T.].).

quem fala com justiça e tem poder de salvar. As sentinelas lhe perguntam a razão de suas roupas vermelhas e o manto cor de uva. Ele explica que o vermelho é o sangue das nações inimigas de seu povo, por Ele esmagadas no lagar de sua ira. A vingança por Ele realizada não é movida pelo ressentimento, pela vontade de ressarcimento violento, mas antes por sua solidariedade para com os oprimidos, para os quais o dia da vingança se inaugura com a chegada do ano da redenção (63,1-6).

Aqui é inserido um magnífico salmo, colocado na boca do profeta, que fala em nome de toda a comunidade, e que revisita toda a história das relações entre o povo e YHWH (63,7–64,11). Primeiramente o salmo faz memória dos benefícios do Senhor para com Israel, devidos à sua grande bondade (*thob*) e misericórdia (*chésed*) ao constituí-lo como povo predileto e ao transformar os próprios filhos em seus membros, salvando-os de todas as angústias. Isso não se deu por um mediador qualquer, mas por intervenção direta do Senhor.

Entretanto, os israelitas se rebelaram contra o Senhor, contristando seu santo espírito. E somente quando o castigo divino se abateu contra eles é que se lembraram daquilo que Ele, pessoalmente, fez por esse povo: o Senhor o libertou do Egito, fazendo-o passar pelo mar como um pastor guiando seu rebanho, conduzindo-o com seu espírito para uma terra de repouso.

Assim se eleva uma ardente súplica ao Senhor para que em sua misericórdia visceral mostre a própria paternidade para com seu povo. De fato, os homens são incapazes de salvar – tampouco Abraão ou Jacó (Israel) –, mas somente YHWH, desde sempre pai de Israel e seu Redentor.

Daqui a invocação ao Senhor para que volte ao seu povo e não o deixe permanecer no pecado, mas o coloque em possessão de sua herança, chegando a pedir-lhe que elimine toda distância com seu povo, quase rompendo o invólucro que constitui o firmamento (segundo as concepções da época): "Se tu rasgasses os céus e descesses!" (63,19)[32].

A lamentação prossegue com tons realmente marcantes, visando a comover o coração divino. Afirma-se com todas as letras que nunca se viu nem

---

32. O tema do *rasgar* (ou abrir) *os céus* é retomado nos relatos sinóticos do batismo de Jesus (Mc 1,10: Mt 3,16; Lc 3,21). Provavelmente os evangelistas interpretam o episódio justamente no contexto da oração de Is 63,7–64,11. De fato, pela proximidade de Jesus com os pecadores se manifesta a proximidade de Deus com seu povo para perdoá-lo dos pecados e para dar-lhe a esperança de sua inabalável paternidade.

se ouviu algo semelhante ao que Deus fez em favor do próprio povo. No entanto, doravante, ciente de ter pecado e de ter desencadeado a ira divina, esse povo reconhece que a desolação é causada por sua própria iniquidade. Daí a súplica ao Senhor para que, após ter escondido seu rosto, manifeste novamente sua paternidade. Para Israel, Ele é pai e oleiro, e o povo argila em suas mãos. Reza-se para que o Senhor não vire seu rosto para alhures, desviando seu olhar de Sião, tornada um deserto, e de Jerusalém, desolada, cujo Templo foi queimado e arruinado. A oração praticamente desafia o Senhor, visando a provocar sua reação: "Podes ficar indiferente a tudo isso Senhor, ficar calado e afligir-nos a tal ponto?" (64,11).

Novo céu e nova terra (Is 65–66)

À súplica do povo o Senhor responde declarando ser um Deus próximo dos seus, a ponto de deixar-se encontrar inclusive por aqueles que não o buscaram nem o invocaram (65,1-16a).

Ele detesta o espetáculo da idolatria, com sacrifícios nos jardins, oferta de incenso, refeições sagradas celebradas em nome de Gad e Meni, isto é, cultos implorando fortuna e sorte. E com a idolatria também uma série de práticas supersticiosas (necromancia: passar a noite nos sepulcros), bem como o desprezo pelas leis relativas à pureza ou impureza dos alimentos. Esses comportamentos levarão inevitavelmente ao castigo, muito embora Deus faça distinção entre servos do Senhor e idólatras. Por isso o Senhor preservará toda espécie de bem presente no povo, e procederá como o vinhateiro que não joga fora o cacho inteiro da uva se nela houver algum grão deteriorado. Aliás, precisamente os grãos bons, nos quais se encontra a bênção divina, são meios de salvação para todo o povo. Assim, no juízo, a diferença entre justos e ímpios será evidente: de um lado haverá saciedade de alimentos e bebidas, júbilo e cantos de alegria; de outro, fome, sede, vergonha e gritos de dor.

O agir do Deus fiel levará à renovação de toda a criação com o triunfo da vida, triunfo marcado pela longevidade, pelo bem-estar, pela sensatez do viver, pelo desaparecimento da violência, pelo dom de uma paz cósmica (v. 16b-25). Um passado de culpa, de erros, de dor será esquecido para abrir espaço à novidade operada por Deus: "Sim, vou criar um novo céu e uma nova terra; já não haverá lembrança do que passou, nisso já não se pensará..." (v. 17). E um lugar especial, nessa nova criação, será reservado a Jerusalém, totalmente transformada, inundada de alegria e de exultação e libertada de qualquer mal.

Reiteradamente se colocou o problema do verdadeiro culto e do Templo do Senhor. Agora esse tema é retomado indicando acima de tudo que não se pode "aprisionar" Deus numa morada humana, tampouco buscar seus favores com práticas sacrificiais.

O culto autêntico a Ele agradável é o coração contrito e humilde daqueles que "tremem à sua palavra", isto é, que fazem dela sua orientação de vida. Por outro lado, as práticas do culto – como sacrifícios, holocaustos... – correm o risco de esconder a injustiça e deslizar na direção da idolatria. O Senhor promete então fazer uma distinção entre seus fiéis e os outros que, ao contrário, o odeiam justamente por esse motivo (66,1-6).

A promessa de salvação é dirigida em seguida a Jerusalém, como mãe que repentinamente gera um enorme número de filhos. A prodigiosa fecundidade dada pelo seu Senhor a faz esquecer o tempo do exílio, período em que, privada de seus habitantes, era reduzida a uma viúva sem filhos ou a uma mulher estéril (v. 7-14). Assim a comunidade, consolada maternalmente por seu Deus, se torna por sua vez fonte de consolação para os próprios filhos.

Jerusalém, como já se anunciava em Is 2,1-5, se tornará centro de peregrinação dos povos, peregrinação aberta pelo próprio Deus que retorna à sua cidade com todo seu esplendor e poder. As nações – ou melhor, os que foram poupados do juízo divino – para ela afluirão dos lugares mais distantes a fim de contemplar a glória do Senhor. Em seguida essas nações serão enviadas a outras que ainda não conhecem a Deus, para anunciar-lhes sua glória (v. 15-19).

A última promessa diz respeito à reunião escatológica de Israel com as nações. Todos levarão oferendas ao Templo do Senhor e, surpreendentemente, dentre as nações e os judeus da diáspora Deus escolherá para si sacerdotes e levitas, inclusive os destituídos do requisito relativo à descendência carnal da tribo de Levi. E um elemento da novidade prometida com novo céu e nova terra será a estabilidade perene da comunidade do Senhor (v. 20-23). A essa promessa se contrapõe a ameaça do castigo escatológico aos ímpios, abandonados ao tormento da Geena, consumidos por vermes e fogo inextinguível (v. 24).

Essa conclusão do Livro de Isaías é inquietante e, não por acaso, na leitura sinagogal se duplica o versículo 23, muito mais positivo. Mas com uma função específica: criar uma inclusão com o início do livro, onde se ameaça os idólatras com o castigo do fogo (cf. Is 1,31). Implicitamente é também inserido um elemento positivo: a nova Jerusalém será finalmente libertada de qualquer religião contra o Senhor.

A mensagem

Sintetizar toda a riqueza de temas e de provocações do Livro de Isaías, considerando também sua complexa história redacional, com aprofundamentos e reelaborações, é praticamente impossível. Assim, limitar-nos-emos a indicar alguns pontos fortes de sua mensagem.

O Senhor como Santo de Israel, criador e salvador

Um primeiro núcleo diz respeito ao anúncio sobre Deus. Ele é definido como o "Santo", ou o "Santo de Israel", e tudo o que tem a ver com Ele participa dessa santidade (Monte Santo, germe santo...). Com essa linguagem reitera-se sua transcendência, a imensa majestade diante da qual o humano quase desaparece. Nesse sentido, o relato da vocação de Isaías – com a visão daquele Deus que é fogo, insuportável aos próprios serafins que devem cobrir o rosto diante dele, e com o cântico do *trisághion* – reassume a essência da mensagem de Isaías sobre Deus (incluído o Dêutero e Trito-Isaías). *Santidade*, entretanto, poderia sugerir a ideia de uma separação em relação ao mundo e à história. Para Isaías, ao contrário, justamente o Santo, é o Santo de Israel, isto é, aquele que se revela com todo o seu caráter único nas vicissitudes de um povo (Israel e Judá) e realiza o próprio plano na história. Assim, na profecia de Isaías, filho de Amós, o Deus Santo é também aquele cuja glória enche toda a terra (Is 6,3), e é inclusive o Emanuel, o Deus conosco. Polaridade representada na teologia do Dêutero-Isaías, quando o Senhor afirma: "Verdadeiramente és um Deus escondido, Deus de Israel, salvador" (45,15).

A santidade de YHWH, portanto, não é distanciamento da história, mas pleno envolvimento nela, como se evidencia nas corajosas metáforas recorrentes em todo o livro: como a de um Deus *pai* e *mãe*, que faz crescer os próprios filhos; ou a de um Deus *esposo* e *amante* que corteja a própria mulher; ou a de um *pastor* que cuida ternamente de seus cordeirinhos. Da santidade divina resulta uma exigência precisa para a criatura humana, e em particular para o povo de Israel e Judá: uma vida marcada pela busca do bem e pela rejeição da injustiça. Existe uma incompatibilidade radical entre a santidade de Deus e uma conduta humana marcada pela injustiça e pelo pecado. Aqui se inscreve o discurso sobre a ira de Deus para com o pecado, já que este desvirtua a verdadeira identidade de seu povo e porque leva a humanidade a agir com soberba e prevaricação sobre os últimos, sobre os mais fracos (como o faz a Assíria). Muitas páginas de Isaías apresentam, portanto, oráculos de juízo nos quais é muito forte a denúncia social, além da condenação da idolatria. Atitudes, estas, incompatíveis com a santidade de Deus, como se sintetiza no último capítulo da primeira parte do livro, ao afirmar que para os pecadores Deus é realmente fogo devorador, um braseiro permanente (Is 33,14).

É fato que a mensagem de Isaías mostra uma forte continuidade com as denúncias de outros profetas, como Amós, Oseias e Miqueias. Mas se engana quem quer fazer dele um anunciador do juízo divino, pois seus oráculos não visam a sublinhar uma condenação definitiva, mas antes esconjurá-la e abrir uma via de salvação acessível na fé, que em seguida se traduz em prática de direito e justiça. Desde o início o Livro de Isaías – e isso se evidencia desde os primeiros três *rib*, ou acusações proféticas, de Is 1 – testemunha uma certeza: a salvação divina age em favor da sobrevivência de um *resto* por meio da purificação do pecado e da oferta do perdão. E nessa direção se movem os aportes do Dêutero-Isaías, grande e criativo teólogo que oferece um discurso fascinante sobre Deus, elaborado não segundo um debate teórico, rigoroso, frio; mas, antes, para convencer os interlocutores marcados pela provação do exílio: o Senhor é o Deus único que pode salvá-los e que quer efetivamente sua salvação. Por isso é o Deus consolador que cuida eficazmente de seus fiéis e que para libertá-los da situação dolorosa em que se encontram provoca um novo êxodo, conduzindo-se soberanamente nas vicissitudes da história, e inclusive servindo-se dos instrumentos mais impensados, como aconteceu com Ciro, Rei da Pérsia.

Ao afirmar essa vontade divina de salvação para os exilados, o profeta chega a elaborar uma teologia da criação, que até aquele momento estava praticamente ausente da tradição bíblica. Isso pode ser entendido particularmente se pensarmos que, na Babilônia, os exilados deviam participar das celebrações de ano-novo (*akitu*) com a retomada de uma epopeia que falava da criação do universo e que visava a glorificação do deus nacional, Marduk. Se YHWH é superior a Marduk, o profeta não pode deixar de enfrentar a questão teológica da criação. Assim, a teologia do êxodo e a teologia da criação se encontram e se cruzam para anunciar uma salvação que se configura sempre mais como "nova criação".

E também os desenvolvimentos posteriores (Trito-Isaías e redação final) jamais perdem de vista esse anúncio da salvação como novo e radical início, enquanto se voltam para destinatários que, após o entusiasmo inicial do repatriamento, correm o risco de acabar sendo vítimas da desilusão. Essa salvação aparece então de modo ainda mais evidente como dom divino, mais do que conquista humana (como evidencia, p. ex., a extraordinária fecundidade da nova Jerusalém – Is 66,7-14), dom cujos confins se tornam universais, dilatando-se para além da comunidade dos repatriados.

Sião: a comunidade da salvação

Todo o Livro de Isaías manifesta um grande interesse pelo tema da comunidade destinatária da salvação. Para comprovar isso basta lembrar a recorrência de uma dezena de vezes do termo *Sião*; e por Sião não se entende apenas a altitude em que está edificado o núcleo originário da cidade, mas a própria comunidade que ali mora, e que representa todo o povo de Deus. O mesmo vale para o termo "Jerusalém", que indica tanto a cidade quanto a comunidade de fé.

O Proto-Isaías tem consciência de voltar-se para uma comunidade em grave crise de fé, atraída pela idolatria, seduzida pela perspectiva de encontrar ajuda e salvação em alianças políticas e militares. Apesar de tudo ele está convencido de que Deus continua ao seu lado, e justamente por isso ainda é possível um retorno a Ele (Is 8,17-18). Essa comunidade, porém, deve atravessar um período de purificação que poderia parecer-lhe bem mais do que sua simples dizimação. Purificação como sinal do amor de Deus, mais do que sua ira, e voltada para a reconstituição de um *resto santo*.

Nas várias travessias históricas o povo vai sofrer a tragédia da invasão inimiga, a derrocada política e social, a incapacidade de fazer escolhas sensatas por parte de seus guias. Poderia até parecer que Deus se mantivesse indiferente diante do destino trágico de Jerusalém e de todo o povo, e por isso o profeta se sente no dever de reiterar com vigor o cuidado particular do Senhor para com Sião, sublinhando sua preocupação quase visceral. Isso aparece claramente desde os primeiros oráculos.

Assim, quando essa é ameaçada pelo Senhor, como no caso do cântico da vinha estéril (identificada explicitamente com Israel e Judá – Is 5,7), na realidade o objetivo divino é o de uma vitória sobre o mal, onde possa manifestar-se não somente seu poder salvador, mas principalmente seu amor por seu povo. Pense-se aqui no cântico da vinha perfeita, que dá bons frutos (27,2-5), que destrói a ameaça que recai sobre a vinha infrutífera.

O tema do amor do Senhor para com Sião é reiterado depois na segunda parte do Livro de Isaías, seja pelo profeta exílico que anuncia a consolação divina, seja pelo profeta pós-exílico que vê na restauração de Sião o início de um novo mundo.

Aqui Sião, como lugar, se transforma claramente em Sião como figura da comunidade com quem YHWH tem uma relação esponsal. O processo de personificação de Sião como mulher amada pelo Senhor sublinha a característica da receptividade, isto é, do acolhimento do dom da salvação (em continuidade com a mensagem do Proto-Isaías sobre a necessidade da fé para encontrar estabilidade/salvação – Is 7,9; 30,15).

Além disso, a imagem feminina de Sião é igualmente a de uma mãe de uma multidão de filhos, lembrando que a comunidade tem a função de gerar não somente para a vida, mas também para a fé. Assim Sião se transforma sempre mais em realidade escatológica, figura da nova criação e, portanto, ponto de referência para toda a humanidade, como transparece no motivo da peregrinação dos povos para Jerusalém, proposto tanto no início quanto na conclusão do livro.

Essa transformação de Sião é, em alguns casos, atrelada a figuras de mediadores de salvação. Uma dessas é a do *mediador real* de salvação (presente particularmente no *Livrinho do Emanuel*). Esta se radica na experiência da fidelidade divina às promessas feitas a Davi, mas em seguida estendidas a todo o povo.

Outro tipo de mediação acontece por um *mediador profético*, cuja figura mais elevada é certamente o misterioso Servo do Senhor que, com sua paixão e morte, realiza o salvífico plano divino.

3

Jeremias

Introdução

A época e a pessoa de Jeremias

As coordenadas geográfico-históricas da vida e da missão de Jeremias são amplamente oferecidas pelo cabeçalho de Jr 1,1-3 e pelas abundantes indicações presentes na "seção biográfica" de Jr 26–45. Jeremias é o profeta cuja vida e emoções íntimas mais sabemos. Entretanto, é necessário sublinhar que a passagem do livro para a reconstrução da figura histórica do profeta permanece uma operação delicada, a respeito da qual existem posições muito diversas na exegese, indo dos que afirmam ser possível a reconstituição de sua figura aos que, ao contrário, afirmam que a figura de Jeremias é profundamente condicionada por um trabalho de redatores.

Jeremias é presumivelmente um descendente da família de Abiatar, o sumo sacerdote confinado por Salomão a Anatot, nos limites meridionais da tribo de Benjamim (1Rs 2,26). Aqui ele recebe o chamado do Senhor, durante o reinado de Josias, por volta de 627 a.C.

Enquanto o Império Assírio está em forte decadência, cresce o poderio neobabilônico com o Rei Nabopolasar. Nesse contexto o Rei Josias tenta uma reforma religiosa que dê unidade a todo o povo, não somente de Judá, mas também dos territórios de Israel submetido – doravante apenas teoricamente – ao poder assírio.

Não é clara a atitude de Jeremias em relação à reforma de Josias, da qual seria melhor falar em esboço de reforma, já que, de fato, ela só se realizará integralmente no período pós-exílico. Dela o profeta não faz referência, embora manifestando sua estima para com o Rei Josias (Jr 22,15). Seja como for, sua pregação (aqui em sua *primeira fase*) descarta qualquer pretensão de reforma do povo que parta das instituições religiosas e civis, mas opta por uma renovação interior.

Josias é sucedido por seu filho Salum – ou Joacaz –, que reina por brevíssimo tempo antes de ser deportado para o Egito e substituído por seu irmão Joaquim, preferido pelos egípcios. Durante seu reinado a coalizão assírio-egípcia é definitivamente derrotada por Nabucodonosor em Carquemis (605 a.C.). A sensatez gostaria que – como o exorta o próprio Jeremias – Joaquim adotasse uma política filobabilônica. Infelizmente prevalece o partido antibabilônico, instigado pelo Egito, com a trágica consequência do cerco de Jerusalém, durante o qual o Rei Joaquim morre. Por outro lado, em nível de política interna o rei é responsável por graves injustiças sociais e pelo recrudescimento de práticas idolátricas.

Nesse período se dá a *segunda fase* da missão de Jeremias, com duras críticas a essa política interna no âmbito civil e religioso, e diante das trágicas opções de política externa. Por essas suas posições é perseguido pelo rei e seu entorno.

Com a morte de Joaquim sobe ao trono seu filho Joaquim (ou Jeoaquin, Jeconias), que reina por breve tempo, já que, com a queda da cidade (597 a.C.), é imediatamente deposto e deportado para a Babilônia. Com ele irão para o exílio as classes dirigentes e a mão de obra qualificada. Forma-se assim a primeira diáspora babilônica.

Enquanto isso, Nabucodonosor substitui Joaquim pelo tio Matanias, mudando-lhe o nome para Sedecias. Personalidade frágil e manipulável, mais vezes ele se deixa envolver em rebeliões contra a Babilônia, que levarão à catástrofe quando Nabucodonosor invadirá novamente Judá, cercando e tomando a cidade de Jerusalém, destruindo-lhe muralhas e palácios e devastando o Templo (587 a.C.). Jeremias vive nesses anos dramáticos a *terceira fase* de sua missão, perseguido pelo partido antibabilônico em razão de sua pregação, na qual pede que se reconheça o poder histórico dado à Babilônia pelo próprio Deus. Para tanto exorta tanto a população de Jerusalém quanto os exilados, que ilusoriamente esperam um iminente retorno à pátria, como consequência de uma possível derrocada do Império Babilônico.

Após a queda definitiva da cidade e uma segunda deportação de personagens judaicas para a Babilônia, Nabucodonosor institui como governador do território de Judá Godolias, filho de Aicam, protetor de Jeremias em seus confrontos com o Rei Joaquim e diante das pressões da corte. É a *última fase* da missão profética de Jeremias, que prefere ficar com Godolias, talvez para reconstruir espiritualmente a comunidade devastada. Quando, depois, Godolias é assassinado por Ismael, Jeremias se torna um dos reféns deste último. Ele é só aparentemente libertado por outro grupo armado de judeus, guiado por Joanã, filho de Carea; na verdade estes, sem ouvir a advertência do profeta, o arrastam para o Egito, onde sua última atividade é a de tentar (em vão) dissuadir os refugiados judeus das práticas idolátricas. Jeremias faz, por assim dizer, o caminho inverso do êxodo, em sua ida para Egito, onde desaparece no esquecimento.

Disposição canônica e formas textuais do Livro de Jeremias

O Livro de Jeremias, o mais longo do Antigo Testamento, ocupa no Texto Massorético o segundo lugar entre os *Profetas maiores*, e é situado entre Isaías e Ezequiel, segundo um critério cronológico. Na tradição hebraica do Talmude (babilônico) ele é disposto diferentemente, já que vem após 2Rs e, portanto, aparece como o primeiro dos *Profetas maiores* (*Baba Batra*, 14b-15a); isso reflete seu maior uso litúrgico em relação a Ezequiel e a Isaías.

Seu reconhecimento canônico é bastante evidente já à luz das releituras atestadas desde o Antigo Testamento (cf. 2Cr 35,25; 36,12.20-21; Dn 9,1-27; Esd 1,1). Também nos textos deuterocanônicos existem menções do profeta (cf., na LXX: 2Mc 2,1-12; 15,14-16; Eclo 49,6-7; Lm 1,1). No Novo Testamento a referência a Jeremias é bastante significativa, e é por três vezes citado em Mateus (2,17; 16,14; 27,9). Mas é particularmente a passagem de Jr 31,31-34 que é retomada nas palavras sobre o cálice (1Cor 11,25; Lc 22,20) e, sobretudo, em Hb 8,8-12 e 10,16-17; Jr 9,23 é parcialmente citado em 1Cor 1,31 e 2Cor 10,17.

Talvez seja a própria importância que o Livro de Jeremias assume durante o médio-judaísmo que explique a problemática ligada à transmissão do texto, motivo pelo qual a crítica textual do Livro de Jeremias é a mais intrincada e complexa. De fato, a versão da LXX difere fortemente do Texto Massorético, tanto que ela faz supor que a versão grega dependa de um texto hebraico preexistente (*Vorlage*), significativamente diferente do Texto Massorético (TM).

A diversidade diz respeito, acima de tudo, ao tamanho do texto. Mais de três mil palavras não constam no texto grego, isto é, cerca de um sétimo do texto. A brevidade do texto grego diz respeito não somente aos elementos marginais, mas também às omissões bem mais extensas, como Jr 17,1-4; 33,14-26; 55,44b-49a; 52,27b-30. Também nos detalhes as omissões da LXX configuram um texto sensivelmente diferente no tocante ao hebraico que chegou até nós.

Além disso, existem diferenças na ordem dos textos: particularmente na LXX, a seção de Jr 46–51 do Texto Massorético com os oráculos sobre as nações vem logo depois da conclusão da primeira parte do livro (25,13a), e assim a seção biográfica (Jr 26–45, TM) se torna a terceira parte do livro.

Esses são apenas alguns dados do problema, agravados, por outro lado, pela descoberta de fragmentos do Livro de Jeremias em Qumran, alguns dos quais refletem o Texto Massorético (4Q70; 2Q13; 4Q72; 4Q72b), enquanto outros parecem refletir particularmente uma recensão do texto muito mais próxima da hipoteticamente subjacente à LXX (4Q71; 4Q72a).

As tentativas de solução se movem em três direções. Uma afirma que a LXX é obra de um tradutor que teria reproduzido o texto de sua *Vorlage* hebraica e o teria inclusive readaptado às próprias intenções. A outra direção é diametralmente oposta. Para esta, o Texto Massorético teria expandido – especialmente na parte em prosa – o texto hebraico originário, mais curto e mais próximo ao traduzido pela LXX. Uma terceira solução reconhece a presença de uma tradição textual mais complexa, que teria pouco a pouco tomado a forma de duas redações, que chegaram até nós. Essa última posição congrega hoje inúmeros consensos, mesmo que posteriormente a reconstrução da história das duas recensões textuais seja objeto de hipóteses muito diferentes. De fato, não existe consenso convincente para a datação da *Vorlage* da qual deriva a LXX, nem do texto hebraico refletido sucessivamente no Texto Massorético.

O resultado é que no estudo do texto de Jeremias existem duas orientações opostas: há quem privilegie a atenção dada à LXX, e quem, ao contrário, considere melhor e mais original o Texto Massorético[33]. Talvez fosse

---

33. Entre os estudiosos que privilegiam a referência à LXX sublinhamos P.-M. Boagaert, E. Tov, H.-J. Stipp e A. Schenker; entre os que dão preferência ao TM, G. Fischer e J.R. Lundbom.

preferível, embora considerando primordial uma referência ao Texto Massorético, proceder sempre fazendo um confronto com o texto grego, numa espécie de exegese diferencial, quase sinótica.

Estrutura e aspectos literários

Para a estrutura do Livro de Jeremias nos reportamos aqui à sua forma atual no Texto Massorético, considerando que a articulação do livro geralmente se coliga com diferentes teorias sobre sua formação e sobre a valorização maior ou menor de certos elementos literários como indícios de estruturação. Propomos uma articulação tripartite.

Jr 1 introduz todo o livro e tem valor programático.

A *primeira parte* (2–25) compila oráculos e ações simbólicas contra Judá e contra Jerusalém, mas também alguns oráculos destinados a Israel, aos territórios um tempo submetidos ao reino da Samaria.

A *segunda parte* (26–45), ou seção biográfica, não segue a ordem diacrônica dos eventos narrados, mas se estrutura segundo indicações cronológicas com dimensão teológica: o tempo de Joaquim; o tempo de Sedecias; o tempo posterior à catástrofe de 587. Existe também um tempo impreciso e referido ao futuro, ao qual se destina o anúncio de esperança do *Livro da Consolação*. Nessa seção o ponto central é representado pelo capítulo 36 com a escrita, leitura, destruição e reescrita do pergaminho profético.

A *terceira parte* (46–51) é constituída pelos oráculos sobre as nações. O apêndice histórico de Jr 52 fecha a obra de Jeremias.

Eis uma possível articulação mais detalhada:

1	Introdução programática
2–25	Primeira parte: oráculos e ações simbólicas contra Judá e contra Jerusalém
	2-6 primeira pregação do profeta
	7-10 pregação sob Joaquim
	11-20 oráculos, ações simbólicas, confissões do profeta (sob Joaquim)
	21-25 oráculos contra a casa real e os falsos profetas

26–45	Segunda parte: seção biográfica	
	26	Processo contra o profeta pelo discurso no Templo (tempo de Joaquim)
	27-29	verdadeira e falsa profecia (tempo de Sedecias)
	30-31	Livro da Consolação (tempo futuro)
	32-33	mensagem de esperança (tempo de Sedecias)
	34	os esforços traídos (tempo de Sedecias)
	35	um caso de fidelidade (tempo de Joaquim)
	36	a história do pergaminho profético (tempo de Joaquim)
	37-39	Jeremias e a catástrofe de Jerusalém (tempo de Sedecias)
	40-44	últimas vicissitudes de Jeremias (após o fim de Jerusalém)
	45	oráculo por Baruc (tempo de Joaquim)
46–51	Terceira parte: oráculos sobre nações	
	46	oráculos contra o Egito
	47-49	oráculos contra os filisteus, Moab e outros povos
	50-51	oráculos contra a Babilônia
52	Apêndice histórico	

Quanto aos gêneros literários do livro, muitos são comuns à literatura profética (relato de vocação, oráculos de juízo ou de salvação, *ríb* ou denúncia profética, lamentações individuais, hinos, relatos de ações simbólicas e de visões). Nos textos poéticos Jeremias mostra uma forte capacidade de envolver e uma proximidade com os textos de Oseias e Miqueias.

Singular é, ao contrário, a presença de textos definidos como "prosa deuteronomista", já que afins, no estilo e no contexto, aos da historiografia deuteronomista.

Hipótese sobre a formação do Livro de Jeremias

Exatamente a presença desses textos em prosa, significativamente diferentes dos textos poéticos, motivou o esforço da pesquisa exegética sobre a origem e sobre a formação do livro. Assim, mesmo admitindo que a atividade de composição do livro teve seu início já na época do profeta por obra do secretário Baruc – como consta em Jr 36 –, a análise histórico-crítica optou pela tese de uma formação da obra em mais estágios sucessivos. Sobre esse desenvolvimento foram dadas múltiplas interpretações, reassumidas em alguns modelos.

O primeiro é o modelo das *fontes*, segundo o qual o Livro de Jeremias seria o resultado da estratificação de material em quatro épocas sucessivas (estratos A, B, C, D). O núcleo jeremíaca seria o estrato mais antigo (A), e referir-se-ia a oráculos presentes em Jr 1–25. O problema mais sério foi o de avaliar o alcance do estrato C, próximo à obra deuteronomista.

Daqui se origina a revisão do modelo das fontes, chegando ao *histórico--redacional*, que fundamenta em ambientes e círculos diversos o desenvolvimento da obra jeremíaca, levantando a hipótese de ao menos três edições e redações sucessivas, sempre ligadas a círculos deuteronomistas.

Outro modelo é o *linguístico-estilístico*. Este explica a diversidade de estilo que não remete a nenhuma evolução redacional, mas devolve ao próprio Jeremias muito do material a ele atribuído. Assim, não somente os oráculos, mas também os discursos em prosa são julgados como *prosa artística* atribuída a ele.

Enfim, existe o modelo do *rolling-corpus*, que no livro reconhece a presença de reescritas, não pensadas em termos de amplas redações, mas de trabalho reduzido em núcleos específicos de Jeremias e não jeremíacos.

Fica evidente o quanto ainda estamos longe de soluções realmente satisfatórias na interpretação da formação do Livro de Jeremias, mas com a vantagem de termos superado tanto o ceticismo total sobre a possibilidade de chegarmos ao Jeremias histórico quanto a abordagem oposta que pressupõe ser facilmente possível chegar à figura do profeta.

Guia de leitura

Vocação de Jeremias (Jr 1)

A obra de Jeremias se abre com um título (1,1-3) que enquadra a atividade do profeta entre o ano da sua vocação, 627, e a queda de Jerusalém, 587. Mas o texto não menciona a atividade posterior a esse período, narrada em Jr 40–44. Entretanto, existe uma inclusão literária e temática com o último capítulo, onde ainda se fala da tomada definitiva de Jerusalém e da consequente deportação.

O conteúdo do livro é inicialmente definido como *palavras*, termo que, em hebraico, indica tanto a comunicação verbal quanto os acontecimentos, as ações. A pessoa, a vida e as palavras do profeta são aqui consideradas em seu valor de comunicação da *palavra do Senhor*, apresentada literalmente segundo a *fórmula de evento* ("A palavra do Senhor me foi dirigida nestes termos...").

Ao título segue o relato da vocação profética de Jeremias, relato cujo protagonismo é novamente atribuído ao termo *dabár*: a Palavra de Deus (v. 4-19).

Primeiramente, nesse relato, aparece a missão divina atribuída a Jeremias como profeta das nações, e em seguida o sinal sacramental do qual ele é destinatário (v. 4-10). Aqui é decalcado o esquema literário com o qual se apresenta a vocação profética em termos de diálogo intenso com Deus (cf., p. ex., Ex 3–4).

Jeremias recebe uma palavra que o declara desde sempre conhecido pelo Senhor, consagrado já no ventre de sua mãe e constituído profeta para uma missão de alcance universal. A isso o profeta objeta, sublinhando a própria incapacidade de ser convincente na comunicação, também por sua jovem idade, aliás por sua inexperiência. Objeção rejeitada pelo Senhor, que reconfirma o mandato a Jeremias, prometendo-lhe sua proximidade. Deus estende então a própria mão ao profeta e lhe coloca na boca sua palavra. Assim Jeremias deverá propor a todos os destinatários a totalidade de uma mensagem que comporta tanto o anúncio de um severo juízo quanto a promessa de esperança ("arrancar e demolir... edificar e plantar").

Seguem duas visões (v. 11-16). A primeira é a do ramo de amendoeira florido. Aqui se dá um jogo linguístico sobre o fato que o termo hebraico para dizer "amendoeira" (*shaqéd*) soa similar ao particípio "vigilante" (*shoqéd*), para indicar que Deus vigia na realização da própria palavra. E como a amendoeira com sua flor precoce anuncia a aproximação da primavera, assim a palavra divina sairá do inverno no qual parecia estar morta.

A segunda visão, com a panela despejando seu conteúdo do Norte, alude à próxima invasão de uma nação forte e agressiva, implicitamente identificável pelo contexto histórico com o poderio neobabilônico. Mensagem das duas visões: no turbulento cenário internacional, continua se fazendo presente o senhorio de YHWH na história.

A essa altura Deus reconfirma a vocação de Jeremias com uma promessa de assistência inabalável no contexto de dura transformação que o profeta deverá enfrentar, pois encontrará oposição, rejeição (v. 17-19). O importante é que ele não se deixe dominar pelo medo devido a uma falta de confiança no Senhor, medo que se tornaria terror incontrolável. A proteção divina não poupará o profeta do confronto, mas o tornará forte como uma cidade fortificada, ou como uma coluna de ferro, ou como uma muralha de bronze.

O relato de vocação não introduz apenas o livro, mas é o programa de toda a missão do profeta e o pano de fundo que permite compreender todas as dificuldades que ele deverá enfrentar.

A primeira pregação do profeta (Jr 2–6)

Fidelidade de Deus e traição do povo (Jr 2)

Após o relato da vocação o texto entra abruptamente na pregação do profeta, com um grupo de oráculos contra Judá e Jerusalém, que constituem a primeira seção da primeira parte do livro (Jr 2–6).

Jeremias toma a palavra em nome de um Senhor que não deixa de pensar na beleza dos primórdios da relação com seu povo, semelhante ao tempo de um noivado cheio de compressão recíproca. É um Deus que não perdeu sua paixão por Israel (2,1-3).

Contrariamente, o comportamento de Israel (incluído Judá) se caracterizou pela traição, pela infidelidade que envolveu a todos, incluídas as autoridades políticas e religiosas e os profetas (v. 4-9). Infidelidade gratuita, se pensarmos na grandeza dos dons do Senhor, que não consegue acreditar na traição e nas loucas corridas de Israel atrás do vazio (v. 5).

O povo abandonou seu Deus, diferentemente do que outras nações fazem com os seus. Trata-se de uma insensatez pecaminosa: é como substituir uma fonte de água viva – que é o Senhor – por cisternas rachadas, incapazes de reter água, e que exigiram muito suor para serem cavadas (v. 10-13).

A liberdade concedida pelo Senhor ao povo é leiloada a preços módicos por meio de uma política de aliança com os impérios limítrofes, dos quais, infelizmente, não houve ajuda alguma. Diríamos que, inutilmente, se tratava de matar a sede ora no Nilo ora no Eufrates (v. 14-19). Ou seja: a política de alianças de Israel e de Judá sempre fracassou, e sua origem sempre foi interpretada como consequência de seu abandono do Senhor.

Essa rejeição do Senhor foi obstinadamente prolongada no tempo por meio da inobservância da Lei e da celebração de cultos idolátricos. O povo ignorou sua eleição, sua essência de vinha privilegiada, optando por ser vinha bastarda (v. 20-22). Pecado este, de gravidade imensa, razão pela qual, de indelével mancha!

Israel é assemelhado a um animal selvagem que, no cio, sente de longe a presença de seu parceiro. Sua irrefreável atração pelos ídolos se dá em níveis semelhantes, mesmo que Israel nem sempre o admita. Dito em outros termos: quando tudo vai bem, Israel esquece seu Senhor; quando a dificuldade aperta, passa então a invocá-lo (v. 23-28).

As correções e os castigos que o Senhor adotou contra a infidelidade do povo infelizmente se revelaram inúteis para trazê-lo de volta a Ele (v. 29-32). Assim, mesmo se declarando inocente, o povo persevera na idolatria e na política de alianças, bem como na opressão dos pobres (v. 33-37).

Convite à conversão (Jr 3,1–4,4)

Eis agora um grupo de oráculos em grande parte caracterizados pelo verbo *shub* ("voltar, converter-se").

O Senhor se declara imediatamente disponível ao perdão (3,1-5). Se a relação com o povo é como uma aliança esponsal, a Lei – segundo Dt 24,1-4 – impedia um homem de casar-se novamente com a própria mulher se esta, uma vez repudiada, se tivesse casado com outro homem e se separado dele. Pois bem, o Senhor está disposto a ir contra a Lei tanto por amor à sua esposa quanto contra o bom-senso, já que o povo, em sua idolatria, é semelhante a uma mulher que sistematicamente se entregou à prostituição.

E nisso não há distinção entre Israel e Judá. A história de ambas pode ser comparada à de duas irmãs renegadas. Esse oráculo, que relê a história da aliança como o processo de uma persistente infidelidade, é especificamente situado no tempo de Josias, no início do ministério profético de Jeremias (v. 6-13).

O convite do retorno ao Senhor, dirigido aos membros do povo, definidos *filhos perversos*, abre para a esperança do retorno dos exilados (v. 14-18). O oráculo projeta primeiro a queda de Jerusalém e o desaparecimento da arca, mas em seguida o retorno dos exilados, associado a uma mudança da classe dirigente, à reunificação dos dois reinos e, sobretudo, à renovação do culto. Se a arca não será mais lamentada é porque, como ainda veremos em Jr 31,31-34, a nova arca é o coração humano sobre o qual o Senhor escreverá a sua Lei. A devastação provocada pelo pecado será radicalmente superada.

Mudando a metáfora esponsal para a paternal e filial, eis outro convite à conversão, aceito pelo povo com a confissão do próprio pecado. YHWH é então reconhecido como o Deus da aliança e salvador de Israel (v. 19-25).

Como selo desse diálogo aparece uma exortação do Senhor a Israel, para que volte a Ele (4,1-4). Alternam-se promessa e ameaça, com alusão às bênçãos patriarcais ou à irrupção furiosa do fogo.

O povo deve renunciar à idolatria e viver uma relação autêntica com Deus, comparada a um campo desbravado e a um coração circunciso. A expressão "circundar o coração" (cf. Dt 10,16; 30,6; Lv 26,41) indica que para Jeremias não é suficiente a circuncisão física para entrar na aliança com Deus (como se pede a Abraão em Gn 17,10), mas é necessária uma transformação interior, uma cura do coração.

O inimigo vem do Norte (Jr 4,5–6,30)

Existe um tríptico relativo ao inimigo invasor que chegará do Norte, com força assustadora e devastadora.

O primeiro quadro (Jr 4,5-31) delineia o terror pela invasão, terror que envolverá toda a comunidade a partir de seus chefes e dos falsos profetas que haviam garantido uma era de paz. O furor dos invasores será como o de um leão faminto, ou o do vento do Oriente que tudo resseca, ou o das águias que se abatem sobre a presa. Tudo começará pelas regiões mais setentrionais, mas alcançará também Judá e a capital. A razão de tamanha catástrofe é a rebeldia contra o Senhor. Tudo parecerá um retorno ao caos primordial, fato que suscita a lamentação do profeta, destroçado interiormente pelo destino do povo, em cuja ignorância reside a razão de tantos males. Esta levou o povo a não reconhecer a própria filiação divina, nem sua ação ao longo dos acontecimentos. Eleva-se assim, num excesso de dor, o grito de Sião, comparada primeiramente a uma mulher rejeitada por todos os seus amantes e em seguida assemelhada a uma mulher sofrendo as dores do parto.

O segundo quadro do tríptico (5,1-31) vê a causa da invasão na corrupção moral de Jerusalém. No início faz-se uma espécie de inspeção da cidade, em uma busca infrutífera de testemunhas a seu favor, já que nela não se encontram pessoas justas e fiéis a YHWH, mas tão somente falsidade, idolatria e devassidão. É inevitável a sentença de condenação e sua execução, expressa com as imagens do fogo e da invasão inimiga. Todos são culpados, mas principalmente as classes dirigentes! É por isso que o Senhor entra em conflito com seu povo, acusando-o de insensível (literalmente: de "coração indócil"), razão pela qual se precipitará contra ele. A insensatez se manifestou na falta reconhecimento do Criador e na prática da injustiça, da falsidade, da opressão dos fracos, cujos primeiros responsáveis são os sacerdotes e os falsos profetas.

O último quadro, relativo à descida de um invasor do Norte, está repleto de ameaças contra Jerusalém (6,1-30), e de oráculos de infortúnio anunciando sua total ruína. O inimigo chega e impõe o cerco como punição pela malvadeza e opressão presentes na cidade. Ainda é possível esconjurar a catástrofe, caso Jerusalém se corrija.

O inimigo, por ordem do Senhor, agirá em termos de impiedosa respiga da população, bloqueando qualquer possibilidade de fuga. Sucumbirão crianças, jovens, homens e mulheres, e inclusive sacerdotes e profetas, responsáveis pela ruína moral do povo, que agiram como médicos perversos, calando-se diante da gravidade da doença a fim de agradar o doente e embolsar a paga.

A obstinação em caminhar à margem da lei do Senhor, ignorando as advertências dos profetas, sentinelas do povo, torna indesejáveis os muitos ritos a Ele destinados.

É por isso que a ameaça de uma terrível invasão do Norte paira sobre a inteira região, gerando consternação e desconforto. A tarefa de Jeremias é a de "separar metais", ou seja, a de com muita fadiga separar o material precioso incrustado na escória. Infelizmente essa busca de separação é infrutífera, já que a malvadeza perpassa de ponta a ponta o tecido social.

Pregação sob o reinado de Joaquim (Jr 7–10)

Crítica ao Templo e ao culto (Jr 7,1–8,3)

Aqui tem início a segunda seção da primeira parte do Livro de Jeremias. De imediato nos deparamos com uma passagem em prosa (deuteronomista) que narra como a Palavra de Deus impõe a Jeremias a necessidade de apresentar ao povo uma crítica ao Templo, lugar de referência para a vida religiosa de Judá e de Jerusalém (v. 1-14).

Como nos ritos de ingresso num santuário, Jeremias deve colocar-se na porta de entrada, especificando as condições exigidas: melhorar a própria conduta respeitando os preceitos fundamentais relativos à relação com o próximo (particularmente com os mais fracos) e a proibição da idolatria.

Inútil mascarar-se atrás de uma falsa inocência, tampouco usar disfarces. Seria fazer do Templo um antro no qual malfeitores escondem o produto do roubo e em seguida trocam de roupa para reentrar na vida ordinária. É um mentir a si mesmo e uma profanação do Templo, e tudo em nome do Senhor. Ele, porém, não se deixa enganar pela encenação dos falsos devotos, porque nada lhe foge: "Mas eu também vejo que é assim" (v. 11).

O Templo e o culto não salvarão sem uma verdadeira conversão. Aliás, o mesmo Templo poderá conhecer a destruição como sucedeu ao glorioso santuário de Silo, cujas ruínas são uma advertência visível a todos. E os habitantes de Judá e Jerusalém serão afastados da presença do Senhor, como aconteceu por um tempo aos habitantes de Efraim.

A palavra divina é dirigida em seguida diretamente a Jeremias, proibindo-o de interceder pelo povo (v. 16-20), pois o Senhor se declara não disposto a ouvir uma oração em favor de gente idólatra, dedicada a práticas e cultos a outros deuses, dentre os quais a *Rainha do céu*.

Na verdade, com um discurso ainda mais radical (v. 21-28), o Senhor declara a inutilidade de qualquer culto sacrificial a Ele dirigido, surdo à sua palavra. Toda a saga do povo de Deus, desde a saída do Egito, infelizmente foi uma história de não escuta da palavra que o Senhor poderosamente garantiu por meio dos profetas, seus servos. Chega-se inclusive a falar da ausência de uma ordem divina acerca do culto sacrificial. O essencial é outra coisa: a escuta da palavra do Senhor e a fidelidade à aliança. Infelizmente a fidelidade e a verdade foram deixadas de lado.

A acusação se torna um chamado à lamentação, e em seguida um anúncio de juízo (7,29–8,3). São denunciados os cultos sincréticos que chegam inclusive a sacrifícios humanos, como no vale de Ben-Inom, praticados no crematório de *Tofet* ("braseiro"). Para o Senhor este é um desentendimento total de sua vontade: esses cultos nunca foram pedidos, nunca foram desejados e inclusive nunca pensados.

E assim o castigo é iminente, e aniquilará toda alegria e sinal de vida em Jerusalém. Os culpados não encontrarão paz nem mesmo na morte, já que seus cadáveres serão desenterrados para serem usados em cultos idolátricos e expostos a todas as injúrias das intempéries e dos animais.

Anúncios de castigo, lamentos do profeta e sátira contra a idolatria (Jr 8,4–10,25)

Continuam as acusações divinas contra o povo corrompido pelo mal e insensato em sua obstinada recusa de converter-se (8,4-17). Se comparado aos animais, estes parecem mais sábios. E os que deviam comunicar a sabedoria ao povo, isto é, os escribas, contribuíram, ao contrário, para a sua corrupção, alterando a lei do Senhor; também os sacerdotes e os profetas falharam em seus ofícios e se comportaram como médicos irresponsáveis. Por isso a devastação será total: cidades destruídas, águas envenenadas, invasores com enormes e terrificantes cavalos; não obstante isso, o povo reage, porém, não com o arrependimento, mas se resignando apenas.

Agora Jeremias não pode mais esconder a própria dor e eleva uma veemente lamentação (v. 18-23), dando voz também à pergunta do povo sobre a presença de Deus em meio a tanta miséria e sobre quando e como poderá vir o esperado socorro. A situação parece a de uma ferida mortal, para a qual não existem nem cura nem médicos, restando ao profeta somente o pranto.

Após a lamentação, eis outra acusação (9,1-8). O profeta gostaria de fugir para longe de uma comunidade que ao invés de ser justa e fraterna é envenenada por calúnias, hostilidades, enganos, traições. Esta recusou o conhecimento do Senhor preferindo a injustiça e tornando-se de povo de Deus em uma nação como qualquer outra.

Eleva-se então uma lamentação fúnebre sobre Sião pela terrível punição que está para abater-se sobre o povo desobediente à Lei, que persiste em sua malvadeza e idolatria: beber águas envenenadas e ser disperso entre as nações será sua sina (v. 9-21). E a lamentação acaba envolvendo todas as mulheres, inclusive as carpideiras, as profissionais das lamentações remuneradas.

Após tanta desolação, eis uma esplêndida sentença sapiencial sobre o que realmente conta e o que realmente agrada ao Senhor (v. 22-25). A verdadeira força, a verdadeira sabedoria e a verdadeira riqueza consistem em fazer a experiência (conhecimento) do Senhor e sua vontade. Ele quer amor fiel, direito e justiça. Também a circuncisão física – praticada, aliás, por diversos povos – perde valor, se o coração permanecer incircunciso.

Nesse ponto nos deparamos com uma sátira feroz contra os ídolos e seu culto (10,1-16). Sarcasticamente se denuncia a inanidade dos ídolos, sua incapacidade de fazer o bem ou o mal. Desmascara-se também o mecanismo em que se apoia a idolatria, ou seja, a prática de alimentar sorrateiramente medos para em seguida oferecer aparentes remédios. A sátira se torna desprezo quando os ídolos são comparados a fantoches num campo de pepinos.

Em contraste com a confiança nos ídolos se apresenta a confiança no Senhor, Deus vivo e verdadeiro, que confunde os fabricantes de ídolos, estes inúteis e ridículos. E para os fiéis se disponibiliza uma contagiosa "injeção" anti-idolátrica de uso cotidiano; eis por que é colocada, no verso 11, uma glosa na língua falada no período pós-exílico: o aramaico. O idólatra é destinado a permanecer um idiota e um desconhecedor, isto é, sem a autêntica experiência religiosa. Bem diferente é a relação entre YHWH e Israel, que sente ser sua porção, sua posse.

Segue o anúncio de um desastre e outra lamentação (10,17-25). O país está se desfazendo, se arruinando totalmente, visto que o povo está sendo abandonado à própria sorte por seus pastores, chefes irresponsáveis e insensatos. Suspende-se então a reflexão sobre a fragilidade humana; esta deveria induzir o Senhor a castigar de forma medida, mitigada, também o próprio profeta, que não pode não invocar a intervenção do Senhor contra as nações pagãs, responsáveis pelo extermínio de Jacó. Tal pedido, quase literalmente emprestado do Sl 79,6-7, deixa transparecer uma tensão não resolvida entre a ideia das nações como instrumentos de castigo de Deus, e a ideia de elas serem submetidas ao juízo divino.

Oráculos, ações simbólicas, confissões do profeta (Jr 11–20)

A aliança violada (Jr 11,1-17)

A terceira complexa seção da primeira parte do Livro de Jeremias (cap. 11-20) começa com um discurso em prosa sobre a aliança violada (11,1-17). O texto reflete a teologia da assim chamada *escola deuteronomista*, e poder-se-ia interpretá-lo como uma espécie de meditação sobre Dt 6,4, o "Ouve, Israel!" Caso o conteúdo desse discurso remonte ao próprio Jeremias, então temos uma prova de que ele estaria entre os defensores da reforma de Josias (2Rs 22–23).

O profeta é exortado por Deus a fazer-se seu embaixador acerca da aliança e de suas exigências. A primeira exortação é a escuta como obediência efetiva que torna possível o pacto e seus benefícios: "Então sereis o meu povo e eu serei o vosso Deus" (v. 4).

Infelizmente a história do povo atesta uma sistemática falta de escuta, e por essa razão sobre ele estão se abatendo as maldições previstas no caso da violação da aliança (Dt 28; Lv 26). E isso está acontecendo no presente de Judá, que é rebelde e prefere servir a outros deuses ao invés de obedecer à aliança. Esses deuses, porém, não poderão salvá-lo; e se o povo não ouve, tampouco o Senhor o ouvirá.

Essa desobediência impede a intercessão do profeta (Jr 7,16; 14,11). O Senhor proclama, pois, que o povo indócil perdeu o direito de aproximar-se dele, quase como se tivesse perdido o direito à eleição, e por isso não deixa de ser seu *amado*. Não servirá pedir perdão com ações rituais, já que a majestosa árvore da vida, carregada de frutos, secou e está destinada ao fogo devorador.

Questão de justiça (Jr 11,18–12,6)

No Livro de Jeremias aparecem alguns textos realmente singulares nos quais o profeta se desabafa diante de Deus, dando voz ao próprio tormento interior e inclusive contestando-o; mas Deus se reserva a liberdade de responder-lhe ou de permanecer em seu impenetrável silêncio. Trata-se das assim chamadas "confissões de Jeremias".

A *primeira confissão* se encontra em Jr 11,18–12,6. Jeremias, após as acusações ao povo de violação da aliança, se torna objeto de hostilidade e perseguição. Nem faz ideia do que estão tramando contra ele, já que é o próprio Deus que lhe dá a notícia. O profeta, ciente da própria inocência e ingenuidade, quase como um cordeiro manso, eleva uma lamentação contra seus astutos adversários e pede a Deus que defenda a sua causa.

O Senhor lhe responde prometendo vingança contra os inimigos do profeta. Sublinha, porém, que eles não são estrangeiros, mas são seus compatriotas de Anatot. E a vingança será um castigo inexorável e proporcional à gravidade da culpa.

Para Jeremias, porém, essa resposta é insuficiente, pois, mesmo que Deus pareça ter-lhe dado razão, simultaneamente as coisas continuam como antes: os justos morrem e os malvados prosperam. Dessa forma questionam a própria ordem do mundo, tornando dúbia a justiça divina. Obviamente, o profeta confia no cumprimento da Palavra, mas o problema reside em saber até quando o mal triunfará.

No entanto, Deus responde ao profeta com palavras surpreendentes, à primeira vista enigmáticas (v. 5-6). De fato, mais do que dar respostas, Deus retoma o diálogo com perguntas (um pouco como o faz com Jó). A partir destas o profeta deve compreender que está enfrentando o problema do mal com instrumentos inadequados e que deve inclusive preparar-se para provações bem piores. Assim como é absurda uma corrida entre um pedestre e um cavalo, e da mesma forma que é ridículo se sentir inseguro numa região pacífica em relação a regiões dominadas pela desordem, assim Jeremias está se aproximando do problema de forma desastrada, fazendo de Deus um contabilista entre o bem e o mal. O mistério de Deus é bem maior, mas o mistério do mal também é mais profundo e complexo do que o profeta imagina. De fato, o profeta só conseguirá achegar-se a Ele se incluir entre os malvados não somente seus concidadãos, mas também sua própria família. Como conseguirá então pedir vingança contra os próprios familiares? A vingança nem sempre parece ser a resposta adequada ao mal sofrido.

Uma severa mensagem (Jr 12,7–13,25)

Após as lamentações do profeta, Deus é que se lamenta (12,7-13). Ele deve deixar aos caprichos de inimigos ferozes a própria herança, o povo da aliança (indicado com várias metáforas: casa, campo, vinha, pássaro colorido). Isso lhe causa dor, se vê dilacerado entre o vínculo com seu povo e a punição à qual deve submetê-lo.

E a ira de Deus se abate também sobre os povos vizinhos em razão do mal que causaram a Judá. Após a dispersão e a erradicação também haverá para eles uma volta à pátria e a possibilidade de serem incorporados ao povo de Israel, com a condição de que ouçam o Senhor (v. 14-17).

A essa altura o profeta narra na primeira pessoa um oráculo proposto por meio de uma ação simbólica comparada a um cinto de linho (13,1-11). Sob a ordem do Senhor ele compra e se cinge com um cinto de linho – tecido de valor e de uso cultual –, aludindo assim à estreita relação existente entre o Senhor e seu povo. Em seguida, sempre sob o comando do Senhor, Jeremias tira o cinto e o enterra debaixo de uma pedra num lugar úmido. Quando volta para recuperá-lo, o encontra apodrecido, inutilizável. O oráculo esclarece o estranho comportamento: se Israel, como um cinto cingido nos quadris, permanece intimamente colado ao Senhor (hebraico: *dabáq*), recebe vida e prosperidade; se, inversamente, se afasta, só produzirá morte.

Outro oráculo prospecta um iminente juízo, e é comunicado num diálogo entre o profeta e o povo, desta vez fazendo referência a odres cheios de vinho (v. 12-14). Da mesma forma que as pessoas se embebedam com o vinho, o juízo atordoará todo mundo, incluindo reis, sacerdotes e profetas. Os odres em seguida serão triturados uns contra os outros, representando o massacre dos habitantes de Jerusalém. A misericórdia parece ser destruída.

Urge, portanto, a conversão, antes que seja demasiadamente tarde e sobrevenha a noite (alusão ao drama do exílio), como ocasião de tropeço. Se, ao contrário, o povo permanecer surdo, o profeta permanecerá à margem, não lhe restando senão chorar (v. 15-19).

A essa altura as vozes se entrelaçam e é difícil distingui-las. Jerusalém não tem consciência da gravidade da situação e não se dá conta das próprias responsabilidades; mas, sobretudo, parece incapaz de converter-se (v. 20-24). De fato, o pecado não é algo superficial, facilmente eliminável, mas uma realidade tão profunda que parece quase conatural, como a pele. Difícil é fazer o bem quando se está acostumado a fazer o mal.

Aqui repete-se o juízo contra Jerusalém, novamente comparada a uma mulher infiel e lasciva (v. 25-27).

Flagelos: seca e outros flagelos (Jr 14,1–15,9)

A maldição pela violação da aliança deve funcionar como punição medicinal que leva ao arrependimento. Mas, infelizmente, nem sempre é assim. O profeta vê no flagelo da grande seca que se abateu sobre o país (provavelmente durante o reinado de Joaquim) uma advertência ao povo, a fim de que reconheça sua culpa. E aqui é o profeta que confessa a culpa e invoca o Senhor em nome de seu povo (14,1-9). De fato, somente o Senhor é esperança para Israel. E já que *miqwéh* significa, além de "esperança", também "poço", pode-se dizer que o Senhor é a verdadeira reserva de água que Israel necessita.

A súplica de Jeremias pelo povo culpado recebe uma resposta negativa da parte do Senhor, que o obriga a não interceder; seu silêncio deve diferenciá-lo dos falsos profetas, que pregam mentiras (v. 10-16).

Entretanto, apesar da proibição, o profeta é solidário com o povo e continua intercedendo por ele, elevando uma veemente lamentação sobre as desgraças que afligem o povo e que deixam totalmente desorientados inclusive profetas e sacerdotes. Jeremias, assumindo inclusive as responsabilidades de uma história passada, transforma a lamentação em pergunta e em invocação dirigidas ao Senhor a fim de que se lembre de sua aliança. Diante dessa questão importante, Deus permanece imóvel na determinação de enviar o castigo pelo mal cometido (14,17–15,4), paradigma do qual foi o comportamento do Rei Manassés.

Enfim, outro oráculo anuncia os horrores da guerra, nos quais qualquer forma de piedade parece desaparecer. O próprio Senhor se declara cansado de arrepender-se e praticamente determinado a destruir Judá (15,5-9).

Deus é confiável? (Jr 15,10-21)

Também a *segunda confissão* de Jeremias se apresenta como um diálogo entre ele e Deus (15,10-21). Duas vezes ele se lamenta com Deus, duas vezes o Senhor responde ao seu lamento. Enquanto isso, a crise interior do profeta não para de crescer.

Em primeiro lugar o profeta reivindica a própria inocência, fato que torna injustificável o agudo e prolongado sofrimento a que é submetido. Deus lhe responde mostrando a inadequação de enfrentar o mal com o princípio de retribuição, embora este explique o exílio do povo como castigo pelo pecado.

Mas Jeremias, não satisfeito com a resposta, se dirige novamente ao Senhor. Em primeiro lugar suplica que Ele lhe faça justiça e evoca os tempos de felicidade da vocação e os inícios da própria vocação profética. As coisas, porém, mudaram profundamente: a oposição à sua missão profética se transformou em desdém e isolamento da parte do resto da comunidade. Jeremias considera o próprio Deus definitivamente responsável por tal situação, e o censura de ter-se tornado para ele causa de sofrimento e solidão, acusando-o assim de absoluta falta de credibilidade. Realmente impressionante é a liberdade e a coragem de Jeremias em acusar a Deus – que havia afirmado ser fonte de água viva (Jr 2,13) – de ter-se tornado "fonte traiçoeira".

Ao descaramento de Jeremias, o Senhor responde novamente (v. 19-21), sem mostrar-se ofendido pelas acusações recebidas, mas exortando-o a converter-se, a corrigir o seu modo de ver. Por quatro vezes o aconselha com o termo "voltar". Nesse esforço o profeta pode voltar a Deus ajudado pelo próprio Deus, contanto que não nivele seu estilo de vida ao dos outros. Converter-se ou voltar significará para Jeremias reencontrar a própria função de "experimentador", capaz de discernir entre o que tem valor e o que não tem. Dessa forma poderá voltar a ser um fidedigno anunciador da Palavra ("...serás como a minha boca").

Deus não oferece nenhuma explicação ao problema do sofrimento, e esse é mais grave ainda para o profeta por julgar-se inocente. Deus, ao contrário, pede a Jeremias que não fique paralisado pelas dificuldades, mas que trilhe corajosamente uma via de testemunho e de luta pela causa de Deus. Nessa luta poderá contar com a assistência divina (novamente garantida com sete promessas).

O sinal do celibato de Jeremias (Jr 16)

Jeremias está totalmente envolvido na missão profética e por isso ele mesmo se torna um *sinal* profético. Nessa perspectiva se explica o celibato que lhe é imposto por Deus (16,1-9). Jeremias não deve casar-se nem ter prole, pois, dessa forma, será um sinal da esterilidade e da privação de futuro que todo o povo espera. Além disso, lhe é imposta a não participação dos momentos decisivos da vida social, marcados pela convivialidade, como os festejos matrimoniais e as refeições de luto. Comportamento enigmático, mas que torna visível e provocatório o irrevogável juízo que está para abater-se sobre Judá e Jerusalém: não haverá nada de desejável para o futuro delas, mas tão somente abandono e desolação, com o banimento de qualquer forma de vida social, comunitária. Extinguir-se-ão "o grito de júbilo e o grito de alegria, a voz do noivo e a voz da noiva" (v. 9).

Um juízo tão drástico parece injustificado aos olhos do povo. Jeremias, então, reafirma a razão e a consequência de tudo isso (v. 10-13). A causa reside no fato de o povo ter abandonado o Senhor, violado a Lei, não ter ouvido a Palavra. A sentença, portanto, é o exílio, o distanciamento do próprio país e do Senhor, que declara: "Não terei mais misericórdia de vós" (v. 13).

É evidente o contraste com aquilo que Deus promete logo em seguida, isto é, o retorno do exílio, numa espécie de um novo êxodo (v. 14-15). Essa volta, porém, não será mais do Egito, pois, para Jeremias, o Egito é um passado que não causa mais preocupação.

O contraste entre juízo e salvação continua (v. 16-21). A invasão inimiga é representada como uma brincadeira de pesca ou de caça na qual o povo será recapturado, visto que nada se subtrairá ao olhar perscrutador do Senhor (menos ainda o culto aos ídolos). Agora, diante do espetáculo do juízo, o profeta prorrompe numa afirmação de confiança no Senhor, que é força, proteção e refúgio para o fiel. Prospecta-se, para o futuro, um reconhecimento, por parte das nações, da vacuidade e da impotência de seus deuses e uma confissão do Nome do Senhor.

O coração doente e sua cura (Jr 17)

O "coração" – que necessita de cura, aquela que somente o Senhor pode operar, e que Jeremias invocará para si – é o tema que unifica nesse capítulo os próprios verbos, os discursos e as orações. É difícil de estabelecer quem está falando nas próprias perícopes. Daí a razão pela qual os locutores, em alguns casos, permaneçam hipotéticos.

Fala em primeiro lugar o Senhor apontando no pecado uma realidade que marca profundamente a liberdade humana (17,1-4), como a incisão de uma ponta de diamante na "pedra do coração". E o pecado se torna a causa da deportação.

O Senhor indica em seguida o fundamento do juízo de condenação (a deportação) e o resultado oposto entre falsa e verdadeira confiança (v. 5-8). Um oráculo sapiencial – com afinidade de conteúdo com o Sl 1 – contrapõe a confiança centrada no homem, cujo resultado é a aridez mortífera, e a confiança centrada em Deus, da qual derivam vida e prosperidade.

Em seguida intervém, provavelmente, Jeremias, expondo a própria convicção de que o coração humano é enganoso e incurável, e se pergunta quem poderia diagnosticá-lo (v. 9). O Senhor lhe responde afirmando ser Ele o único a conhecer o coração, e lhe garante que o sucesso dos poderosos e dos ricos é de breve duração (v. 10-11).

A essa afirmação seguem reações diversas: a de (Judá?), que reitera a opção por uma falsa segurança (no culto do Templo), e a do Senhor, que esclarece como Judá, abandonando a "fonte de água viva", está fadado à ruína (v. 12-13).

Jeremias dirige então a Deus uma oração, conhecida como *terceira confissão* (v. 14-18). Na precedente o Senhor o havia exortado a converter-se para experimentar assim a salvação; agora o profeta se reconhece necessitado de cura. O que o dilacera, de fato, é o conflito com os seus inimigos, que continuam acusando-o não obstante sua inocência. Ele suplica, portanto, que Deus, que conhece o seu íntimo, interceda a seu favor, envergonhando seus adversários. Mesmo pedindo uma punição para os inimigos, o profeta reitera sua profunda solidariedade com o povo (v. 16).

Inesperadamente, logo em seguida aparece uma passagem em prosa relativa à observância do repouso do sábado (v. 19-27), que não ocorre em nenhum outro lugar no Livro de Jeremias, tampouco lá onde se faz alusão ao decálogo (cf. Jr 7,9). Disso se poderia inferir que a passagem seja uma glosa posterior, que acolhe as preocupações típicas da comunidade pós-exílica. A localização dessa afirmação a essa altura do livro faz da fidelidade ao sábado um exemplo da confiança no Senhor e uma advertência à renúncia das falsas seguranças. A observância do sábado fará das portas de Jerusalém (i. é, de toda a vida social, comunitária) um lugar de bênção, pois o sábado dá a medida da obediência ao Senhor. Do contrário estes se tornarão lugares através dos quais os invasores incendiarão a cidade inteira.

O oleiro, a argila, o pote quebrado (Jr 18–19)

O Senhor ordena a Jeremias para que desça à casa do oleiro (18,1-6). Ele vê o oleiro que, reutilizando a mesma argila, insiste no próprio trabalho até alcançar o resultado almejado. Não desiste diante dos insucessos, mas continua trabalhando o barro até chegar ao vaso que lhe agrada. Semelhantemente o Senhor insiste na execução de seu plano com seu povo (a argila), até chegar à concretização.

Os versos 7-10 – presumivelmente uma glosa – deslocam o significado de Israel para toda a humanidade e, sobretudo, colocam o acento na correspondência entre a ação humana e o castigo ou o perdão.

A ação do oleiro se torna um apelo a Judá e a Jerusalém para que mudem e assim Deus também mude seu decreto (v. 11-17). Por outro lado, a imagem se altera, visto que, enquanto a argila não pode condicionar a decisão do oleiro, o povo pode agir de forma a modificar a ação divina. Infelizmente o comportamento do povo se aproxima do absurdo: assim como seria absurdo pretender que as geleiras eternas do Líbano não despejassem mais água nos riachos, assim é o esquecimento do Senhor por parte do povo. Sobre esse comportamento se eleva um juízo inexorável.

E aqui se insere a *quarta confissão* de Jeremias (18,18-23). Os inimigos do profeta se uniram contra ele com a pretensão de agir em nome do Senhor; eles estavam convencidos sobre as três formas de revelação a Israel: a lei dada aos sacerdotes, o oráculo aos profetas, o conselho aos sábios. Entretanto, da mesma forma, eles também estavam convencidos de que Jeremias não era um enviado do Senhor. O profeta se abre então ao Senhor dizendo ter intercedido por todos eles enquanto pôde, mas que agora deseja ser libertado de suas tramas e ver triunfar sobre eles a justiça divina.

Depois desse desabafo o Senhor ordena a Jeremias outra ação simbólica, cujas testemunhas serão alguns sacerdotes e anciãos do povo (19,1-15). Ele compra então um pote de argila que carrega e depois quebra no Vale de Ben- -Enom, onde se encontra o *Tofet*, lugar usado para sacrifícios humanos. O pote despedaçado deverá significar o tremendo juízo divino sobre Jerusalém e Judá. Se o pecado da idolatria esconde ao povo a condição real de fragilidade, a sentença de condenação se expandirá com sua máxima violência. Tudo será inexoravelmente destruído e tornado impuro.

O cadafalso e a zombaria (Jr 20)

Jeremias não é profeta complacente. Daí seu duro enfrentamento com o sacerdote Fasur, responsável pela ordem do Templo (20,1-6), que ficou indignado com o que Jeremias fez sob o olhar dos sacerdotes, ao despedaçar o pote e ao anunciar o juízo divino. O sacerdote mandou amarrá-lo a um poste e açoitá-lo. O profeta aceita tudo isso por obediência à Palavra de Deus, mas também anuncia o exílio vindouro de Fasur, justamente porque a Palavra de Deus é soberana e, portanto, não pode ser amarrada a um poste.

No sofrimento da perseguição o profeta se dirige a Deus (v. 7-18). É a *quinta confissão*, a mais trágica, já que Deus não responde a Jeremias, embora este chegue a amaldiçoar a vida.

Ele começa por uma acusação pesada, que poderia ser dita nestes termos: Deus me seduziu, quase me violentou, me ludibriou; em seguida me entregou à zombaria dos inimigos, cujas hostilidades me foram dirigidas tão somente em razão de minha fidelidade à missão recebida. Jeremias quase chega a cortar sua relação com Deus. Mas, simultaneamente, sente dentro de si um vínculo tão apaixonado por Ele, semelhante a um fogo que internamente o consome, corroendo-lhe os ossos. Por um breve instante a crise parece superada, mesmo que as hostilidades continuem, e seu íntimo acuse uma força que o leva a entoar um hino de louvor ao Senhor, sua salvação.

Subsequentemente, entretanto, o profeta se embrenha na mais sombria escuridão, amaldiçoando o dia em que nasceu e negando à vida qualquer sentido. Essa autoatribuída maldição pode ser interpretada como expressão da desorientação ou fraqueza do profeta, muito embora, de fato, revele sua profunda solidariedade com o sofrimento de seu povo. Deus, no entanto, permanece em silêncio, e isso faz da quinta confissão um dos textos mais enigmáticos de todo o Antigo Testamento, e provavelmente o texto inspirador da lamentação que encontramos no capítulo 3 do Livro de Jó.

O silêncio divino poderia ser entendido como indiferença, mas não é. Trata-se, inversamente, de um silêncio cheio de dor, ao qual o próprio Deus se vê reduzido, em razão da incredulidade humana. Nesse sentido, aqui se pede a Jeremias que experimente alguma coisa da dor do próprio Deus diante do fracasso de seu povo.

Oráculos contra a casa real e os falsos profetas (Jr 21–25)

Oráculos sobre os reis de Judá e promessa de um luminoso futuro (Jr 21,1–23,8)

Para Jeremias, a salvação do povo de Deus não se realiza por meio das várias instituições, quer se trate do Templo, do sacerdócio, dos círculos sapienciais ou proféticos. Agora ele dirige uma dura crítica à monarquia com uma série de oráculos contra os reinados que se sucederam durante seu ministério profético. Na realidade, já em sua vocação, Deus lhe havia prospectado a necessidade de profetizar sobre os reis de Judá e seus chefes (cf. Jr 1,18).

Jr 21,1-10 é um oráculo contra o Rei Sedecias, que pede a Jeremias que interceda por ele. O profeta responde que o próprio Senhor se aliará à Babilônia contra Jerusalém e colocará as máquinas de guerra no centro da cidade. Urge escolher entre o viver ou o morrer. Para viver é necessário render-se à Babilônia, a quem, por decreto de YHWH, é dado agora, paradoxalmente, o senhorio sobre a história.

Segue-se um oráculo (v. 11-14) que convida a Dinastia Davídica reinante em Jerusalém a praticar a justiça para evitar o juízo. Caso contrário, inexoravelmente ele se abaterá sobre as várias regiões da cidade, palácio real incluído.

Objeto de um oráculo de juízo posterior (22,1-9) é a exortação ao rei e responsáveis pelo povo, a fim de que pratiquem a justiça em conformidade com os mais fracos. O próprio povo já reconhece que a punição de Jerusalém é devida ao abandono da aliança. Mas permanece ainda aberta a possibilidade de esconjurar o castigo com a obediência.

Outro oráculo convida a não ter pena do destino de Josias, morto em Meguido, tampouco chorar a sorte pior de seu sucessor Selum, denominado também Joacaz (v. 10-12): será levado ao Egito, onde morrerá.

O oráculo contra Joaquim é severíssimo por sua política corrompida e injusta (v. 13-19). Diferentemente do justo Josias, seu pai, ele ama o luxo e a pompa, mas não paga os operários empenhados na construção de seu palácio, nem cuida dos mais fracos. Exatamente o contrário daquilo que significa conhecer o Senhor. Por isso o espera uma morte ignominiosa, sem sepultura (ameaça que de fato não se realizará).

Segue uma acusação contra Jerusalém (v. 20-23), em termos de mulher dissoluta, agora abandonada por seus amantes, isto é, pelos aliados em quem colocava a própria confiança. Gritos de horror se ouvem em toda parte, a começar pelo castelo forrado de cedro ("que fazes teu ninho nos cedros").

Jeremias atira para todos os lados, inclusive contra Jeconias – também chamado Joaquin –, sucessor do pai Joaquim e deportado para a Babilônia após um brevíssimo reinado (v. 24-27). O desabafo prospecta o fim da estirpe davídica, e por isso fala de sua esterilidade (historicamente não real). Além disso, no final do Livro de Jeremias se falará de sua reabilitação, como sinal de esperança para os exilados (52,31-34).

O último oráculo de juízo sobre a monarquia censurará o rei e seus chefes por terem sido maus pastores, razão pela qual devem ser substituídos. Eis que aparece então uma série de promessas grandiosas (23,1-8).

A primeira diz respeito ao dom dos pastores segundo o coração de Deus. A segunda é relativa ao dom de um descendente davídico no qual se realizarão as promessas feitas a Davi. Com linguagem similar às passagens messiânicas de Isaías, o descendente é declarado *rebento justo* porque garantirá a prática da justiça; será verdadeiro rei porque verdadeiro pastor do povo. É a única referência do Livro de Jeremias ao messianismo real, tema sobre o qual o profeta sempre foi reticente, em razão de sua desconfiança da instituição monárquica. A terceira promessa afirma a volta do exílio à terra natal. Será uma libertação maior e mais surpreendente do que a do Egito.

Contra os falsos profetas (Jr 23,9-40)

Jeremias não lisonjeia os próprios ouvintes, como o fazem os falsos profetas, que, inversamente, preferem dizer o que o povo quer ouvir. Com eles o confronto é inevitável, e a prova está registrada nos oráculos contra os profetas (23,9-40). Não se trata de um conflito teórico, mas algo que faz Jeremias sofrer intimamente; os tons são intensos, quentes. A principal acusação contra eles é a impiedade, a malvadeza.

Se os profetas do Norte eram acusados de defensores da idolatria, os do Sul são os agentes da imoralidade (v. 9-15). Não estão interessados em levar o povo à conversão, mas dizer apenas palavras agradáveis aos ouvintes, fruto da própria fantasia e não da boca do Senhor.

Eles se autoproclamaram profetas, e correm de um lado para o outro oferecendo supostas mensagens divinas, como se tivessem tido acesso ao *conselho divino*, ou seja, à reunião com a corte celeste na qual se decretam os planos sobre a história (v. 16-22).

Eles tratam a Deus como uma realidade próxima, quase manipulável, ao passo que Ele é "um Deus de longe", enquanto transcendente e alguém que não se sujeita aos projetos humanos. As palavras desses profetas procedem de seus sonhos, de seus devaneios, não comunicam o que o Senhor realmente proferiu. São palavras feitas de palha, ao passo que a palavra do Senhor é grão, marreta que quebra a rocha e fogo que rapidamente consome a palha (v. 23-29).

É por isso que o Senhor se declara contra eles, contra os falsos sonhos, contra suas pretensiosas mentiras (v. 30-32).

Como apêndice a esses oráculos, que atacam os falsos profetas, eis um texto em prosa (v. 33-40), cujo anúncio de juízo é indicado com o termo *massá'*, ou seja, "oráculo/fardo". O povo exige um oráculo que seja um *fardo* contra seus inimigos, mas não se dá conta que é ele mesmo que se transforma num insuportável fardo para o Senhor. Deus se livrará desse encargo fastidioso e se tornará Ele mesmo um fardo esmagador para os que falsamente profetizaram falando de "fardo". Ao invés de exigir que o Senhor lance um pesado fardo contra as pessoas, o povo de Deus deveria aprender a ouvir suas palavras, dando a elas a justa medida.

Os dois cestos de figos (Jr 24)

Quem é abençoado por Deus? E quem é amaldiçoado? A essas perguntas os contemporâneos de Jeremias parecem saber responder sem hesitação: abençoado é quem ficou na terra, amaldiçoado é quem dela foi afastado pelo exílio, já que a terra é penhor da promessa divina. Jeremias tem outra compreensão do problema por meio de uma visão que recebe do Senhor, após a primeira deportação para a Babilônia. Ele efetivamente vê dois cestos de figos: um com ótimos figos e outro com figos estragados. À primeira vista pareceriam reproduzir a situação de dois grupos de judeus: os figos bons são os que permaneceram na terra, os estragados os que foram deportados, uma vez que o foram sob o juízo do Senhor. Mas o próprio Senhor inverte para Jeremias a interpretação da visão: figos estragados, destinados à maldição, são os sobreviventes que permaneceram no país; figos bons são os exilados, que se converteram ao Senhor, com os quais renovará sua aliança, fazendo-os retornar à terra e dando-lhes um coração capaz de reconhecê-lo.

Primeiro balanço do ministério de Jeremias e a taça da ira (Jr 25)

Quais foram os resultados dos vinte e três anos de atividade profética de Jeremias? Conseguiram eles levar o povo a ouvir a palavra do Senhor e à conversão? Ao que tudo indica não! E essa não é a avaliação do profeta, mas o balanço traçado pela própria Palavra de Deus (25,1-14) no ano quarto de Joaquim, ou seja, no ano da redação do rolo profético que recolhe toda a pregação do profeta, entre 627 e 605. Por outro lado, esse é também o ano da Batalha de Carquemis, com o fim do Império Assírio e a vitória definitiva de Nabucodonosor.

A pregação de Jeremias pretendia levar o povo de volta ao Senhor e a abandonar suas práticas idolátricas, mas sua voz não foi ouvida. É apenas o último caso de uma longa história de não escuta dos profetas enviados com assídua solicitude pelo Senhor. Resta-lhe apenas anunciar a iminente punição divina, com a invasão da Babilônia. E se Deus conferiu o poder a Nabucodonosor, a única atitude que o povo deveria ter era a de submeter-se ao seu domínio, que um dia igualmente deixaria de existir por vontade divina. Por ora, no entanto, se prospecta um longo período de exílio que deverá durar bastante: setenta anos (v. 12; cf. Jr 29,10; efetivamente durará menos, e a profecia exigiria uma reinterpretação).

Esse balanço de fracasso parece carecer, portanto, de um respaldo redacional (25,13). Muito provavelmente na expectativa de que, em última análise, uma leitura atenta o aceite como apelo à conversão.

Subsequentemente o profeta passa pela experiência da visão da taça transbordando uma bebida inebriante, uma espécie de droga capaz de atordoar todos os povos que, de uma forma ou de outra, contribuíram para o catastrófico destino de Jerusalém (v. 15-38). É a taça da ira divina, que anteriormente atordoou Jerusalém (cf. 13,12-14), e que agora deverá ser bebida por outras nações: de instrumentos servindo de punição por vontade divina sobre o povo, essas nações sofrerão o juízo e o castigo do mesmo Deus: "Não, não sereis poupados, porque estou solicitando a espada contra todos os habitantes da terra" (v. 29). Uma longa lista de povos objetos da divina punição antes de Jerusalém dá a ideia da universalidade e da irreversibilidade do castigo do Senhor, que ruge como um leão.

Essa visão da taça da ira que se abate sobre os povos serviria propriamente para introduzir a coleção jeremíaca dos oráculos sobre as nações, segundo a versão dos LXX, que os coloca no capítulo 25. No Texto Massorético eles aparecem nos capítulos 46-51, interpostos à "biografia profética".

Processo ao profeta (Jr 26)

Aqui tem início a seção biográfica do Livro de Jeremias (26–45).

No primeiro relato (Jr 26) estamos no início do reinado de Joaquim, tempo do ultimato divino para que Judá e Jerusalém se convertam e evitem a catástrofe.

O episódio remete à pregação de Jeremias contra o Templo, exposta em Jr 7. Agora se elabora uma síntese do que foi dito pelo profeta, com a exortação da escuta da palavra do Senhor que consta na Lei e no ministério profético, com a sentença da destruição do Templo, a exemplo do que acontecera com o Templo de Silo. O profetizar no Templo contra o Templo desencadeia contra Jeremias uma oposição violenta, que resulta num processo. A acusação contra ele é tão grave que chega a imputar-lhe uma pena de morte. Jeremias reitera – e não por autodefesa – que somente está falando por ordem do Senhor e convida novamente à conversão a fim de desviar a ameaça do mal. Alguns chefes, anciãos e membros do povo voltam atrás da sentença capital anteriormente imputada a Jeremias, e lembram o diferente procedimento no tempo de Ezequias, em relação à profecia de Miqueias, embora semelhante ao caso de Jeremias.

A sentença é então revogada graças também à intervenção de Aicam, membro influente da família de Safã, notoriamente próxima de Jeremias. Assim seu destino se contrapõe ao de Urias, que por temor tinha preferido fugir para o Egito, de onde fora extraditado para ser julgado (v. 20-24). Aqui se percebe a diferença entre o verdadeiro e o falso profeta: Urias, tomado pelo medo, só se preocupa com a própria vida; Jeremias, ao contrário, permanece, arriscando a vida, no meio do povo, e mostra aquela solidariedade que deve caracterizar o verdadeiro profeta.

Verdadeira e falsa profecia (Jr 27–29)

O símbolo da canga (Jr 27)

O episódio seguinte (cap. 27) é datado no início do reinado de Sedecias, quando o ultimato já expirou, mas nem tudo acabou se se aceita que Deus havia concedido o poder a Nabucodonosor. Jeremias realiza uma ação simbólica, submetendo-se a uma canga e algumas cordas, como sinais da submissão à Babilônia, de cujo domínio se alimenta ilusões de libertar-se com uma rebelião armada.

De fato, enquanto a Babilônia está militarmente empenhada alhures, unem-se contra ela pequenos reinos ocidentais, que mandam embaixadas a Sedecias para envolvê-lo. Para o mesmo fim desejam também convencê-lo alguns pretensos profetas, dizendo ser fácil desvincular-se da canga babilônica.

Jeremias, ao contrário, com sua canga simbólica e as palavras que a explicam, prega a submissão e a solicita explicitamente ao rei, aos sacerdotes e ao povo. Diz a eles que não devem dar ouvidos às adulações dos falsos profetas, que pretendem falar em nome do Senhor e vendem com suas palavras os próprios sonhos. Por isso Jeremias os desafia a verificar a verdade de suas palavras acerca da volta a Jerusalém dos objetos sagrados do Templo levados para a Babilônia por ocasião da primeira deportação. Isso não acontecerá, aliás, pelo contrário, haverá uma espoliação total do Templo por parte da Babilônia. Entretanto, em meio a tanta escuridão, eis um raio de esperança: por decreto do Senhor, todos os objetos sagrados serão, um dia, devolvidos ao Templo (v. 22).

Verdadeira e falsa profecia (Jr 28–29)

O confronto entre verdadeira e falsa profecia continua no episódio do confronto entre Jeremias e Hananias (cap. 28). Este, pretendendo ser o profeta enviado pelo Senhor, profere um oráculo de libertação do domínio babilônico e, sob o olhar de todos, no Templo, quebra a canga que Jeremias havia colocado no próprio pescoço como sinal profético. Também Jeremias gostaria que os acontecimentos dessem razão a Hananias; mas, infelizmente, é obrigado a proferir um oráculo de desventura e um critério para distinguir o verdadeiro do falso profeta: as promessas de bem, para serem consideradas verdadeiras, devem primeiro cumprir-se, do contrário, não passam de bajulações complacentes. Hananias lhe responde com insultos e com desprezo, na presença de todos. Jeremias não sabe replicar e só mais tarde recebe um oráculo que declara falsa a profecia de Hananias, cuja morte repentina – no mesmo ano – constituirá a sansão por ter instigado a rebelião contra o Senhor.

O conflito entre verdadeira e falsa profecia é um dos temas decisivos também da carta aberta enviada por Jeremias aos judeus exilados na Babilônia com a primeira deportação (29,1-24), da qual resulta em seguida um confronto epistolar com Semaías.

A carta é motivada pelo fato que os falsos profetas queriam fazer crer aos exilados que a duração do exílio seria breve em razão da iminente derrocada do Império Babilônico. Não foi assim. E o tempo foi passando, a ponto de Jeremias pensar inclusive numa duração de setenta anos (v. 10; cf. Jr 25,12). Mas o exílio não é um acontecimento que se furta ao decreto divino, é parte dele! Assim, nesse período de exílio os deportados não devem apegar-se a um futuro incerto ou aferrar-se a um passado, mas esforçar-se para viver dignamente o difícil presente e preparar um futuro: trabalhar, casar-se e procriar, educar os filhos e, paradoxalmente, também contribuir para o bem-estar do país que os deportou. Parecem expectativas discretas, mas Deus tem em mente para o seu povo um futuro cheio de esperança, que não se limita ao retorno à pátria, mas engloba uma busca sincera do Senhor, que, sem dúvida, se deixará encontrar.

A carta continua atirando contra as mentiras dos falsos profetas, identificando alguns deles pelo próprio nome.

Mas as reações à missiva não se fazem tardar (v. 24-28). Assim, Semaías envia da Babilônia para Jerusalém, a Sofonias – administrador do Templo –, uma denúncia escrita contra Jeremias, acompanhada de um pedido de sua prisão, a fim de impedi-lo de profetizar.

Jeremias ouve pessoalmente a leitura dessa denúncia, e imediatamente responde a Semaías, com outra carta, profetizando-lhe uma punição severa: jamais, tanto Semaías, que aguarda um iminente fim do exílio, quanto qualquer membro de sua descendência, retornará a Jerusalém (v. 29-32).

O Livro da Consolação (Jr 30–31)

Jeremias não limita sua profecia exclusivamente ao discurso falado, mas a confia também à escrita. E para ele isso é mais necessário ainda ao ver-se diante de um futuro não imediatamente disponível aos destinatários de sua pregação e, além disso, incrédulos. Assim, nos capítulos 30-31 são reunidos vários oráculos cheios de esperança, confiados à redação por ordem divina, destinados à memória eterna. Nestes se entrevê como a palavra profética recebida por Jeremias não diz respeito somente ao extirpar, ao demolir, mas também ao plantar, ao edificar, tornados possíveis não pela ação do homem, mas pela iniciativa gratuita do Senhor.

Eis, portanto, a ordem divina de escrever os oráculos que prometem a mudança do destino de Israel e de Judá "nos dias que virão" (30,1-4).

A palavra do Senhor anuncia primeiramente um dia de juízo como tragédia humana, mas garante em seguida que em meio a tanto sofrimento se manifestará a salvação operada pelo Senhor, com sua presença auxiliadora. Os homens que gritam como se devessem parir representam uma dor paroxística e estéril; entretanto, o Senhor sabe tornar fecundo o que parece estéril, infrutífero (v. 5-11).

Num segundo oráculo, Sião é apresentada como uma mulher afetada por uma ferida repugnante. Nenhum dos amantes tidos em sua vida dissoluta faz-se vivo agora. Quem se debruça sobre a sua dor é, ao contrário, o Senhor, que a procura novamente e toma conta dela até sará-la (v. 12-17).

Segue uma promessa de restauração do povo em todos os aspectos de sua vida (30,18–31,1). É um processo realizado pelo Senhor, que reergue Israel ("tenda de Jacó") da mais total desolação e lhe dá nova prosperidade material, civil, religiosa, por meio da qual experimenta a verdadeira aliança. Por outro lado, Deus desencadeia o próprio juízo contra os ímpios, numa espécie de furacão avassalador.

O oráculo seguinte é a resposta divina às queixas do povo que se sente como que abandonado por Ele (v. 2-6). Deus garante que sua graça, seu amor e sua fidelidade nunca faltaram, nem mesmo nos momentos mais duros (deserto), e não faltarão no futuro. A retomada das peregrinações das tribos do Norte para Jerusalém será um sinal dessa renovação.

No quinto oráculo Deus promete plenitude, bem-estar e alegria para a comunidade que retornará à pátria e nela se estabelecerá (v. 7-14). Será uma comunidade ponderada e solicitada ao louvor, envolvendo todas as idades. Disso darão testemunho todos os povos, que reconhecerão a extraordinária obra do Senhor como unificador de Israel, seu pastor. Nessa comunidade redimida não são os poderosos que se destacam, mas os humildes (o cego, o coxo, a mulher grávida, a parturiente).

O oráculo dos versos 15-22 faz três promessas. Primeiramente uma promessa de consolação à inconsolável Raquel, cuja morte no parto de Benjamin não teria nenhum sentido se também o filho não sobrevivesse. Raquel representa agora o povo posto diante da tragédia do exílio e reunido em Ramá, onde os chefes da Babilônia decidiam a sorte dos prisioneiros capturados durante o segundo cerco de Jerusalém (cf. Jr 40,1). Entretanto, Deus é capaz de dar um sentido e uma fecundidade inclusive à mais absurda dor[34].

---

34. Esse versículo será citado por Mt 2,18 pelo massacre dos inocentes.

A segunda promessa é a do perdão a Efraim, arrependido do próprio pecado e acolhido novamente por Deus como filho adorado.

Enfim, Deus promete uma nova criação, após aconselhar um retorno por caminhos bem demarcados (os da Torá). Dessa forma, Israel, assemelhado a uma filha rebelde, se torna a mulher fiel, capaz de ter finalmente uma iniciativa de amor para com o próprio homem ("a mulher cingirá o homem").

Mas, em que consiste essa "coisa nova" que Deus cria sobre a terra? Esclarecimentos sobre essa radical novidade são apresentados por posteriores oráculos de promessa, redigidos em prosa. O primeiro prospecta uma reconstrução da cidade de Jerusalém com uma plena reconciliação interna (pastores e agricultores que convivem pacificamente), e o dom do reconforto da fadiga e da fraqueza (v. 23-26).

Outro oráculo de promessa: o Senhor será capaz de desfazer a perversa cadeia do mal, pela qual os erros dos pais serão pagos pelos filhos (v. 27-30). Entretanto, a força com a qual o Senhor arranca e arrasa também se manifesta na própria erradicação das consequências nefastas do pecado. Dessa forma acontece aqui uma vigilância de Deus para edificar e plantar (promessas feitas a Jeremias já no início de sua vocação – cf. 1,10).

Chega-se assim ao ápice do anúncio de esperança do Livro de Jeremias, com a promessa da nova aliança (31,31-34). Se a primeira aliança é caracterizada por uma certa exterioridade e encontra, da parte do povo, uma constante ruptura, a nova aliança, por dom do Senhor, terá traços de uma interioridade profunda. A Lei será colocada no íntimo e escrita no coração do povo pelo próprio Deus. Experiência pessoal do Senhor ("todos me conhecerão") e de seu perdão serão elementos significativos da nova aliança. Aqui se inverte o juízo ameaçador de Jr 17,1-4, onde o pecado era indelevelmente escrito no coração do povo de Judá.

O Novo Testamento repetirá várias vezes essa passagem de Jeremias, particularmente com as palavras de Jesus sobre o cálice em Lc 22,20 e em 1Cor 11,25. A Carta aos Hebreus sublinhará fortemente o contraste entre a antiga e a nova aliança realizada em Cristo (cf. Hb 8,7-13).

O oráculo de Jeremias 31,35-40 evidencia a descontinuidade entre as duas alianças pela indefectibilidade e perenidade do novo pacto, fundado na fidelidade divina, que se torna visível na ordem do universo e na estabilidade das suas leis. Também Jerusalém será reedificada e consagrada integralmente ao Senhor, razão pela qual até os lugares mais impuros tornar-se-ão santos.

Mensagem de esperança (Jr 32–33)

A mensagem de esperança se prolonga numa ação simbólica que o profeta realiza por ordem do Senhor nos últimos meses do reinado de Sedecias, com Jerusalém sitiada pela Babilônia. Após ter anunciado a queda da cidade e a queda do rei (32,1-5), Jeremias deve apresentar um gesto mostrando que, para além da catástrofe, ainda há esperança (v. 6-15).

Ao profeta, que está na prisão, chega o primo Hanameel, que lhe propõe a compra de seu terreno situado em Anatot, já que Jeremias tem o direito de resgate dessa terra. Jeremias aceita porque percebe ser essa a vontade do Senhor, mas sem compreender o significado do que lhe é proposto. De fato, o valor do campo é irrisório, já que se trata de terras invadidas pelos povos da Babilônia, mas Jeremias o adquire por um preço altíssimo, fazendo redigir duas cópias de um contrato na presença de testemunhas. A essa altura, à luz da palavra divina, torna-se compreensível para Jeremias a solicitação feita pelo parente: "Assim diz o Senhor dos exércitos, o Deus de Israel: ainda se comprarão casas, terrenos e vinhas nesse país" (v. 15). Para além de qualquer aparência, já existe para o presente uma esperança e, no terreno resgatado, o profeta já dispõe de seu penhor[35].

Embora Jeremias tenha obedecido ao Senhor, em oração lhe pede poder compreender seus planos misteriosos, e o faz cheio de angústia (v. 16-26). Ele se dirige ao Senhor, criador poderoso, Deus misericordioso, libertador e doador da terra que agora se encontra nas mãos dos inimigos em razão da surdez do povo. Para Jeremias, no entanto, ainda é difícil compreender a ordem divina de mandá-lo comprar um terreno.

À sua oração o Senhor responde (v. 26-44). Ele afirma acima de tudo ser o Deus do impossível. É Ele que quer que a cidade caia nas mãos dos caldeus, como castigo pelos pecados do povo (indiferença à palavra do Senhor, práticas idolátricas, sacrifícios humanos). É o Senhor que manda a espada, a fome e a peste, e que decreta o exílio; mas será sempre Ele a reunir o povo da

---

35. "O resgate do campo por parte de Jeremias e a produção de um escrito destinado a memória relatam, pois, a nova aliança, não somente prometida para os dias futuros (30–31), mas já selada dentro da catástrofe como penhor a ser conservado (32,6-15); desta o profeta é mediador autorizado e confiável" (ROSSI, B. "La legittimazione dell'autorità profetica e la sua mediazione in riferimento alla nuova alleanza. Una lettura di Ger 32,6-15". In: BENZI, G.; SCAIOLA, D. & BONARINI, M. (orgs.). *La profezia tra l'uno e l'altro Testamento* – Studi in onore del prof. Pietro Bovati in occasione del suo settantacinquesimo compleanno. Roma: Gregorian/Biblical, 2015, p. 258).

dispersão e a transformá-lo interiormente com seu dom de um só coração e de uma só maneira de se comportar (v. 39). Estabelecerá com ele uma aliança eterna, e Ele mesmo, ao beneficiar seu povo, alegrar-se-á plenamente e o fará com todo o coração e com toda a sua alma. Eis o desejo generalizado do coração do Senhor: fazer o bem ao seu povo e levá-lo de volta à sua terra, para que possa retomar plenamente a vida social e econômica (como o simboliza a compra do terreno, feita dentro de todos os trâmites legais necessários).

Outra palavra divina apresenta uma mensagem de esperança ao profeta ainda preso no pátio da prisão (33,1-9). Deus anuncia que, após ter castigado Jerusalém e ter-lhe escondido o próprio rosto, curará intimamente o povo, mudará o destino de Judá e de Israel, reconduzirá os exilados à sua pátria, enchendo-os de alegria, de paz e de bem.

O oráculo de promessa seguinte reitera a inversão operada pelo Senhor (v. 10-13). Voltam a ser entoados os cânticos de júbilo e de alegria, e os cânticos do esposo e da esposa, cuja eliminação fora precedentemente ameaçada (cf. Jr 16,9; 25,10); à vida sucederá a desolação. E em toda parte ouvir-se-ão louvores e agradecimentos ao Senhor por sua eterna bondade.

As palavras de esperança continuam. Eis então o oráculo sobre o rebento de justiça (v. 14-18). Neste, fazendo alusão também a Jr 23,5-6, se reitera a solidez da Dinastia Davídica, segundo a promessa feita a Davi pela boca de Natã (cf. 2Sm 7,12.16).

Os últimos dois oráculos de promessa (33,19-26) reiteram ainda a perenidade da aliança com Davi e a fidelidade de Deus, garantia tanto da permanência da aliança criacional quanto da aliança histórica com o povo e com o rei.

Compromissos traídos (Jr 34)

A relação com o Senhor exige fidelidade. Infelizmente é a infidelidade que reina soberana em Jerusalém. Estamos no período do segundo cerco, e Jeremias recebe do Senhor uma palavra destinada a Sedecias, pedindo que ele se entregue aos inimigos, que já se apossaram de quase todo o território. Se o rei obedecer a Deus, reconhecendo o domínio babilônico justamente desejado pelo Senhor, nem tudo estará perdido (34,1-7).

O cerco se prolonga, entretanto, e o número de defensores se torna sempre mais insuficiente. Por isso busca-se envolver também os judeus que caíram na escravidão econômica junto aos seus credores. Lança-se mão então de um decreto de emancipação desses escravos judeus, perdoando suas dívidas, contanto que se disponham a empunhar armas. Entretanto, quando as forças babilônicas suspendem o cerco de Jerusalém para dirigir-se ao Sul a fim de afastar as tentativas de intervenção militar do faraó, eis que os credores esquecem o pacto feito com seus devedores e os reduzem novamente à escravidão. É como se tivessem se arrependido de ter-se arrependido, e de assim ter feito saborear o gosto da liberdade a irmãos judeus escravizados. Jeremias profere então um severo juízo divino sobre os culpados, que tinham realizado um solene rito de aliança, ao passarem no meio das duas partes de um bezerro cortado ao meio. A aliança quebrada pede o castigo segundo a lei da pena ao correspondente delito: execução capital ou deportação. E eles não devem iludir-se, pois o cerco foi apenas temporariamente suspenso, visto que o exército da Babilônia voltará e se apossará novamente da cidade (v. 8-22).

Um exemplo de fidelidade (Jr 35)

Em oposição ao caso de infidelidade aos compromissos assumidos diante do Senhor em seu Templo, o redator do Livro de Jeremias apresenta aqui um caso louvável de fidelidade (cap. 35). Estamos no tempo de Joaquim, durante o primeiro cerco, e Jeremias tenta obrigar os recabitas a beberem vinho. Estes se opõem à tentativa do profeta, e por obediência às ordens que remontam ao seu antepassado Jonadab, filho de Recab. Nesse clã, para garantir uma plena adesão ao javismo, seus membros adotaram uma vida nômade e não consumiam bebidas inebriantes, estas normalmente vinculadas ao mundo da vida agrícola e sedentária. Os recabitas sabiam ser fiéis a essas ordens de caráter humano, ao passo que os judeus que reconduziram novamente à escravidão seus irmãos, eram menos afeitos à fidelidade com uma palavra dada ao Senhor. Para estes o profeta promete condenação, ao passo que os recabitas recebem a promessa da continuidade da existência como grupo.

A história do pergaminho profético (Jr 36)

Dos anos de Sedecias o relato retroage historicamente, voltando ao ano quarto de seu antecessor Joaquim, isto é, ao ano 605 a.C. Narra-se como Jeremias recebeu do Senhor a ordem de colocar por escrito sua pregação profética, na esperança de que, ao ouvir sua leitura, o povo se converta e evite a catástrofe. Para tanto o profeta dita as palavras recebidas do Senhor ao seu secretário Baruc, que as escreve num pergaminho (36,1-7).

No ano seguinte é feita publicamente a leitura do escrito. E a melhor ocasião é sem dúvida aquela do dia de jejum estabelecido para todo o povo, que, por sua vez, vai ao Templo para os diversos ritos penitenciais. Baruc lê o rolo primeiramente aos que estavam no Templo, submetendo-o em seguida a um grupo de notáveis. A estes esclareceu inclusive que se limitou a apresentar em forma de tinta o que Jeremias lhe ditava. Impressionados com o que ouviram, os notáveis aconselharam que Baruc e Jeremias se escondessem do rei, pois certamente ele os procuraria, em razão do conteúdo das palavras do livro (v. 8-19).

De fato, o pergaminho é levado depois ao palácio e lido na presença do rei, que tem uma atitude diametralmente oposta à de seu pai Josias (v. 20-26). Este, após ter ouvido a leitura do Livro da Lei encontrado no Templo, rasgou as vestes em sinal de penitência e tomou as medidas exigidas para a renovação da aliança com o Senhor, destruindo os ídolos e centralizando o culto em Jerusalém (cf. 2Rs 22–23). Joaquim, ao contrário, à leitura (hebraico *qará'*) do rolo não rasga (hebraico *qará'*) as próprias vestes, mas sim o escrito profético, e o queima pedaço por pedaço num braseiro. Em seguida manda procurar Baruc e Jeremias, mas ambos, por obra do Senhor, já estavam a salvo.

Diante dessa situação, o profeta, ainda sob ordem divina, dita novamente as palavras do pergaminho, acrescentando-lhe uma série de outras ameaças, visto que o rei não quis acolher a palavra do Senhor (v. 27-32).

Assim, o escrito profético, entregue à morte por vontade do soberano, ressurge vitorioso e mais vivo ainda das cinzas do braseiro. Definitivamente, à pessoa do profeta sucede o escrito, que tem a mesma missão (levar à conversão), a mesma origem (o Senhor) e o mesmo destino de negação (a queima do livro, paralela à perseguição do profeta). Mas, se a pessoa do profeta parece sucumbir, a Palavra de Deus não pode ser aniquilada. Assim, na ressurreição do rolo profético também adquire sentido a história humana do profeta que, diversamente, pareceria ter sido uma falência total.

Jeremias e a catástrofe de Jerusalém (Jr 37–39)

O profeta perseguido (Jr 37,1–38,13)

A "paixão" do rolo profético é prelúdio da "paixão" de Jeremias, visto que a oposição contra o profeta posteriormente piora e se transforma em perseguição. Mas o profeta não desiste da própria missão.

Nessa perspectiva ele também tem uma palavra ao incrédulo Sedecias, o qual, nos dias próximos à queda de Jerusalém, solicita ao profeta um oráculo. Jeremias recomenda que não alimente nenhuma ilusão, visto que os babilônios, após uma breve suspensão do cerco, voltarão e conquistarão a cidade (37,1-10).

Durante essa breve trégua do cerco de Jerusalém, Jeremias manifesta o desejo de dirigir-se a Anatot, para ver seu campo comprado por ordem do Senhor (cf. 32,6-15). Infelizmente reina um clima de suspeição contra Jeremias. Assim, justamente quando ele está saindo de Jerusalém, pensando que estivesse se bandeando para o lado dos inimigos, o prendem e o acusam de traição.

O profeta corria o risco de morrer pela insalubridade do lugar em que estava preso, e, não fosse a intervenção do rei, que o transferiu para outro lugar, certamente teria morrido. Seja como for, no período de provação, Jeremias também experimenta os sinais da assistência divina, prometida por ocasião de sua vocação, visto que alguém se preocupava com ele, garantindo que, até o final do cerco, lhe fosse dada diariamente uma broa de pão (37,11-21).

Para ele, no entanto, a situação piora, pois, diante das suas palavras que exortam a reconhecer o senhorio babilônico, o partido de oposição à Babilônia trama e o acusa de derrotismo e de alta traição. O rei nada faz para salvá-lo desses acusadores, que o fazem descer por cordas numa cisterna quase seca, ainda cheia de lodo. Jeremias, exausto, vai se atolando, quando um eunuco do palácio, o etíope Ebed-Melec, obtém a permissão de tirá-lo de lá. O profeta não tem forças nem para agarrar-se às cordas. E assim é puxado para fora da cisterna por uma espécie de amarras entrelaçadas ao corpo, mas é em seguida abandonado no pátio da prisão (38,1-13).

Último encontro com Sedecias (Jr 38,14-28)

São dias duríssimos para Jeremias e para todos os sitiados. Enquanto isso, Sedecias persiste em seu comportamento contraditório: pedir oráculos aos profetas e em seguida desrespeitá-los. Segundo um enredo que se repete, o rei se dirige ao detido Jeremias, porém escondido, por medo dos judeus que eram contra a submissão à Babilônia. A falta de coragem e a incredulidade tornam sem sentido inclusive a última consulta ao oráculo (v. 14-28): incredulidade porque o rei teme mais seus cortesões do que a palavra do Senhor; covardia porque chega a suplicar ao prisioneiro que não revele aos cortesões a conversa que tiveram. Dessa forma, o rei perde a última chance de acolher sua última oportunidade de salvação. Enquanto isso, Jeremias resta prisioneiro até o dia da conquista de Jerusalém.

Conquista de Jerusalém e destino de Jeremias (Jr 39)

A cidade resiste ao cerco por mais de um ano e meio, mas com a invasão do exército da Babilônia ela desaba (39,1-8). Estamos no mês de agosto de 587. Quem pode fugir foge. É o caso de Sedecias, que acaba sendo detido pelos caldeus na Planície de Jericó. Aprisionado, é transferido para Rebla, no território de Emat, e entregue a Nabucodonosor, que o condena a assistir a degola de todas as pessoas que o acompanhavam (familiares e dignitários). Em seguida é cegado, acorrentado e arrastado Babilônia afora. Assim, todo vestígio de sua existência é eliminado.

Os sobreviventes entregues aos caldeus, embora não responsáveis pela resistência armada, são deixados no país de Judá: trata-se de gente pobre, destituída de qualificações (v. 9-12).

Por determinação de Nabucodonosor ao comandante da guarda Nabuzardã, Jeremias é libertado e confiado à proteção de Godolias, filho de Aicam, instituído pelos poderes babilônios como governador do território de Judá (v. 11-14). Assim Jeremias caminha livremente no meio do povo. Agora seu ministério profético deve ser o de ajudar o grupo dos remanescentes na terra a renascer das cinzas.

E é a essa altura (v. 15-18) que o profeta se faz um *flashback* acerca de um oráculo que tinha como destinatário Ebed-Melec, que o libertou da cisterna (cf. Jr 38,7-13). Somente agora vem à luz esse oráculo, que prometia ao escravo etíope a paradoxal vitória de ter a própria vida como recompensa. A promessa divina tem uma motivação bem específica: Ebed-Melec confiou em Deus, por isso obterá a salvação.

Últimas histórias de Jeremias (Jr 40–44)

O profeta e o governador Godolias (Jr 40,1–41,4)

As informações acerca do destino de Jeremias presentes em Jr 39,11-14 não coincidem plenamente com o que é narrado em Jr 40,1-6, onde o profeta, libertado do campo de detenção em Ramá, decide ficar com Godolias. As aporias, no entanto, podem ser explicadas com a confusão reinante após a queda da cidade, já que Jeremias estaria entre os que deviam ser deportados para a Babilônia; mas, ao mesmo tempo, estava preso em Ramá. Ao ser reconhecido por Nabuzardã, este lhe faz três propostas: ir para a Babilônia e tornar-se o representante oficial dos judeus deportados; transferir-se para uma localidade do império que lhe agradasse; permanecer na terra com o resto dos sobreviventes. Jeremias escolhe essa última possibilidade a fim de mover-se livremente no meio ao seu povo, dividindo com ele perigos e privações, renunciando assim a qualquer privilégio pessoal.

A narração, redigida provavelmente por um escriba muito próximo dos acontecimentos (podendo, inclusive, tê-los testemunhado), se refere ao governo de Godolias. Governo no interior do qual, após a catástrofe, parece ter-se reconstituído a comunidade do Senhor. Esta é inicialmente formada pelos pobres do país, mas vai se tornando um sinal de tamanha esperança que aos poucos atrai os refugiados judeus que durante o cerco haviam fugido para as regiões limítrofes. A própria colheita abundante de frutos (frutos não cultivados, já que durante a guerra não podiam ser cuidados) se torna sinal de bênção divina para a sobrevivência do povo sofrido (v. 7-12).

Os vários grupos armados são colocados sob o comando de Godolias para garantir a segurança do país, mas dentre eles está o grupo do príncipe real Ismael, filho de Natanias, que trama contra o governador. Godolias, advertido disso por Joanã, filho de Carea, é da opinião de que deve contar com todos, e trabalha para pôr-se de acordo também com Ismael, seu opositor. Infelizmente a cena de reconciliação se revela uma cena de traição: Ismael e os seus degolam Godolias e os demais convidados, e em seguida, valendo-se do efeito surpresa, mata todos os soldados caldeus junto à fortaleza de Masfa (40,13–41,4).

Jeremias pego como refém (Jr 41,5–43,7)

No dia seguinte, os massacres perpetrados por Ismael continuam envolvendo também um grupo de peregrinos samaritanos que chegaram a Jerusalém para oferecer um culto. Dessa forma o sonho de uma comunidade nova acaba devorado pelas forças do passado, representadas pelo ambicioso Ismael, manipulado por Baasa, rei amonita.

O resto dos acontecimentos é uma sequência caótica de massacres, de avarezas vulgares, de sequestros de pessoas (também Jeremias é feito refém), de fugas, de perseguições e passagem dos reféns de mão em mão sem serem realmente libertados. Assim, Jeremias, sequestrado por Ismael junto com as pessoas presentes em Masfa, só é teoricamente libertado por Joanã, filho de Carea, já que este o arrasta consigo para o Egito (41,5-18). Ir para o Egito, entretanto, não é a vontade de Jeremias, pois para ele significava realizar um êxodo às avessas.

Num primeiro momento, Joanã de Carea e companheiros perguntam a Jeremias qual seria a vontade do Senhor, e pareciam dispostos a acolher o veredicto profético. Dez dias depois chega um oráculo pedindo para que eles não desçam para o Egito, prometendo assim salvação, já que o Senhor teria insuflado compaixão em Nabucodonosor em seus confrontos. Em caso de desobediência, mesmo no Egito seriam alcançados pela inexorável maldição do Senhor (42,1-22).

Mas Joanã de Carea, temendo represálias dos babilônios por causa do massacre ocorrido em Masfa, não dá a menor importância ao oráculo do profeta. Alguns insinuam que por detrás das palavras do profeta se escondiam as manipulações de seu secretário, Baruc. Seja como for, profeta e secretário, reféns dos próprios irmãos, são arrastados para o Egito (43,1-7).

No Egito: os últimos anos do profeta (Jr 43,8–44,30)

Chegado ao Egito, o profeta recebe uma palavra divina, que deve ser transmitida em forma de ação simbólica. Assim ele imita uma espécie de lançamento de pedra fundamental que, por assim dizer, instala o trono de Nabucodonosor, visando a simbolizar que o poder dos babilônios teria chegado também aos cativos no Egito (v. 8-13). Historicamente, em 568 houve de fato a vitoriosa campanha militar contra o Faraó Amasis. Esse dado mostra claramente que, contra as insinuações de que a profecia de Jeremias teria sido manipulada por outros, por Baruc, o Senhor reitera a verdade anunciada pelo profeta.

Criou-se assim uma incurável fratura entre Jeremias e seus interlocutores. Atesta-o a discussão entre eles e o profeta, situada junto ao Delta do Nilo (cap. 44). Nessa discussão o episódio concreto é transcendido, envolvendo idealmente todos os grupos de judeus separados no Egito.

Para Jeremias toda a história do povo foi marcada pela malvadeza da não escuta da Palavra de Deus que, por meio do envio de seus profetas, buscou continuamente a conversão de Judá e Jerusalém. A essa interpretação da história se contrapõe a dos judeus separados no Egito: para eles a causa de todos os seus males foi justamente o culto ao Senhor, e não o culto aos ídolos, e menos ainda o culto à *Rainha do céu*. Pertencer ao Senhor, para eles, parecia uma fonte de desgraça e não de bênção, e assim decidiram quebrar totalmente a aliança com Ele.

Jeremias responde que o motivo da tragédia que se abateu sobre o povo foi, ao contrário, a sistemática traição da aliança e a obstinada prática idolátrica. O resultado mais tenebroso de toda essa história foi o total esquecimento do nome do Senhor por parte do povo, e a quase completa aniquilação dos fugitivos. Sinal de autenticidade da profecia é o que vai acontecer com o Faraó Hofra, inicialmente pretenso protetor de Sedecias e, subsequentemente, dos judeus refugiados no Egito: acabará morrendo por mãos dos inimigos. E se Jeremias havia recebido em sua vocação a visão que lhe falava de um Deus vigilante, aqui o Senhor aparece como o vigia da desgraça que cairá contra os que traem a aliança (v. 27).

Oráculo a Baruc (Jr 45)

A essa altura a narração retrocede alguns anos, para o *flashback* do momento em que o profeta ditava seus oráculos ao secretário Baruc, a fim de que os pusesse por escrito (45,1-5). Estamos no quarto ano de Joaquim, o rei incrédulo, e Baruc continua a lamentar-se com o Senhor pela dureza das palavras que deve escrever. Também para ele, naqueles dias, houve um oráculo. Neste o Senhor lhe pedia que renunciasse ao sucesso dos próprios projetos ("grandes coisas para ti"), e experimentasse algo de sua dor, do sofrimento de um Deus criador, que deve demolir e erradicar aquilo que Ele mesmo construiu e plantou. Ao secretário de Jeremias, que se tornou seu legatário e idealmente imagem de todo futuro discípulo que acolherá o escrito do profeta, lhe é solicitado que entre em comunhão com essa dor divina, mas sem jamais perder de vista a esperança, significada na promessa da "vida como uma recompensa".

Oráculos contra o Egito (Jr 46)

No Texto Massorético a compilação de palavras proféticas contra as nações estrangeiras (46–51) segue a seção biográfica, ao passo que no texto da LXX (septuaginta) segue imediatamente a passagem da taça da ira divina sobre as nações (cf. Jr 25,15-38). Os vários oráculos são caracterizados pela tonalidade de ameaça em razão das práticas idolátricas e dos crimes perpetrados contra o povo de Deus. Mesmo no castigo anunciado se afirma a soberania universal de YHWH, mas que Ele também é capaz de oferecer salvação inclusive em face da maldade humana.

A seção começa com dois oráculos contra o Egito (cap. 46). No primeiro faz-se referência à Batalha de Carquemis, na qual o exército egípcio, que buscava socorrer os assírios, é destroçado pelos babilônios. Os projetos imperialistas do Egito, comparados às típicas inundações do Nilo, miseravelmente desmoronam por intervenção do Senhor (v. 1-12). O segundo oráculo anuncia a invasão do Egito pelos babilônios (v. 13-24). Historicamente faz-se aqui referência à expedição de Nabucodonosor contra o Egito, realizada em 568/567.

Depois desses dois oráculos de juízo sobre o Egito surgem duas promessas de restauração (v. 25-28): a primeira fala de um Egito novamente povoado; a segunda menciona um Israel estabelecido em sua terra e vivendo em paz.

Oráculos contra filisteus, moabitas e outros povos (Jr 47–49)

Jr 47 propõe um oráculo contra os filisteus. Seus territórios serão invadidos por tropas babilônicas e egípcias, deixando atrás de si ruína e luto. E para eles também o profeta tem uma palavra de compaixão, desejando que a espada do Senhor entre na bainha e não os golpeie mais (v. 6).

Também Moab é julgado numa ampla série de oráculos (cap. 48), e deverá beber do cálice da ira divina em razão de seu orgulho que se transforma em confiança nas próprias riquezas e em desprezo para com Israel. O castigo é a destruição de várias cidades moabitas e uma espécie de derrocada total: do deus nacional Camos ao último dos habitantes. Diante de tanta ruína se eleva primeiramente o pranto compassivo do profeta e, em seguida, após o reiterado anúncio do fim que incutirá terror nos habitantes de Moab, emergirá uma palavra de esperança da parte do Senhor: "Mas eu, no fim dos dias, mudarei a sorte de Moab" (v. 47).

Seguem-se oráculos contra outros povos. Acima de tudo aparece a condenação dos amonitas (49,1-6), identificados com seu deus nacional Melcom e culpados por se terem apossado de territórios da tribo israelita de Gad. Entretanto, também para eles o Senhor promete salvação: "Mas, depois disso, mudarei a sorte dos amonitas" (v. 6). Eis, em seguida, o oráculo contra Edom (v. 7-22), povo descendente de Esaú, irmão de Jacó. Edom deverá beber do cálice da ira por meio da extinção de sua proverbial sabedoria e de uma destruição comparada a uma vindima que não poupará o menor dos cachinhos de uva. Assim cessará o orgulho de Edom, que se considerava seguro em seus territórios montanhosos. O Senhor o atacará como um leão ou como uma água, servindo-se de Nabucodonosor, não mencionado aqui, mas indicado pela expressão "estabelecerei ali quem for escolhido" (v. 19). Se para Edom em sua totalidade parece não haver palavra de salvação, na verdade o Senhor garante uma esperança, mas para seus órfãos e viúvas (v. 11).

Em seguida são propostos oráculos de condenação contra Damasco (v. 23-27), contra Cedar e Hasor (v. 28-33), tribos seminômades; e, finalmente, contra Elam (v. 34-39). O Senhor se serve de Nabucodonosor para realizar seu plano e mostrar um poder sem limites. No caso do oráculo sobre Elam reitera-se, no entanto, a divina vontade de salvação: "Mas nos últimos dias mudarei o destino de Elam".

Oráculos contra a Babilônia (Jr 50–51)

A última das nações a ser julgada é a Babilônia, e contra ela é proferida uma série de oráculos que ocupam dois grandes capítulos (50-51). Com a Babilônia são também aniquilados seus ídolos (50,2-3), tornando assim possível a volta dos exilados judeus, que se unirão ao Senhor numa aliança eterna (v. 4-7). De fato, o castigo da Babilônia se traduz em salvação para Israel: os exilados deverão fugir dela para não serem esmagados pela pilhagem e pela destruição e experimentação, sobretudo, o perdão de seus pecados da parte do Senhor (v. 8-20). Segue outro anúncio de punição da arrogante Babilônia pela invasão dos povos inimigos, decretada pelo Senhor, o Santo de Israel, que realizará a vingança em favor de Sião (v. 21-32). E nos versos 33-34 se reitera que o Senhor é salvador de Israel e de Judá, seu vingador (literalmente: "seu forte defensor").

O oráculo seguinte (v. 35-46) é o cântico da espada, que atesta a ação poderosa e eficaz do Senhor contra a enganosa sabedoria e a ilusória força dos caldeus. Esses povos serão tratados como Sodoma e Gomorra por um povo não especificado, mas crudelíssimo.

O tema da destruição da Babilônia conhece outras variações. Como, por exemplo, o oráculo, expresso em linguagem forense, no qual o Senhor é juiz, mas também parte lesada, enquanto esposo da nação – isto é, Israel e Judá – oprimida pela Babilônia (51,1-14). A punição é comparada aqui a uma doença incurável.

Segue-se um hino ao Senhor como criador do universo, cuja potência mostra toda ineficiência dos ídolos (v. 15-19). Seu poder é tamanho que Ele se serviu da Babilônia como uma espécie de martelo, mas agora é ela que será martelada (v. 20-26), indo de encontro a um desmoronamento total, em razão de violência por ela perpetrada. E continuam as descrições sobre o fim da Babilônia, aniquilada por vários povos, segundo um juízo irrevogável sobre sua soberba, descrita como uma espécie de ceifa total (v. 27-33).

Em seguida instaura-se um diálogo entre Jerusalém e o Senhor, explicando que o castigo da Babilônia é um ato de justiça em favor de Jerusalém. Babilônia beberá do cálice da ira, e sua sorte é assemelhada a uma violenta onda marinha que tudo submergirá (v. 34-44). Uma coisa é certa: será punida a crueldade da Babilônia, mas também o aniquilamento de seus ídolos. Para ela não haverá rota de fuga (v. 45-58).

Aqui se conclui toda a ampla seção de oráculos não somente contra a Babilônia, mas contra os povos: "Assim os povos trabalham em vão e as nações se cansam para o fogo" (v. 58; cf. Ab 2,13). E, como confirmação, eis a ação simbólica realizada por Jeremias em 593, por ocasião de uma missão diplomática do Rei Sedecias na Babilônia (51,59-64): Jeremias entrega a Saraías, filho de Nerias (irmão de Baruc), um rolo com todas as desgraças escritas e profetizadas sobre a Babilônia e, chegando na Babilônia o lerá publicamente, os amarrará numa pedra e o afundará no Eufrates, o rio da Babilônia. Imagem clara do fim irremediável de seu poder até então reinante! Entretanto, implicitamente o juízo sobre a Babilônia é uma mensagem de esperança, já que ele anuncia o triunfo divino sobre qualquer poder humano.

Apêndice histórico (Jr 52)

O Livro de Jeremias se conclui com um apêndice histórico que, com alguma leve modificação ou integração, retoma o relato de 2Rs 24,18–25,30 sobre o fim de Judá e de Jerusalém. Ele omite a história de Godolias, precedentemente narrada, mas menciona uma terceira deportação que não aparece alhures (52,30).

Em relação ao que se narra em Jr 39,8-10, aqui se sublinha, além da destruição dos objetos sagrados, uma destruição do Templo por um incêndio. Esse aspecto reflete um ponto de vista teológico dos homens da diáspora babilônica, para os quais tudo termina no ano 587 e tudo recomeça com o retorno do exílio. Esse ponto de vista não coincide plenamente com a visão de Jeremias que, contrariamente, permanece na pátria para tudo recomeçar com os pobres do país.

Seja como for, concluir o livro narrando o fim de Jerusalém parece querer dizer que tudo acabou. Mas não é bem assim. De fato, a reabilitação de Joaquim (52,31-34), finalmente reconhecido como representante oficial dos deportados judeus e beneficiado até o fim de seus dias com uma diária alimentícia, faz entrever um raio de luz, o vislumbre de esperança. A palavra de juízo se realizou, o tempo de arrancar e demolir, de destruir e demolir, já passou. É chegado o momento de edificar e plantar.

A mensagem

O valor do Livro de Jeremias não se resume aos aspectos estéticos de sua elaboração literária, mas mais ainda na riqueza de sua mensagem. Evidenciaremos aqui alguns de seus aspectos mais salientes.

Pecado e juízo

Jeremias penetra profundamente no mistério da liberdade humana, identificando no coração doentio, teimoso, ambíguo e incircunciso a raiz do problema. Muitas vezes aparece no livro o tema do coração humano como fonte geradora do pecado da idolatria e da injustiça. Existe uma doença da liberdade humana cujas raízes Jeremias não busca diretamente desvendar, como o faz, por exemplo, Gênesis 3; para ele é absolutamente importante não subestimar a gravidade do mal que aflige a liberdade, e desmascarar as muitas tentativas de menosprezar a seriedade da ameaça.

O pecado é uma mentira radical que o indivíduo cria sobre si mesmo (*shéqer*), autoilusão de salvação, ignorância de sua real situação, razão pela qual se pode afirmar que o mal não procede de fora, mas é algo conatural ao ser humano. À natureza do pecado Jeremias dedica muitos oráculos onde claramente emerge o sentido da traição, do fascínio pelo nada, da insensatez, da ingratidão, da perversão, da violência, da soberba, da insistência na rejeição da Palavra, e tantas outras coisas...

O profeta denuncia receituários que se pretendem eficazes, mas que não passam de paliativos que agravam a situação. Eis por que ele censurará os profetas e os sacerdotes de serem charlatões, que encaram levianamente a situação dos doentes, sem oferecer-lhes, portanto, nenhum remédio realmente eficaz. Na prática, ele afirma que é inútil uma reforma do povo mediada por uma reestruturação ou de uma renovação das instituições sem considerar que o mal, que infesta o coração do povo, irremediavelmente as polui.

Entretanto, em última análise, verifica-se uma distância entre a posição de Jeremias e as concepções subjacentes à assim denominada reforma de Josias, que pretende renovar a aliança com o Senhor passando pela centralização do culto e por uma série de procedimentos de ordem político-religiosa. Para Jeremias eles não passam de esforços inconsequentes, com resultados meramente superficiais, portanto, sem consequências concretas sobre a dramática situação do povo. A queda de Jerusalém e o exílio mostram as consequências ou a falência dessas tentativas.

Daqui a crítica renhida ao Templo, ao sacerdócio, ao culto, ao poder monárquico e político em geral, à falsa profecia e à sabedoria que altera o sentido originário da lei do Senhor. Inclusive o ideal de fraternidade do povo, que está na base da legislação deuteronomista, é por Jeremias irrealizável enquanto o povo estiver atormentado pelo pecado que gera traições, calúnias, injustiça (exemplar é Jr 9,1-6).

O balanço que Jr 25,1-14 traça de toda a história da aliança de Israel com o seu Deus é realmente desolador, já que o povo manifestou e continua mostrando uma sistemática rejeição de uma Palavra que o chama à escuta.

A única solução parece ser o juízo e o castigo da parte de YHWH. Ele o realiza servindo-se das nações, todas sujeitas ao seu senhorio sobre a história. O juízo sobre o povo da aliança se insere num plano divino particular que, no momento histórico em que vive o profeta, passa pelo domínio que Deus concede à Babilônia. Daqui as cores sombrias com que se pinta a situação de pecado, com que se anuncia o juízo, com que se descreve a punição. Assim, diante do enveredar-se do povo rumo à catástrofe, o profeta não permanece indiferente, mas faz ouvir frequentemente suas lamentações e se faz perguntas sobre a intenção última do Senhor.

Plano divino e salvação

Diante da proliferação do mal, cuja força parece imbatível, o profeta não se cansa de anunciar a necessidade de conversão (*shub*), de retorno a Deus (inclusive a si mesmo). E justamente quando o mal parece ter completado o próprio processo de construção, eis que se ergue então um anúncio de esperança, com a mudança da sorte decretada pelo Senhor.

Essa esperança, antes mesmo da reconstrução social, civil, econômica e religiosa da comunidade, se volta justamente para a possibilidade de retorno do povo ao Senhor, que vai de par e passo com a iniciativa divina de curar o coração incircunciso, doente. É o anúncio de uma aliança nova (31,31-34), com a lei divina não mais exterior, mas escrita pelo próprio Senhor no íntimo, como substituição do coração de pedra sobre o qual era gravado o pecado do povo (17,1).

O anúncio da esperança, fundado na iniciativa prioritária, total e gratuita de Deus – o qual "pode e quer mudar toda desventura humana e, para tanto, se serve de qualquer coisa"[36] – não relega, porém, a resposta humana ao âmbito da inércia passiva. De fato, Jeremias reitera que sempre é necessária a decisão da escuta e o esforço de discernir o plano do Senhor nas conjunturas particulares da história. Discernimento tornado difícil, confuso, pelas palavras dos falsos profetas, complacentes com as esperanças imediatas do povo e incapazes de anunciar-lhe a efetiva vontade de Deus.

Muitas passagens do livro são dedicadas exatamente a essa necessidade de discernimento, como, por exemplo, na carta que Jeremias envia aos exilados a fim de que se preparem para um longo exílio e para que vivam positivamente aquele tempo, sem fugas utópicas e arrependimentos nostálgicos, mas como preparação para um futuro pleno de esperança, oferecido pelo Senhor.

E se a esperança que Jeremias anuncia parece ter contornos nacionalistas, mesmo esses aspectos seriam superados quando, justamente no interior dos oráculos contra as nações, se promete que Deus mudará positivamente a sorte inclusive dos povos inimigos de Israel.

O profeta, testemunha sofredora da Palavra

No Livro de Jeremias, mais do que em qualquer outro livro profético, emerge de forma extremamente significativa a figura do profeta, que se constitui em parte integrante da própria mensagem.

Aqui se delineia o perfil de um homem de fé, mesmo que atormentado por dúvidas e questionamentos, que permite à palavra do Senhor plasmar sua inteira existência. É o retrato do homem obediente à Palavra, que des-

---

36. Cf. FISCHER, G. "Il Dio che piange. Una chiave per la teologia del libro di Geremia". In: BENZI, G.; SCAIOLA, D. & BONARINI, M. (orgs.). *La profezia tra l'uno e l'altro Testamento* – Studi in onore del Prof. Pietro Bovati in occasione del suo settantacinquesimo compleanno. Roma: Gregorian/Biblical, 2015, p. 243 [Analecta Biblica – Studia, 4].

cobre o significado radical da própria vida no fato de ter sido chamado pelo Senhor. Esse chamado é eterno, e questiona a própria compreensão que Jeremias tem de si mesmo. Ao aceitar a vocação, Jeremias aceita dizer o que Deus quer dizer por meio dele, o que ele mesmo pode ou não pode fazer; nisso entra inclusive a obediência ao celibato, a aceitação do sofrido isolamento em relação à sua comunidade, no intuito de aderir mais plenamente à palavra do Senhor. Definitivamente, o profeta dá exemplo de uma vida dedicada à escuta e ao serviço da Palavra, em contraste com o povo que fez da não escuta o próprio estilo de vida.

Em sua missão profética Jeremias deve testemunhar a coragem e a vitória sobre o medo como sinais de confiança no Senhor. Sucumbir ao medo significaria não confiar no Senhor e não crer em sua promessa de torná-lo resistente e vitorioso diante dos adversários. O profeta enfrenta então corajosamente as várias provações, como a condenação à morte (em seguida revogada), as repetidas prisões, as duras agressões, as provocações, e inclusive o fato de ser lançado numa cisterna lamacenta.

Não lhe é poupada a experiência da fragilidade, mas simultaneamente lhe são dados os sinais da assistência divina, como, por exemplo, o recebimento diário de uma broa de milho por ocasião do cerco da cidade, ou o ser libertado da cisterna por intermédio de um escravo etíope.

Jeremias, o prisioneiro da Palavra, vive tudo isso com uma liberdade interior realmente impressionante. Trata-se da liberdade diante do poder, que não o faz temer diante dos confrontos com os vários monarcas ou grupos dominantes; da liberdade em relação ao ter, pela qual se priva, por exemplo, de seus únicos recursos financeiros, a fim de resgatar o campo do primo Hanameel, como uma espécie de adiantamento da salvação que Deus dará ao seu povo; da liberdade diante da necessidade de aparecer, de visibilidade social, a ponto de aceitar ser o bode expiatório de todos, para permanecer fiel à palavra do Senhor.

E a liberdade de Jeremias se revela não somente diante dos homens, no âmbito do poder, do ter e do aparecer, mas também em sua relação com o Senhor. Nas *confissões*, Jeremias manifesta uma relação com seu Deus tanto pessoal quanto livre, que lhe concede discutir, brigar com Ele, inclusive acusá-lo de falta de fiabilidade, mas também aceitando suas respostas e seu silêncio. Jeremias interpreta a própria obediência a Deus como liberdade e, no processo de crescimento e conversão que o profeta deve realizar nele mesmo, descobre o mistério de Deus, que vai de par e passo com sua fidelidade. Assim, quando vê o oleiro preocupado com a obra e obstinado na realização de seu projeto, intui que Deus é livremente fiel no moldar e no remodelar o próprio povo, até que se realize o seu plano de amor.

Homem solidário

Na história de Jeremias existe um traço particularmente significativo: ele é o homem solidário com os últimos, com os pobres da terra. Se seu isolamento e sua oposição aos grupos dominantes poderiam fazer pensar numa personalidade ressentida e fechada em si mesma, Jeremias, ao optar por ficar com o resto que permaneceu no país após a conquista dos babilônios, demonstra a profunda solidariedade com a parte mais fraca e insignificante de seu próprio povo (cf. Jr 39,14; 40,1-6).

A conclusão de sua parábola existencial de profeta perseguido é realmente paradoxal: arrastado pelos próprios conterrâneos judeus para o Egito, lugar do esquecimento do santo Nome, e obrigado a viver uma espécie de êxodo às avessas, Jeremias parece sucumbir e inexoravelmente fracassar. Entretanto, mesmo nessas circunstâncias, ele emerge como testemunha sofredora da Palavra de Deus, que não pode se aprisionada e impedida em seu curso. Ao lado de Jeremias caminha Baruc, o secretário, mas também o discípulo que recebe do mestre a Palavra, e que deve fixá-la por escrito e zelar para que ela atravesse os tempos e alcance os corações dispostos a ouvir e a abrir-se a uma esperança não enganosa. Exemplo disso é a história do rolo queimado, mas posteriormente ressurgido mais vigoroso ainda das cinzas: se os homens morrem, o mesmo não acontece com a Palavra de Deus, que inexoravelmente leva à realização seu projeto salvífico.

4

Lamentações

Introdução

O título do livro, na tradição judaica, é *'ekáh*, isto é, a primeira palavra do texto hebraico, que pode ser equiparada à interjeição "como?!" Além do mais, existe também a denominação mais literária *Qinót*, ou seja, "lamentações". Essa lógica é assumida pela LXX, que denomina a obra *Thrénoi*, isto é, "lamentações fúnebres", indicando seu gênero literário. Por outro lado, a LXX associa o livro a Jeremias por meio de uma breve introdução: "Depois de conquistado Israel e devastada Jerusalém, sentou-se Jeremias a chorar e, entoando esta lamentação sobre Jerusalém, disse..." A Vulgata depende dessa tradição e intitula a obra *Lamentationes*, sublinhando que Jeremias as teria feito com "coração amargurado, suspiros e gritos de dor". Também sua localização, no cânon cristão, colocada após o Livro de Jeremias, depende da LXX, e em seguida da Vulgata.

Diferente é sua localização no cânon da Bíblia hebraica, pois *'ekáh* se encontra na seção dos Escritos [*Ketubím*], como um dos cinco *Meghillót*, isto é, os rolos que são lidos integralmente ao longo de algumas festas específicas ou celebrações. As Lamentações são lidas no dia 9 do mês Av, data que, segundo o Talmude, recorda o início da destruição do Templo por obra dos babilônios em 587 a.C. Mas, sucessivamente a essa memória na tradição hebraica, foram anexadas outras memórias de graves desventuras, como o pecado de Kades-Barnea e a segunda destruição do Templo pelos romanos no ano 70 de nossa era.

Quanto ao autor, a tese tradicional atribuía o livro a Jeremias, em razão do fato que 2Cor 35,25 lhe atribui a composição de uma lamentação sobre a morte do Rei Josias, e que em Lm 4,20 se fala justamente do destino trágico do rei, de um consagrado ao Senhor. Na realidade não se fala de morte, mas de sua deportação, razão pela qual não se trata mais de Josias. Hoje se pensa numa composição mais recente, não originariamente atribuída a Jeremias, o que explicaria sua localização, no cânon hebraico, entre os *Escritos* e não entre os *Profetas*. Além disso, o texto é estruturado em cinco lamentações, assumindo como modelo a repartição da Torá e do *Saltério*, o que comprovaria sua redação mais tardia.

Em sua articulação o escrito se apresenta estruturado em cinco amplas elegias, unificadas por elementos literários e, sobretudo, pela referência à queda de Jerusalém e ao exílio[37].

As primeiras duas elegias (Lm 1; 2) são poemas acrósticos, ou seja, alfabéticos, dado que o primeiro verso das vinte e duas estrofes segue a ordem das letras do alfabeto hebraico, do *'alef* ao *tau*. Cada estrofe se compõe de três linhas, ou seja, de três dísticos, e a métrica hebraica é a da elegia, ou *qináh*.

A terceira lamentação (Lm 3) é igualmente um poema acróstico. Nela, cada linha de cada estrofe usa a mesma letra do alfabeto hebraico. Sua amplitude e sua localização sugerem sua centralidade temática.

A quarta lamentação (Lm 4) também é um poema alfabético e, do ponto de vista do conteúdo, faz muitas referências lexicais às primeiras duas lamentações.

A quinta elegia (Lm 5) não é acróstica, e se constitui de vinte e dois versículos, com uma única linha em cada versículo.

A opção literária do poema acróstico, para além do ritmo da *qináh* da elegia hebraica, configura uma espécie de universo da dor, no qual se fundem tristeza, nostalgia, revolta, luto, pesar.

Complexo é o jogo das vozes nos vários poemas. Nas primeiras duas lamentações e nas últimas duas prevalece um acento comunitário. É a comunidade que se lamenta: ou por meio da voz de uma mulher que geme desesperadamente; ou por meio da voz de um grupo de pessoas que eleva seu veemente grito de dor, na primeira pessoa do plural. Diferente é o caso da terceira lamentação, na qual se ouve a voz de uma única pessoa, uma voz masculina, cujas lamentações lembram aquelas presentes no Livro de Jó ou

---

37. Para a estrutura literária e a forma poética das Lamentações cf. MORLA, V. *Lamentazioni*. Roma: Borla, 2008, p. 42-47.

nas confissões de Jeremias, fato que serviu de apoio à tese que atribuiu o livro ao próprio Jeremias.

Guia de leitura

Primeira e segunda lamentações (Lm 1; 2)

Na primeira lamentação duas vozes se alternam: uma narrada na terceira pessoa, que geme sobre o cruel destino de Jerusalém, personificada numa mulher desolada e abandonada (v. 1-11); outra, narrada na primeira pessoa (v. 12-22), representando a própria Sião, ou a "virgem filha de Judá", lamenta diante dos passantes sua pavorosa tragédia, ou seja, a tomada da cidade por seus inimigos.

O tom é realmente fúnebre: a cidade, traída por seus amantes, isto é, pelos povos aliados de outrora, é agora esvaziada de seus habitantes, levados para o exílio, e seu Templo é destruído, e seus inimigos por ele passeiam. Tudo é interpretado como castigo divino pelo pecado cometido e reconhecido por Jerusalém: "Justo é o Senhor, pois me revoltei contra sua palavra" (v. 18). Em seguida a lamentação se transforma em elegia, narrada na primeira pessoa, na qual uma mulher pede ao Senhor que olhe a incomensurável desventura que se abateu sobre ela, e pede punição aos inimigos.

A segunda lamentação (cap. 2) começa igualmente com um gemido. Trata-se de um cântico alfabético onde todas as estrofes (exceto o v. 19) se compõem de seis versos. A questão colocada é grave: Deus é amigo ou inimigo? De fato, nos versículos 1-10 é descrito o desconcertante agir do Senhor, sobretudo ao desencadear sua fúria contra sua cidade e contra seu povo (tanto Israel quanto Judá): Ele abandonou sua direita, isto é, deixou de proteger o povo e a cidade, causou a destruição de suas muralhas e do Templo, aboliu todas as instituições, levou a termo sua profecia. Um silêncio impenetrável desce então sobre a cidade.

Mas, nos versículos 11-22 ressoa outra lamentação, narrada na primeira pessoa, na qual o próprio cantor exprime sua consternação diante da desgraça de seu povo. Ela insiste na incapacidade dos falsos profetas de, em suas costumeiras bajulações, socorrer o povo, ao passo que, nesse ínterim, desdenhosamente os inimigos fazem troça. Nesse contexto a lamentação recorda novamente a ação do Senhor, convidando Sião a gritar, a dirigir-lhe súplicas. E assim, finalmente, às apóstrofes do cantor, a cidade responde implorando pela presença do Senhor.

Terceira lamentação (Lm 3)

A terceira lamentação não está simplesmente no centro do livro por uma decisão literária; mas, sobretudo, pelo fato que o percurso espiritual leva do sofrimento inconsolável a uma reencontrada esperança na misericórdia do Senhor.

Aqui, no texto, um *eu* que se identifica simplesmente com o humano assume a palavra. Trata-se de um homem que experimentou a dor, que a enfrentou (v. 1). Não se diz imediatamente quem a causou, mas é evidente que ela procede de Deus. Com palavras que evocam de perto o Livro de Jó, esse *eu* lamenta a própria condição humana enquanto frágil joguete nas mãos de uma punição que lhe parece desproporcional (v. 1-20). Aliás, essa dor do *eu* se assemelha mais à dor de um inocente injustamente perseguido, que o leva ao limite de suas forças e o faz declarar que nele definitivamente se esgotou aquela esperança que vem do Senhor.

Quando tudo parece perdido, eis a mudança, que não deriva de uma transformação externa, mas interna: "Mas isso que remói em meu coração é a razão de minha esperança" (v. 21). Por isso, da reencontrada memória dos benefícios do Senhor brota a ascensão (v. 21-41). Esta não se deve às forças do *eu*, mas ao renovar-se nele a fé no Senhor, com a certeza de que Deus é fiel, de que sua misericórdia é inesgotável, de que sua bondade não tem limites. Assim, da solidão do homem renegado passa-se ao silêncio cheio de uma expectativa de uma salvação que unicamente precede do Senhor, daquele Senhor procurado (v. 25). Nessa perspectiva as coisas mudam, visto que o Senhor que atormenta é compassivo, e o Senhor que rejeita não está longe de seu povo. Eis-nos diante de uma teodiceia complicada, já que ela não remete a um exame de consciência voltado para a pergunta sobre o amor de Deus, mas para a conduta humana e para a necessidade de conversão. Eis o que aconselha Lm 3,40: "Examinemos e revisemos nossa conduta, e voltemos ao Senhor".

Isso não significa que tudo está resolvido, visto que a dor e o mal continuam atormentando. E é essa a razão pela qual os versículos 42-51 mostram o lacrimejar dos olhos, suplicando para que Deus olhe e se interesse pela razão de seu lacrimejar.

Enfim, o orante volta à própria condição pessoal, pois está sofrendo perseguição. Ele reafirma, portanto, sua confiança no Senhor, na convicção de que Ele dará a paga que seus adversários merecem (v. 52-66).

Quarta e quinta lamentações (Lm 4; 5)

Lm 4 começa com uma voz no singular, a "filha de meu povo", que delineia um forte contraste entre um passado brilhante e um presente de desolação, de opressão (v. 1-14). São descritas cenas arrepiantes de abominações perpetradas pelos invasores. Os mais fracos e as crianças são as primeiras vítimas da catástrofe. As causas de tanta tragédia são atribuídas às perversidades do povo, mas também às culpas de seus chefes religiosos, sacerdotes e profetas. Também a monarquia é cúmplice, razão pela qual é julgada, com alusão à infeliz sorte de Sedecias, o rei consagrado.

A comunidade, que assume agora a voz com a expressão *nos* (v. 17-22), confessa, como testemunha desses acontecimentos, de ter infelizmente buscado socorro e salvação nos homens, antes que em Deus. Surpreendentemente, porém, o último versículo deixa transparecer uma esperança: Edom, o inimigo que se aproveitou da catástrofe, será punido, e Sião não conhecerá mais o exílio.

A última lamentação (Lm 5) apresenta vinte e dois versículos de uma única linha, com uma única voz falante, que eleva uma apaixonada súplica a Deus. Não há aqui lamentações contra os inimigos, mas somente a apresentação de uma extrema situação de necessidade. A terra prometida se tornou propriedade dos estrangeiros, e nela o povo vive como escravo. Carestia, doenças, saques de beduínos do deserto, violências e abusos sexuais, ausência de qualquer ordem legal, trabalho forçado: eis alguns dos males que atormentam Sião e Judá. Em meio a essas lamentações, no entanto, emerge também a consciência da fragilidade e a necessidade de conversão, razão pela qual se pede a Deus a força para poder voltar a Ele: "Reconduze-nos a ti, Senhor, e nós voltaremos" (v. 21). E a memória do passado não se torna um nostálgico arrependimento, mas a lembrança de que uma vez o Senhor já havia renovado o íntimo do povo, e por isso pode fazê-lo novamente. Dessa forma o final das Lamentações apresenta um aspecto que mais parece um desafio: Permitirá o Senhor que sua última palavra seja a cólera?

A mensagem

Certamente o Livro das Lamentações é bastante eclético em seu conteúdo, talvez em razão de sua formação que remonta a períodos diversos e se refere a várias correntes teológicas. Poder-se-ia dizer que o Livro das Lamentações dá cinco respostas independentes à catástrofe de 587 a.C., bem como à ferida profundíssima deixada na consciência do povo. Mas também é possível reconhecer alguns elementos unificadores.

Um traço pode ser vinculado à corrente teológica presente nas obras deuteronomistas, com a tentativa de atribuir a causa da dor e do mal ao pecado, gerador de desgraça. Daí as várias passagens em que o Livro das Lamentações apresenta não somente a desgraça histórica da cidade e da população inteira, mas também a corrupção moral generalizada, que precisa ser confessada.

Mas essa tese não esgota a mensagem das Lamentações, pois resta o sofrimento do justo, do inocente, e também a desproporção que às vezes existe entre culpa e sanção. Eis então a sugestão, ao mesmo tempo profética e sapiencial, da expectativa paciente e confiante na intervenção salvífica do Senhor. No centro da mensagem das lamentações reside justamente a certeza da fidelidade e da misericórdia do Senhor. E se a dor inocente parece colocar em causa a justiça de Deus, eis que se reconhece a paixão pela justiça do Senhor e busca-se dar-lhe tempo para que Ele a manifeste ("O Senhor não guarda aversão para sempre" – 3,31).

Lamentações: quando o livro entoa sua elegia sobre o fim de Sião e sobre a própria profanação do Templo, ele está oferecendo uma alternativa crítica à teologia do Templo. Esta fazia do Templo quase um absoluto, ao passo que o mais importante não é crer num lugar, mas numa pessoa, no Senhor.

Enfim, a obra (e especialmente a terceira lamentação) também indica um itinerário espiritual: da experiência do sofrimento e da lamentação é possível passar, por meio de um processo de purificação e de catarse, para a experiência do bem, e, consequentemente, recobrar a esperança. Não se trata de um banal *happy end*, mas da lógica mais profunda do caminho da fé, no qual o mal não é ignorado, minimizado, mas superado, sobretudo por meio da entrega àquele que é a fonte do bem.

5

Baruc

Introdução

O Livro de Baruc é um dos textos deuterocanônicos, ou seja, não presente na Bíblia hebraica, e que chegou até nós por meio da versão grega da LXX. Ao livro é anexado, como sexto capítulo, outro escrito deuterocanônico, conhecido como Carta de Jeremias, originariamente autônomo.

A obra se apresenta como se redigida por Baruc, filho de Nerias, e secretário do Profeta Jeremias, igualmente envolvido na catástrofe de Jerusalém e servidor da comunidade remanescente em terras de Judá.

A atribuição a Baruc parece hoje improvável. Mas, seja como for, é muito significativa. De fato, em Jr 45, Baruc representa o discípulo que compila uma palavra capaz de projetar-se para além do desastre total e de suscitar esperança, na expectativa de um novo início que supere a tragédia do exílio. Portanto, mais do que ao secretário e companheiro de Jeremias, devemos pensar num autor que vê em Baruc o modelo do escriba fiel, e que por isso reelabora tradições proféticas preexistentes à tomada de Jerusalém pelos babilônios, ou remontando aos anos do exílio. Trata-se de uma operação na qual o próprio autor se percebe herdeiro da grande tradição jeremíaca e como testemunha de esperança.

Justamente a essa esperança, que prospecta uma volta à terra natal e um renascimento do povo depois de um momento de purificação e de conversão, se destina o escrito atribuído a Baruc. Além disso, sob o pseudônimo de Baruc serão colocados outros escritos apócrifos, aceitos pelo cânon de algumas Igrejas: Apocalipse Siríaco de Baruc; Apocalipse Grego de Baruc; 4 Baruc, também denominado Paralipômenos de Jeremias.

A ordem canônica seguida pela Bíblia grega é particularmente indicativa. Após Jeremias seguem Baruc, Lamentações e a Carta de Jeremias. O resultado é que Baruc quase se funde com Jeremias, e de tal forma que os Padres gregos, em suas citações, não faziam distinção.

Também na Igreja latina, lá onde não se seguia a Vulgata, até o século VIII não se lhe dava um título próprio, mas era indissociavelmente vinculado a Jeremias. Por outro lado, foi decisiva a intervenção de Jerônimo, já que sua proposta de estabelecer um cânon rigoroso, ligado à *hebraica veritas*, o separou de Jeremias. Sucessivamente houve uma progressiva reinterpretação, estabelecendo-se então sua atual disposição canônica na Bíblia católica.

Quando o Livro de Baruc foi redigido? E em qual língua? É bem provável que o original, não chegado até nós, tenha sido redigido em língua hebraica. Para a datação, porém, as hipóteses vão de uma que pende para a época dos persas àquela que prefere o período dos Macabeus. A mesma incerteza surge quando se trata de indicar uma datação para a Carta de Jeremias (Br 6), da qual foi encontrado um fragmento em Qumran (7Q2), que remonta ao século I a.C.

Quanto ao aspecto literário, o escrito de Baruc se apresenta articulado em quatro partes (com o acréscimo da Carta de Jeremias)[38].

Este é o quadro sintético da articulação interna do Livro de Baruc:

1,1-14	Prólogo penitencial
1,15–3,8	Confissão dos pecados
3,9–4,4	Exortação sapiencial
4,5–5,9	Anúncio do retorno do exílio
6	A Carta de Jeremias

Guia de leitura

Prólogo penitencial (Br 1,1-14)

Baruc, o escriba-discípulo de Jeremias, redige um escrito nos mesmos dias em que Jerusalém cai nas mãos dos babilônios, o lê em seguida aos companheiros de deportação durante uma assembleia da qual participam

---

38. Aqui nos referimos à proposta de KABASELE MUKENGE, A. *L'unité littéraire du Livre de Baruch*. Paris: J. Gabalda, 1998 [Études Bibliques – Nouvelle Série, 38].

também o Rei Jeconias, isto é, Joaquim, e os demais dignitários exilados. É uma assembleia em que o luto pela tragédia ocorrida se transforma em súplica ao Senhor, mas na qual se organiza também uma coleta para ajudar o restabelecimento do culto em Jerusalém. Pede-se, por outro lado, aos sobreviventes remanescentes na cidade, ocupada e devastada, que rezem pelo rei da Babilônia, como o havia pedido também Jeremias na mensagem enviada aos exilados (Jr 29,7).

A esperança é que o Senhor conceda a essa gente uma vida decente, mesmo sob um poder estrangeiro. O escrito lido aos exilados é posteriormente enviado a Jerusalém, para que também lá se implore o perdão do Senhor aos remanescentes.

Confissão dos pecados (Br 1,15–3,8)

A essa altura é exposto o conteúdo mais detalhado do escrito, ou seja, a confissão do pecado, que o povo deve manifestar diante do Senhor para em seguida possa dirigir-lhe uma súplica cheia de confiança.

A confissão dos pecados (1,15–2,10), com linguagem e pensamento fortemente inspirados em Jeremias, apresenta a história de Israel como uma história de desobediência e de não escuta da voz do Senhor, comunicada tanto por Moisés quanto pelos profetas. Não se trata apenas de um passado pecaminoso, mas também de um presente de pecado, como as expressões "como hoje" e "nós não ouvimos a sua voz" o sublinham.

A desobediência provocou a maldição imposta aos transgressores da aliança, pelo fato de terem se alimentado com carnes dos próprios filhos durante o cerco. Por outro lado, não é o Senhor o responsável pelo mal que se abateu sobre Israel: Ele é justo e retamente puniu os culpados.

Após a confissão sincera do pecado a oração se transforma em súplica confiante que visa a obter o perdão de Deus (2,11-35). Nesta ressoam as acusações proféticas, mas com a variante de que, aqui, não é Deus que acusa, mas o povo que reconhece o próprio pecado. A palavra divina transmitida pelos profetas pedia submissão ao rei da Babilônia, mas não foi ouvida pelo povo; eis a causa do castigo. A mesma palavra, porém, atestada pela lei de Moisés, abre uma porta de esperança aos exilados que, uma vez conscientizados, se converterão e estarão preparados para o regresso à terra prometida aos pais, onde permanecerão para sempre, pois com eles Deus estabelecerá uma aliança eterna. Esta, por sua vez, não parece ser uma simples continuação da aliança dada no Sinai, mas um eco da mensagem jeremíaca sobre a nova aliança (cf. Jr 31,31).

E novamente os exilados se voltam para o Senhor numa penosa consciência do próprio pecado e numa fragilidade radical, razão pela qual essa oração é comparada a uma "súplica dos mortos" (3,1-8). O povo orante ainda permanece no exílio, na dispersão, mas já reencontrou o temor do Senhor, e está preparado para louvar e glorificar o Santo Nome do Senhor.

Exortação sapiencial (Br 3,9–4,4)

Uma voz anônima elogia a sabedoria (ecoando a composição poética de Jó 28, bem como temáticas presentes em Dt 4). Deus, no passado, comunicou a sabedoria a Israel oferecendo-lhe mandamentos de vida. Assim, acolher a sabedoria significará agora compreender a verdadeira causa do exílio: ter abandonado Deus como fonte de sabedoria, da paz, da vida (3,9-12). Não se acessa à sabedoria, porém, por meio do poder sobre os homens e a natureza, ou por meio das posses ou das riquezas, já que nada disso pode salvar da morte (v. 13-21).

Riqueza e força não significam sabedoria. E assim, contrariamente ao que se costuma pensar, mesmo as nações tradicionalmente reputadas depositárias da sabedoria estão desprovidas dela. Também o caso dos *gigantes* – como seres humano-divinos, que deveriam ter feito progredir a humanidade, mas inutilmente (cf. Gn 6,4 e a queda dos anjos vigilantes em 1 Enoc 6-11) – exibe a falência sistemática da busca de uma sabedoria incapaz de reconhecer o dom de Deus (3,22-28).

Ecoando de perto a lógica da sabedoria inacessível e inaceitável senão pela fé, Baruc reitera que, na verdade, somente Deus conhece os caminhos da sabedoria (v. 29-35), já que Ele é sua fonte, e a derramou na beleza de suas criaturas, como, por exemplo, no cintilar das estrelas, cujo brilho reflete o próprio júbilo por terem sido criadas.

Se a sabedoria pode ser rastreada na ordem da criação, ela o é mais ainda na dimensão da história, na qual, por meio do Livro da Lei, Deus a tornou acessível a Jacó, isto é, a Israel (3,36–4,4). Obedecer a essa lógica é sinônimo de sabedoria e vida, e, para Israel, em face dos outros povos, esse será seu único motivo de vanglória e orgulho.

Nessa passagem nota-se uma profunda sintonia com o grande texto do capítulo 24 do Livro do Eclesiástico sobre a sabedoria que arma sua tenda em Israel. Além disso, Br 3,38 foi entendido como uma profecia messiânica da encarnação.

Anúncio da volta do exílio (Br 4,5–5,9)

A mensagem de esperança é ulteriormente reforçada por um discurso de encorajamento baseado no anúncio de uma reviravolta histórica já iminente. O exílio cessará porque o triunfo do mal e do castigo pode ser passageiro, mesmo quando parece subverter qualquer coisa. Jerusalém, com a deportação de seus habitantes, havia mergulhado na total desolação, semelhante a uma viúva sem filhos. Mas agora algo radicalmente muda, já que aquele que com tantos males a atormentou haverá de libertá-la (4,5-20).

Uma série de pedidos aos exilados os convida a recobrar confiança, a suportar com paciência a situação atual, na certeza de que a salvação já está próxima, e que uma alegria eterna está às portas (v. 21-29).

Jerusalém é encorajada e consolada como esposa que recebe o nome de seu divino esposo, o Eterno, o Santo, e exortada a contemplar o retorno, do Oriente, dos filhos que tinha visto partir para o exílio; por contraste, a maldição divina recairá sobre seus inimigos (v. 30-37).

A promessa de liberação se conclui com um oráculo de restauração e de consolação (5,1-9), oráculo que é resposta divina à confissão do pecado e à súplica do povo ao Senhor. Este aparece aqui na imagem paterna de um Deus Criador de seu povo, povo cuja mãe é Jerusalém, agora entendida como símbolo de uma comunidade acolhedora e fecunda. Para a cidade, a salvação será um passar do luto à alegria e um receber nomes novos, sinal da mudança de situação ("Paz-da-justiça" e "glória-da-piedade"). Para os exilados significa um retorno por caminhos aplainados, desimpedidos de qualquer obstáculo, cercados de exuberante vegetação.

A Carta de Jeremias (Br 6)

Este capítulo é acrescentado a Baruc e constitui a assim chamada Carta de Jeremias. Ele foi inserido aqui após a sistematização latina da literatura profética ligada à tradição jeremíaca. Do ponto de vista temático e formal não existem vínculos com o texto precedente de Baruc. O gênero, de fato, é o da sátira. E o texto é dividido em dez parágrafos, geralmente terminando com um refrão exortando a considerar o culto aos deuses inútil, ridículo e danoso, ou encorajando a não temer esses falsos deuses.

Br 6 é introduzido por uma frase apresentada como continuação de Br 5,9, ausente na Vulgata, mas presente no texto grego. Afirma-se que o escrito é uma cópia da carta enviada por Jeremias aos deportados. No entanto, a carta pretendia retomar e integrar aquelas instruções (cf. Jr 29). Idealmente ela é destinada aos deportados na Babilônia; mas, de fato, o que ela pretende é dirigir uma mensagem aos judeus da diáspora a fim de que não sucumbam à tentação da idolatria.

A carta começa com uma exortação profética à adoração exclusiva ao Senhor (v. 1-6). Se a causa do exílio foi justamente a idolatria, então, na Babilônia, onde prospera a idolatria, é necessário evitá-la. Situação difícil, embora os deportados sempre possam contar com a assistência do Senhor, referida na imagem da presença de um anjo com eles.

Urge convencer-se então da incapacidade de salvar dos ídolos, razão pela qual não é necessário temer nenhuma desgraça por eles causada (v. 7-14).

Os versículos 15-22 denunciam a radical inépcia dos ídolos: eles não podem fazer mal algum, sequer conseguem ver os gestos de piedade de seus fiéis, podem ser furtados, destruídos pelas traças ou por outros animais.

A fragilidade dos ídolos é vergonhosa: embora impotentes custem muito, não se movem, só servem para enriquecer seus sacerdotes (v. 23-28).

Por diversas vezes se reitera o mesmo pensamento: os ídolos são realmente inertes, ao passo que ao redor deles se desenvolve um culto abusado e se perpetuam contínuos abusos da parte da casta sacerdotal (v. 29-39); são incapazes de libertar seus fiéis, de defender os fracos dos fortes, de socorrê-los nas dificuldades; não têm nenhuma piedade pelo órfão e pela viúva (diferentemente do Senhor, que "sustenta o órfão e a viúva" – cf. Sl 146,9).

A desonra dos ídolos vem também de seus próprios fiéis dedicados a práticas supersticiosas ou moralmente ambíguas, como a prostituição sagrada (v. 40-44).

Na raiz de tudo está a mentira: os deuses são obra do trabalho dos homens e, portanto, destinados a perecer (v. 45-51). São impotentes, não salvam nem se salvam. Novamente o autor reitera que eles não garantem bem--estar nem a si mesmos nem aos outros (v. 52-56).

A perícope seguinte ridiculariza sua total incapacidade de defender-se, mas também de serem úteis, como o é, ao contrário, qualquer utensílio humano. Nada de comparável, neles, com os maravilhosos e extraordinários fenômenos astronômicos e meteorológicos que obedecem ao comando do Senhor (v. 57-64).

Os ídolos são, portanto, absolutamente inúteis e inclusive inferiores aos animais, já que estes, na pior das hipóteses, sabem defender a própria integridade; não existe, portanto, razão para temê-los (v. 65-68).

A última investida remete a Jr 10,5, declarando os ídolos inúteis como espantalhos postos em plantações de pepinos. O material com o qual são feitos é irremediavelmente perecível, potencializando a convicção de que não são divindades (v. 69-71).

A conclusão do discurso (v. 72) é que, mais do que adorar os ídolos, urge buscar a justiça (aqui com significado ético e religioso).

A mensagem

A mensagem do Livro de Baruc à primeira vista parece desprovida de originalidade, dado que a obra aparece como um quebra-cabeça de citações de outros textos bíblicos e, portanto, uma espécie de reprodução de seus temas. Na verdade Baruc apresenta uma mensagem unitária, original, estreitamente ligada ao fato que o livro se apresenta como um escrito do discípulo do Profeta Jeremias, lido aos exilados e posteriormente enviado também a Jerusalém, onde será lido no Templo do Senhor.

Por meio da citação de tantas passagens escriturísticas o Livro de Baruc pretende afirmar a atualidade das Escrituras de Israel, visando a reavivar a fé do povo. Além disso, o livro, que é apresentado não como pregação oral mas como escrito proposto à leitura, indica a finalidade que as Escrituras devem ter para Israel: reunir o povo para ouvi-las e pô-las em prática.

Tudo isso tendo por objetivo o discernimento da própria situação existencial à luz do plano divino. No caso específico narrado pelo Livro de Baruc, trata-se do fato de que os exilados devem reconhecer em sua situação de exílio uma sanção pela desobediência à vontade do Senhor, mas também um tempo de purificação. Assim, a leitura fiel das Escrituras leva a ouvir e a reconhecer a própria responsabilidade, a própria culpa, e a assumir um sério caminho de conversão.

Mas existem outros objetivos, como o anúncio da disponibilidade do Senhor de perdoar e de abrir um futuro novo aos que iniciaram um caminho de conversão por meio da escuta ativa de sua Palavra. Ora, – como aparece bem na seção do Livro dedicada ao anúncio da consolação – a leitura das

Escrituras se apresenta como um serviço prestado à esperança e como um antídoto contra a resignação preguiçosa.

Enfim, a leitura das Escrituras oferece uma instrução, um ensinamento sobre o caminho da vida, sobre o que realmente constitui a verdadeira sabedoria. Não é por acaso que Baruc identifica o dom da sabedoria divina com o dom do Livro da Lei.

A mensagem da Carta de Jeremias (cap. 6), que tem uma evidente dependência teológica do Segundo ou Dêutero-Isaías, apresenta um veemente ataque à pretensão da "idolatria" de controlar o divino e, portanto, é uma clara defesa do culto monoteísta. Em termos de "fenomenologia da religião", a sátira que Br 6 apresenta não passa de uma abordagem hermeneuticamente inadequada para compreender certas manifestações do espírito religioso.

6

Ezequiel

Introdução

Ezequiel e sua época

O que aconteceu com Deus? Onde está sua fidelidade e sua misericórdia? O que aconteceu com a potência de seu braço que liberta e salva? Essas são as perguntas que atormentam os deportados para a Babilônia. Sobre eles pesa, sobretudo, o sentimento de desespero, de abandono, por não ter mais Deus como socorro. O afastamento da terra prometida efetivamente emerge como maldição, o povo eleito se sente afastado da presença do Senhor.

Dessa situação espiritual dos exilados, após a primeira tomada da cidade por parte dos caldeus em 597 a.C., é testemunha o Livro de Ezequiel, exilado ele também. Ezequiel, filho de Buzi, sacerdote de Jerusalém, vive com os outros deportados judeus junto ao Rio Cobar, um pequeno afluente do Eufrates. Enquanto isso reina em Jerusalém o medroso Sedecias que, com sua política oscilante e insensata, arrastará o Reino de Judá para a rebelião contra os babilônios, até a catástrofe total, de 587.

No período que vai da primeira à segunda deportação – e mais precisamente em julho de 593 –, na vida de Ezequiel ocorre algo que o faz mudar radicalmente: ele recebe o chamado do Senhor para ser seu profeta.

Sua missão profética, posta em prática frequentemente em modo exemplar, se divide em duas fases fundamentais: a precedente à terrível notícia da queda definitiva de Jerusalém, e a sucessiva, na qual o último oráculo datado pelo próprio livro remonta ao dia 26 de abril de 571 (Ez 29,17).

Das páginas da obra emerge de forma decisiva a personalidade de Ezequiel, fato que chamou muito frequentemente a atenção dos exegetas. Alguns admiram sua força e vigor espirituais, outros veem nele uma personalidade neurótica, quase psicótica, pela estranheza das ações simbólicas por ele realizadas. Mas isso significa entender mal um modo de comunicação e de interpelação necessário em tempo de crise. Ezequiel permanece um grande farol na história da profecia de Israel.

Natureza e estrutura literária do Livro de Ezequiel

O livro todo se apresenta como uma espécie de prestação de contas feita pessoalmente por Ezequiel. O profeta, no entanto, não pretende apresentar sua pessoa, mas colocar-se a serviço do Eu falante de YHWH. E isso se dá primeiramente por meio do relato da vocação e das inúmeras descrições de visões. As visões frequentemente são associadas às ações simbólicas; não são omitidas nem as comunicações oraculares nem as disputas, nas quais são resumidos os pontos de vista de uma teologia popular, tanto para reafirmá-los quanto para contestá-los. Enfim, entre os gêneros literários predominantes em Ezequiel existe um significativo recurso às alegorias, estreitamente entrelaçadas com sua interpretação.

Entretanto, o aspecto literário peculiar do Livro de Ezequiel é sua sistematização. Uma primeira leitura deixa a impressão de uma obra perfeitamente ordenada, equilibrada, orgânica, elaborada com grande cuidado, fato tanto mais surpreendente quando confrontada com a relativa confusão de outros escritos proféticos. Percebe-se, de fato, uma estrutura muito compacta, tripartida[39].

1–24	Primeira parte: oráculos de juízo contra Judá e contra Jerusalém	
	1–5	vocação e ações simbólicas domésticas
	6–7	oráculos de juízo sobre as montanhas e a terra de Israel
	9–11	visão do Templo abandonado pela glória divina
	12–24	anúncios de juízo sobre Israel e ações simbólicas
25–32	Segunda parte: oráculos contra povos estrangeiros	
33–39	Terceira parte: anúncio de salvação ao povo de Deus	
40–48	Prolongamento: a nova Torá de Ezequiel	

---

39. Sobre a estrutura global do Livro de Ezequiel existe uma grande concordância nos comentários. Para a estrutura detalhada indicamos aqui a proposta de HOSSFELD, F.-L. "Il libro di Ezechiele". In: ZENGER, E. (org.). *Introduzione all'Antico Testamento*. Op. cit. p. 815-821.

Essa construção tripartida é semelhante à de outros Livros Proféticos, e se chama *estrutura escatológica* dos Livros Proféticos. É o caso, especificamente, do Livro de Jeremias, segundo a versão da LXX. Entretanto, nos outros livros nunca aparece com tamanha clareza e consistência a estrutura apresentada no Livro de Ezequiel.

A impressão de coesão oferecida pela estrutura e pelos gêneros fundamentais do livro diminui quando se faz uma releitura baseada no método histórico-crítico, por meio do qual é possível fazer emergir estratificações, tensões e até mesmo incongruências. Temos, portanto, duas orientações exegéticas fundamentais. Uma lê o texto como unidade na sua formação final, fazendo-o remontar, substancialmente, ao próprio Ezequiel; outra – mas com propostas muito diversificadas no detalhamento – prefere estudar o texto em sua evolução, segundo o modelo das reescritas ocorridas nos diferentes períodos. Nessa linha se inscreve também a atual reavaliação do texto da LXX, como comprovação de um diferente processo de elaboração do texto original e de seu ajuste. De fato, para o texto de Ezequiel, assim como para Jeremias, apontam-se notáveis diferenças entre a revisão acolhida no Texto Massorético e a presumidamente subjacente à versão da LXX; diferenças relativas tanto ao próprio texto quanto na disposição das próprias partes.

Guia de leitura

Vocação e ações simbólicas domésticas (Ez 1–5)

A visão da glória divina (Ez 1)

Ez 1,1-4 apresenta a data, o lugar e o início da visão profética, que está na raiz da vocação de Ezequiel, cujo nome significa "Deus te fortalece". Ele, filho do sacerdote Buzi, está entre os deportados judeus do ano 597 a.C., e que vivem perto do Rio Cobar, afluente do Eufrates. A vocação acontece no quinto ano da deportação babilônica, exatamente no dia 4 de julho de 593.

Tudo começa com a comunicação divina de visões a Ezequiel. Verifica-se uma teofania associada ao fenômeno da tempestade, na qual também aparece o tema da mão do Senhor, para exprimir a iniciativa divina que quase captura a pessoa do chamado. Em seguida aparecem figuras mais específicas, e tudo segue um esquema ascendente: a nuvem, os seres vivos, a carruagem, o trono, a figura semelhante ao *filho do homem*.

Os quatro misteriosos *seres vivos* (v. 5-15) remetem aos querubins, seres sobrenaturais bem conhecidos na Mesopotâmia, e representados comumente com corpo de leão, patas de touro, asas de águia e cabeça de homem. São representações simbólicas da potência divina. Os querubins, com suas duas asas elevadas, formam um quadrilátero fechado protegendo os seres que, por sua vez, são levados não pelas asas, mas pelo vento. As faíscas de fogo que circundam os seres constituem outro elemento da teofania, e fazem pressentir um caráter judicial.

A cada um desses quatro seres vivos é atribuída uma roda, e assim aparece a imagem da carruagem da Glória (ou *kabód* divino) dos versos 16-25.

A mobilidade da carruagem e do trono acima deles sugere que Deus está próximo em toda a parte e das mais diversas maneiras, e por isso também junto aos exilados. Aqui aparece o senhorio de Deus sobre todos os seres celestes e terrestres. Por outro lado, os quatro seres vivos lembram de perto as figuras teriomórficas dos deuses assírios e babilônios, indicando como o mundo inteiro, incluído o mundo dos pagãos, está submetido ao Senhor, razão pela qual a idolatria não tem sentido.

Continuando na descrição da visão, o olhar se eleva para a abóbada celeste, representada como um firmamento de ouro brilhante, acima do qual se encontra uma grande safira em forma de trono. Sobre este está sentado um personagem com semblante humano, mesmo sendo evidente que se trata de uma figura divina. A ausência de detalhes circunstanciados impede qualquer objetivação que ignore o respeito e o temor necessário para achegar-se ao mistério de Deus (v. 26-27).

O esquema ascendente da visão exprime um sentido vivo de transcendência. Por outro lado, esta exige respeito religioso que o profeta garante ao recorrer sistematicamente às comparações, evitando assim codificar o mistério. O topo da visão é a glória de Deus, que, porém, se manifesta em feições humanas, exatamente para indicar que no topo da criação está o ser humano (cf. Gn 1,26.28; Sl 8), objeto da benevolência divina. A figura das feições humanas é circundada pelo arco-íris (v. 28), símbolo que lembra a aliança e a promessa da paz após o dilúvio (cf. Gn 9).

A visão tem também um registro sonoro, com o alternar-se do silêncio estupefato e a agitação das asas dos querubins, mas também do trovão (tradução da Bíblia pela Conferência Episcopal Italiana: "rumor" – v. 25), que coincide com a própria voz de Deus, a qual posteriormente é dirigida diretamente a Ezequiel que, diante disso, cai prostrado (v. 28).

O profeta chamado à missão (Ez 2,1–3,23)

Do registro da visão passa-se ao da escuta, pois agora Ezequiel deve acolher uma palavra que o envia a anunciar coisas incômodas a um povo de cabeça dura e coração endurecido (2,1-10).

O profeta imediatamente põe-se de pé, em sinal de obediência, sustentado por uma força (literalmente "um espírito") proveniente de Deus. Ele, assim como os demais profetas, é destinatário de um envio a uma difícil missão, humanamente desproporcional à sua fraqueza humana, indicada por uma expressão que sempre volta ao longo do livro: *filho de homem*. Jeremias deverá dirigir-se a destinatários marcados pelo pecado e pela rebeldia. A presença do profeta no meio deles mostrará também a vontade divina de lhes oferecer salvação. O profeta, portanto, não deve temê-los, tampouco deixar-se bloquear por suas possíveis contestações. Se lhe entrega então um pergaminho, com frente e verso preenchidos, e com um conteúdo inquietante.

O pergaminho não deve apenas ser lido, mas ingerido (3,1-3); isso significa que o profeta deve assimilar profundamente a mensagem da qual se fará portador. Se amargo poderia ser o simples fato de constatar a rejeição sistemática, doce, para o profeta, é reconhecer a fidelidade e o amor de Deus por seu povo rebelde!

E sua missão será mais dura ainda (v. 4-11), porque o profeta deverá dirigir-se justamente aos filhos de Israel que não se rebelam contra o profeta, mas contra quem o enviou. O Senhor promete "fortalecer-lhe o rosto", dando-lhe a capacidade de suportar os fracassos da missão.

Quando a visão e a audição da glória divina desaparecem, Ezequiel deixa de ser o homem que era. E, de repente, ele volta ao seu cotidiano, entre os deportados de Tel Abid (v. 12-15). O profeta passa assim uma semana num abatimento profundo, talvez em razão do que ouviu sobre seus conterrâneos, sobre a dureza deles e o juízo que se abaterá sobre eles.

Depois desse tempo de silêncio o profeta está preparado para acolher novamente a palavra do Senhor, que lhe prospecta sua função de sentinela (v. 16-21). Como sentinela ele deverá estar preparado para anunciar o castigo e a tragédia que estão para abater-se sobre o povo, vítima da maldade e da infidelidade. Nisto consiste sua responsabilidade: alertar o povo pecador antes que seja tarde demais.

Enfim, com uma nova visão, surge uma nova confirmação de sua vocação e missão (v. 22-23).

Ações simbólicas (Ez 3,24–5,17)

A atividade profética de Ezequiel assume a forma de ações simbólicas, cujos destinatários últimos estão concretamente ausentes, pois se trata de judeus que permaneceram na terra.

A primeira ação simbólica ordenada a Ezequiel, mas não narrada, consiste em fechar-se em casa, imóvel e em silêncio (3,24-27), como antecipação do que virá depois (cf. Ez 24). Não é um fechamento definitivo, mas uma reclusão que ajuda a preparar o acolhimento da palavra que o Senhor lhe dará.

A segunda ação simbólica (4,1-3) consiste em representar sobre um tijolo o cerco de Jerusalém e colocar entre o profeta e o tijolo uma chapa de ferro. É como se ele mesmo cercasse a cidade, tornando visível a determinação de YHWH de agir contra Jerusalém.

A ação seguinte (v. 4-8) simboliza a dolorosa duração do cerco, mas também os anos de malvadeza do povo. O profeta deve então permanecer deitado noite e dia sempre do mesmo lado e com o braço estendido na direção de Jerusalém.

Segue outra ação profética (v. 9-17), que deve representar os terríveis sofrimentos do cerco e a impureza do povo. O profeta, deitado do mesmo lado, deve alimentar-se por trezentos e noventa dias com uma comida repugnante, já que cozinhada com excrementos, e ingerindo água racionada.

A última ação simbólica (5,1-4a) consiste no uso de uma espada afiada como navalha, com a qual o profeta se barbeia, dividindo os pelos cortados, que em parte são queimados, em parte semeados ao vento, em parte conservados: isso para simbolizar a sorte dos habitantes de Jerusalém quando caírem nas mãos dos babilônios.

Em seguida é denunciado o pecado do povo que, embora sendo objeto da predileção do Senhor, rebelou-se às leis divinas e praticou abominável idolatria. Estamos, pois, diante da sentença que se torna efetiva com o cerco, a tomada e a destruição da cidade, com morte, dispersão ou exílio de seus habitantes (5,4b-17). Nisso tudo os destinatários da profecia deverão saber que o Senhor falou, reconhecendo sua soberania sobre a história.

Oráculos de juízo sobre os montes e sobre a terra de Israel (Ez 6–7)

Dois oráculos voltados para "os montes de Israel": com essa expressão Ezequiel não pretende indicar as zonas montanhosas do Reino de Israel, desaparecido quase 150 anos antes, mas a Judeia, com suas regiões montanhosas e seus vales. A indicação das montanhas remete às práticas idolátricas realizadas justamente nos montes.

O primeiro oráculo anuncia a ruína para todo o território, mas também a conversão para os que fugiram do massacre (Ez 6).

O segundo oráculo deixa entrever o desmoronamento de Jerusalém e obsessivamente retorna à palavra *fim* (Ez 7). Este é decretado pela ira de YHWH em razão das graves iniquidades cometidas pelo povo, e parece não haver mais lugar para a compaixão. Está, portanto, próximo o dia do inexorável juízo que tudo subverterá, a começar pelas riquezas injustamente acumuladas. Tudo será devastado pela selvageria dos invasores e nenhuma das instituições poderá ajudar, nem os sacerdotes, nem os profetas (falsos), nem os anciãos, tampouco o rei.

Visão do Templo abandonado pela glória divina (Ez 8–11)

Idolatria no Templo e violência na comunidade (Ez 8)

Os destinatários últimos da profecia de Ezequiel são os judeus que permaneceram em Jerusalém, ao passo que os ouvintes imediatos são os "anciãos" que Ezequiel hospeda em sua casa. Estes também são interpelados pela profecia e devem aprender a decifrar a história na ótica da palavra do Senhor. Agora, movido por um espírito transcendente, o profeta faz uma viagem interior até Jerusalém, onde vê o *kabód YHWH*, isto é, a sua "glória", mas também todas as abominações realizadas em seu santo lugar, o Templo (Ez 8). É uma espécie de juízo em ato que segue a acusação, formulada na modalidade de uma exposição visível das culpas e dos crimes cometidos pelos judeus dentro do próprio Templo. A denúncia assume um impressionante *crescendo*: "Vereis abominações ainda maiores" (v. 6.13.15). Muitos, ao contrário, pensam erroneamente que Deus não os veja, pois, tendo abandonado o país, na prática estaria ausente da cidade.

São descritos quatro tipos de idolatria: o ídolo do ciúme; a prática dos cultos egípcios; as lamentações cúlticas das mulheres para o deus Tamuz; e, por enfim, a adoração do sol. Além disso, existe um crescimento dos níveis de violência que não pode deixar Deus indiferente. Os culpados se autoabsolvem com algum rito ao qual atribuem valor expiatório (o raminho sagrado que carregam nas narinas).

Eis, portanto, o veredicto: à interminável insolência corresponderá o castigo implacável de Deus, cujo olho será desprovido de misericórdia e cujos ouvidos permanecerão fechados às súplicas por compaixão (v. 18).

O abater-se do castigo (Ez 9–10)

Ez 9 mostra como se dará a execução do veredicto divino interpretando o todo em chave teológica no interior da história da aliança.

Ezequiel vê chegar do Norte os anjos devastadores – isto é, o exército babilônico –, com a ordem de exterminar todos os habitantes de Jerusalém, menos os justos marcados pelo *Tau*, ou seja, os fiéis autênticos que choram pelas abominações cometidas na cidade.

O extermínio terá início onde a culpa é mais grave, isto é, pelo santuário, a começar pelos anciãos, culpados pelo delito de idolatria. Será um castigo inexorável não obstante a imploração do profeta em favor do *resto* de Israel. Parece estarmos diante de uma espécie de Páscoa às avessas. De fato, os instrumentos de extermínio lembram os do flagelo de extermínio, responsável pela última praga do Egito (cf. Ex 12,13). E se no êxodo era o sangue do cordeiro que preservava do extermínio, aqui é o *Tau* colocado na fronte dos eleitos por um misterioso personagem vestido de linho e com um tinteiro de escriba à cintura.

O relato do castigo continua em Ez 10,1-17 com o personagem vestido de linho que anota a realização da obra de extermínio, e que recebe outra tarefa: são passados para suas mãos tições ardentes que ele deve espalhar pela cidade. É um fogo que procede do trono divino e que completa a destruição. O incêndio de Jerusalém não é visto como uma das muitas práticas bélicas, mas como evento extremo de purificação divina, visto que o pecado é tão íntimo à cidade que ela só pode ser purificada pelo fogo. O texto de Ezequiel se limita, porém, a expor a ordem de Deus, sem descrever sua execução.

Por outro lado, é referido um evento que soa ainda mais trágico para o coração do profeta, ou seja, o afastamento da glória de Deus de seu Templo (v. 18-19). O que Ezequiel tinha percebido na visão inicial, é agora identificado com os querubins colocados sobre a soleira da arca. Assim o Templo se priva de seu verdadeiro tesouro: a presença de Deus.

Juízo contra os culpados e salvação para os exilados (Ez 11)

Os responsáveis pela situação de degradação religiosa e moral de Jerusalém são os chefes do povo, razão pela qual são destinatários do juízo divino (11,1-13). Possivelmente são os que instigaram a rebelar-se contra Nabucodonosor, iludindo-se na convicção de que os antigos edifícios de Jerusalém seriam poupados. A cidade de Jerusalém é comparada a uma panela na qual seus habitantes se imaginam uma porção de carne, pensando poder morar nela com segurança. Ilusão! A morte repentina de um dos responsáveis, Feltias (que ironicamente significa "YHWH faz fugir"), confirma a verdade e a eficácia da palavra profética sobre o juízo divino (v. 13).

Se os que permaneceram em Jerusalém vão inexoravelmente ao encontro da destruição, para os exilados na Babilônia, ao contrário, existe uma promessa de salvação (v. 14-21). O Senhor mesmo será como um santuário no meio deles, em seguida os reunirá na terra da dispersão e os reconduzirá para a terra de Israel, agora praticamente livre dos ídolos. Mas existe, sobretudo, uma promessa do dom de um coração novo (ou melhor, literalmente um coração "uno", *'echad*), um espírito novo, um coração de carne ao invés de um coração de pedra (v. 19).

Cria-se uma discriminação entre quem presume ser salvo e quem aceita o juízo de Deus. Ezequiel retoma novamente o tema da visão da glória divina (v. 22-25) que, saída do Templo, pousa por um instante – quase com nostalgia – sobre o Monte das Oliveiras antes de afastar-se definitivamente e ir para o exílio com os deportados. Aos exilados Ezequiel narra essa visão após ter-se despertado de um estado de êxtase.

Anúncios de juízo sobre Israel e ações simbólicas (Ez 12–24)

O emigrante (Ez 12)

Aqui tem início uma série de oráculos que o profeta profere provavelmente em um biênio, entre 592 (Ez 8,1) e 591 (Ez 20,1). Ezequiel realiza uma ação simbólica que imita a partida de um emigrante, mas através de um buraco que abre nos muros da própria casa (12,1-16). O gesto incomum chama a atenção dos vizinhos dando-lhe ocasião de explicar-se: também o rei fugirá de Jerusalém de forma semelhante. O véu que Ezequiel se coloca no rosto alude à cegueira que Sedecias sofrerá por obra dos babilônios (cf. 2Rs 25,7).

Seguem-se outras ações simbólicas (12,17-20) que anunciam novamente a tragédia que se abaterá sobre a cidade santa.

Em tudo isso, porém, se reconhecerá o senhorio de YHWH, que cumpre sua própria palavra. Alguns pensam que o oráculo só se realizará em tempos ainda distantes; mas, na verdade, em breve ele se cumprirá (v. 21-28).

Contra os falsos profetas e os idólatras, e a parábola da vinha (Ez 13–15)

A verdadeira profecia entra em conflito com a falsa. Eis então um duro ataque contra os falsos videntes, que comunicam visões enganosas e não se põem de sentinela para defender o povo. São como chacais, prontos para aproveitar-se das desgraças, ou como pedreiros que ao invés de consertar uma muralha arruinada, se limitam a rebocá-la. De fato, a profecia dos falsos profetas agrada seus ouvintes; mas, de fato, lhes garante uma paz que não haverá (13,1-6).

Ezequiel dispara também contra as adivinhas que bajulam os ouvintes prometendo-lhes a realização dos desejos. Estas não passam de práticas supersticiosas, que enganam os ingênuos, que entristecem os justos e dão falsa serenidade aos ímpios (v. 17-23).

Justamente pelo fato de o verdadeiro profeta não agradar os ouvintes Ezequiel se recusa a dar a resposta solicitada por alguns anciãos, já que seus corações estão vinculados aos cultos idolátricos (14,1-11). Não é possível exigir uma resposta do Senhor sem conversão. Os falsos profetas, ao contrário, se deixam seduzir pelos pedidos dos ouvintes e, por sua vez, seduzem. Decisão desastrosa, que leva Israel a devaneios distantes da vontade do Senhor.

Segue outro oráculo proposto segundo o esquema da casuística sacerdotal (v. 12-23). Quatro casos são submetidos a uma resposta. A questão: É suficiente a presença de alguns justos para salvar o povo de um castigo geral já decretado? Aqui parece estar sendo colocado novamente o caso de Gênesis 18, passagem em que Abraão intercede em favor de Sodoma e Gomorra. A resposta de Ezequiel, no entanto, é inequívoca: o castigo é decretado de forma inapelável, mesmo que possam existir sobreviventes da tragédia iminente, como de fato acontecerá. Aos sobreviventes só lhes resta constatar que o castigo do Senhor foi justo, em razão da má conduta do povo.

A parábola da vinha retoma, em forma poética, o oráculo imediatamente precedente (cap. 15), lembrando, em parte, o cântico da vinha de Is 5,1-7.

O povo se considera privilegiado, assim como o é a vinha pelo vinhateiro. Contrariamente, Jerusalém é uma vinha selvagem cujo destino é o fogo.

História de um casamento difícil (Ez 16)

A realidade teológica de Judá e de Israel é a *bᵉrít*, a aliança com YHWH, expressa agora numa metáfora esponsal, com a qual o profeta, nas sendas de outros profetas precedentes (Oseias, Isaías, Jeremias), lê a história do povo como uma relação atormentada com Deus, como uma história de fracassos, de traições, de ordinárias violações da confiança que YHWH sempre depositou em seu vínculo com Israel.

Ez 16 se reporta a Jerusalém entendendo-a como símbolo da totalidade do povo de Deus. É um escrito na primeira pessoa, que compara Jerusalém a uma *esposa*: a conturbada história amorosa entre ambos é objeto de uma denúncia, que acaba num veredicto punitivo. Os detalhes são incontáveis, embora nem sempre seja possível estabelecer seu valor alegórico, já que às vezes se trata simplesmente de elementos que se prestam a uma linguagem meramente poética e muito afetiva.

Na primeira parte do cântico (v. 1-14) é relatada a história de uma enjeitada, salva da morte e cuidada com imenso amor, fato que lhe proporciona um exuberante crescimento. Em seu exórdio a metáfora faz referência ao cuidado familiar, ao amor que transporta a enjeitada da infância à juventude e ao limiar da maturidade, ressaltando nesse processo principalmente a iniciativa totalmente gratuita do Senhor. Em seguida a metáfora do vínculo familiar cede espaço à metáfora do vínculo esponsal, ressaltando igualmente a gratuidade da eleição e o dom da comunhão. O vínculo profundo dessa relação, muito íntimo, é expresso na relação sexual. É aqui que o Senhor aparece como marido apaixonado, que jamais esquece sua esposa, nem mesmo quando ela se prostitui e o trai com todo mundo, ou simplesmente o esquece.

Após ter descrito os ornamentos para o casamento da noiva e os presentes recebidos do futuro esposo, o texto passa bruscamente das núpcias à infidelidade (v. 15-34). Jerusalém, ao invés de confiar em seu Esposo divino, conta apenas consigo mesma numa autossatisfação narcisista, sem remorso algum. De maneira quase explícita, quase pornográfica, o texto descreve a sexualidade dissoluta da esposa amada: delitos sexuais, práticas divinatórias, sacrifícios humanos, cultos ilegítimos... No texto também consta a enganosa confiança nas alianças políticas, causa de muitas ruínas. Assim se chega ao paradoxo de afirmar que ao invés de uma prostituta receber por seus préstimos, ela mesma paga para oferecer seus serviços aos amantes.

Emerge assim a imagem de um Deus seriamente empenhado no vínculo da aliança, e é exatamente essa preocupação que motiva sua ira furiosa de amante traído, humilhado e esquecido (v. 35-52). As reações divinas, que parecem quase primitivas e grosseiras, na realidade mostram o quanto Deus ama o seu povo, e a santidade de seu Nome, que, por sua vez, é profanado pelo comportamento da cidade infiel. YHWH deve agir com firmeza para salvar a própria reputação entre os povos.

A mudança profunda com a recuperação do vínculo da aliança resultará no reconhecimento da santidade de seu Nome, de seu senhorio (v. 53-63). Obviamente, tudo isso só acontecerá pela misericórdia e fidelidade divinas para com a esposa infiel.

Alegoria da grande águia (Ez 17)

Parábola, aliás, alegoria dos acontecimentos decorridos entre a primeira deportação e a queda definitiva de Jerusalém (v. 1-10). Duas grandes águias são apresentadas. A primeira desce por sobre um grande cedro, quebra a sua copa e a leva para o país dos mercadores. Em seguida ela planta uma semente de videira a fim de que se torne exuberante. Esta, no entanto, se projeta na direção de outra águia. A primeira águia é o Império Babilônico que deporta o Rei Joaquim e o substitui por Sedecias. Este (segunda águia) trai a Babilônia aliando-se ao Faraó Psamético II. A exemplo da videira, que é arrancada da terra, o destino de Sedecias e de Jerusalém também está irremediavelmente traçado (11-22).

A alegoria não acaba aqui, pois a copa do cedro arrancada posteriormente é plantada – algo botanicamente impossível –, cria raiz e se torna uma árvore gigante. Trata-se da potência do Senhor que restabelece a Dinastia Davídica, destinatária de sua promessa (v. 22-24).

Responsabilidade pessoal e urgência da conversão (Ez 18)

Os israelitas continuam a repetir o provérbio segundo o qual "os pais comeram uvas verdes e os dentes dos filhos ficaram embotados" (v. 2). Dessa forma tentam desviar o convite à conversão pessoal, atribuindo a responsabilidade do castigo aos outros. Ezequiel pede a mudança dessa mentalidade que delega a responsabilidade moral à coletividade, e sugere o princípio da responsabilidade individual, acolhendo o urgente apelo à conversão (Ez 18). Aqui emerge claramente uma ideia: Deus não quer a morte do pecador, mas que ele se converta e viva (v. 21). Sobressai ainda a exortação a uma profunda mudança interior: "Libertai-vos de todos os crimes cometidos contra mim e formai-vos um coração novo e um espírito novo" (v. 31).

Elegia sobre os últimos reis (Ez 19)

O profeta pede para entoar um cântico fúnebre sobre os últimos reis do povo (indicado como Israel; mas, na verdade, é o povo de Judá). Primeiramente, aparece a alegoria da leoa e seus filhotes, que são capturados pelos caçadores. Segue-se aquela de uma vinha derrubada pelo vento do Oriente. Nas duas é prefigurada a conquista definitiva de Jerusalém pelos babilônios e o fim da instituição monárquica (19,1-4).

Uma história de pecado (Ez 20)

Aos anciãos que consultam Ezequiel hipocritamente, porque indispostos a escutar realmente, Deus mesmo dá uma resposta em forma de oráculo de juízo. Trata-se de uma espécie de processo judiciário onde são expostas as culpas de Israel (v. 4-31a).

A história do povo é a de uma contínua revolta contra o Senhor começada já no caminho do deserto, após Deus tê-lo libertado do Egito a fim de conduzi-lo para a terra onde corre leite e mel. Nomeadamente se destaca a inobservância do sábado, que é uma proclamação da soberania e da santidade de Deus[40].

Chega-se assim à sentença de condenação (v. 31b-44). A revolta contra o Senhor assume práticas condenáveis, como os cultos idolátricos que chegam a praticar sacrifícios humanos. Eis por que YHWH não pode não preferir o juízo contra os responsáveis, definidos como "filhos rebeldes". Não haverá nenhum arrependimento da parte do Senhor, mesmo que sua última palavra não seja o abandono e a desolação. De fato, superada a revolta, o povo ou-

---

40. Ez 20,25 é de difícil interpretação, porque parece afirmar que Deus deu ao povo leis ruins. Vários autores tendem a ver aqui um equívoco da lei de oferecer os primogênitos (cf. Ex 22,28-29), confundida como uma exigência de sacrifícios humanos; lei que no fim das contas mostra como os cultos naturalistas levam à morte, ao invés de levar à vida (Cf., p. ex., EICHRODT, W. *Ezechiele* – Capitoli 1–24. Bréscia: Paideia, 2001, p. 331-333). Poder-se-ia entender também como uma espécie de permissividade diante de um mal implacável, ou como uma perversa reflexão alienante na mentalidade dos ouvintes de Ezequiel.

virá o Senhor, prestará um serviço litúrgico que lhe agrada e retornará para a terra de Israel.

O cântico da espada e Jerusalém no cadinho (Ez 21–22)

Ez 21 apresenta cinco oráculos de condenação que giram em torno da imagem da espada, instrumento com o qual se executam as sentenças capitais. O primeiro oráculo é contra a Judeia (v. 1-5), e se preconiza um incêndio que devorará Judá, mas os ouvintes consideram as palavras de Ezequiel não fiáveis, uma espécie de conto de fadas. Segue-se um oráculo contra Jerusalém devastada pelos invasores (v. 6-12). Em seguida insere-se uma espécie de dança da espada (v. 13-22), um cântico ao instrumento com o qual YHWH restabelecerá a justiça. Segue-se um novo oráculo contra Jerusalém golpeada pela espada de Nabucodonosor (v. 23-32). Este é apresentado como estando numa encruzilhada e se interrogando sobre qual estrada deverá percorrer. Consultando seus deuses segundo os costumes babilônicos, escolhe voltar-se contra Jerusalém, cercá-la e deixá-la em ruínas. Enfim, o último oráculo preconiza a espada contra os amonitas (v. 33-37).

Enfileiram-se três oráculos de juízo contra Jerusalém como capital do reino judaico (22,1-31).

O tempo da punição pela depravação religiosa e moral da cidade está próximo. Mas à dispersão entre os povos seguirá a purificação do povo e o seu tornar-se novamente herança do Senhor, que será reconhecido justamente por seu agir misericordioso (v. 1-16).

O segundo oráculo (v. 17-22) recorre à imagem da fornalha ou do cadinho, onde se fundem os metais, mas desenvolve não o valor purificador do fogo, mas seu aspecto punitivo.

O terceiro oráculo (v. 23-31) é contra os chefes do povo, com a denúncia de suas culpas e, em particular, contra a avidez que os leva a oprimir os fracos. Infelizmente os sacerdotes não ensinaram ao povo a lei de Deus, e os falsos profetas agiram como rebocadores de muros, sem censurá-los pela malvadeza. Com amargura o Senhor reconhece que nenhum deles construiu uma muralha como defesa (não a militar, mas a espiritual), nem se colocou em posição de combate como real sentinela (v. 30).

As duas irmãs prostitutas (Ez 23)

Este capítulo é semelhante a Ez 16. Mas aqui é a história de duas irmãs que se entregam à prostituição: Oola, a mais velha, e Ooliba, a mais jovem.

O primeiro nome poderia significar "sua tenda", como alusão aos santuários sincréticos favorecidos pelo Rei Jeroboão, ao passo que o segundo nome poderia indicar "minha tenda nela", aludindo assim à presença do Templo em Jerusalém. Ezequiel esclarece imediatamente que se trata de uma história alegórica, que vê associadas duas nações irmãs, Israel e Judá, na prostituição, isto é, na traição da aliança com o Senhor. Da primeira se denuncia a enganosa confiança nas alianças políticas; da segunda se evidencia, com uma linguagem particularmente escabrosa, a paixão louca pelas divindades estrangeiras (v. 1-21).

Segundo a lei da pena correspondente ao delito, são as nações estrangeiras a executar o juízo de condenação, com massacres, deportações, pilhagens. Ooliba e sua irmã provarão do cálice da ira, isto é, de um cálice envenenado (v. 22-35).

O oráculo de juízo se prolonga ulteriormente numa série de denúncias de pecados cultuais e idolátricos, intrigas e alianças políticas, e outros pecados de contaminação (v. 36-49).

O profeta mudo (Ez 24)

Aqui é registrada primeiramente uma data: o dia dez do décimo mês, do ano nove (do reinado de Sedecias). Segundo 2Rs 25,1, essa data corresponde ao início do cerco de Jerusalém, que se prolongará até o décimo primeiro ano de seu reinado. Nessa data o profeta propõe uma parábola em curso: uma panela enferrujada, na qual está sendo cozinhado um pedaço de carne, e a panela é tão intensamente aquecida que se assemelha a uma brasa incandescente. Ao resfriar-se, porém, eis que a ferrugem da panela não desaparece. Conclusão: em igual medida, o castigo, por mais severo que possa ser, será insuficiente para purificar o povo do pecado (v. 1-14).

Os dias se sucedem, e o profeta recebe então uma singular palavra do Senhor anunciando-lhe a iminente morte de sua amada esposa, proibindo-lhe a realização de ritos de luto e ordenando-lhe silêncio como sinal para os demais judeus deportados (v. 15-27). Isso aconteceu quando Jerusalém caiu nas mãos da Babilônia, mas sem que os exilados o soubessem, que, por sua vez, continuavam confiando na resistência da cidade. O profeta explica, antes de fechar-se em seu silêncio, que como ele não pode realizar o luto pela esposa, assim o povo não pode sequer chorar e pôr-se de luto pela perda de Jerusalém e do Templo. Em seguida, Ezequiel cai num silêncio profundo, que só terminará com a chegada de um refugiado da Babilônia, com o qual pode então falar e dar-lhe a notícia da queda da cidade (v. 25-27).

O mutismo do profeta é parábola do silêncio de Deus, cuja palavra é silenciada aos destinatários, que, por sua vez, continuam preferindo as palavras bajuladoras e complacentes dos falsos profetas.

Oráculos contra povos estrangeiros (Ez 25–32)

Esta seção é a segunda do Livro de Ezequiel e é conhecida como *oráculos sobre as nações*, já que comporta os oráculos contra os povos pagãos (25–32). Seu gênero literário é análogo ao que se encontra em Am 1–2, em Is 13–23, bem como em Jr 46–51.

O mais decisivo não é estabelecer quando o profeta compôs esses oráculos, nem quantos deles são atribuíveis a Ezequiel ou a redatores posteriores, mas avaliar sua localização atual no livro, ou seja, como continuação dos oráculos de ameaça sobre o povo que precedem os anúncios de esperança. É dessa forma que se configura a *estrutura escatológica* do Livro de Ezequiel.

Os primeiros inimigos contra os quais o profeta se dirige são os vizinhos de Israel, na seguinte ordem: Amon, Moab, Edom e Filisteia (cap. 25). Seguem-se os oráculos contra Tiro e Sidônia (cap. 26–28). Por último, aqueles contra o Egito (cap. 29-32). Temos, em seu conjunto, o número simbólico de sete inimigos de Israel.

São anunciados aqui graves castigos sobre as nações que contribuíram para a queda de Jerusalém ou que se alegraram com o fato. Por detrás disso está o pecado de orgulho e de desconhecimento do senhorio de YHWH. Implicitamente o juízo sobre as nações pode ser de conforto para o povo da eleição, que deve reconhecer como o Senhor se serviu dos povos para punir a infidelidade dos seus, mas que Ele também sabe humilhar todos os que atentam contra a santidade e a honra de seu Nome.

Contra os povos limítrofes e contra Tiro (Ez 25–27)

Primeiramente o profeta se volta contra os amonitas, os moabitas, os edomitas e os filisteus (cap. 25). A culpa desses povos foi o fato de se terem aproveitado da desgraça do povo, movidos por um espírito de vingança insaciável. Agora eles experimentarão a represália do Senhor, já que este não é indiferente: "Saberão que serei o Senhor quando lhes aplicar minha vingança" (v. 17).

Segue-se um oráculo contra Tiro (cap. 26), muito mais abrangente do que os anteriores, contra os outros povos, visto que o juízo se prolongará nos capítulos seguintes. Toda força e riqueza dessa poderosíssima cidade que controla o comércio no Mediterrâneo se dissolverão por obra do Senhor, que enviará Nabucodonosor contra ela. Os príncipes ligados a Tiro serão testemunhas da realização da sentença. Tiro mergulhará no *she'ól*. Historicamente, Tiro devia sofrer um cerco de dez anos por obra dos babilônios, mas isso não aconteceu, embora seu poderio tenha sido consideravelmente enfraquecido.

Após o oráculo contra Tiro se entoa um cântico fúnebre sobre a cidade, que é comparada a um luxuosíssimo e imponente navio fenício que naufraga perto da costa, sob o olhar de observadores horrorizados (cap. 27). A elegia se alonga descrevendo os materiais mais preciosos empregados na construção do navio, e em seguida na descrição de seu uso na comercialização de produtos de grande valor econômico.

Condenação e lamentação irônica sobre o rei de Tiro (Ez 28)

Do juízo sobre a cidade de Tiro se passa ao juízo sobre seu rei, principal responsável por sua decadência moral e, portanto, de sua ruína. Primeiramente temos um oráculo de condenação (28,1-10). O rei condenado encarna todos os motivos pelos quais a cidade de Tiro é submetida à sentença: presunção, riqueza acumulada com o comércio que oferece a ilusão de segurança, culto à beleza, pretensa *sabedoria divina* comparada à de Daniel. Nisso o rei excedeu todo limite tolerável numa criatura, visto que chegou a imaginar-se um ser divino, muito embora não passasse de um simples homem, e como tal acabaria. Aliás, seu fim será totalmente ignominioso, sentença proferida pelo próprio Senhor.

Entoa-se então um cântico fúnebre sobre a morte do rei de Tiro (v. 11-19), apresentado aqui em sua criação como o *homem primordial*, o protótipo do humano: inicialmente é então colocado no jardim de Deus, no Éden, é revestido de esplendor sem par, cheio de sabedoria e perfeito em beleza, coberto de pedras preciosas. Para exaltá-lo ainda mais, é comparado nada menos que a um querubim (outro ser mítico do relato do Gênesis), que passeia no meio de seres de fogo. Tamanho esplendor torna ainda mais dramática sua volta ao pó, aliás, sua precipitação no mundo dos infernos. A condenação é motivada pelo delito: nessa criatura tão perfeita foi encontrada, ao contrário, iniquidade, aquela que o levou a fazer de cada coisa um comércio e assim mergulhou na violência e no pecado.

A figura do rei de Tiro, inicialmente exaltada e em seguida condenada, apresenta grande afinidade com o relato de Gn 2–3, ou seja, a criação do homem e sua queda. Um aspecto aproxima os dois textos: a denúncia do orgulho do homem que pretende colocar-se no lugar de Deus.

Em seguida vem um oráculo contra Sidônia, outra cidade fenícia (v. 20-23), e um oráculo a favor de Israel, reconduzido à terra após sua dispersão entre os gentios (v. 24-26). Neste transparece o verdadeiro significado desses pronunciamentos contra as nações: todos deverão reconhecer a santidade e a grandeza de Deus, quando Ele tiver realizado a salvação de seu povo.

Oráculos contra o Egito (Ez 29–32)

Quatro capítulos são dedicados a grupos de oráculos contra o Egito, ao qual Israel, e principalmente Judá, inutilmente se aliaram para opor-se aos impérios orientais. De tempo em tempo o Egito é comparado a um crocodilo, a um caniço quebrado, a uma árvore frondosa, mas sempre o juízo de Deus se abate sobre ele.

O primeiro oráculo (Ez 29) é dirigido contra o faraó (Hofra), que inutilmente tinha tentado livrar Jerusalém do cerco de Nabucodonosor. Ele é comparado ao crocodilo, animal do Nilo que lembra um dragão mitológico, inimigo derrotado por Deus criador. Ora, o crocodilo é capturado e morto em uma gigantesca viagem de caça e pesca organizada pelo próprio Deus. O Egito será punido por um período que deverá durar o tempo que Israel permaneceu no deserto: quarenta anos. Mas jamais voltará à sua potência de outrora, nem iludirá mais Israel, pois será conquistado pelos babilônios.

O segundo oráculo (cap. 30) reagrupa toda uma série de pronunciamentos contra o Egito, sobre o qual se abate o "dia do Senhor", dia de punição por obra da Babilônia. Envolvidos no juízo são igualmente os aliados e mercenários do Egito, bem como uma série de suas localidades. Preconiza-se o confronto entre a Babilônia e o Egito, confronto desigual no qual o faraó é comparado a um combatente com um braço quebrado, que em seguida é golpeado no braço sadio e finalmente apunhalado.

O terceiro oráculo (cap. 31) compara o Egito a uma imponente árvore de cedro que quase se pretende uma árvore cósmica, elevando-se do oceano primordial às águas celestes. Grande presunção – pretender concorrer com as árvores do Éden – destinada a terminar miseravelmente: primeiro seus ramos são cortados, depois sua copa é quebrada e, por fim, o próprio tronco cai (v. 16). A árvore, isto é, o faraó, mergulha no reino dos mortos, no abismo.

No último grupo de oráculos (cap. 32) temos um sarcástico cântico fúnebre sobre o fim do faraó. Insiste-se novamente na imagem do crocodilo mítico, mas exagerando suas dimensões. Pois bem, uma vez capturado pelo Senhor, ele não passa de uma carniça da qual se alimentam pássaros e feras. Os povos, diante desse evento, não podem senão provar consternação. Também o último oráculo contra o Egito se apresenta como um cântico fúnebre que na verdade é uma sátira contra o Egito, mas também contra o rei de Assur e os outros príncipes de Elam, de Mesec, de Tubal, de Edom, de Sidônia: todos mergulharão no *She'ól* (v. 17-32). Nenhuma honra para eles, só ignomínia, pois seu imperialismo nada pode contra o senhorio absoluto de YHWH.

Anúncio de salvação para o povo de Deus (Ez 33–39)

O profeta sentinela e trovador do amor (Ez 33)

A terceira parte do Livro de Ezequiel testemunha a segunda fase da pregação do profeta, que sai do mutismo no qual se havia fechado por vontade do Senhor e anuncia agora uma intervenção de Deus que muda radicalmente as coisas. Tudo isso não é obra de um esforço voluntarioso do profeta, mas da mão de YHWH (33,22).

A data dessa mudança é associada à chegada de um fugitivo que traz a terrível notícia da queda de Jerusalém. Entretanto, quando tudo parece acabado, na verdade tudo recomeça. Assim, a pregação relatada em Ez 33–39 é composta de oráculos de salvação que mais parecem uma inversão dos temas da primeira pregação.

Em Ez 33, o profeta é chamado pelo Senhor a ser *tsopéh*, isto é, "vigia". Assim como a sentinela que, em caso de perigo, acorda a população por ele vigiada, da mesma forma o profeta deve acordar o povo para a responsabilidade moral e religiosa (v. 1-12). Essa é a ordem que ele recebe do Senhor. De fato, o profeta não pode limitar-se a advertir o ímpio apontando-lhe um caminho de morte, mas convidá-lo à conversão, e simultaneamente desviar de qualquer presunção de justiça os que se consideram justos. Cada qual será julgado em base à própria conduta em vista da conversão.

A essa altura se introduz a narrativa sobre a chegada de um refugia-do que fugiu de Jerusalém enquanto a invasão babilônica a devastava (v. 21-29). Com ele chega esta cruel notícia: "A cidade foi tomada" (v. 21). É esse o momento em que o profeta sai de sua afasia e começa sua nova pregação. O primeiro oráculo, porém, ainda é de condenação, já que ataca a presunção dos que, tendo permanecido na terra, se consideravam impunes em relação ao juízo de Deus. Em seguida adverte os ouvintes a não invalida-rem a eficácia da palavra divina a ele concedida. Não é necessário apreciá-la somente por seu aspecto estético, como se o profeta fosse um ótimo trovador de serenatas; a palavra profética não serve para congratular-se, mas para converter-se (v. 30-33).

Deus, verdadeiro pastor de Israel (Ez 34)

O juízo sobre os desobedientes se prolonga brevemente, e agora se aden-tra nos oráculos de esperança. Assim, em Ez 34,1-10, se condena duramente a autoexaltação dos chefes do povo de Deus (sobretudo o rei, os mandatários políticos e os sacerdotes) que assim agindo provocaram a dispersão de Judá. Eles se comportam como patrões de um rebanho que não lhes pertence, visto que pertence ao Senhor. São guias ignorantes e ávidos, razão pela qual são responsabilizados pelos desastres que se abateram sobre as "ovelhas" do rebanho do Senhor. Ele é o pastor que cuida de cada ovelha, e não tolerará pretensões de domínio de ovelha sobre ovelha: cada qual responderá por suas próprias ações (v. 21-22).

Um aspecto significativo desse cuidado do Senhor por seu rebanho é a nomeação de um novo "pastor" que, como prometido já em Jr 23,5, se cha-ma Davi (v. 23-31). Mais do que outro membro a acrescentar à linhagem dinástica, essa é a verdade do que se aguardava, no âmbito da promessa feita ao primeiro Davi. Para além de herdeiro das promessas davídicas, esse pastor é definido pelo Senhor como "meu servo", exatamente para reiterar a pro-fundidade e a estabilidade da relação que este tem com YHWH. O povo, por meio dele, terá por dom a unidade que antes se havia dissolvido na divisão dos dois reinos e gozará das bênçãos da aliança. Por um lado, agora cessarão todos os males e, por outro, haverá plenitude de bens, exemplificados pela chuva abundante que tornará as regiões desérticas prósperas e luxuriantes.

Em tudo isso se manifestará a aliança de paz do Senhor: "E, quanto a vós, minhas ovelhas, ovelhas de minha pastagem, vós sois seres humanos, e eu sou o vosso Deus" (v. 31).

Contra as montanhas de Edom e em favor das montanhas de Israel (Ez 35,1–36,15)

É exatamente em nome do pacto defensivo com Israel que o Senhor se volta contra as montanhas de Seir (35,1-15), no território de Edom. Ao profeta se lhe pede de não mais voltar seu olhar para as montanhas da Samaria, para proferir um oráculo de juízo, mas na direção montanhosa de Seir. Edom se torna aqui – como em muitos outros textos tardios (cf., p. ex., Is 34; Sl 137,7; Lm 4,21-22; Ab 1,10-16) – símbolo do mal em razão das pilhagens e anexações territoriais em prejuízo de Jerusalém sitiada pelos babilônios. O oráculo contra Edom é definitivamente uma promessa de salvação para Israel.

É o que se anuncia no oráculo sucessivo, em favor das montanhas de Israel, contrastando com o juízo sobre as montanhas de Edom; o senhor protege ativamente seu rebanho e defende com ciúme a terra de Israel de seus usurpadores (36,1-15).

Uma extraordinária transformação (Ez 36,16-38)

Assim chegamos ao esplêndido oráculo de Ez 36,16-32, que se concentra especificamente na história mais recente de Israel, com o exílio e a expectativa de uma volta à terra dos pais. A passagem bíblica tem a forma de um juízo proferido na presença de todas as nações contra os profanadores do Nome divino.

Aqui irrompe o evento da Palavra que cumpre o juízo e acusa o povo das culpas que causaram a punição com o exílio: profanação do nome de YHWH e contaminação do país. Paradoxalmente, o exílio realiza o que Deus teria desejado evitar: de fato, os povos, vendo disperso o povo do Senhor, consideram seu Nome pouco digno de estima, subestimando seu poder e majestade. Quando YHWH tiver reunido novamente Israel e o tiver reconduzido à terra, então seu Nome será reabilitado (v. 21-23).

É em razão da viva solicitude para com a própria honra que Deus intervém com todo o seu poder, provocando uma profunda mudança na natureza dos profanadores do Nome. Assim manifestará sua santidade, e os povos deverão reconhecer como é grande e santo o nome de YHWH.

Essa mudança é o ponto central da mensagem de todo o Livro de Ezequiel. Emerge aqui a reunificação dos dispersos e sua recondução à terra dos pais, mas aparece, sobretudo, a purificação de Israel de todo mal moral e religioso por meio de uma mudança de seu coração com o dom do espírito de Deus: "Eu vos darei um coração novo e porei em vós um espírito novo; removerei de vosso corpo o coração de pedra e vos darei um coração de carne" (v. 26). Graças a essa mudança do coração, isto é, à cura da liberdade ferida pelo pecado, o povo poderá finalmente caminhar na vontade do Senhor, na observância de sua lei. A essa altura se reconstitui plenamente o vínculo do pacto, com todas as bênçãos a ele relacionadas. Trata-se, de fato, de uma reconstituição completa e estável que vem de dentro, assim como veio de dentro o pecado que originou o castigo.

A lembrança e a vergonha pelas culpas passadas devem fazer Israel compreender que essa extraordinária mudança não veio por seus méritos, mas simplesmente pela solicitude do Senhor em favor da santidade de seu próprio Nome.

A última parte do oráculo descreve a bênção dos campos e da cidade na terra em que o povo voltará a viver e a multiplicar-se, terra que se assemelhará ao jardim do Éden (v. 33-38).

Os ossos secos e o sopro de vida (Ez 37,1-14)

Eis outro brilhante oráculo de esperança, mostrado sob forma de visão profética (37,1-14). A situação do exílio é mostrada com a metáfora dos ossos secos, para indicar a ausência de qualquer expectativa em relação ao futuro, em relação a uma esperança que dê sentido à vida. Nessa visão o profeta não é apenas espectador e interlocutor de Deus; mas, de alguma forma, quase colaborador de um grande e inimaginável prodígio.

A experiência da ação do sopro de Deus é expressa no início com a imagem de uma mão poderosa, que agarra e transporta Ezequiel para uma planície coberta de ossos já calcinados e decompostos. À visão fantasmagórica do triunfo da morte sucede a palavra do Senhor que o interpela evidenciando a importância humana diante da morte: "Filho de homem, poderão estes ossos reviver?" (v. 3a).

À pergunta divina, que soa como dolorosa provocação, o vidente não pode fazer outra coisa senão objetar dizendo que isso só depende do Senhor: "Senhor Deus, Tu o sabes!" (v. 3b). Ezequiel confia a Deus a resposta, pois somente Ele pode pronunciar a palavra decisiva que vence a morte.

Deus ordena então ao profeta que fale com os ossos; isso significa que, interpelando-o, lhe dá alguma identidade e capacidade de resposta. E eis que a Palavra de Deus, mediada pelo profeta, reorganiza os ossos, e os membros tomam então forma. Neles, porém, não existe ainda o espírito, um pouco como na criação de Adão, que se torna um ser vivente somente quando o Senhor sopra em suas narinas um hálito de vida (cf. Gn 2,4b-7).

Ezequiel deve então invocar a força do espírito de Deus e ordenar, sob ordem divina, que o vento (*rúªch*) do Senhor sopre impetuoso e irresistível a fim de reanimar os corpos estendidos na planície. É nesse momento que eles passam a ter vida e se erguem: "Eles reviveram e se puseram de pé qual imenso exército" (v. 10).

A visão é aplicada à situação dos exilados (v. 11-14) que obstinadamente lamentam a falta de esperança, o fato de se sentirem perdidos, ou melhor, ceifados (*gazár*). O reviver dos ossos secos é metáfora de uma esperança que renasce não obstante as negações do presente desolador dos deportados. Ezequiel deve transmitir essa mensagem de esperança aos seus companheiros de exílio: como aqueles ossos secos, também eles experimentarão a força prodigiosa do amor do Senhor, que com o sopro (*rúªch*) transforma seu povo, pondo fim também ao exílio.

A visão dos ossos secos não é ainda a afirmação de uma fé na ressurreição dos mortos, mas certamente prepara uma linguagem e convida a olhar para a morte do povo como não definitiva, já que submetida ao poder e à fidelidade do Senhor.

Reunificação de Judá e Israel (Ez 37,15-28)

Ezequiel recebe a ordem do Senhor de realizar uma ação profética na qual deve unir dois pedaços de madeira sobre os quais são escritos os nomes de Judá e José, isto é, os reinos de Judá e de Israel (37,15-28). Dessa forma é superada a divisão consumada após a morte de Salomão (cf. 1Rs 12), com consequências não somente no plano político, mas também religioso. Ambos os reinos sofreram a deportação de suas populações; agora é anunciada uma reconciliação e uma reunificação do povo de Deus por obra do próprio Senhor. E como outrora, sob o reinado de Davi, aconteceu a unidade de Israel e de Judá, agora voltará a reinar sobre eles, e para sempre, um novo Davi (v. 25).

Contra Gog, rei de Magog: a vitória definitiva sobre o mal (Ez 38–39)

Sucede agora, de modo inesperado, um quadro de guerra de dimensões cósmicas e de claras tonalidades escatológicas, numa linguagem quase apocalíptica. O inimigo a ser combatido aqui é Gog, rei das forças armadas de Magog, nação que aparece na lista dos descendentes de Jafé em Gn 10,2.

No primeiro oráculo contra Gog (cap. 38) YHWH assume a palavra como Senhor da história, e manifesta a própria intenção de atrair Gog para um combate que decretará seu fim. A razão dessa decisão divina está nas palavras proferidas por Gog (v. 10-12), com a delirante pretensão de ser o protagonista da história e de poder usar da violência contra quem quer que seja. Enquanto isso, o coro dos povos assiste como espectador e comenta o insano propósito de Gog. Mas o Senhor retoma rapidamente a palavra e anuncia seu castigo iminente contra ele, quando, furioso, marchar contra o povo de Israel. A punição divina é precedida de uma teofania cósmica, com a qual se manifestará, diante de todos os povos, a potência e a santidade do Senhor.

Praticamente todo o capítulo 39 de Ezequiel é dedicado ao castigo divino contra Gog e seu exército do mal, derrotado e desarmado inicialmente no país de Israel, e em seguida alcançado na fuga e aniquilado dentro do próprio território. Nesse contexto são relatadas cenas impressionantes de "pós-guerra", como o recolhimento das armas abandonadas e sua queima, o sepultamento dos cadáveres e a limpeza do território. Nesse mesmo capítulo ainda se descreve um colossal banquete suntuosamente preparado para pássaros e animais, que se alimentam das carnes e do sangue dos vencidos.

O significado teológico do juízo e da punição de Gog é proposto em Ez 39,21-29. O Senhor não somente decreta a condenação do mal encarnado por Gog, mas positivamente promete a restauração definitiva de Israel, após a purificação do exílio. O destino de Jacó, ou seja, de Israel, mudará porque o Senhor terá compaixão de seu povo e mostrará um amor apaixonado pela santidade do próprio Nome. O auge dessa mudança de destino reside no fato de que o Senhor concederá uma verdadeira experiência dele mesmo ("...não esconderei mais o meu rosto") e o dom de seu espírito (v. 29).

A nova Torá de Ezequiel (Ez 40–48)

O novo Templo: os átrios, os salões e os edifícios anexos (Ez 40–42)

A última parte do livro (cap. 40-48) se destaca por sua originalidade, mesmo se a um núcleo originário que remonta ao filho de Buzi se sobreponham reelaborações sucessivas de discípulos ou redatores, tornando difícil, por vezes, a interpretação dos detalhes.

Já no início do livro, Ezequiel foi definido como "sacerdote" (1,3), e essa sua origem sacerdotal permanece evidente por seu grande interesse pela glória (presença) do Senhor e pelo Templo, que teve que abandoná-lo em razão das profanações cultuais. Ezequiel reúne na própria pessoa o caráter de profeta e sacerdote: como profeta consola e dá suporte ao povo exilado; como sacerdote projeta, na perspectiva do retorno à terra, um futuro no qual entra a construção de um novo Templo em Jerusalém. É um projeto – comunicado a ele por revelação divina – que oscila entre realismo e idealização, e que não se limita ao aspecto meramente cultual, mas se inscreve num horizonte de reconstrução política e religiosa da comunidade dos repatriados à terra de seus pais. Os traços claramente simbólicos e idealizados querem exaltar a santidade do Senhor, cuja transcendência deve inspirar as opções e o estilo de vida dos próprios repatriados. Por outro lado, transparece também uma acentuada tensão entre sagrado e profano, que levará o judaísmo pós-exílico a normas ulteriores restritivas.

A apresentação da nova Torá de Ezequiel se abre com uma experiência de visão estática, quando, em 573 a.C., Ezequiel é transportado espiritualmente para a terra de Israel (40,1-4).

A primeira cena da visão lhe apresenta o pátio externo, os pórticos e o átrio interno do novo santuário (v. 5-47).

A segunda cena penetra no santuário propriamente dito, e descreve a entrada, a sala central e o Santo dos Santos. Aqui também são apresentadas as medidas das salas laterais e apresentadas as figuras colocadas nas paredes internas e externas: querubins e palmeiras (40,48–41,26).

A terceira cena mostra os edifícios anexos ao Templo (cap. 42). A visão que Ezequiel recebe é "dinâmica", dado que no Templo ele é conduzido por um personagem misterioso, que o faz assistir à medição de todos os edifícios e pátios.

O leitor não familiarizado com os detalhes da arquitetura pode se perder nos detalhes das medições. O que importa, então, é ter uma compreensão geral da planta do Templo. Oferecemos aqui as indicações aproximativas, pois não é possível estabelecer uma equivalência precisa entre o cúbito e o palmo de então e o nosso sistema métrico decimal. A área do Templo é um quadrado, com uma porta em cada lado, exceto naquele voltado para o Ocidente. O Templo é separado do mundo externo, profano, por um grande muro, ao qual são acrescidas grandes arcadas.

No centro desse grande espaço sagrado existe outro: um quadrado circundado por um muro, também este com três portas (correspondentes às três precedentes), que dão acesso ao pátio interno. Esse átrio, do lado ocidental, dá de frente com um edifício que é o santuário propriamente dito, que apresenta uma estrutura oblonga, com aberturas coaxiais que conectam as três asas voltadas para o Oriente: a entrada, a sala central e o Santo dos Santos, que apresenta uma forma cúbica com cerca de dez metros de cada lado.

Ao santuário são acrescentadas as salas laterais e outras construções anexas, como as cozinhas, as salas para o uso dos sacerdotes e várias outras dependências e pátios menores.

Com essa descrição o profeta quer apropriar-se do sentido de estupor e de reverência para com a santidade de Deus, compreendida como o fundamento do projeto de reconstrução ou de refundação da comunidade dos repatriados. E os detalhes, que para nós parecem tediosos, sugerem um profundo sentido religioso que se traduz no cuidado e na paixão pela santidade da casa do Senhor.

O retorno da glória do Senhor e o novo altar (Ez 43)

Na primeira pregação o profeta tinha anunciado uma dolorosa visão: a glória do Senhor abandonaria o Templo e partiria para o exílio (cf. Ez 10,18-22; 11,22-23). Agora ela retorna e entra no santuário pela porta oriental. A teofania é indicada por uma explosão de luz e por um grande estrondo. Dessa forma o profeta pode admirar o expandir-se da glória divina em seu santuário, novamente transformado em trono do Senhor, mas esse mesmo profeta pode, sobretudo, ouvir suas palavras e torná-las conhecidas ao povo, que insistem no repúdio de tudo aquilo que profana seu Nome santo e seu próprio Templo (43,1-12).

Portanto, aqui emerge uma ideia muito precisa: a meta dos repatriados deve ser a santidade, a pureza e a integridade, atitudes com as quais se acede ao serviço divino no santuário. O ponto alto da visão de Ezequiel é (literalmente) a declaração: "Esta é a Torá da Casa em cima do monte, e todo seu recinto interno é um lugar sacrossanto" (v. 12).

À visão da glória divina segue a medição do novo altar e sua purificação, que se estende por sete dias, para finalmente poder chegar à consagração (v. 13-27). As regras para o altar propostas por Ezequiel são muito divergentes das que existem no Pentateuco; mais do que oferecer novas normas, Ezequiel talvez pretenda incutir um respeito profundo em relação ao culto sacrificial.

Novo serviço litúrgico (Ez 44)

No capítulo 44 são oferecidas normas relativas ao culto. Primeiramente, a porta oriental deverá permanecer sempre fechada, já que por ela o Senhor passou para reentrar com sua glória no Templo. Sinal de respeito, mas também da determinação do Senhor de permanecer no santuário (v. 1-3).

Para garantir a santidade do santuário é proibido o acesso e o serviço no Templo a qualquer estrangeiro não circunciso (v. 4-9). O culto deve ser absolutamente puro, tanto do ponto de vista ritual – por isso não é tolerada a ausência de circuncisão física, sinal da aliança (cf. Gn 17,10-14) – quanto moral (circuncisão do coração).

Os levitas também recebem normas restritivas e, como purificação pela própria conduta precedente, não podem aceder ao serviço do altar, mas farão outros serviços, dentre os quais o abate dos animais para os sacrifícios (v. 10-14).

O serviço do altar caberá exclusivamente aos descendentes de Sadoc (v. 15-31). A eles cabe apresentar as vítimas e o sangue ao altar. Somente eles poderão aceder à parte do santuário próxima ao Santo dos Santos. Para tanto devem se vestir com trajes exclusivamente de linho. Além disso, em razão da própria sacralidade, devem evitar qualquer contato com o que é profano (já que o sagrado é perigoso, e até mesmo mortal). O cuidado com a vida pessoal dos descendentes de Sadoc, e aqui entra tanto a vida afetiva quanto a conjugal, deve apontar para a própria sacralidade. Já que eles recebem por função a de instruir o povo sobre o sagrado e o profano, o puro e o impuro, e viver do serviço prestado ao santuário, esses filhos de Sadoc devem evitar tudo o que pode torná-los imundos.

Emerge aqui em toda a sua evidência a crise sobre a compressão tradicional da relação entre sagrado e profano que, a partir de Isaías (cf. Is 6,6-7), pôs em discussão as categorias bíblicas originárias, seja aplicando uma conotação ética à impureza, seja estabelecendo uma clara distinção entre quem dispõe de maior ou de menor sacralidade. É nesse contexto que se decide proibir a entrada dos estrangeiros no Templo (Ez 44,9). Decisão em evidente contraste com a tradicional compreensão do Santuário como "casa de oração para todos os povos".

Espaços e tempos sagrados (Ez 45–46)

A visão de Ezequiel vai se tornando sempre mais ideal. Ela apresenta um planalto em cujo centro se encontra o quadrado do Templo. Ao seu redor está a terra, dividida em quatro retângulos. Nela se distinguem duas zonas: uma destinada aos sacerdotes, outra aos levitas. Essas zonas também comportam duas porções especiais de terra: uma para o uso comunitário dos habitantes da cidade, outra para o uso do príncipe. O todo, no entanto, configura um território particularmente santo, reservado a Deus e às instituições sagradas (45,1-8).

Os versos 9-17 mostram os procedimentos na pesagem dos produtos comercializados, a fim de que tudo se realize com justiça. Em seguida são elencados os tributos devidos ao *príncipe* (não denominado rei para distanciar-se da instituição monárquica, culpada pela queda de Jerusalém). O príncipe, por sua vez, cuidará das oblações e holocaustos comunitários.

Em seguida são detalhadas as normas relativas aos sacrifícios e festas (v. 18-25), ao ingresso no Templo, aos vários sacrifícios, especialmente os do príncipe (46,1-15). Seguem-se ainda algumas normas acerca dos bens que o príncipe transfere como herança, e normas relativas às "cozinhas do Templo" (v. 16-24).

O rio do Templo e os novos confins do país (Ez 47–48)

Ez 47,1-12 é uma grandiosa visão estática na qual o profeta vê emergir do Templo uma corrente de água que se engrossa incontrolavelmente sem receber aporte de nenhum afluente, sugerindo assim a radical gratuidade do dom divino. Essa água sai do lado esquerdo do altar e se transforma num enorme rio que finalmente se lança no Mar Morto saneando-o, enchendo-o de vida e fazendo florescer ao longo de suas margens uma vegetação exuberante e perene, cujos frutos servem de alimento e folhas medicinais. Metáfora que ilumina o dom da vida que o Senhor estenderá aos repatriados.

O texto seguinte (47,13–48,35) apresenta os confins da terra que será dividida entre as doze tribos de Israel, sem privilégios ou diferenças; aos sacerdotes (descendentes de Sadoc) e aos levitas será dada a terra na parte mais santa, isto é, a mais próxima do santuário. Por fim são indicadas e nomeadas as portas da cidade, esta também em forma de quadrado, que não será mais chamada Jerusalém, mas *YHWH-shammáh*, isto é, "O Senhor está lá!" (48,35b), justamente para sinalizar a presença gloriosa de YHWH.

A mensagem

O Livro de Ezequiel pode ser considerado como um *escrito programático* do grupo dos deportados para a Babilônia, ou seja, um escrito que mostra como esses exilados compreenderam a própria situação e imaginaram a própria missão em relação aos que permaneceram na terra de seus pais.

Em alguns aspectos o Livro de Ezequiel confirma as interpretações teológicas do exílio presentes em outros escritos, como, por exemplo, a do exílio de Israel e de Judá como consequência do desrespeito à aliança. Entretanto, a originalidade da mensagem de Ezequiel não está exatamente aqui, mas em sua tentativa de colher, na situação de exilado, uma oportunidade de perceber a santidade do Nome do Senhor diante dos povos. Ele também se apresenta como uma oportunidade de aproveitar esse tempo oportuno, oferecido pela pregação do profeta de conversão e reconciliação com o Senhor, por meio de uma renovação profunda que consentirá aos exilados tornar-se semente de um novo futuro. De fato, Ezequiel sublinha que o Senhor não abandonou os exilados; mas, ao contrário, sua glória os acompanhou ao longo do exílio. Por isso, exatamente ali o profeta pôde viver o encontro com o Senhor e interpelar em seu Nome os companheiros de deportação. Mesmo não sendo os únicos, são eles os primeiros destinatários da profecia de Ezequiel. E não somente em relação ao juízo, mas também em relação ao anúncio de esperança. Nisso eles terão um lugar importante, após terem sido reerguidos, quase da morte, pela força do espírito de Deus. Ao retornarem à terra dos pais, eles deverão engajar-se numa obra de reconstrução destinada a realizar-se segundo o projeto presente nas visões de Ezequiel.

Outro núcleo da mensagem do Livro de Ezequiel está na afirmação da *responsabilidade individual* de cada um no que diz respeito tanto à própria vida quanto à própria morte. Mesmo não negando uma dimensão coletiva, comunitária, das escolhas pessoais, o profeta quer que cada um se dê conta do quanto contribuiu pessoalmente para a degeneração de certas situações, censurando o fácil álibi de atribuir toda a responsabilidade aos outros ou às instituições.

Ezequiel reflete profundamente sobre os efeitos da culpa, da qual resulta o juízo em face ao qual nenhuma geração, nem mesmo a atual, pode declarar-se inocente. Por outro lado, justamente porque a responsabilidade é individual, na vida de cada indivíduo é oferecido o convite à conversão, dado que o Senhor é o Deus que se compraz não com a morte do pecador, mas com sua vida.

O serviço profético prega em favor da vida, e justamente por isso deve desmascarar a falsa profecia e todas as formas mentirosas com que se busca tornar ineficaz a Palavra de Deus, ou tentar reduzi-la ao plano estético, imaginando-a destinada aos outros, julgando-a inoperante em relação ao presente e, portanto, destinada exclusivamente ao futuro. Ezequiel mostra claramente como se tenta desvalorizar e silenciar a Palavra, e como esta, paradoxalmente, é capaz de falar por meio do silêncio (*o profeta mudo*). Várias vezes o Profeta Ezequiel insiste nessa eficácia da Palavra ("Eu, o Senhor, falei e farei" – cf., p. ex., Ez 17,24). E assim, justamente quando tudo parece estar acabado, inicia uma segunda fase de sua pregação, anunciando esperança. A esperança não é um ajustamento de fachada. Se assim fosse, Ezequiel estaria agindo como os falsos profetas, denominados rebocadores de muros cadentes. O que ele propõe é uma mudança profunda, radical.

E é aqui que emerge um dos pontos mais luminosos da proposta de Ezequiel: o *dom de um coração novo*. É precisamente a meditação sobre o que o povo viveu e está vivendo que leva Ezequiel (como outros profetas, *in primis* Jeremias) a individuar o problema radical do povo. Para ele, o problema não é o mau funcionamento das instituições, ou os erros históricos das opções políticas, como as alianças erradas, mas o pecado. Esse é o vilão que corrói tudo e empurra o coração na direção do mal, da morte. A descrição da idolatria crescente e a injustiça generalizada confirmam esse diagnóstico angustiante.

Assim, quando não aparece nenhuma saída para tal situação, é porque a liberdade humana está radicalmente enfraquecida pelo pecado. Eis então o anúncio de uma iniciativa absolutamente gratuita da parte de Deus: trata-se do dom de seu espírito, que dá novamente esperança lá onde parece triunfar a resignação, o desespero, moldando novamente o coração e libertando-o do pecado. É o agir divino que, além de derrotar o mal, do qual é metáfora grandiosa a derrota de Gog, rei de Magog, reúne o povo disperso, o reconduz à terra dos pais e o faz colaborar no projeto de uma nova comunidade reunida ao redor do novo Templo, que volta a ser a residência da glória divina.

E é exatamente no tocante ao mistério de Deus que Ezequiel se revela teólogo absolutamente distinto. YHWH é o único Senhor; os deuses não passam de ídolos ou aberrações. Deus age na criação e na história por meio da própria Palavra, levando todo acontecimento a fim específico, ou seja, ao encontro dele, reconhecendo a santidade de seu Nome. De algum modo a inteira mensagem de Ezequiel pode ser acolhida então nessa recorrente fórmula de reconhecimento: "Saberão/sabereis que eu sou o Senhor".

7

Daniel

Introdução

Um livro singular

Daniel, na Bíblia cristã, é o quarto dos "Profetas maiores". Na Bíblia hebraica, ao contrário, é situado nos Escritos. A leitura cristã privilegiou a dimensão de profecia cristológica por causa da visão do "filho do homem" de Dn 7, que inspira várias passagens do Novo Testamento, ao passo que a leitura hebraica quer valorizar a reflexão sapiencial sobre a história.

Essas duas diferentes localizações canônicas se explicam se tivermos presente a singularidade do livro. De fato, se, para os Livros Proféticos, é preciso remontar à pessoa do profeta que está em sua origem, no caso de Daniel o personagem ao qual se refere o livro é o resultado claro de um artifício literário, denominado *pseudonímia*. Os fatos e os personagens propostos são ambientados no século VI a.C. Ou seja, na época de Nabucodonosor e de seus sucessores, indo até a época dos primeiros reis do Império Persa, muito embora o livro seja compilado num período muito mais recente, mais precisamente no século II a.C., quando Judá vive sob o domínio dos Selêucidas, uma das muitas dinastias à frente dos reinos nascidos do fracionamento do império de Alexandre Magno.

O Livro de Daniel vem à luz quando os Selêucidas – especificamente Antíoco III (223-187), e mais especificamente ainda Antíoco IV Epífanes (174-164) – adotam políticas muito agressivas, necessitadas de financiamentos, que são garantidos pela depredação dos tesouros de vários templos, inclusive o de Jerusalém.

Como se não bastasse, Antíoco IV Epífanes (ou seja, "o deus manifesta-do") aplica medidas repressivas contra a observância das tradições judaicas, como o sábado e a circuncisão, e chega inclusive a profanar o Templo em 167 a.C. Hoje se discute sobre a intenção real das medidas de helenização forçada, adotadas por Antíoco IV: provavelmente ele não pretendia suprimir o monoteísmo judaico, mas libertá-lo de uma série de costumes excessiva-mente "judaicos". Ora, se diversos judeus aceitam a helenização intencio-nada por Antíoco IV, outros adotam a via da revolta armada, sob o coman-do dos irmãos Macabeus. Outros ainda optam por uma resistência passiva, dispostos inclusive ao martírio, agarrados à confiança de uma intervenção libertadora da parte de Deus. A estes se destina o Livro de Daniel. Ele pre-tende infundir coragem e paciência na aceitação da provação e alimentar a esperança no triunfo do plano divino em favor de seus fiéis.

O autor do Livro de Daniel, portanto, se solidariza com os judeus opri-midos e provados, e é indissociável de um dos protagonistas de seu escrito, Daniel, o sábio visionário.

O texto de Daniel

O Livro de Daniel apresenta peculiaridades ligadas acima de tudo à lín-gua adotada. De fato, no texto protocanônico não temos apenas o hebraico (cap. 8-12), mas também o aramaico (cap. 2-7). Existem várias explicações relativas ao uso das duas línguas. Uma delas afirma que talvez o autor tenha recorrido à língua aramaica para indicar o interesse real do livro, que diz res-peito justamente ao judaísmo do século II a.C., quando a língua comumente falada era exatamente o aramaico.

A introdução do livro, no entanto (cap. 1), é feita na língua sagrada, ou seja, no hebraico, que retorna no capítulo 8, quando, com a precedente visão do fim do quarto animal e o triunfo dos santos do Altíssimo (o "filho do ho-mem"), o reino de Antíoco IV é declarado derrotado[41].

---

41. O bilinguismo de *Daniel* não é fruto da união de fontes diversas, mas uma deliberada es-tratégia retórica. O autor, que começa seu relato em hebraico, adota em seguida o aramaico – língua do Império Selêucida – para finalmente voltar ao hebraico, a fim de comunicar-se com o leitor e levá-lo a reconhecer que as pretensões daquele império estão dissolvidas, ao passo que as pretensões da aliança permanecem. Disso resulta a renúncia a qualquer forma de resistência à fé na aliança (cf. PORTIER-YOUNG, A.E. Language of Identity and Obligation: Daniel as Bilingual book. *Vetus Testamentum*, 60, 2010, p. 98-115).

Mas, nas bíblias que acolhem os textos canônicos, Daniel apresenta também algumas passagens escritas em grego (Dn 3,24-90; 13; 14). A Bíblia usada pela Igreja Católica, passando pela mediação da Vulgata, assume esses textos na versão que remonta não à LXX, mas à revisão grega de Teodócio.

Quanto à crítica textual do Livro de Daniel, o Texto Massorético, que compreende tanto a parte hebraica quanto a aramaica, em geral é respaldado por fragmentos encontrados em Qumran, pertencentes a cinco pergaminhos diferentes, que remontam a meados do século I a.C.

A situação se complica com as versões gregas. De fato, o texto da LXX parece oferecer um estágio histórico-tradicional anterior ao texto atual do Daniel aramaico dos capítulos 2-7 (especialmente para Dn 4–6). Existem em seguida as integrações deuterocanônicas do capítulo 3 (v. 24-90) e dos capítulos 13-14. Eis o quadro[42]:

1	Introdução: Daniel e seus companheiros de exílio
2–7	Primeira seção, narrações sobre Daniel (a estrutura concêntrica):
A	2: o sonho de Nabucodonosor (a estátua e os quatro reinos)
B	3: relatos de martírio (os três jovens na fornalha)
	(*oração de Azarias e cântico dos três jovens* – texto grego *3,24-90*)
C	4–5: inverso juízo divino sobre Nabucodonosor e Baltazar
B'.	6: relatos de martírio (Daniel na cova dos leões)
A'.	7: o sonho de Daniel (os quatro animais e o filho do homem)
8–12	Segunda seção, visões de Daniel:
8	o carneiro e o bode
9	oração de Daniel e profecia das setenta semanas
10–12	luta escatológica e vitória divina
13–14	Narrações deuterocanônicas sobre Daniel:
13	a casta Susana e os dois anciãos perversos
14,1-22	Daniel e os sacerdotes de Bel
14,23-42	Daniel e o ídolo do dragão

Vale sublinhar que existem outras propostas exegéticas de estruturação do livro na parte protocanônica. A mais significativa o articula em duas se-

---

42. Aqui, no geral, seguimos a proposta de estruturação de MARCONCINI, B. *Daniele* – Un popolo perseguitato ricerca le sorgenti della speranza. Bréscia: Queriniana, 1982, p. 17-18.

ções fundamentais: a dos sonhos e dos martirológios (Dn 1–6), e a das visões (Dn 7–12).

Daniel e a apocalíptica

Geralmente o Livro de Daniel é situado no âmbito da literatura apocalíptica. O conceito de "apocalíptica", entretanto, ainda é objeto de um debate exegético aberto.

Se privilegiarmos o aspecto literário, formal, inegavelmente o escrito é fruto dessa literatura. Se, ao contrário, privilegiarmos seu conteúdo, surgem dificuldades. De fato, se assumirmos como parâmetro do pensamento apocalíptico o Primeiro Livro de Enoc, dificilmente o Livro de Daniel faria parte da apocalíptica.

Os traços formais que Daniel compartilha com a apocalíptica são principalmente a pseudonímia, ou seja, o fato de atribuir o escrito não ao seu autor efetivo, mas a um grande personagem do passado. Isso com o objetivo de dar prestígio à obra, mas talvez também para preservar-se de represálias das autoridades, quando a obra assume conotações políticas.

Outra característica é a insistência nas visões ou nos sonhos como mediação privilegiada para a revelação divina. Também nos profetas se encontram visões, mas as da apocalíptica são tão complexas e difíceis de imaginar que requerem uma interpretação externa, muitas vezes confiada a personagens transcendentes, a anjos. Por outro lado, o simbolismo da apocalíptica é enfático e mais cerebral, ou seja, de compreensão não imediata. Daniel se encaixa perfeitamente nessa tipologia.

Outro traço da apocalíptica é a retomada de textos escriturísticos sob a forma de comentários atualizados (*pésher*). Um exemplo disso é a releitura da profecia de Jeremias dos setenta anos de exílio em Dn 9.

Quanto aos aspectos conteudísticos que Daniel tem em comum com a apocalíptica, sublinhamos, acima de tudo, uma clara visão da história. Nela a posição do escritor se situa artificialmente no passado para iluminar a história presente sob a forma de predição profética.

Em seguida aparece a insistência sobre uma periodização da história segundo um predeterminado desígnio divino. Além disso, a história é vista como um processo de progressiva decadência, que torna necessário o fim do mundo presente e a instauração de um mundo novo. Um exemplo geral: após a condenação do quarto animal e seu fim, se instaura o reino eterno do "filho do homem" (Dn 7). Tudo isso leva a direcionar a atenção para os sinais e para as advertências sobre o fim, visto como iminente.

Por fim, a história é o lugar em que se desenrola o "mistério" (grego *mys-térion*; aramaico *raz*), ou seja, o salvífico plano de Deus. Este prevê também um necessário tempo de provação e de purificação para o fiel. Essa provação pode contemplar inclusive o martírio. Nesse sentido o Livro de Daniel quer confortar os fiéis num momento de grave crise e provação da própria fé, e inclusive tornar-se uma apologia do martírio.

Mas também existem aspectos que diferenciam Daniel da apocalíptica apócrifa. De fato, Daniel não compartilha com a visão de uma origem do mal num pecado que transcende o ser humano, como é evidente no mito de 1 Enoc do pecado dos anjos vigilantes com as filhas dos homens. O mal, ao contrário, se origina na soberba, na arrogância e na violência humana.

Além disso, em Daniel não existe nenhuma desvalorização da matéria em favor do espírito, tampouco o recurso a uma legislação custodiada por leis celestes e eternas, como ocorre em 1 Enoc e em outros apócrifos. O culto e as leis a que Daniel se refere, leis que são questionadas pelos poderes humanos dos perseguidores, são as da tradição mosaica, à qual ele permanece solidamente ligado (Dn 9,11).

Guia de leitura

Daniel e seus companheiros de exílio (Dn 1)

Daniel e seus companheiros são apresentados. O esboço é o da história de José, o judeu. Assim como este chega ao Egito na condição de escravo, assim também Daniel chega à Babilônia na condição de prisioneiro de guerra. Da mesma forma que José superou a prova da sedução, Daniel deve superar a prova imposta pela dieta alimentar.

Ele e seus companheiros são forçadamente escolhidos para o serviço na corte de Nabucodonosor, e para tal serviço são preparados. A eles são impostos novos nomes, que pretenderiam ocultar o significado teológico dos nomes judeus. Daniel significa "meu juiz é Deus"; Ananias significa "YHWH tem piedade"; Misael significa "Quem é como Deus?"; Azarias significa "YHWH ajuda".

Na preparação dos jovens judeus para o acesso ao serviço da corte entraria também uma dieta especial, que eles rejeitaram, obtendo de Asfenez, chefe dos funcionários, a permissão de seguir outro regime, segundo os preceitos da pureza dos alimentos. Além disso, o fato de não se servirem de carnes das mesas dos reis mostra a diferença desses jovens em relação aos que pertencem ao mundo pagão. Na condescendência de Asfenez ao pedido dos jovens judeus se entrevê a intervenção de Deus em favor dos seus fiéis (v. 9).

Após os dias de provação pela dieta escolhida, o aspecto físico desses judeus emerge de forma deslumbrante. Além disso, Deus dá a Daniel e aos seus companheiros uma sabedoria tal que obscurece a dos sábios da Babilônia.

Sonho de Nabucodonosor (Dn 2)

Aqui tem início a seção em língua aramaica do Livro de Daniel.

Narra-se primeiramente um encontro entre Nabucodonosor e seus conselheiros (v. 1-12). O rei teve um pesadelo e gostaria de superar a perturbação provocada. Entretanto, ele não confia em seus conselheiros, dedicados às artes mágicas e divinatórias, e quer deles uma explicação do sonho, mesmo sem relatá-lo. Esses adivinhos ficam embaraçados e aterrorizados. Aqui está implicitamente presente a crítica das artes mágicas e de toda forma de adivinhação. Diante da incapacidade deles, Nabucodonosor emitiu uma sentença de morte.

A essa altura entra em cena Daniel (v. 13-30), exatamente no momento em que está para ser morto com os seus companheiros, como se Daniel e seus companheiros também fossem adivinhos. A sorte deles se assemelha à dos judeus à mercê dos poderosos, mas parece um pouco pior, visto que se veem condenados sem saber o motivo, que com sagacidade deverão descobrir. Daniel pede então tempo ao rei para explicar-lhe o sonho desconhecido, e o obtém de forma inesperada. Após ter invocado com os seus companheiros a misericórdia do Deus do céu, Daniel recebe uma visão noturna com a revelação do segredo do rei (v. 16-19).

Antes mesmo de apresentar-se ao rei, Daniel louva a Deus pelo que lhe é revelado (v. 20-23). Ensinamento implícito: a oração é o verdadeiro fundamento no qual se enraíza a sabedoria do fiel, já que o poder e a sabedoria pertencem somente a Deus.

De fato, quando Daniel se apresenta ao rei, declara explicitamente que aquilo que dirá acerca de seu sonho vem somente do Deus do céu, porque somente Ele pode revelar o futuro e dar a verdadeira sabedoria (v. 24-30).

Em seguida é apresentado o sonho do rei com sua explicação (v. 31-45). O rei viu uma espécie de estátua, construída em quatro partes, com material que ia perdendo valor à medida que se aproximava do chão. O esquema sugere a ideia de uma série de fases históricas caracterizadas por uma progressiva decadência.

A inconsistência dos pés provoca um fim desastroso à estátua, que se quebra e vira poeira sob a colisão de uma pedra que rolou da montanha sem qualquer intervenção humana. Em seguida, a mesma pedra causadora da ruína cresce até tornar-se uma grande montanha, ocupando toda a região.

Daniel apresenta então ao rei a explicação do sonho. Tudo gira ao redor da denúncia dos delírios da onipotência humana. E o fato que a rocha se transforme numa montanha imponente atesta que Deus instaurará na fugacidade da história humana um reino eterno (v. 44).

A reação de Nabucodonosor não é paradoxalmente de terror, mas de alívio, que transparece no louvor ao Deus de Daniel e nas honrarias a este e aos seus companheiros (v. 46-49). De fato, a explicação do sonho libertou o rei do delírio da onipotência, sem sentir-se fracassado, mas como um submetido, como os outros, ao senhorio do Deus dos deuses, Senhor dos reis e revelador dos mistérios. Entretanto, em Nabucodonosor existe ainda muita confusão, tanto que se prostra diante de Daniel e quer que lhe sejam oferecidos sacrifícios e incensos como se fosse uma divindade.

Relatos de martírio (Os três jovens na fornalha – Dn 3,1–23.91-97)

Aqui Daniel está ausente e só comparecem seus três companheiros. Nessa história se entrevê o martírio imediato dos judeus que, por fidelidade às tradições dos pais, se opuseram às decisões de Antíoco IV Epífanes. De fato, este havia construído um ídolo no Templo de Jerusalém, obrigando os judeus a adorá-lo, sob pena de morte (cf. 1Mc 1,54). É a essa situação que o Livro de Daniel alude ao falar da estátua de ouro erguida por Nabucodonosor para ser adorada por todos.

A grandiosidade e a preciosidade da estátua deveriam favorecer sua adoração por todos, sobretudo pelos colaboradores do rei. Prostrar-se diante dela equivaleria a prostrar-se diante do rei, diante de seu poder; isso não pode ser feito pelos judeus fiéis e, na prática, pelos três companheiros de Daniel, naquele momento já dignitários da corte com o nome de Sidrac, Misac e Abdênago. Estes são denunciados como invejosos, e aguardam a própria condenação pela desobediência à ordem real. Os três jovens rejeitam qualquer subterfúgio para salvar-se: nenhum compromisso pode ser aceito por um verdadeiro fiel (cf. 2Mc 6,18-28). E então são condenados.

Ora, quando o poder encontra quem a ele se opõe se enfurece, da mesma forma que fez Nabucodonosor, e cai no ridículo, assim como é ridículo aumentar em sete vezes as chamas da fornalha. Ironia: os três jovens condenados à fornalha permanecem incólumes, ao passo que as chamas aumentam de tal maneira que chegam a queimar os executores da sentença.

A história se conclui em Dn 3,91-97 (versículos que correspondem, nas bíblias sem inserção deuteronomista, a Dn 3,24-30) com a libertação milagrosa dos três jovens. O rei, que havia assistido a tudo, chega a chamar pelo nome os três que havia condenado, definindo-os como "servos do Deus altíssimo". Além disso, estupefato, ele entrevê quatro figuras caminhando livres entre as chamas, e uma destas de aparência misteriosa, transcendente. Assim ele reconhece que o Deus dos três jovens é o único que tem o poder de salvar. O perseguidor transformou-se em confessor da fé; e, quanto aos três jovens, passam de perseguidos a exaltados.

Oração de Azarias e cântico dos três jovens (Dn 3,24-90 LXX)

O que fazem os três jovens na fornalha ardente? Rezam. Isso segundo o texto da LXX, que insere aqui duas longas orações e um breve texto narrativo. São textos deuteronomistas inseridos na Bíblia católica.

Em primeiro lugar o texto apresenta a oração penitencial de Azarias (Dn 3,24-45)[43]. Ele eleva uma oração semelhante a outras súplicas coletivas que confessam o pecado de toda a comunidade (cf. Dn 9,4-19; Esd 9,6-15; Br 1,15.3,8), com ressonâncias de vários salmos (cf. Sl 51,19; 25,3; 27,8; 83,19).

Azarias, solidário com seu povo, assume sua culpa e invoca o perdão, testemunhando a fé no próprio Deus, do qual exalta a justiça, a fidelidade e a misericórdia, que contrastam com a revolta e o pecado do povo. Os sofrimentos atuais são castigos divinos que pretendem reconduzir mais à obediência e ao coração contrito do que a um culto exterior.

No final o orante pede para que seja esmagado o poder dos que o perseguem, a fim de que fique evidente que o Senhor é o Deus único e glorioso

---

43. Seguimos a numeração dos versículos da tradução da Conferência Episcopal Italiana (CEI).

sobre toda a terra. E assim pode afirmar: "pois quem põe sua confiança em ti não ficará frustrado" (v. 40).

À oração de Azarias segue um breve trecho narrativo (v. 46-51) e, sobretudo, o solene cântico dos três jovens na fornalha ardente (v. 52-90).

O hino apresenta uma trajetória descendente, indo do céu à terra, a Israel e aos jovens que Nabucodonosor queria martirizar. Os primeiros versículos se concentram na esfera de Deus, sobre sua santidade e realeza. O louvor a Ele dirigido se torna litanicamente um convite a render-lhe glória e graças, superando as barreiras do espaço e do tempo.

Em seguida a oração passa a louvar o Senhor pelas obras da criação, isto é, por todas as suas criaturas, começando pelos anjos. É um hino à excelência da criação, já que expressão da bondade do Criador, e conjuntamente uma tomada de posição contra a tentação de idolatrar as criaturas.

Também aqui a oração ecoa abundantemente outros textos bíblicos (cf. Gn 1; Sl 19; 104; 148). Tudo é personificado porque tudo deve participar do louvor, que só será pleno quando envolver a humanidade inteira, e nesta Israel como comunidade definida pelo serviço, pela santidade, pela justiça e pela humildade. Do plano da criação passa-se então ao plano da história.

Juízo divino oposto sobre Nabucodonosor e Baltazar (Dn 4–5)

Para os primeiros versículos desse grande bloco, em razão da inserção deuteronomista, se registra ainda uma discrepância entre a numeração da LXX (adotada pelas várias versões da Bíblia católica, que enumera 3,98-100) e a do Texto Massorético (que enumera 3,31-33).

Sonho, juízo e conversão de Nabucodonosor (Dn 3,98–4,34)

Deparamo-nos com outro sonho de Nabucodonosor que o abalou profundamente (3,98–4,15), porém, dessa vez ele não o mantém escondido, mas aguarda uma explicação dos sábios da corte. Novamente estes se revelam incompetentes, razão pela qual o rei recorre a Daniel como o único em condições de revelar o mistério em razão de sua comunicação com o mundo divino (v. 5).

No sonho o rei vê uma árvore de extraordinária altura, plantada no centro da terra. Em seguida aparece um "vigilante", um ser "angélico" que ordena a derrubada da árvore, determinando seu destino. Em seguida tem início um processo de esclarecimento: a árvore é substituída por uma pessoa, cujo coração humano é substituído por um coração de animal (v. 13). Já se pode intuir a metáfora de uma degradação do humano na bestialidade de um poder que perde o sentido do limite. O processo de degradação parece interminável: sete períodos.

Após a descrição do sonho, que perturba inclusive Daniel, ele oferece sua interpretação (v. 4,16-24).

A perturbação de Daniel é causada por um motivo oposto ao do rei, transtornado pelo fato de não compreender. Para Daniel, ao contrário, o sonho é claro e dramático. Ele esclarece então o sentido da árvore como figura da realeza, e explica o aparecimento do "vigilante" e a sentença celeste contra a árvore, isto é, contra o rei[44]. A interpretação dada por Daniel ao sonho de Nabucodonosor se realiza um ano depois, quando o rei peca por orgulho ao contemplar as próprias realizações, e é, por ordem divina, afastado do mundo humano para viver entre os animais (v. 25-34). Assim é simbolizado o caráter desumano do delírio de onipotência; eis por que é necessário um longo período de penitência. Somente então o soberano se abre ao reconhecimento do senhorio do Deus altíssimo e é reintegrado ao mundo dos humanos e ao seu poder real.

O banquete de Baltazar e a escrita na parede (Dn 5)

A sorte de Baltazar é diametralmente oposta à sorte de Nabucodonosor. A questão é sempre a da arrogância, da *hybris* do poder, da qual Baltazar não se emenda, incorrendo no castigo definitivo.

Historicamente Baltazar (Belshazer) era filho de Nabônides, último rei da Babilônia, e havia comandado o reino durante os anos de ausência do pai da cidade. Por isso era popularmente considerado o último rei da Babilônia. Por detrás da figura de Baltazar, é reconhecível a de Antíoco IV Epífanes, profanador do Templo e adversário do culto hebraico.

Narra-se, portanto, a blasfema orgia em que Baltazar e os convidados profanam os objetos do Templo de Jerusalém, saqueados pelos conquistadores babilônios. Estes bebem e comem servindo-se dos objetos, enquanto

---

44. O tempo em que este é expulso da sociedade humana faz pensar no que acontece historicamente não a Nabucodonosor, mas a Nabônides que, durante seu reinado, se retirou para a Arábia, no oásis de Teman, por um longo período. A razão histórica dessa escolha nos é desconhecida, mas a *oração de Nabônides* encontrada em Qumran explica seu afastamento da sociedade como castigo pela idolatria da qual deve se converter; somente então obterá a cura, podendo voltar à sua comunidade civil.

exaltam seus próprios deuses. Eis que de repente uma mão escreve na parede defronte ao rei, iluminada por uma luz de candelabro (talvez o mesmo trazido do Templo de Jerusalém). A festa se interrompe e o rei mergulha na consternação. Uma vez mais o multifacetado mundo religioso babilônio, impregnado de superstição, se revela incapaz de interpretar a enigmática escrita, até que seja convocado Daniel, do qual se sublinha sua pertença ao povo judaico no exílio. Imediatamente ele deixa evidente sua inteira liberdade na interpretação do que está escrito na parede pela misteriosa mão; por isso declara não querer dons nem recompensas.

Interpretando a escrita ele coloca em oposição duas atitudes: a de Nabucodonosor que, vivendo distante dos homens, se emendou de seu orgulho e reconheceu o senhorio do Deus altíssimo, e a de Baltazar, que não aceitou humilhar-se diante do Senhor do céu, mas inclusive profanou os cálices sagrados de seu Templo. O escrito soa assim: *Menê*, *Tekêl*, *Perês*, isto é, "contado, pesado, dividido". Dividido será seu reino, entregue aos medos e persas (v. 28).

Mesmo reconhecendo a sabedoria de Daniel, o rei não confessa o senhorio do Deus em cujas mãos sua própria vida se encontra. E esta lhe é tirada na mesma noite, já que foi assassinado.

Relatos de martírio (Daniel na cova dos leões – Dn 6)

A Baltazar, punido exemplarmente com a morte, sucede Dario, rei dos medos (6,1). A imprecisão histórica (o reino passa na verdade a Ciro, não a Dario) convida o leitor a decifrar e a atualizar o verdadeiro significado do relato: também o reino do sacrílego Antíoco IV miseravelmente cairá.

Entretanto, na corte, alguns colegas de Daniel, que o invejam por seu sucesso, tramam para eliminá-lo, induzindo o rei a publicar um edito com a proibição de qualquer oração por trinta dias (v. 2-10). De fato eles estão convictos de que Daniel não renunciará à oração e, transgredindo o edito, será punido. E a história transcorre da forma como se previa: Daniel é denunciado por ter rezado não obstante a proibição real. E, se as leis persas, uma vez escritas, são imutáveis[45], o rei, a contragosto, deve fazer executar a sentença: Daniel é lançado na cova dos leões (v. 11-16).

---

45. O conceito que está na base das expressões semelhantes à "irrevogável é a lei dos medos e dos persas" (Dn 6,9.13.16) se encontra também em Ester (1,19; 8,8), e tende a dar maior força à própria lei.

Obviamente, o rei está dividido entre uma ordem que partiu dele e é irreversível, e a esperança de que o próprio Deus de Daniel o salve. Ele passa uma noite sem dormir e de manhã corre à cova dos leões, torcendo para que Daniel ainda esteja vivo. E assim acontece: Daniel é milagrosamente salvo por um anjo de Deus. E os detratores sofrem a pena à qual haviam condenado Daniel (v. 17-25).

A narrativa da libertação milagrosa de Daniel culmina numa profissão de fé do rei. Diante da manifestação da glória e da salvação poderosa do Deus de Daniel, o rei reconhece solenemente e publicamente a soberania de Deus, e declara que somente a Ele é devida a adoração. Em seu decreto Dario afirma que a soberania de Deus é eterna, que Ele é o Deus vivo que faz obras maravilhosas no céu e na terra e, sobretudo, que salva e liberta seus fiéis (v. 26-29).

Nesse episódio o Rei Dario representa os poderosos que simpatizam com a religião de Israel, mesmo não estando ainda em condições de aderir plenamente à fé no Senhor e de romper totalmente com o paganismo.

O relato de Daniel na cova dos leões tem evidentes paralelos temáticos com o dos seus três companheiros jogados na fornalha ardente (cf. Dn 3). Em ambos se encontra o tema do martírio, bem como o anúncio de que Deus salva os próprios servidores; comum também é o motivo muito conhecido na carta do Oriente Médio Antigo relativa à reabilitação do funcionário da corte, antes caído em desgraça, mas em seguida reconhecido por sua lealdade e integridade.

Os quatro animais e o filho do homem (Dn 7)

O capítulo começa com uma visão noturna (v. 1-14) posta por escrito por Daniel justamente para que seu significado atravesse os séculos. O cenário é cósmico e envolve os elementos primordiais, como a água e o vento, enquanto tudo paira na escuridão. Do mar, símbolo do caos, quatro animais gigantescos emergem em sequência. As imagens teriomórficas na Bíblia geralmente são associadas à realidade histórica, às potências dominadoras e agressivas; existe realmente algo de bestial no orgulho e na violência humana. Os quatro animais simbolizam a universalidade: a história dos homens será virada do avesso pela presença invasora e devastadora de forças hostis e literalmente "bestiais". Entretanto, mais terrível do que os três primeiros animais, (um leão alado, um urso semiereto, um leopardo com quatro asas e quatro cabeças) é o quarto, com enormes dentes de ferro e dez chifres. Como se não bastasse, sua assustadora voracidade vem acompanhada por um detalhe preciso: três chifres são arrancados para deixar espaço a um pequeno chifre com olhos humanos que proferiam discursos estrepitosos e blasfemos.

O terceiro elemento cósmico, a terra, aparece pisoteado por esses animais, ao passo que o quarto elemento, o fogo, é associado à sequência da visão, com o juízo vindo do céu contra os animais. Ao longe, no fundo da noite, resplandece a luz de um fogo imenso que ilumina um tribunal divino.

No centro dessa cena está a figura reluzente e sublime de um velhote (literalmente "ancião"). Suas vestes brancas indicam a majestade e a santidade; os cabelos brancos são associados à ideia de maturidade, sabedoria; seu poder se torna visível na imensa legião dos servidores que o circundam.

São abertos os livros[46] e, sem qualquer debate, profere-se a sentença. Esta diz respeito principalmente ao quarto animal, o mais assustador, que é morto em razão das palavras blasfemas proferidas pelo último pequeno chifre, no qual o leitor não tem dificuldade de reconhecer Antíoco IV Epífanes. Parece que ainda se conceda alguns sinais de vida a esse animal; mas, na verdade, são seus últimos momentos de agonia.

Também os outros animais são julgados e condenados, mas se lhes dá mais tempo.

A visão não terminou, pois seu clímax é a aparição de uma figura extremamente sugestiva: "como um filho do homem". Diferentemente dos animais, este não vem do caos, mas do mundo celeste ("como as nuvens do céu"). Não é uma realidade bestial, mas humana, isto é, conforme ao projeto de Deus que criou o homem à sua imagem e semelhança.

O juízo final de Deus trará a instauração definitiva do reino do filho do homem, que coincidirá com a realização de um novo rosto da humanidade, liberta da sedução do poder (cf. os animais) e "realizada", com traços messiânico-reais do projeto divino sobre "Adão".

À visão sucede imediatamente sua interpretação, que Daniel recebe de um personagem transcendente (v. 15-27). De imediato se aborda também o significado dos animais presentes na visão. É simples: trata-se de uma

---

46. O livro, aqui, mesmo se distinguindo de outras imagens similares – como o Livro da Vida (Ap 3,5), ou o dos sete selos (Ap 5,1-8) – sugere a ideia da autoridade da sentença que emanará e a firmeza do juízo realizado. Por outro lado, a apocalíptica recorre frequentemente à imagem do livro, no qual está escrita a sentença relativa à história dos homens e as ações pessoais, suas experiências (cf. Is 61,6; Ml 3,16; Sl 56,9).

alegoria dos quatro impérios ou reinos da região (assim como aconteceu com as quatro partes da estátua no sonho de Dn 2). Os pormenores dos três primeiros animais faziam crer efetivamente em primeiro lugar no Império Neobabilônico, em seguida no Império Medo e, por fim, no Império Persa.

A interpretação dedica maior atenção ao quarto animal, e o leitor logo intui que este corresponde ao reinado de Alexandre Magno em razão de seu poder desmesurado. O pequeno chifre que cresce na cabeça e que profere palavras blasfemas remete claramente a Antíoco IV, assim como ocorre nos *Livros dos Macabeus*. Identificação mais rigorosa ainda quando preconiza afligir ou destruir os santos do Altíssimo. O detalhe de "querer mudar os tempos e a lei" parece referir-se à introdução de um novo calendário religioso, bem com a tentativa de substituir o ano litúrgico hebraico por outro calendário de festas.

Quanto à figura semelhante ao filho do homem, a explicação dada por Daniel vai na direção de uma figura coletiva, enquanto a identifica com a comunidade dos "santos do Altíssimo" (v. 18.25.27). Alude-se aos membros da comunidade judaica, perseguidos pela sua fidelidade à Lei e cuja perseguição acabará com a vitória dos perseguidos por intervenção divina. Dessa forma também se supera o escândalo que o pequeno chifre blasfemo declarasse guerra aos santos, e que Deus entregasse em suas mãos "até um tempo, [dois] tempos e meio-tempo" (v. 25), ou seja, três e meio, a metade de sete. O predomínio do animal sobre eles não seria, no entanto, definitivo.

Na conclusão da visão, Daniel fica perturbado e pálido (v. 28). A situação parece estranha se pensarmos em sua calma na cova dos leões. A razão de tal perturbação parece dever-se ao fato de ter visto algo do mistério de Deus na história, e em razão do sofrimento que envolve a comunidade dos fiéis. Mas Daniel conserva em seu próprio coração a revelação recebida, como realidade a ser aprofundada e repensada, para que se torne tesouro precioso a ser guardado.

O carneiro e o bode (Dn 8)

Termina aqui a seção em língua aramaica do livro e retorna a hebraica, com a descrição de visões recebidas por Daniel. Na primeira se enfrentam um carneiro e um bode (Dn 8,1-12). O primeiro sucumbe ao segundo; a este, porém, é quebrado um grande chifre em cujo lugar nascem outros quatro chifres, e de um deles surge outro pequeno chifre, que pretende guerrear contra o céu, derrubando ao solo algumas estrelas. Aqui emerge muito clara a pretensão blasfema do exército representado pelo pequeno chifre, que luta contra o exército das milícias celestes e que atenta contra o culto e o santuário.

A visão é interpretada por personagens celestes (v. 13-26) que assistem a luta e a comentam, demonstrando impaciência, mas torcendo para que essa situação adversa acabe ("até quando?"). Daniel também é envolvido, ao qual Gabriel, figura em forma humana, mas claramente angélica, deve explicar a visão.

O confronto entre os dois animais representa o confronto entre o vencido poder medo-persa e o greco-macedônio, vitorioso. Deste último (i. é, do império de Alexandre Magno) procedem vários reinos até o último que, embora não nomeado, é o de Antíoco IV, responsável por graves repressões contra os judeus e suas tradições religiosas. Mas esse poder não terá vida longa, já que está se encaminhando para o fim. Embora responsável por grandes violências, a astúcia de Antíoco – bastante conhecida pelas intrigas narradas em 1 Macabeus – e sua arrogância serão derrotadas pelo "príncipe dos príncipes" (v. 25).

Vale lembrar que a identificação do "príncipe dos príncipes" é problemática. Existe uma possível relação com o "chefe do exército" de Dn 8,11; entretanto, oscila-se entre a identificação com o personagem histórico do sumo sacerdote judeu Onias III, e a de tipo transcendente e escatológica, com Miguel, o personagem angélico que aparece em Dn 10,11.21; 12,1. Essa parece ser a chave para compreender teologicamente o difícil tempo presente da opressão selêucida e reencontrar a esperança; a mensagem é análoga à comunicada por ocasião do sonho de Nabucodonosor (Dn 2), e na visão dos quatro animais e do filho do homem (Dn 7).

Entretanto, Daniel recebe a ordem de manter em segredo a visão (v. 26) que, segundo o artifício literário adotado pela obra, se refere a um futuro remoto, muito longe do exílio babilônico. O leitor imediatamente intui que se trata do próprio tempo. Daniel permanece novamente destituído de forças diante da revelação do mistério do confronto entre o bem e o mal na história (v. 27).

O relato do fim do pequeno chifre arrogante, astuto e violento, "sem intervenção de mãos humanas", reflete uma tomada de posição clara do Livro de Daniel em relação a uma oposição armada contra o poder selêucida. Ele não se alia à escolha da rebelião dos Macabeus, mas opta por uma resistência não violenta, por um testemunho disposto ao martírio.

Oração de Daniel e profecia das setenta semanas (Dn 9)

Todo o capítulo 9 se apresenta como uma aplicação e um comentário a Jr 25,11-12; 29,10. Essa profecia, que anunciava aos exilados a libertação após setenta anos, implicava um problema, já que o fim do domínio babilônico não significou uma libertação plena, mas somente uma mudança de dominadores. Impunha-se, portanto, uma reinterpretação. O Livro de Daniel o faz atualizando-a, deixando entrever um dos primeiros casos intrabíblicos do gênero *pésher*, isto é, de comentário que atualiza as Escrituras. Neste aparece clara uma mensagem: para a pergunta sobre até quando durará a opressão, a resposta não se encontra nos magos ou nos adivinhos, mas somente na leitura das Escrituras (9,2), e esta não pode não se traduzir em oração.

Eis então a oração penitencial que Daniel eleva em nome de todo o povo. É uma oração acompanhada pelo jejum e por gestos penitenciais. Daniel reconhece que a história do povo foi marcada pelo pecado, pela revolta contra o Senhor, pela transgressão à lei dada por Moisés; a atual aflição é o castigo à desobediência (v. 4-14). Surge então uma súplica de libertação, invocação que faz memória da eleição e da salvação operada por Deus em favor de seu povo (v. 15-19).

Segue a explicação da profecia de Jeremias por meio de uma visão na qual aparece Gabriel como intérprete (v. 20-27). Não se trata de setenta anos, mas de setenta semanas de anos. É uma complicada soma temporal que alude ao início do exílio e ao retorno, com a figura de um príncipe consagrado (ou o sumo sacerdote de Josué, ou Zorobabel), remontando até o período que interessa realmente ao leitor, ou seja, aos tempos de Antíoco IV. Temos então um novo consagrado, inocente, que é assassinado; presumivelmente é o sumo sacerdote Onias, morto pelos rivais (cf. 1Mc 4,28). No fim temos uma semana de anos, com a primeira metade marcada pela profanação do Templo, onde toma posse a *abominável devastação*, isto é, um ídolo (cf. 1Mc 1,54): na outra metade o devastador será levado à ruína.

A luta escatológica e a vitória divina (Dn 10–12)

O homem vestido de linho (Dn 10,1–11,1)

Segundo a ficção literária do Livro de Daniel, que se concentra basicamente no exílio babilônico, o vidente recebe outra visão, datada no terceiro ano de Ciro, que havia permitido o retorno dos judeus à pátria e a reconstrução do Templo (10-1).

Daniel se prepara com um jejum de três semanas para receber a revelação divina, que lhe é comunicada por meio da visão de um homem vestido de linho, de características extraordinárias (v. 2-21). Os traços teofânicos da visão (alusões evidentes à visão de Ez 1) impedem que ela seja contemplada pelos presentes, a não ser por Daniel, embora suas forças lhe sejam suprimidas. É somente após Daniel ser tocado pelo personagem que consegue reerguer-se e ajoelhar-se para ouvir as palavras da revelação, palavras que projetam para o fim dos tempos um combate escatológico envolvendo o destino do povo de Daniel, as forças históricas e personagens transcendentes, dentre essas Miguel.

Revelação angélica sobre a história (Dn 11,2-20)

O Anjo Gabriel explica a Daniel o desenvolvimento da história e apresenta assim as Guerras dos Diádocos ou guerra dos sucessores de Alexandre Magno, com questões intricadas que constituem os antecedentes da perseguição dos judeus pela Dinastia Selêucida (11,2-20). A revelação angélica reúne uma série de indicações nas quais é possível reconhecer a figura de Alexandre Magno, conquistador do Império Persa, e a problemática da sucessão ao seu trono, com alianças matrimoniais e guerras entre seus sucessores, e em particular aquela entre os Selêucidas e os Ptolemeus, que reinavam no sul do Egito.

Chega-se assim ao reinado de Antíoco IV Epífanes (v. 21-45) e, particularmente, à sua política antijudaica, com a profanação do santuário e a abolição do sacrifício cotidiano (v. 31), mas também com a violenta perseguição daqueles que permaneciam fiéis à aliança com o Senhor. Em seguida o texto trata dos partidos judeus com suas respectivas posições a respeito da perseguição: de um lado, colaboração com o inimigo, de outro, revolta de alguns (Macabeus e admiradores), bem como o martírio de outros. Em relação a essas posições, clara é a posição do Livro de Daniel: o livro opta pelo martírio, já que o sofrimento dos mártires purifica os demais (v. 35). A pretensão de Antíoco IV, a de ser exaltado como um deus, o levará a um trágico e iminente fim, decretado por Deus: "...pois seu fim o surpreenderá, e ninguém lhe prestará socorro" (v. 45).

Uma esperança maior: a ressurreição dos justos (Dn 12)

O epílogo não pode reduzir-se à derrota do perseguidor, já que permanece suspensa a questão relativa à sorte dos que deram a vida na intenção de permanecer fiéis à aliança com o Senhor. É o que o homem vestido de linho anuncia em Dn 12,1-4.

É o texto do Antigo Testamento mais claramente destacado em relação à fé na ressurreição. Se a perseguição selêucida foi a manifestação paroxística do poder do mal, a libertação deste coincidirá com a manifestação escatológica do poder de Deus: "...nesse tempo teu povo será salvo, todos os que estiverem registrados no livro" (v. 1). Ora, assim como antes, com a aparição do filho do homem, foi instaurado um reino eterno (7,13-14.27), agora, com a aparição de Miguel, é anunciada a vitória sobre a própria morte. Em Dn 12,2 se prevê um despertar dos que dormem na poeira: alguns para a vida eterna, outros para a ignomínia eterna. Não se trata simplesmente de um renascimento da comunidade após a perseguição, mas do destino definitivo de cada pessoa. Fica em aberto o problema se o texto de Daniel destina a ressurreição somente a uma parte da humanidade ou a todos; a questão é como entender a expressão "muitos", isto é, se de forma a excluir os outros, ou como um semitismo para dizer "todos". Certo é que a vida devolvida aos mortos não é temporária, mas eterna, e ela é garantida aos guias espirituais ("sábios") do povo, que o custodiaram na verdadeira fé. Por outro lado, é difícil explicar o que se entende por "vergonha e infâmia eterna": Trata-se de permanecer mortos, ou seria um castigo eterno?

A conclusão da revelação a Daniel prevê uma ordem precisa: "...conserve secretas estas palavras e lacre o livro até o tempo final. Muitos andarão perplexos, para que cresça o saber" (v. 4). A revelação recebida deve ser acessível a todos os que ouvirem o escrito e buscam compreender o próprio cotidiano e tentam reaver a esperança.

Aqui o livro poderia terminar, mas o autor (ou um glosador posterior) julga oportuno retomar a questão do *quando* desse tempo final (v. 5-13).

Esses acréscimos se reportam à profecia das setenta semanas de anos e pretendem responder à pergunta dos fiéis perseguidos acerca do tempo da realização da promessa de Deus. A comunicação acerca de quando terminará essa história permanece enigmática para Daniel, que relança novamente a pergunta: "Senhor, como isso terminará?" (v. 8).

Pois bem, a mensagem divina tranquiliza Daniel sobre a veracidade da mensagem transmitida e faz compreender que somente no final dos tempos isso será plenamente compreendido. Por ora urge enfrentar um período de provação, de purificação. As intervenções de vários glosadores tornam o texto pesado, pois é acrescentado um mês aos simbólicos três anos e meio de Dn 7,25. E em seguida são acrescentados ainda outros dois meses nos quais, após a purificação do Templo, se chega à publicação do livro. Detalhes pesados, mas importantes, que lembram ao leitor que as caducidades da salvação já estão previstas no plano eterno de Deus, Senhor da história.

A parte protocanônica do Livro de Daniel se conclui com a retomada da afirmação da fé na ressurreição dos mortos, aplicada aqui ao destino pessoal do próprio Daniel: "Quanto a ti, vai até o fim e repousa; tu te levantarás para receber a tua parte no fim dos dias" (v. 8).

A casta Susana e os dois anciãos perversos (Dn 13)

O relato da história de Susana e dos dois anciãos é o primeiro dos apêndices deuterocanônicos do livro, que trazem algumas narrações sobre Daniel.

Susana lembra um pouco o correspondente feminino da figura de José, injustamente caluniado pela mulher de Potifar (cf. Gn 39,7-21). O conjunto é colocado no interior de uma pequena comunidade judaica da diáspora que goza de uma autonomia própria dentro de um Estado estrangeiro.

A trama é linear: a beleza de uma jovem esposa, Susana, atrai as atenções lascivas de dois anciãos do povo. Seus desejos libidinosos dão de frente com a integridade moral da mulher, que não cede às investidas, nem mesmo diante de uma denúncia (falsa) pela qual seria exposta ao público e condenada à morte. Os dois velhos depravados concretizam seu plano doentio e fazem condenar à morte Susana. À pobrezinha resta somente a intervenção do Senhor, que ouve seu clamor. Este, de fato, suscita a reação de um jovem, Daniel, que não concorda com a sentença contra ela e com a superficialidade com que é decretada a condenação. Daniel tem a consciência límpida e crítica diante da fácil complacência das pessoas e em face das calúnias e das pressões do poder. Em uma espécie de recurso ao processo emerge toda a falsidade das acusações contra a jovem. Os acusadores são condenados à morte, ao passo que Susana é libertada.

A mensagem é clara: Deus "salva os que nele esperam" (v. 60).

Daniel e os sacerdotes de Bel (Dn 14,22)

Dois relatos deuterocanônicos, relativos ao desafio de Daniel contra os sacerdotes de Bel e seu ídolo, concluem o Livro de Daniel.

No primeiro se desmascara a falsidade dos sacerdotes idolátricos (14,1-22); é uma espécie de relato policiesco que pretende criticar o rigor idolátrico, que caricatura o culto pagão. O autor pretende desacreditar a casta sacerdotal pagã. Nela se reflete uma preocupação crítica do fiel judeu que vive numa diáspora e que acha insuportável a predominância econômica dos templos e o parasitário peso político de seus gestores. O relato passa do plano zombeteiro à seriedade de um desafio no qual Daniel arrisca a morte (v. 8). Mensagem evidente: para vencer a idolatria não bastam as críticas e as sátiras, mas urge a presença de testemunhas confiáveis, dispostas a colocar em risco a própria vida.

Daniel e o ídolo do dragão (14,23-42)

O segundo relato desdenha a falsidade do ídolo do dragão (v. 23-42). Primeiramente o dragão é morto por Daniel com bolinhos feitos de piche e sebo misturados com pelos de animais que obstruem os intestinos até fazê-lo explodir. Os adoradores do dragão pedem então a execução capital para Daniel, que é jogado na cova dos leões.

A narrativa é uma reescrita do relato precedente do capítulo 6, e se alonga no seguinte episódio: sete leões famintos contemplam – sem poder devorá-lo – aquele apetitoso pedaço chamado Daniel, jogado em sua cova por ter demonstrado como o dragão adorado pelos babilônios não era um Deus vivo. O que come, nesse ínterim, Daniel? Ao seu alimento zelará Deus enviando um anjo que transporta milagrosamente para a Babilônia o Profeta Habacuc com os mantimentos que este estava levando aos ceifeiros em terra de Israel. Por que justamente Habacuc? Porque é o profeta que proclama que o justo vive da fé (cf. Hab 2,4), e o alimento por ele levado é símbolo evidente daquela palavra divina que liberta e dá vida.

Diante de Daniel incólume, o Rei Dario não pode senão reconhecer a falsidade do dragão e, sobretudo, proclamar que o Senhor, Deus de Daniel, é o único Deus (v. 41).

A mensagem

Vários temas do Livro de Daniel são comuns ao resto da literatura do Antigo Testamento, como o monoteísmo, o senhorio de Deus sobre a história e sua proteção dos justos. Limitar-nos-emos a evidenciar os pontos mais significativos da mensagem desse escrito realmente singular.

Uma teologia da história

Peculiares, em Daniel, são, sobretudo, sua teologia da história e sua escatologia.

A história – mesmo que pareça o teatro em que se desencadeiam potências negativas, "bestiais", destruidoras do homem e da origem humana – é o lugar no qual Deus revela seu plano para que o bem triunfe sobre o mal. Vale lembrar que o livro evita o máximo possível o Tetragrama (YHWH só aparece no cap. 9), e, ao contrário, prefere outras denominações para sublinhar o senhorio universal de Deus (Deus/Senhor [*'adonáy*]/Rei do céu).

É na história, portanto, que se dá a revelação do *mystérion*, aquele que no texto aramaico é chamado de *raz* (Dn 2,18.19.27.28.29.30.41bis; 4,6). Por um lado, trata-se do desígnio providencial divino (tema bastante presente em outros textos bíblicos); mas, por outro, é a ideia que o desenvolvimento desse plano passe por toda uma série de oposições que parecem colocá-lo em xeque. Daí a imagem de uma história à mercê de um processo de indescritível decadência, a caminho de um abismo maligno encarnado em realidades históricas idolátricas e blasfemas.

Mas, justamente quando essas realidades parecem alcançar um poder absoluto, seu fim é repentino, mostrando que o senhorio do "Deus/*'adonáy* do céu" é absoluto e somente a Ele compete decidir os tempos e os modos da instauração de seu Reino.

Nesse projeto divino entram de pleno direito os que adoram o verdadeiro Deus, os que não se dobram à idolatria do poder e aceitam qualquer provação e sofrimento para continuar fiéis à aliança. São os "santos do Altíssimo" de quem fala, por exemplo, Dn 7. É a eles que Deus confiará um Reino eterno, justamente porque não se atribuem, com soberba e violência, um poder que não lhes pertence. A história se dirige, portanto, para um *éschaton* de luz e de bem que dá sentido inclusive aos momentos mais obscuros.

É aqui que se insere a promessa da ressurreição dos mortos, que encontra uma afirmação explícita também no deuterocanônico 2 Macabeus, que respira um mesmo clima espiritual (mais precisamente, 2Mc 7,9.11.14.23.29.36; 12,43-44). É a ressurreição dos mortos o triunfo definitivo de Deus e a única resposta adequada ao problema posto pelo martírio que os fiéis aceitaram por fidelidade a Ele e à sua lei.

Por enquanto, porém, continua ainda o tempo da provação, e é importante para os fiéis perseguidos por causa da própria fé que recebam uma palavra divina que os conforte e que alimente sua esperança. Nisso entra a convicção de que a mensagem do sábio e visionário Daniel deve ser posta por escrito, justamente para que a permanência do escrito os sustente na fidelidade e infunda neles coragem.

Figuras de mediação

O Livro de Daniel apresenta toda uma série de figuras do mundo celeste que intervém no mundo terrestre. Algumas figuras, como Miguel e Gabriel, recebem um nome próprio, ao passo que outras são designadas com um nome genérico.

Dentre essas últimas figuras transcendentes que intervém com alguma função salvífica no mundo terrestre, a mais importante é certamente a do "filho do homem" de Dn 7. Há quem tenha proposto identificar o "filho do homem" com um dos anjos dos povos (releitura de Dt 32,8), ou com seu próprio chefe, Miguel. Mas Dn 7,25 não parece consentir tal leitura, orientando, ao contrário, a identificação com os "santos do Altíssimo", identificando-os como os fiéis judeus oprimidos por Antíoco IV. Seja como for, a figura do "filho do homem" tem uma função de mediação entre Deus e o mundo, a fim de que seja instaurada sua divina e universal soberania. A mediação se realiza no sentido de colocar na história, de forma visível, o projeto divino sobre o homem, criado à imagem de Deus, mas deformado pelo pecado, visto que dominado por uma força desumanizadora (os quatro animais).

Trata-se, entretanto, de uma figura extremamente complexa, e a questão sobre a identidade do "filho do homem" se complica quando se busca encontrar sua origem, e mais ainda a origem das releituras do texto de Daniel em épocas posteriores. Nestas, um lugar especial ocupa o Novo Testamento, que aplica o título "filho do homem" a Jesus.

Voltemos às outras figuras de mediadores, como os anjos vigilantes, Gabriel e Miguel: o papel deles é, de vez em quando, o de intérpretes, de guardiães, de executores das sentenças divinas. Em essência eles devem garantir a existência de uma espécie de ponte entre o mundo divino e o mundo humano, para que, neste, se realizem efetivamente as decisões do mundo celeste. O Livro de Daniel, entretanto, não vai além de um esboço, e apenas sublinha um primeiro estágio de uma "angelologia" que se desenvolverá posteriormente, frequentemente dando total liberdade à fantasia.

Um livro aberto?

A conclusão do Daniel protocanônico é curiosa. Alguns comentaristas vêm nela uma brusca interrupção, uma carência de um efetivo fechamento, quase um reconhecimento de uma falência teológica da obra, já que, de fato, a história, também aquela posterior à morte de Antíoco IV Epífanes, continuou seu curso. Prova dessa falência seriam as miríades de releituras e reinterpretações do livro, que buscam readaptar a situações históricas diferentes a mensagem sobre o fim.

Outros intérpretes preferem falar de "obra aberta", de "conclusão aberta ou suspensa". O livro iniciou sua interpretação da história com o exílio da Babilônia, prosseguindo até o tempo do autor. Em assim procedendo ele elaborou uma série de esquemas teológicos poderosos a serem aplicados à história a fim de descobrir seu sentido mais profundo. Se a obra é aberta, esse labor interpretativo é agora confiado ao leitor, que assim supera o perigo de confinar o livro ao âmbito de um momento-testemunha de um período difícil e conturbado.

O escrito alcançou seu próprio objetivo: revelar a lógica monstruosa dos poderes blasfemos e opressores, convidando à esperança na libertação divina, na fidelidade do Senhor para com os justos. Por meio da promessa feita a Daniel, o próprio leitor que ouviu com fé a proposta do livro alcançou uma mensagem cheia de consolação: mesmo que devesse fazer a experiência da predominância do mal, esse leitor não se desencorajará, já que a última palavra é a ressurreição dos mortos, a vida eterna.

8

O Livro dos "Doze Profetas"

Aos "Profetas maiores", segundo a denominação que prevaleceu com a Vulgata, seguem os "Profetas menores", constituídos por doze escritos proféticos, que são menores não pela profundidade do conteúdo, mas por sua relativa brevidade.

Por muito tempo – e mais ainda na fase da predominância da investigação histórico-crítica, propensa a recortar os textos – deixou-se de lado o fato que na antiga tradição judaica e, depois, cristã, esses doze escritos eram considerados como partes de um único livro, o dos "Doze Profetas".

A tradição e o Livro dos "Doze Profetas"

Os dados da tradição a favor dessa consideração unitária se encontram já no Eclesiástico que, após ter falado de Isaías, de Jeremias e de Ezequiel, escreve: "Quanto aos doze profetas, que seus ossos floresçam de seus túmulos, pois consolaram Jacó e o resgataram pela fidelidade da esperança" (Eclo 49,10).

Outros elementos confirmam esse dado da tradição judaica.

Flávio Josefo, no *Contra Apionem* (1,7-8), afirma:

Não existe entre nós uma infinidade de livros discordantes e contraditórios, mas vinte e dois somente que abraçam a história de todos os tempos e que são justamente considerados divinos. Dentre estes estão os cinco livros de Moisés, que contém as leis e o relato dos eventos da criação do homem até a morte do legislador dos hebreus... Da morte de Moisés até o reinado de Artaxerxes os profetas que sucederam a Moisés relataram em treze livros os fatos ocorridos em seu tempo. Os outros quatro livros contêm hinos que louvam a Deus e preceitos utilíssimos para a vida humana. De Artaxerxes até nós, os acontecimentos foram igualmente postos por escrito; mas esses livros não conquistaram a mesma autoridade dos precedentes, pois a sucessão dos profetas não foi bem estabelecida.

Portanto, Flávio Josefo fala de vinte e dois livros sagrados de Israel. Trata-se dos cinco livros de Moisés, os treze que relatam os acontecimentos ocorridos entre Moisés e a época de Artaxerxes, e os quatro que contém hinos e preceitos. A conta só fecha se considerarmos os doze profetas "menores" como um único livro.

Também o apócrifo médio-judaico 4 Esdras (14,44-47) mostra concebê-los como um só livro, e essa posição é igualmente à do Talmude Babilônio, que no tratado *Baba Batra* 14b-15a fala do Livro dos "Doze Profetas" como uma coleção que teria garantido a permanência dos escritos daqueles profetas, que em razão de sua brevidade teriam corrido o risco de perder-se, se transmitidos singularmente.

Na tradição do judaísmo grego a LXX apresenta a mesma linha de pensamento, intitulando unitariamente *Dodekaprophéton* a coleção dos doze escritos proféticos.

Jerônimo se inscreve na mesma tradição quando, no preâmbulo da Vulgata, sublinha que *"unum librum esse duodecim prophetarum"*.

Os dados dessa tradição praticamente unânimes são confirmados pela prática dos escribas. Antigos manuscritos hebraicos, de fato, para distinguir um livro de outro, deixam em branco quatro linhas, ao passo que para distinguir partes no interior de um mesmo livro deixam em branco três linhas. É o que ocorre no caso dos "Doze Profetas", segundo a prática confirmada em *Baba Batra* 13b.

Os colofões massoréticos – isto é, as notas editoriais colocadas no final de cada escrito – confirmam tudo isso; no final de Malaquias, de fato, existe um duplo colofão, um relativo ao número dos versículos do próprio escrito, outro se referindo à inteira coleção dos "Doze Profetas".

Uma antologia ou o projeto de uma obra unitária?

Se os "Doze Profetas" são um único livro, uma questão imediatamente se impõe: Trata-se de uma simples coleção antológica ou de um projeto editorial unitário, ou inclusive redacional?

No primeiro caso o estudo dos "Doze Profetas" não se afastaria muito da aproximação praticada pela clássica exegese histórico-crítica; quando muito, trata-se de compreender melhor a lógica de sucessão dos escritos, à qual essa exegese, porém, não se mostrou particularmente interessada.

No segundo caso se impõe uma mudança de método e parece abrir-se um campo de pesquisa muito vasto acerca das conexões literárias e temáticas entre os vários escritos do Livro dos "Doze Profetas". É necessário, de fato, individuar os sinais de um projeto redacional específico, seja em nível de reagrupamentos parciais, seja em nível global, que possam ser aplicados a todos os doze escritos dos "Profetas menores". A análise individual dos textos não perde com isso sua utilidade, mas é integrada com uma abordagem que os considera num nível mais alto, um pouco como se está verificando para o estudo do Livro dos Salmos em sua forma canônica. Trata-se de um trabalho que teve início há alguns decênios, cujos resultados já são bastante significativos, muito embora, por ora, as interrogações ainda prevaleçam sobre as respostas[47].

Problemática da sequência canônica de cada um dos escritos

Um primeiro passo, para compreender a obra dos "Doze Profetas", é perceber o sentido da sequência canônica dos vários escritos. Aqui se configura uma espécie de hipertexto estruturado segundo regras próprias e temáticas específicas. É dessa forma que a obra não se apresenta mais como uma simples antologia, mas como um todo unitário que igualmente possui uma teologia própria, não reduzível àquela de cada escrito.

A problemática gira em torno da ordem com que são dispostos os textos dos vários profetas, que realmente não parece casual. A questão maior é a de individuar os critérios exatos de execução do projeto.

Vários exegetas tendem a considerar um critério de tipo cronológico. De fato, tanto o Texto Massorético quanto a LXX começam com Oseias, profeta do século VIII, sendo seguido por outros profetas que a tradição (mas não a pesquisa científica moderna) considera pertencentes ao mesmo período. Daí a seguinte sequência: Oseias, Joel, Amós, Abdias, Jonas, Miqueias. Por outro

---

47. Para um quadro da pesquisa sobre o Livro dos Doze como obra unitária e a individuação de alguns tempos que unem os vários escritos, cf. SCAIOLA, D. *I Dodici Profeti: perché "Minori"? Esegesi e teologia.* Bolonha: EDB, 2011, p. 15-32; 213-238.

lado, a LXX é ainda mais rigorosa do ponto de vista da cronologia, pois coloca Amós imediatamente depois de Oseias, colocando em seguida Miqueias, Joel, Abdias e Jonas.

Um segundo grupo de textos referir-se-ia aos profetas do século VII: Naum, Habacuc, Sofonias. Os últimos três são os profetas do século VI, período do retorno à terra dos pais e da reconstrução: Ageu, Zacarias, Malaquias.

O critério de sucessão cronológica é plausível, mas não resolve todos os problemas, e por isso vários elementos não são suficientemente explicáveis, como a inserção de Joel, Abdias, Jonas e Malaquias. De fato, esses escritos são atribuíveis a profetas cuja localização cronológica é puramente hipotética, sendo estes, mais do que testemunhas de uma pregação profética historicamente realizada, o resultado de um trabalho literário.

Também foi buscado um critério de tipo geográfico para a sucessão dos textos dos "Doze Profetas", por meio do qual se colocaria em dupla um profeta proveniente do Norte e um proveniente do Sul; mas a proposta não parece realmente satisfatória. O mesmo se deve dizer de uma disposição que adote o critério da extensão dos escritos; talvez isso funcione para blocos singulares, mas não para todo o Livro dos "Doze Profetas".

A pesquisa relativa aos critérios usados para a disposição de cada livro segue também a linha de seu conteúdo. Assim, por exemplo, Joel apareceria como uma espécie de comentário aos dois livros no meio dos quais é inserido (Os e Am); Abdias segue Amós por sua polêmica contra Edom (cf. Am 9,12). As observações podem ser pertinentes, mas apenas a individuação de seu conteúdo, independentemente dos indícios de caráter formal, literário, não são suficientes para justificar a sucessão canônica dos escritos reunidos. Permanece, além disso, o problema de saber se a conexão conteudística é um fato intencionalmente redacional ou simplesmente um estratagema editorial.

A investigação atual sobre o Livro dos "Doze Profetas" direciona seu interesse para o estudo do arcabouço, do pano de fundo, privilegiando a análise dos títulos, das conclusões, das palavras-chave. Nessa ótica os escritos de Oseias e Malaquias desenvolvem uma inquestionável função de pano de fundo de toda a obra, com alusões recíprocas. O primeiro serve como introdução e anuncia o grande tema do amor de Deus que triunfa sobre o pecado. O último reitera que esse amor nunca mudou, e assim responde à dúvida suscitada por tantos eventos traumáticos aos quais se referem frequentemente outros escritos dos "Doze Profetas".

Em seguida surge toda uma série de vínculos entre os títulos, a presença de palavras-chave e outros dados literários que fazem emergir as afinidades conteudísticas e garantem uma convergência entre cada escrito, contribuindo assim para a unidade e a coesão do conjunto. Basta um exemplo: Naum começa com uma oração, uma espécie de salmo (1,2-8), ao passo que o livro sucessivo, o de Habacuc, termina com um salmo (3,2-15). Ambos os profetas, além disso, acenam para uma profecia ou visão que é escrita (Na 1,1; Ab 2,2).

Enfim, também foi proposto observar, na disposição dos escritos presentes no Livro dos "Doze Profetas", o mesmo esquema escatológico que seria reconhecível na organização da primeira parte do Livro de Isaías, em Jeremias segundo a recensão textual da LXX, e em Ezequiel.

O problema da individuação dos critérios de estruturação do Livro dos "Doze Profetas" se entrelaça estreitamente com o da possibilidade de reconstruir o processo de formação do mesmo (o discurso para a formação de cada um dos escritos é independente). Entretanto, as inúmeras propostas até o momento adiantadas são fortemente hipotéticas.

Existe uma tendência de individuar ao menos quatro fases na formação do livro: a pré-exílica, a exílica, uma terceira remontando à segunda metade do século V, e a última, que é a forma com a qual o Livro dos "Doze Profetas" passou a fazer parte do cânon bíblico. Essa última fase é situada no período helenístico das lutas entre Ptolomeus (ou Lagidos) e Selêucidas. Não existe, entretanto, unanimidade quanto aos elementos mais analíticos, como a atribuição de alguns escritos ou de uma parte deles a um determinado período; é o caso dos textos de Joel, de Naum, e Zc 9–14.

Além disso, alguns exegetas afirmam que a composição final do Livro dos "Doze Profetas" apresentaria significativas correspondências estruturais e temáticas com a forma final do Livro de Isaías. Isso corresponderia a um trabalho de macrorredação proveniente de um mesmo grupo jerosolimitano para criar uma estrutura quiásmica do *corpus* profético (Is, Jr, Ez, Doze Profetas).

Os temas unificadores

Os "Doze Profetas" não são, portanto, uma antologia de escritos proféticos mais breves, mas apresentam uma linha intertextual individualizável sob o plano lexical e conteudístico. Aparecem então alguns temas que dão unidade ao conjunto e delineiam uma teologia do Livro dos "Doze Profetas".

Particularmente significativo é o tema do "dia do Senhor" presente em todos os livros, com exceção de Jonas e Naum. Esse fato tem uma dupla conotação, pois, por um lado, diz respeito ao juízo de Deus sobre a arrogância e a prepotência humana, por outro, é anúncio de salvação para os justos, para os fiéis ao Senhor. Ao lado desse tema – mas o mesmo pode ser dito de outros – percebe-se tensões, posições quase contraditórias e referências que merecem ser conservadas, mas sem absolutizar a perspectiva teológica específica deste ou daquele escrito.

Ao tema do "dia do Senhor" vincule-se também uma revisitação teológica da história que o Livro dos "Doze Profetas" enfrenta ao longo do período compreendido entre o século VIII e o século IV a.C. A ideia que emerge é, entretanto, a do senhorio de YHWH, que inclui os vários acontecimentos – também os mais dramáticos – em seu plano de salvação.

Um ulterior elemento unificador parece ser uma rede de referências intertextuais, não somente no interior dos escritos que compõem o Livro dos "Doze Profetas", mas também em outros textos bíblicos. Um vínculo particular existe em relação ao tema da misericórdia divina; é a advertência para a revelação de Deus misericordioso e piedoso de Ex 34,6-7. Esses versículos do Êxodo são retomados mais vezes, de tal forma que estruturam toda a obra dos "Doze Profetas"[48].

Outro tema recorrente no interior de cada escrito é o problema da relação entre Israel e as nações. Esse tema apresenta uma enorme variedade de articulações, que vão desde a hostilidade nas relações de Israel com os outros povos (cf., p. ex., Abdias e Naum) até a esperança de sua salvação (Jonas), sem esquecer que Zacarias acena para uma integração dessas nações ao povo de Deus. Com frequência essa oscilação não ocorre somente entre um escrito e outro, mas também no interior de cada livro.

---

48. A citação explícita de Ex 34,6-7 volta em Jl 2,13; Jn 4,2; Mq 7,18; e Na 1,2-3.

9

Oseias

Introdução

A época de Oseias

Oseias procede e prega no Reino de Israel, entre 750 e 725 a.C. e, seguramente, antes da queda da Samaria. Grande parte de sua missão deve ter-se desenvolvido sob o reinado de Jeroboão II, cuja dinastia começou com Jeú, do qual condena seus excessos (Os 1,4-5). Mesmo se Israel parece ser ainda economicamente forte, politicamente está à beira da catástrofe, pois a Assíria está se tornando sempre mais agressiva e faz sentir sua própria pressão sobre os estados limítrofes, incluindo Israel e o Reino de Damasco. Tanto Israel quanto Judá, juntando-se a outros estados, adotam uma espécie de "revezamento" das alianças político-militares que só pioram a situação (Os 5,13).

Enquanto Oseias trabalha, muitos ainda não se dão conta da iminência da catástrofe, e ao menos os mais ricos vivem no conforto, atribuindo essa condição à bênção dos deuses cananeus, os Baals, tidos eticamente como menos exigentes do que YHWH, e propiciadores da fecundidade da terra e do bem-estar. A pregação de Oseias enfrenta esses desvios e toda forma de sincretismo que contrasta com as exigências da aliança com YHWH.

Quanto ao que lhe diz respeito pessoalmente, exceto o nome do pai (Beeri), nada sabemos de preciso acerca da posição social e cultural de Oseias; se, entretanto, o texto remonta, ao menos em seu núcleo, ao próprio Oseias, é possível levantar a hipótese de que ele teve uma boa formação cultural e, consequentemente, deve ter pertencido a uma classe mais elevada.

Temos, no entanto, informações sobre sua história matrimonial com Gômer, e também sobre sua problemática relação com os filhos. Tudo isso é assumido pelo profeta como símbolo do conturbado relacionamento entre Deus e Israel, desde que se entenda o relato como efetivamente histórico e não simplesmente como uma alegoria. Caso se reconheça um fato real à base da narração profética, abre-se então um ulterior problema relativo à prostituta sagrada que o profeta resgata de um templo de Baal (Os 3,1-5): É a própria Gômer ou outra mulher? Preferimos a tese de que se trata de uma única mulher: uma prostituta sagrada repudiada como adúltera, e em seguida recasada. Isso porque na experiência pessoal Oseias deve viver algo do obstinado amor de Deus, que não quer absolutamente renunciar a própria esposa infiel, Israel.

A pregação de Oseias não foi facilmente aceita, ao menos segundo Os 9,7-9, que sublinha atitudes de desprezo, de provocações, de perseguição ao profeta.

Localização canônica e estrutura literária

O Livro de Oseias abre a coleção dos "Doze Profetas" e oferece, pois, as chaves de leitura ao que vem escrito posteriormente. Prova disso é o título de Os 1,1, que funciona como frontispício, paralelo àquele com o qual inicia Isaías na coleção dos três "Profetas maiores" (cf. Is 1,1). Objetivamente, para introduzir Oseias não seria necessário o sincronismo que apresenta a lista dos reis de Judá, visto que o profeta trabalha no Norte. É evidente, portanto, a vontade de criar um paralelismo para sublinhar o início de duas coleções proféticas.

Quanto à estrutura literária do livro, a obra se articula em três grandes partes.

1,1	Frontispício	
1–3	Primeira parte: a história matrimonial do profeta	
	1,2–2,3	casamento de Oseias e nascimento dos três filhos
	2,4-25	do divórcio à reencontrada comunhão esponsal
	3	o resgate da mulher adúltera

4–11	Segunda parte: oráculos em quatro grandes discursos:	
	4,1–5,7	primeiro discurso: contra os sacerdotes, o povo e seus chefes
	5,8–7,16	segundo discurso: dewnúncias várias e convite à conversão
	8	terceiro discurso: corrupção da política e do culto
	9,1-9	quarto discurso: Israel punido com o exílio
	9,10–11,11	quinto discurso: meditação sobre a história da salvação
12,1–14,9	Terceira parte:	
	12,1–13,11	ensinamentos da história
	13,12–14,9	liturgia sapiencial
14,10	Epílogo	

Quanto à formação do livro, alguns exegetas tendem a afirmar que grande parte do escrito se deve ao próprio Oseias ou a seus discípulos mais próximos; outros sublinham que a fixação do escrito aconteceu – em círculos que se inspiravam ao menos idealmente no profeta – após a queda do Reino do Norte e sofreu vários retoques por um redator judaico. Outros optam por uma redação ainda mais recente, pós-exílica, responsável por mais da metade do escrito. Enfim, há quem sustente a tese de um longo processo de escrita e reescrita, uma espécie de bola de neve ou *Rolling corpus*.

Em relação à situação do texto de Oseias, existem muitas dificuldades, sublinhadas também por significativas diferenças entre o Texto Massorético e o presumivelmente subjacente à LXX. Muito frequentemente as traduções modernas fazem escolhas especulativas, nomeadamente quando o texto massorético parece pouco convincente.

Guia de leitura

Casamento de Oseias e nascimento dos três filhos (Os 1,1–2,3)

Depois do título (Os 1,1) aparece imediatamente uma série de ordens divinas com sua execução, ou seja, o casamento de Oseias com a prostituta e o nascimento de dois filhos e uma filha. O profeta tudo realiza sem nada objetar (v. 2-9).

É difícil saber com clareza se sua mulher já havia praticado a prostituição junto a algum templo cananeu, ou se isso aconteceu somente após seu casamento com Oseias. Gômer, mulher de Oseias, tem filhos denominados "filhos da prostituição", não tanto por sua origem, mas pela imitação da dissoluta conduta materna. Imediatamente o texto oferece uma chave de interpretação da ação profética: é símbolo da relação "esponsal" entre YHWH e Israel. De fato, no plano religioso Israel se prostitui aos ídolos, abandonando o pacto com o Senhor.

Após o casamento com Gômer, eis a concepção e o nascimento do primeiro filho, a quem é dado o nome de Jezrael. O termo une "Deus" (*'el*) ao verbo "semear" (*zará'*), significando "Deus semeia". Entretanto, é uma semeadura de morte, já que Jeú, justamente na planície de Jezrael, havia perpetrado um massacre contra a dinastia de Amri. Mas Deus desaprova os massacres cometidos em seu Nome.

O segundo descendente do casal é uma filha, que recebe o nome de "Não Amada"; nesse nome consta a raiz *rchm*, que indica as vísceras maternas. É a imagem brutal de uma criatura "descartada", jogada fora. O versículo 7, que afirma que Judá será amado por Deus, provavelmente é uma glosa inserida por um copista judeu que ignora o que vai acontecer a Judá.

Ao terceiro filho é dado o nome de "Não Meu Povo", atestando assim o fim da aliança e, sobretudo, que Deus retira seu próprio santo Nome: Deus não será mais *'eyéh* ("Eu sou") para Israel. Esse é o verbo que aparece na explicação do santo Nome em Ex 3,14. Seja como for, se os filhos de cada casal, sobretudo na visão veterotestamentária, representam o futuro, aqui toda a esperança parece radicalmente negada.

Oseias 2,1-3 provavelmente faz parte de uma inserção feita por um copista que não suportava a ideia do fim da relação entre Oseias e Gômer como símbolo do pacto entre o Senhor e seu povo. Pensamento tão insuportável que o levou a inverter positivamente os nomes dos filhos do casal, como se pode conferir em Os 2,25.

Do divórcio à reencontrada comunhão (Os 2,4-25)

Oseias 2,4-25 é uma das passagens mais intensas de toda a literatura profética, e é estruturada em forma de díptico onde o primeiro quadro (v. 4-15) apresenta tonalidades obscuras do juízo proferido num caso matrimonial de divórcio, e onde o segundo quadro, contrariamente, apresenta traços luminosos de uma comunhão reencontrada entre esposos, agora mais profunda e intensa (v. 18-25). Entre os dois quadros do díptico existe um elo de ligação (v. 16-17) que explica o motivo da radical mudança: o triunfo do amor do esposo sobre a infidelidade da esposa. Nele existe inclusive uma impressionante complicação devida à sobreposição, ao entrelaçamento das vozes dos dois amantes traídos: o amante humano e o amante divino, ou seja, Oseias e YHWH. Às vezes prevalece a voz do profeta, às vezes a divina, que a sobrepõe sem anulá-la.

Tudo começa com um *rib* (v. 4-6), controvérsia bilateral, já que está em jogo um divórcio do qual se tem imediatamente a sentença: "Ela não é mais minha esposa, eu não sou mais seu marido!" Os filhos são testemunhas – e talvez cúmplices – pela crise do casal. E já aqui se percebe a voz do Esposo divino, quando declara querer tornar desabitada, deserta, aquela terra que era o penhor da aliança com Israel.

Oseias renova em seguida a acusação contra Gômer por sua ingratidão e falta de reconhecimento diante dos dons que ele sempre lhe fez e que ela indevidamente considera seus, num egoísmo sufocante (v. 7-9).

Logo em seguida, porém, Oseias pensa numa maneira de reconstruir sua relação, dificultando à mulher seus casos adúlteros, na esperança de que ela se arrependa, provando nostalgia pela relação com ele (v. 10-15). Esperança inútil, já que as traições continuam, assim como as de Israel, através de seu fascínio pelos ídolos. Emerge então a voz de YHWH, que quase cobre a de Oseias. A apostasia de Israel é uma corrida louca rumo à autodestruição: cessará qualquer forma de solenidade religiosa, terminará uma vida regular.

A ameaça deixa, porém, espaço à irritação amarga do esposo que se sente esquecido pela esposa amada: "...mas de mim ela se esquecia" (v. 15b).

Parece que tudo está irremediavelmente perdido, já que a esposa não mostra nenhuma disposição de mudar. Se a esposa não muda, a única possibilidade de fazer a situação avançar é que o esposo mude. Eis, pois, o fato novo, que explica a passagem do divórcio para uma nova comunhão. A via percorrida não é a da coerção, mas a de uma sedução de amor (v. 16-17). Com seu cortejo o esposo faz com que a esposa recupere seu amor por ele. Sublinhe-se aqui a prevalência da voz divina sobre a de Oseias. YHWH é apresentado como o divino sedutor, que leva Israel novamente ao tempo das origens de seu amor, quase a uma nova lua de mel: o tempo do deserto. Ele lhe falará ao coração e seduzirá novamente sua amada.

Assim entramos no segundo quadro do díptico, aquele que promete uma reencontrada, aliás, nova, relação esponsal (v. 18-25). Tudo muda: ao repúdio se contrapõe o novo consenso matrimonial, à desolação o florescimento da vida e do amor. Três etapas sublinham essa reviravolta, ou o renascimento de um amor que se havia perdido.

A primeira vê Gômer/Israel reconhecer o próprio esposo chamando-o literalmente de "meu homem" (cf. Gn 2,23), e não mais "meu senhor". Toda infidelidade é superada, visto que os nomes dos amantes são totalmente esquecidos. Quando dois se querem bem tudo ao seu redor muda; daí a transformação que alcança inclusive a natureza, pois refloresce a *b^erít* esponsal entre Deus e seu povo.

A segunda etapa vê a oferta de um novo *mohár*, isto é, o novo dote que o esposo leva para a esposa. São dons interiores com os quais ele a enriquece, e são, acima de tudo, qualidades divinas: justiça, direito, amor, benevolência e fidelidade. Esses dons fortalecem uma relação totalmente renovada, a ponto que o repetido verbo, traduzido como "te farei minha esposa" é em hebraico reservado às primeiras núpcias de um jovem com uma virgem (*'éres*). A entrega desses dotes consente à esposa conhecer verdadeiramente o esposo e experimentar aquela relação profunda e íntima com ele, que o hebraico relata com o verbo "conhecer" (*yadá'*).

Enfim, a terceira etapa é um oráculo – de alguma forma antecipado em Os 2,1-3 – que apresenta a mudança positiva dos nomes dados aos filhos do casal. Tudo acontece num contexto que lembra um banquete de núpcias onde se colocam à disposição dos noivos e dos convidados o céu e a terra.

Assim, Jezrael, que precedentemente soava ameaçador por lembrar guerras e massacres no homônimo vale, readquire o sentido positivo de sementeira de Deus. A filha, a "Não amada" se torna "Amada". Ao último filho, que tinha o nome mais lúgubre ("Não Meu Povo"), a quem correspondia o próprio esquecimento do Nome divino, é atribuído o consolador "Povo-meu" e, sobretudo, se indica a relação de aliança que se restabelece quando o próprio povo reconhece o Senhor como "meu Deus".

O resgate da mulher adúltera (Os 3)

Volta novamente o tema do casamento a ser contraído com a mulher adúltera (3,1-5). Não está claro se ainda se trata de Gômer ou de outra mulher. O texto quer apenas mostrar como o profeta deve agir com essa mulher resgatada de um templo baalista onde desenvolvia os próprios serviços sexuais. Uma coisa vem logo esclarecida: a ação de Oseias é uma ação profética, simbólica, que salta aos olhos, e se torna imagem do que deve experimentar o Senhor em sua relação com Israel, dedicado à idolatria a ponto que, para obter qualquer uva pisada, isto é, prosperidade agrícola, faz a corte aos Deuses da fecundidade.

Oseias, em obediência à ordem divina, paga o resgate pela mulher, mas não tem relações sexuais com ela por muito tempo. Para Oseias e a mulher este é um período de distanciamento, para depois se procurarem de novo e voltarem juntos; para Deus e Israel é um tempo desprovido das costumeiras práticas religiosas, mas somente assim o povo voltará ao Senhor com renovada expectativa, numa busca interessada mais na relação com Ele do que nos bens materiais.

Contra os sacerdotes, o povo e seus chefes (Os 4,1–5,7)

Processo contra Israel (Os 4,1-3)

Aqui tem início a segunda parte do Livro de Oseias, com o primeiro dos cinco discursos em que denúncias, exortações, reflexões sobre a história da relação entre Israel e seu Deus se cruzam, mas com uma intenção precisa: levar à verdadeira conversão o povo e os responsáveis religiosos e civis. Particularmente significativa é a recorrência do verbo *shub* ("voltar", "converter-se") (Os 5,4; 6,1; 7,10; 7,16; 8,13; 9,3; 11,5).

Tudo se abre com uma denúncia (4,1-3) que serve de sumário da pregação de Oseias: o Senhor está em conflito com o seu povo em razão de sua profunda corrupção moral e religiosa. Três deficiências gerais, a da *'émet*, isto é, da veracidade e fidelidade; a do *chésed*, práxis do amor misericordioso; e, sobretudo, a da *dá'at 'elohím*, conhecimento do Senhor, fruto de íntima comunhão com Ele. Em seguida o texto sublinha algumas transgressões específicas, com evidentes pontos de contato com os preceitos do decálogo. Consequência disso é um castigo já em curso, uma desolação do país que envolve tanto a sociedade quanto o ambiente cultural[49].

Contra os sacerdotes (Os 4,4-11a)

Os primeiros responsáveis são os sacerdotes, objetos de uma veemente acusação (v. 4-11a). Estes, por venalidade, favorecem cultos sincréticos e

---

49. Que o pecado devaste também a natureza é um tema recorrente nos profetas (cf., p. ex., Jr 4,26-28; 9,9; 12,4; 14,3-7; a praga dos gafanhotos em Jl 1,4-20).

são negligentes no ensino da lei de Deus ao povo, que é como uma espécie de mãe do próprio sacerdote. Trata-se então de matricídio, e o castigo – segundo a lei da pena correspondente ao delito – será a privação da descendência para os sacerdotes por terem negligenciado sua primeira e principal tarefa: educar a comunidade no conhecimento de Deus e na prática da justiça. No jargão amoroso de Oseias, o comportamento dos sacerdotes é de um abandono do Senhor, preferindo a idolatria. É como se um cônjuge abandonasse o outro para entregar-se à devassidão: "Abandonaram o Senhor para se entregar à prostituição" (v. 10b).

Contra o povo e os chefes políticos (Os 4,11b–5,7)

Oseias passa então a acusar o povo (v. 11b-19) por sua descarada desobediência à lei divina, com cultos sincréticos nos santuários javistas e com a prostituição sagrada. O pecado do povo é o desconhecimento do Senhor que leva à ruína e ser dominado por um espírito de prostituição (a raiz *znh* – "prostituir-se" – aparece sete vezes nesses versículos). Um vento varrerá Israel: vento avassalador aludindo à ação do espírito de Deus que denuncia a inconsistência de tudo o que não procede de Deus.

A acusação continua e envolve também outros responsáveis pela degradação, ou seja, os chefes políticos (5,1-7). O profeta enumera vários lugares de culto, como Tabor, Mispa, Setim – localidade ligada ao episódio idolátrico de Baal-Fegor (Nm 25), e o redator judaico envolve nessa acusação também Judá, sua tribo de pertença. À generalização do pecado Deus responde escondendo-se do povo, já que este não o busca de coração sincero.

Denúncias diversas e apelo à conversão (Os 5,8–7,16)

Estéreis alianças (Os 5,8-15)

O segundo discurso introduz em primeiro lugar uma atmosfera militar, nos tons sombrios da batalha (5,8-15). É o próprio Senhor que combate contra o próprio povo, culpado de práticas assassinas. Israel e Judá se deixaram envolver em guerras fratricidas, mesmo para alargar os próprios confins. Esta talvez seja uma alusão à guerra siro-efraimita; mas, para alguns exegetas, este texto remeteria à expansão latifundiária (condenada também em Is 5,8-11).

Outra culpa, dessa vez envolvendo tanto Efraim – isto é, Israel – quanto Judá, é a de terem confiado mais nas alianças com os estrangeiros do que no Senhor. Confiança insensata, pela qual Efraim saiu em busca do nada. A condenação assume a forma de uma corrosão interna, de uma ferida incurável. E Deus mesmo se torna em primeiro lugar "traça e caruncho", para em seguida transformar-se em leão faminto e predador invencível. É evidente que não haverá nenhum salvador humano, nem mesmo a Assíria o poderá sê-lo, já que de "leão" só ostenta o símbolo.

Uma conversão de fachada (Os 6,1-6)

Após a feroz acusação, o povo parece decidir-se pela conversão, mas é só aparência (Os 6,1-6). Temos aqui uma confissão dos pecados do povo, realmente comovente, caso fosse movida por uma autêntica vontade de mudança, e não pela tentativa de bajular a Deus. O povo exprime em palavras a própria convicção de que o tempo do castigo será breve porque prevalecerá a vontade salvífica do Senhor, a punição cederá lugar à cura, a morte à vida. O povo está convencido do perdão do Senhor, como está particularmente convencido de alguns fenômenos astronômicos e meteorológicos; mas o Senhor também está convencido de uma coisa: a conversão do povo é tão efêmera quanto o orvalho da manhã. Ele desmascarará a confissão do pecado e a prece em favor de sua misericórdia, já que são falsas. Mesmo assim obrará em favor da cura do povo, mesmo que de uma forma diferente da esperada: por meio da palavra profética, severa, mas purificadora. Assim o povo – que violou sistematicamente a aliança – superará o uso instrumental do culto, inclusive as liturgias penitenciais[50], para abrir-se à compreensão da íntima ligação entre culto e vida, religião e justiça, fé e moral.

Israel culpado ontem e hoje (Os 6,7–7,16)

O discurso de Oseias continua em seguida com a acusação das culpas passadas e atuais de Israel (6,7–7,2). Além do sincretismo são denunciados episódios talvez constrangedores de crimes reais, dentre os quais o envolvimento de sacerdotes em assaltos e pilhagens de caravanas.

---

50. Os 6,1-3, no médio-judaísmo e no NT, é entendido como promessa de ressurreição, confirmada também pela expressão "após dois dias", isto é, no terceiro dia, dia da ação poderosa do Senhor. Talvez os anúncios da paixão e da ressurreição de Jesus de Nazaré se reportem justamente à linguagem de Oseias, assim como o querigma de 1Cor 15,4 ("Ressuscitado ao terceiro dia conforme as Escrituras"). Também Os 6,6 é citado pelo próprio Jesus, para reiterar o mesmo ensinamento: Deus prefere quem confia em sua misericórdia e, por sua vez, faz uso da misericórdia (cf. Mt 9,13).

O juízo se volta em seguida para as conspirações e os contínuos golpes de estado (7,3-7), para a violência generalizada que mina a estabilidade de Israel após Jeroboão II, período no qual quatro reis foram assassinados. Conspirações e homicídios, todos procedem do coração, que é comparado a um forno ardente de ira e falsidade.

A corrupção política vai de par e passo com a ilusão de encontrar apoio em alianças com os estrangeiros (v. 8-12). Sarcasticamente o profeta compara essa contínua esperança de socorro advindo de alianças com outros estados a uma broa carbonizada de um lado e crua do outro.

Bem que o Senhor gostaria de salvar Israel, mas Israel continua confiando em práticas idolátricas, de modo que se vislumbra uma irremediável desgraça, arrebatando inclusive seus chefes (v, 13-16).

Corrupção da política e do culto (Os 8)

No terceiro discurso ressoa novamente o alarme com o anúncio do castigo sobre a anarquia e a idolatria. Dois delitos causam a transgressão da aliança de Israel: a recusa de ter como rei o Senhor, elegendo para si o próprio rei, e o culto do bezerro de ouro (8,1-7).

Oseias critica a vontade de criar-se um soberano como os outros povos, manifestada já no início da monarquia (cf. 1Sm 8). Quanto ao "bezerro de ouro", ele tinha sido erigido em Betel e em Dã (cf. 1Rs 12,28-32), favorecendo assim uma contaminação com o culto a Baal. O juízo divino evidencia a inconsistência da religiosidade sobre a qual o povo fundou a própria confiança: "Semeiam vento, colherão tempestades" (v. 7).

A acusação ataca em seguida a política de alianças (v. 8-9), e enfim retorna ao tema daquilo que Deus detesta: o culto exterior, dissociado da prática moral (v. 10-14). Resultado: a lei de Deus é negligenciada por Israel. "Ainda que lhes escreva uma multidão de leis, elas são consideradas como algo estranho" (v. 12). A punição tombará inevitável, sobre Efraim e sobre Judá.

Israel punido com o exílio (Os 9,1-9)

Se no início dos discursos precedentes sempre soava um alarme, aqui existe algo similar: a proibição da alegria (9,1). Interromper a (falsa) alegria é deixar de praticar os ritos orgíacos e sincréticos dos outros povos. Ao invés da alegria o povo experimentará a tristeza do exílio, a desolação, a falta de um refúgio seguro. Assim o povo exilado comerá o pão do luto e o pão contaminado gerado por uma terra impura. Enquanto isso, a terra prometida se torna uma estepe (v. 1-6).

Segue um breve oráculo com a denúncia do conflito entre a comunidade e o profeta, cuja palavra é incômoda (v. 7-9). A comunidade gostaria de fazê-lo calar, eliminá-lo, e talvez – mas a leitura não é segura – acusá-lo de louco; embora às vezes é o próprio profeta que quase delira, por ter que anunciar uma castigo tão severo. Aqui emergem os três títulos que designam a natureza teológica da profecia: o profeta, o homem inspirado e o sentinela que deve disparar o alarme diante do perigo iminente, sobretudo em razão da profunda malvadeza que afeta o povo desde os tempos mais antigos. Como prova dessa malvadeza Oseias evoca os dias de Gabaá (v. 9), e o horrendo delito perpetrado por seus habitantes, e o consequente conflito contra Benjamim (cf. Jz 19–21).

Meditações sobre a história da salvação (Os 9,10–11,11)

O pecado em Baal-Fegor e em Guilgal (Os 9,10-17)

Precedentemente Israel foi convidado a não se alegrar. Agora uma reflexão sobre o próprio passado esclarecerá as razões da proibição: sua história foi uma história de pecado, e por isso exige uma imediata e sincera conversão.

A primeira meditação diz respeito ao pecado em Baal-Fegor (9,10-14)[51]. A alegria dos inícios da relação amorosa entre o Senhor e Israel vai se desfazendo já a caminho do exílio, quando o povo, ao entrar em contato com a cultura e a religião baalista, se deixa corromper.

Oseias 9,15-17 descreve o que aconteceu em Guilgal, local erigido como centro de cultos sincréticos. Guilgal é associada aos inícios da monarquia[52], instituição que Oseias considera negativa porque responsável pela triste situação presente. Por isso seu nascimento é avaliado como desobediência radical, razão pela qual Deus ameaça deixar de amar seu povo predileto.

Pecados na terra (Os 10)

O profeta ataca o culto praticado em Samaria, e especificamente o dedicado ao bezerro de ouro em Betel que, de "casa de Deus", passa a ser

---

51. A alusão de Oseias é uma tradição que está inclusive na base do relato de idolatria em Nm 25, e que acendeu a ira de YHWH contra os culpados.

52. Guilgal aparece mais vezes nos relatos sobre Saul, o primeiro rei de Israel (cf. 1Sm 10,8; 11,14.15), e é vinculada particularmente à desobediência de Saul a Samuel (cf. 1Sm 13,4.8.12), causa da ruptura entre o rei e o profeta.

denominada "casa da culpa". Ironicamente o ídolo adorado acabará incrementando o tesouro do inimigo como despojo de guerra (10,1-8).

Em seguida passa-se a meditar sobre o passado, fazendo novamente memória da culpa perpetrada em Gabaá (v. 9-15). Este episódio é uma espécie de marca registrada de uma história recheada de malvadezas, crimes e confiança ilusória no poder humano.

Recordar as culpas passadas pode tornar-se ocasião de renovação, de conversão. A comparação entre Israel e uma novilha domesticada, submetida à canga, faz entender que o povo aceitará ser submetido à Lei, que produzirá frutos de justiça, única alternativa ao tremendo juízo divino. Lavrar uma terra nova é certamente cansativo, mas seu fruto será tanto mais precioso. Aqui, lavrar uma terra nova tem a ver com uma percepção do tempo: é tempo de buscar o Senhor. Infelizmente Israel não parece disposto a converter-se, e para ele e o seu rei o fim se aproxima.

Como pai amoroso (Os 11)

O profeta põe em campo agora a própria experiência de pai, que lhe serve para compreender mais profundamente o apaixonado amor de Deus para com Israel. Essa metáfora estrutura todo o capítulo 11 e faz dele um dos textos proféticos mais significativos para compreender o íntimo envolvimento de Deus na história de seu povo.

"Quando Israel era um menino, eu o amei" (v. 1). O verbo "amar" é o primeiro de toda uma série de verbos para dizer o agir divino com Israel, designado como *na'ár*, termo que indica tanto um jovem quanto um escravo. A invocação diz respeito à condição de Israel enquanto escravo no Egito e chamado à liberdade, melhor dizendo, à dignidade de filho (cf. Ex 4,22).

A resposta de Israel, porém, é decepcionante, semelhante à de um adolescente rebelde: ao invés de ouvir os pais, o Senhor, se entrega à idolatria (Os 11,2).

Mas Deus é obstinado em sua infinita ternura, e procede como um pai que ampara o próprio filho quando dá seus primeiros passos (*ragál*). E se a criança está cansada, o pai a toma em seus braços. E se às vezes ela se machuca, mesmo a contragosto, deve aceitar os medicamentos. Mas Israel não entende este cuidado, ou seja, o medicamento (*rapá'*) que o Senhor lhe oferece. A pedagogia divina, como a paterna, comporta também a correção, para que o povo se cure do mal que o atormenta (cf. Dt 8,5).

"Com vínculos humanos eu os atraía, com laços de amor" (Os 11,4a). O texto fala literalmente de vínculos humanos para contrapô-los às cordas com que são amarrados os animais. Deus atrai o homem para si respeitando sua liberdade.

As outras imagens do cuidado paterno divino usam tanto o código paterno quanto materno. Deus é retratado como um pai cujo filho repousa face a face com Ele, e como um pai aconchegado ao lado do filhinho para dar-lhe de comer.

A todo esse amor Israel responde com ingratidão e incompreensão, a ponto que Deus mesmo não sabe mais o que fazer com tal filho, mas tem consciência de que a via da punição (com guerras e deportações) não leva ao arrependimento. De fato, Israel não "volta" (*shub*) ao seu Deus, mas volta para aquela terra de deportação que inicialmente foi o Egito e hoje a Assíria. Assim, a perspectiva de separação definitiva do filho é insuportável para Deus, assim como o é para qualquer pai. O Senhor fica contorcido só em imaginar que algo de ruim possa acontecer com seu filho (Os 11,8)[53]. YHWH afirma renunciar a via da punição para buscar uma que leve novamente o povo à comunhão com Ele. Deus mesmo fará o primeiro passo, justamente porque é diferente do homem. Sua santidade paradoxalmente se manifesta não no querer ficar distante, separado, mas em ser "O Santo no meio de ti" (v. 9).

As ampliações redacionais dos versículos 10-11 anunciam a grande volta dos deportados à terra, às próprias casas, e mostram algo de mais profundo: a volta ao Senhor.

Ensinamentos da história (Os 12,1–13,11)

A última parte do Livro de Oseias começa denunciando a insensatez de Israel ao confiar nas alianças com os povos vizinhos; é uma atitude tão louca quanto o "alimentar-se de vento" (12,1-2).

São revisitados em seguida alguns episódios das tradições antigas sobre Jacó (v. 3-7): seu nascimento (cf. Gn 25,23-26), o sonho e a visão de Betel (cf. Gn 28,10-22), sua luta no vau de Jaboc (cf. Gn 32,23-33). Este último episódio é relido como uma parábola da conversão. A luta de Jacó foi vitorio-

---

53. O verbo hebraico relativo ao íntimo de Deus e traduzido por "comover-se" é o mesmo da catástrofe de Sodoma e Gomorra: *Kapák*. A LXX genialmente o traduz assim: "Se me revoltou o coração em si mesmo e foi suscitado o meu arrependimento".

sa porque ele chorou, se arrependeu e invocou a misericórdia divina. A meditação sobre esses episódios da vida de Jacó deve levar o povo à conversão, à bondade e à justiça, e a recolocar em Deus a própria esperança.

Israel parece determinado a imitar Canaã na prática das fraudes e logros econômicos. O Senhor, ao contrário, está determinado a restabelecer, pela mediação dos profetas, uma comunhão com o seu povo como nos tempos do deserto. Foi pela mediação de um profeta, Moisés, que o Senhor fez Israel sair do Egito, mesmo se o povo continuasse a rebelar-se contra o Senhor (12,8-15).

A acusação divina agora se volta contra Efraim e sua idolatria: à sua efêmera conversão – já denunciada em Os 6,4 – corresponderá uma efêmera sobrevivência (13,1-3).

Libertando Israel do Egito e conduzindo-o no deserto, o Senhor queria ser o único Deus para Israel. Este, porém, respondeu com a ingratidão, desencadeando a ira divina, semelhante à fúria das feras ou de uma ursa cujos filhotes foram roubados (v. 4-8).

Enfim, o profeta revisita novamente algumas passagens da história da aliança entre Deus e o povo (v. 9-11). Passagens em que o Senhor mandou salvadores (talvez fazendo alusão aos libertadores dos quais se fala no Livro dos Juízes), mas que, no momento presente, não existem. Inclusive a instituição monárquica, invocada por Israel (cf. 1Sm 8), se revelou incapaz de salvar.

Liturgia penitencial e epílogo (Os 13,12–14,10)

Já está claro que Israel se submeteu voluntariamente ao senhorio do pecado (13,12–14,1); este parece estar trancado num lugar escuro, bem armazenado. Mas eis a surpresa: o pecado foi fechado no sentido de "anistiado para sempre", tirado de circulação. Qual é então a relação entre culpa e castigo? Oseias recorre ao símbolo de um parto desastrado, e ao de uma flor dessecada antes de ter dado fruto. As alusões se referem às graves desgraças que estão para se abater sobre Israel com a invasão da Assíria. A impressão que se tem é que a força da morte teria a última palavra, aquela que faz Deus dizer: "A compaixão se esconde dos meus olhos" (v. 14). Mas não é assim, já que a última palavra caberá a Ele, com seu perdão.

Isso acontece numa espécie de liturgia penitencial (14,2-9). Nela aparece uma dinâmica semelhante à do Sl 51, onde ao reino da culpa se contrapõe o senhorio do perdão, com a inauguração de uma nova criação. Se o domínio do mal parece ter atingido seu ápice com a generalização da violência e da morte, agora tudo muda radicalmente com o convite feito a Israel para que volte e se converta.

Trata-se de um retorno ao Senhor tão sincero que exige de Israel uma explícita confissão do pecado e o propósito de mudança de vida. Nessa confissão Israel também suplica ao Senhor que, além de retirar o pecado, fique com o bem, isto é, que o aceite novamente. Mas o Senhor insiste que confessar o pecado significa reconhecer também que o recurso às potências humanas para obter salvação (em particular o recurso à Assíria) foi ilusório, culpável, como muitas outras práticas idolátricas. E então Israel reconhece que o Senhor é muito diferente dos ídolos, porque junto dele "o órfão encontra misericórdia".

O Senhor responde com o anúncio de seu triunfo do amor sobre a cólera, amor que cura e salva, criando um mundo novo, quase um novo jardim paradisíaco, no qual se experimenta aquela fecundidade que Israel esperava ilusoriamente como dom de Baal. De um lado está o perdão divino, de outro a total ruptura de Israel com os cultos idolátricos. E sobre essa novidade de vida vela o Senhor, quase como um cipreste que se eleva por sobre as outras árvores.

O versículo 10 é propriamente o epílogo do livro e apresenta uma exortação em estilo sapiencial, sublinhando que para valorizar a mensagem ouvida não basta o esforço intelectual de compreensão, mas urge uma postura de docilidade, de confiança, de justiça e de retidão.

A mensagem

O escrito de Oseias, justamente enquanto texto introdutório do Livro dos "Doze Profetas", anuncia seus temas fundamentais. Em primeiro lugar uma visão teológica da história como aliança, acompanhada de uma crítica à idolatria, fonte de injustiça e violência. Diante da generalização do mal, eleva-se em seguida o anúncio do perdão de um Deus que ama como um esposo apaixonado, ou como um pai ou uma mãe. Enfim, este anúncio de perdão vai de par e passo com o convite a uma conversão permanente da comunidade.

No centro da história de Israel: a aliança

Oseias oferece um olhar sobre a história de Israel como lugar em que se decide a fidelidade à aliança com YHWH. O poder e o próprio culto, quando servil, banaliza o significado dessa história, reduzindo-a a emaranhados de alianças, de cálculos interesseiros, sem perceber que nela se desenvolve um projeto divino de salvação. Oseias percorre, portanto, os momentos fundamentais da existência de Israel, a partir do êxodo e da peregrinação no deserto, na qual se manifestou a plena dedicação de YHWH ao seu povo. Aliás, alguns casos remontam a histórias ainda mais antigas, ao tempo dos patriarcas, para colher a mesma trama de amor. Da parte de Israel essa história foi marcada por muitas infidelidades, injustiças, violências. Assim, já durante a ocupação da terra, Israel se torna responsável de apostasia, com a adoração dos deuses cananeus; e em seguida se mancha de graves violências durante os trágicos acontecimentos da guerra civil (os dias de Gabaá), no período dos juízes. Mas também no tempo da monarquia foram cometidos crimes perpetrados a partir da própria constituição de um Estado monárquico, entendido como deserção da própria dignidade de povo da aliança, até chegar aos massacres realizados em nome de YHWH durante o golpe de Estado de Jeú. Os dias em que prega Oseias não são melhores, e ele mesmo reconhece que "não há fidelidade, nem amor, nem conhecimento de Deus no país" (Os 4,1).

Definitivamente, Oseias propõe uma leitura da história de Israel como história da aliança, na qual se manifestaram, de um lado, a inabalável fidelidade divina e, de outro, o sistemático e profundo esquecimento de Deus da parte de seu povo. É uma visão da história que será depois fonte de inspiração para a teologia deuteronomista e para a mensagem de Jeremias.

Esquecer o Senhor é a raiz da idolatria, entendida como um afastamento dele e uma traição simbolizada pelo adultério e pela prostituição. Daqui resulta uma desordem moral que se alastra como injustiça contra os desfavorecidos, como corrupção na sociedade e nas instituições políticas e religiosas. Por essa razão Oseias denuncia como responsáveis principalmente os sacerdotes, os funcionários do Estado e a própria monarquia. Esta última – para além das culpas de origem da dinastia de Jeú –, sob o plano político-militar, persegue a prática de alianças com potências estrangeiras que se revelará um bumerangue, inclusive no principal santuário do reino, Betel.

O amor divino: fonte e concretização da aliança

Oseias é o grande cantor do amor divino, e o expressa por meio da elaboração de toda uma série de metáforas de intensa carga afetiva. Por primeiro aparece a metáfora esponsal, onde Deus é o Esposo sempre apaixonado por sua mulher, não obstante ela o traia sem pudor. É um Esposo que crê no amor e que, diante das traições da esposa, renuncia rapidamente as ameaças e os projetos de retaliação. Para vinculá-la a si Ele escolhe, ao contrário, a via do diálogo, da escuta, até fazê-la reacender de novo o amor por Ele.

Com outras metáforas que recorrem ao afeto parental, Oseias relê toda a história de Israel como a história de Deus retratado como pai carinhoso (com traços paternos e maternos), que circunda de amor o filho, não renunciando a crer nele e a educá-lo mesmo quando o adolescente se mostra rebelde e indócil a cada ordem ou correção.

Em seguida aparecem as imagens trazidas do mundo agrícola e pastoril, todas com a intenção de afirmar a intensidade do vínculo divino com Israel, não obstante as relutâncias deste último. Mas o que mais impressiona o leitor de Oseias é a carga de *pathos* com que se revela seu amor. É um Deus que por vezes sofre, fica desanimado, iludido, mas em seguida confia novamente e quer reescrever uma história de amor com seu povo. O que mais o faz sofrer são a ingratidão e a indiferença, mas só em pensar em fazer o mal ao seu povo parece golpear e contorcer seu coração (cf. Os 11,8).

Somente com relutância Deus recorre a métodos corretivos, na esperança de poder finalmente fazer Israel compreender o quanto o ama e quão importantes são para o Senhor a liberdade, a dignidade e a felicidade de seu povo e, portanto, sempre está disposto a aceitá-lo novamente e a perdoá-lo plenamente. Mas, para que este perdão alcance Israel e o transforme a partir de dentro, é necessária uma sincera e contínua conversão. É na direção desta que miram as palavras do Senhor por meio de Oseias e de todos os demais profetas, mesmo quando elas parecem golpear como espada, quase querendo matar (cf. 6,5).

Converter-se, para Israel, significará então renunciar à idolatria e suas consequências (injustiça, violência...), e também todas as falsas seguranças, incluídas as de um culto que se satisfaz com uma reforma de fachada. Trata-se, acima de tudo, de fazer uma autêntica experiência do coração de Deus. Só assim se tornará clara a afirmação de Oseias sobre a efetiva vontade de Deus: "Quero amor e não sacrifícios, o conhecimento de Deus mais do que holocaustos" (6,6).

10

Joel

Introdução

Atualmente o Livro de Joel, nos "Doze Profetas", vem logo depois do Livro de Oseias, e por isso é posto imediatamente depois da oração penitencial, com a promessa do perdão divino que este último conclui (Os 14,2-9). É exatamente o tema do perdão que vai se transformar num dos fios condutores do escrito de Joel, que, por sua vez, retoma vários temas de Oseias, mas também temas presentes em toda a pregação profética. Isso pode explicar sua posição quase no início dos "Doze Profetas", visando a fornecer uma chave de leitura aos textos sucessivos. Por outro lado, sua localização canônica nos "Doze Profetas" foi oscilante, como o testemunha a ordem adotada pela LXX, que coloca Joel em quarto lugar, seguido por Abdias e Jonas, segundo um critério cronológico que pretendia dividir o período pré-exílico de Oseias, Amós e Miqueias do período pós-exílico de Joel, Abdias e Jonas.

A titulação de Jl 1,1 indica Joel, filho de Fanuel, como destinatário da palavra do Senhor. O nome Joel, que significa "YHWH é Deus", é bastante comum na Bíblia e não nos fornece uma informação biográfica mais precisa; nem mesmo a indicação do nome do pai consente individuar melhor o personagem de Joel. Para alguns autores este nome – que é uma proclamação de fé no Deus de Israel (como a de Jl 2,27) – é indício significativo mais de uma ficção literária do que de um personagem histórico. Do escrito, de fato, se depreende que o horizonte de seu anúncio é a terra de Judá e particularmente a instituição do Templo.

A questão do autor se entrelaça com a questão da formação do livro, dado que entre a primeira e a segunda parte emerge uma profunda diversidade de estilo, de imagens, de perspectivas. De fato, a ótica de Jl 1–2 é focalizada num evento calamitoso ocorrido em Judá numa data imprecisa, com a invasão dos gafanhotos e com uma prolongada seca. A segunda parte do livro supõe, ao contrário, um horizonte bem diferente: um futuro escatológico, de intenso colorido apocalíptico. Disso alguns comentaristas concluíram pela dupla paternidade do Livro de Joel. Hoje, porém, não faltam os defensores da tese da unidade de autor, mesmo com algum ajustamento redacional, e a mudança de perspectiva entre as duas partes do livro refletiria sua profunda originalidade literária e teológica.

É difícil de estabelecer a data de sua composição, já que a invasão dos gafanhotos é um acontecimento natural historicamente não datável, portanto, repetível. E mesmo que se tratasse de uma invasão militar, as incertezas não faltariam. Hoje prevalece a opinião de quem situa a elaboração da obra no tardo período pós-exílico, num momento em que começa a amadurecer a literatura apocalíptica.

O texto de Joel está bem conservado, sem grandes problemas de transmissão; a LXX parece refletir algumas tentativas de atualização, e isso pode explicar algumas diferenças com o Texto Massorético[54].

Acerca da estrutura do Livro de Joel existe um substancial acordo entre os estudiosos sobre a divisão do livro em duas partes[55].

1,1	Título	
1,2–2,17	Primeira parte: o flagelo dos gafanhotos e exortações à penitência	
	1,2-20	praga dos gafanhotos e convite ao lamento
	2,1-17	chegada do "dia do Senhor" e convite à conversão
2,18–	Segunda parte: o resgate de Judá	
4,21	2,18-20	anúncio do fim da praga dos gafanhotos
	2,21-27	promessas de prosperidade
	3,1-5	promessa de efusão do Espírito
	4,1-17	juízo sobre nações hostis
	4,18-21	restauração final de Judá

---

54. Sublinhe-se uma dificuldade na numeração dos capítulos e dos versículos. A atual tradução da Conferência Episcopal Italiana segue o TM, que divide o texto em quatro capítulos. Stephen Landon (ano 1205) tinha dividido o texto de Joel na Vulgata em três capítulos, o que é depois aplicado à LXX e, por um certo tempo, também ao TM. Várias traduções – principalmente inglesas – ainda seguem a divisão tripartite.

55. Na articulação do texto seguimos, em linha geral, LUCCI, L. *Gioele* – Introduzione e commento. Cinisello Balsamo: San Paolo, 2011, p. 13.

Guia de leitura

O flagelo dos gafanhotos e exortação à penitência (Jl 1,1–2,17)

Praga dos gafanhotos e convite ao lamento (Jl 1,1-12)

O Livro de Joel começa com um título (1,1) que apresenta uma fórmula comum a outros textos proféticos (cf. Os 1,1; Mq 1,1; Sf 1,1) e qualifica sua mensagem como "palavra de YHWH".

Segue um exórdio com a exortação à escuta dirigida aos chefes do povo, aos anciãos, e a todos os habitantes do país (v. 2-4). Trata-se de refletir sobre o passado para detectar a excepcionalidade da situação presente, que será dada a conhecer também às gerações futuras: uma enorme invasão de vorazes gafanhotos, e a posterior infestação dos campos por vários tipos de insetos.

O flagelo dos gafanhotos é descrito e várias categorias de pessoas são interpeladas a fim de que se conscientizem da presente desolação em que o país se encontra (v. 5-12). São assim convocados primeiramente os "bêbados", metáfora dos que vivem sem um verdadeiro discernimento espiritual acerca do que está acontecendo aos vinhedos e às figueiras, devorados pelos insetos. Essa desolação se reflete no culto, com a diminuição dos sacrifícios e das oferendas, desolação percebida pelos sacerdotes. A terra chora: é um luto pelo desaparecimento dos produtos da lavoura, situação que desnorteia agricultores e vinhateiros. Dessa forma "a alegria sumiu do meio da gente" (v. 12).

Da descrição da invasão dos gafanhotos Joel passa à exortação à penitência pública e ao lamento (v. 13-20). De fato, Joel vê nesse fenômeno natural a concretização de um castigo divino pela transgressão da aliança. É, portanto, necessário elevar o lamento e fazer penitência pública, pois o "dia do Senhor" está próximo. O convite ao lamento é dirigido em primeiro lugar aos sacerdotes, que por sua vez devem proclamar um período penitencial e devem comunicar ao povo a razão do que está acontecendo: do culto negado aos armazéns vazios de grãos em razão da carestia; do gado que geme em razão da secura que deixa a terra à mercê dos incêndios. Em situação similar não resta senão invocar o Senhor.

Chegada do "dia do Senhor" e convite à conversão (Jl 2,1-17)

O som da trombeta (*shopár*) anuncia a chegada do "dia do Senhor", como acontecimento de desgraça (2,1-11). Trata-se de um dia de trevas e de escuridão (provável a alusão aos enxames de gafanhotos, capazes de obscurecer o sol como nuvens). Por outro lado, num dia de trevas e escuridão desaparecem os astros que são adorados como deuses. Mas aqui é o Senhor que avança circundado por um exército enorme, ou seja, por grandes enxames de gafanhotos vorazes que, como guerreiros prontos para atacar, não se detêm diante de nenhum obstáculo e penetram em cada canto da cidade, em cada casa. Como general, o Senhor faz ouvir a própria voz para que este exército execute sua palavra. Daí a pergunta acerca de quem poderá suportar o grande e tremendo dia do Senhor.

Eis que então o profeta, provocado pelo flagelo que devasta o território, exorta o povo à penitência, ao jejum e ao autêntico arrependimento (v. 12-17). É um convite – em tom de forte urgência ("or dunque") – à conversão sincera, sem repudiar o elemento ritual, mas pedindo que este seja vivido de modo autêntico.

Todos os elementos como o choro, a aflição, o jejum são subordinados à sinceridade dessa conversão. Eis por que se trata de rasgar não tanto as vestes – um dos ritos penitenciais –, mas o coração. Trata-se de voltar para o Senhor, que é reconhecido, segundo a revelação sinaítica, como Deus "misericordioso e piedoso, lento na ira e cheio de bondade" (Ex 34,6-7). Diante da volta do povo ao Senhor, para Joel é legítimo esperar que também o Senhor retorne ao seu povo e o perdoe. Literalmente o texto de Jl 2,14 propõe uma fórmula dubitativa – "Quem sabe? Talvez volte atrás..." – que soa como a dos ninivitas que esperam um *retorno* do Senhor, que se "converta" do mal prometido. A frase dubitativa não quer ser uma incerteza a propósito da misericórdia de Deus, mas um distanciamento diante de um *retorno* do Senhor como algo mecânico.

Em seguida ouve-se novamente o soar da trombeta, que aqui não tem nenhum sentido de alerta militar, mas de convocação litúrgica, convocação para um grande encontro solene. Da assembleia participam todas as pessoas, inclusive as que normalmente são excluídas ou dispensadas, como as crianças ou os recém-casados. A função dos sacerdotes é a de assumir este impulso de conversão, apresentando orações em favor do povo, no interior daquele espaço que é próprio para a súplica, isto é, entre o pórtico do Templo e o altar dos holocaustos. Busca-se do Senhor seu perdão para o povo, e sua intervenção para que tire a desonra de Israel e cancele qualquer dúvida sobre a presença de Deus em sua vida ("Por que se diria entre os povos: onde está o Deus deles?" – v. 2,17).

O resgate de Judá (Jl 2,18–4,21)

Fim da praga dos gafanhotos (Jl 2,18-27)

Como invocado pelo povo, o Senhor efetivamente muda. Ele se mostra ciumento, ou seja, revela seu amor apaixonado pela terra, herança dada ao seu povo, em direção ao qual se dirige sua profunda compaixão. E, à invocação dos sacerdotes pedindo o fim da carestia que oprime o país, Ele responde afastando a praga dos gafanhotos e dando novamente vitalidade e prosperidade à terra (v. 18-27). Diante dos abundantes produtos da terra, o povo não se limitará a satisfazer-se, mas louvará o nome do Senhor pelas maravilhas operadas, e reconhecerá que o Senhor é o Deus da aliança e o único Deus.

Promessa da efusão do Espírito (Jl 3)

Se antes o "dia do Senhor" era temível e inquietante em razão do pecado do povo, agora se torna o momento no qual YHWH opera a maravilha maior com a efusão de seu espírito, revitalização não mais apenas da natureza, mas do próprio povo (v. 3,1-5). Tudo o que havia sonhado Moisés, isto é, poder ver todo o povo repleto do espírito do Senhor (cf. Nm 11,29), se realiza agora como dom que transcende todas as diferenças de idade e de classe social. Estas desaparecerão porque o espírito do Senhor unificará a comunidade, fazendo todos (literalmente "toda carne") partícipes do carisma profético.

Trata-se de uma transformação profunda que implicará no desaparecimento de toda idolatria; isso é sugerido com as turbulências cósmicas que envolvem o sol e a lua, frequentemente adorados como divindades no mundo das nações vizinhas de Israel. É um ato divino especial de salvação, mas do qual cada um participa por meio de uma escolha pessoal, invocando o nome de YHWH. Trata-se de reconhecê-lo justamente como Deus e como aquele que coloca em Sião uma comunidade como sinal de sua salvação (*pᵉleytháh*, "legião de salvos").

Juízo sobre as nações hostis (Jl 4,1-17)

Aos dias da efusão do espírito do Senhor correspondem também os dias do juízo divino sobre as nações (4,1-17), já que culpadas pela opressão contra Israel e Judá, povo do Senhor e sua herança. O lugar da reunião para o juízo é o Vale de Josafá ("YHWH julga"). Uma menção particular é feita a Tiro, Sidônia e as cidades da Filisteia, que se aproveitaram dos momentos de desgraça de Judá e Jerusalém; o Senhor se identifica a tal ponto com o seu povo que faz suas as ofensas contra ele.

À imagem da reunião no Vale de Josafá se sobrepõe a do Senhor que envia seus mensageiros e atrai para o mesmo vale todas as nações, fortemente armadas, que serão depois por Ele desbaratadas. E a dramática cena no "Vale da Decisão" será como a da ceifa da messe ou a do esmagamento das uvas na prensa de lagar. O substantivo *charútz* significa "decisão", mas também "debulha de cereais" (evocação da imagem precedente, da messe madura que é ceifada).

Toda a criação será envolvida no juízo, e será um dia de total escuridão. Nesse ínterim elevar-se-á de Sião a voz do Senhor, qual tremendo rugido que incutirá espanto incontrolável aos inimigos dos filhos de Israel e segurança e força aos seus protegidos. Naquele dia o povo reconhecerá finalmente a presença do Senhor em sua história, entendida como história de eleição: "Então sabereis que eu sou o Senhor vosso Deus, que habito em Sião, minha montanha santa" (v. 17a).

Restauração final de Judá (Jl 4,18-21)

O último breve oráculo é uma promessa de restauração de Judá (v. 18-21). Nele são resumidos os precedentes discursos divinos em resposta à lamentação do povo e se retoma o tema da transformação da natureza como sinal da nova era de salvação. Uma fonte que flui da casa do Senhor trará fertilidade, ao passo que os territórios dos inimigos (Egito e Edom) se tornarão desabitados e desertos, como punição pela violência perpetrada contra Judá. Os territórios de Judá, ao contrário, serão estavelmente habitados e o Senhor fixará em Sião sua tenda (*shakán*), fazendo dela sua própria morada.

A mensagem

O evento que se constitui em ponto de partida da profecia de Joel é o desastre ambiental e econômico ligado a uma invasão de gafanhotos. Este fato não é interpretado simplesmente como algo natural, mas como uma advertência de YHWH ao seu povo para que adote um caminho de conversão. Isso requer primeiramente um discernimento acerca do que está acontecendo (cf. Jl 1,2) a fim de aprender uma lição divina por meio de uma calamidade que, mais do que uma sanção judiciária, assume um valor pedagógico. E isso também supõe uma visão exata da realidade de Deus como Senhor da criação e da história. A manifestação desse seu senhorio se dá no assim chamado "dia do Senhor" que, em Joel, não tem simplesmente uma dimensão futura, mas irrompe já na experiência atual. O modo adequado de acolher essa vinda é o arrependimento sincero, que procede de um coração verdadeiramente convertido.

O "dia do Senhor" apresenta a dupla dialética de salvação e de desventura.

De salvação para uma comunidade que faz a experiência da bondade e da misericórdia do Senhor, sempre disposto a perdoar e fiel em seu permanecer no meio de seu povo; de salvação porque o Senhor silencia finalmente as insinuações ímpias dos que, constatando as conturbadas histórias de Israel e de Judá, gostariam de ver nisso uma ausência do Senhor da vida de seu povo (cf. 2,17); de salvação porque assim o Senhor infunde plenamente seu espírito sobre cada pessoa que invoca o seu Nome.

De desventura, porém, para os que atentaram contra a vida, a liberdade e a dignidade do povo de Deus. O tema do juízo sobre as nações no Vale de Josafá diz positivamente o amor apaixonado do Senhor por Judá e por Israel, e mostra como Ele não pode ficar indiferente diante dos tormentos sofridos, e que passam a ser assim os seus próprios sofrimentos.

Joel pretende alimentar a esperança e a expectativa de um povo que, num momento de grande angústia, recebe o anúncio da salvação operada por seu Deus que, não obstante tudo e todos, se mostra ciumento, ciúme movido, no entanto, pela compaixão e paixão por seu povo.

E é exatamente aqui que emerge um dos limites do Livro de Joel, já que nele se respira um ar carregado de nacionalismo, em detrimento de uma perspectiva de salvação que envolva toda a humanidade. Por outro lado, a retomada neotestamentária da profecia de Joel acerca da efusão do espírito de Deus – na pregação de Pedro em Pentecostes (At 2,17-21) – supera essa ótica nacionalista e vê realizar-se o sentido mais profundo da promessa de estender a todos os povos essa relação pessoal com Deus, garantida pelo dom do Espírito.

11

Amós

Introdução

A época histórica de Amós

Amós é o primeiro dos profetas "escritores". Judeu abastado, Amós prega em Israel durante o reinado de Jeroboão II. Sua missão tem origem numa vocação como experiência de um chamado irresistível, semelhante à obediência de uma ordem militar (Am 3,8; 7,15).

O cabeçalho do livro (1,1) oferece algumas coordenadas históricas que permitem situar sua figura e sua missão profética. Proveniente de Técua, vilarejo judeu a Sudeste de Belém, Amós é um importante criador de gado, como o sugere o termo *noqéd* (cf. tb. 7,14). O período histórico de sua missão se situa no século VIII a.C., quando no Norte governava Jeroboão II (783-743) e no Sul Ozias (781-740).

Sob Jeroboão II Israel vive um período de relativa calma política, antes dos convulsivos momentos que precederam o fim do reino da Samaria. Aproveitando-se da pressão assíria sobre Damasco, Jeroboão consegue conquistar também os territórios nas zonas limítrofes, como Galaad. Florescem então os comércios com os países vizinhos, se desenvolve a indústria têxtil, melhora a agricultura, e na Samaria são construídos suntuosos palácios. Essa prosperidade é vista como bênção pelos círculos sacerdotais e inclusive por alguns círculos proféticos, como no caso de Jonas, filho de Amati, natural de Gat-Ofer (2Rs 14,25-27).

Mas o bem-estar se faz sentir somente nas classes privilegiadas e não nas mais pobres, que se afundam sempre mais na miséria. É nesse contexto que se desenvolve a pregação de Amós, com seu apelo severo à exigência de justiça social e equidade jurídica, e com a reivindicação de um culto não dissociado da prática ética e moral. Isso o coloca em confronto direto com os poderosos de então; ele mesmo relata a forte polêmica contra Amasias, chefe do clero no Templo de Betel (Am 7,10-17), em razão da pregação que questiona a eleição da dinastia reinante e a qualidade do culto praticado.

Entretanto, breve será o florescimento do reinado de Jeroboão, e é o que o profeta lucidamente adverte. De fato, a situação internacional se torna sempre mais ameaçadora, já que o expansionismo assírio continua imprensando os povos vizinhos, incluídos os reinos de Damasco e Israel. Os responsáveis pela Samaria, porém, não se dão conta do perigo e continuam levando uma vida despreocupada e luxuosa, indiferentes aos problemas dos setores menos favorecidos, sempre mais dilapidados por um sistema econômico injusto.

É nesse contexto que Amós faz sentir a própria voz – uma espécie de "rugido" como o de seu Deus –, embora não ouvida.

Estrutura do livro

A estrutura do escrito de Amós é muito consequente e, para muitos, trata-se de um excepcional trabalho redacional – realizado em três fases: pré-exílica, exílica e pós-exílica –, que confere forte unidade aos materiais compósitos do livro. Porém, não faltam estudiosos que tendem a atribuir a paternidade do livro ao próprio profeta.

Depois do título e de uma introdução que apresentam as coordenadas da missão profética e seu conteúdo judicial, o livro se articula em cinco grandes seções (alguns, porém, só consideram quatro seções, já que tratam de forma unitária Am 3,1–6,14).

1,1-2	Título e introdução
1,3–2,16	primeira seção: oráculos contra as nações e Israel
3–4	segunda seção: oráculos de denúncia
5–6	terceira seção: seção dos "ais"
7,1–9,10	quarta seção: ciclo das visões
9,11-15	quinta seção: anúncios de salvação

Guia de leitura

Título e oráculos contra as nações e Israel (Am 1–2)

O título (Am 1,1) apresenta as coordenadas geográficas e históricas da missão de Amós. Ele indica que sua missão se desenvolve dois anos antes de um terremoto, que teria atingido a Samaria e as cidades do Norte, provavelmente no ano 760 a.C. Este acontecimento natural é visto como sinal teofânico do castigo do Senhor, que eleva sua voz aterradora como rugido de leão. O castigo se traduz em desolação tanto para o homem quanto para a natureza, que, além disso, é assolada por uma grave seca (v. 2).

Oráculos contra as nações (Am 1,3–2,5)

Logo após a introdução são apresentados os oráculos de juízo contra as nações estrangeiras e Judá e, no final, um longo oráculo contra Israel.

Os primeiros sete oráculos apresentam uma estrutura comum, mas com leves variações: apresentação do mensageiro, declaração da irrevogabilidade da sentença, enunciação da culpa segundo a forma do assim chamado "numérico gradual", procedimento pelo qual se expõe somente o último crime, que cobre a totalidade do malfeito. O anúncio da punição vê sempre o castigo do fogo ao qual, às vezes, outros castigos são associados, como, por exemplo, a deportação ou a dizimação em batalhas.

À base da acusação divina contra os povos geralmente reside a falta de respeito ao ser humano, à sua vida, à sua liberdade, à sua dignidade (respeito às memórias).

O primeiro oráculo do livro é contra Damasco (1,3-5). Nele é denunciada sua atrocidade na guerra contra Galaad. O fogo devorando seus palácios será sua punição. Em seguida é apresentada uma lista de cidades devastadas, acompanhada por uma ameaça de deportação dos arameus para Quir. É uma perspectiva particularmente lúgubre, já que Quir, segundo Am 9,7, é o território do qual os arameus partiram para o seu êxodo de libertação desejado pelo Senhor.

O segundo oráculo é contra os filisteus (v. 6-8), culpados por esvaziar territórios inteiros, por deportar em massa os habitantes, por vendê-los como escravos a Edom (para trabalhar nas minas de cobre). Sobre as quatro cidades filisteias – dentre as quais não consta Gat, já destruída (cf. Am 6,2) –, e particularmente sobre Gaza, abater-se-á o castigo: fogo e destruição.

O terceiro oráculo é contra Tiro (v. 9-10), representante do mundo fenício. A razão do juízo é novamente o tráfico de escravos entregues a Edom, mas com um agravante: a ruptura da *aliança fraterna*, provável alusão às estreitas relações que historicamente ligaram Tiro a Israel (confira o pacto entre Salomão e o fenício Hiram – 1Rs 5,26), tornando o tráfico mais odioso ainda. Sobre Tiro também se abaterá o castigo do fogo.

O quarto oráculo, já mencionado, fala do atentado contra Edom (v. 11-12), em razão da exploração de seus escravos. A denúncia aqui é o atentado contra a fraternidade, com a primazia do espírito de retaliação e vingança contra Israel, povo que – segundo o Gênesis – é gêmeo de Edom/Esaú. As cidades de Temã e Bosra serão destruídas pelo fogo.

O quinto oráculo é contra Amon (v. 13-15). A acusação lembra suas atrocidades – como a evisceração de mulheres grávidas – enquanto aliado de Damasco na conquista dos territórios israelenses de Galaad. Como punição sua capital, Rabá, sofrerá um incêndio, também será dizimada em batalha, e seus chefes políticos serão exilados.

O sexto oráculo é contra Moab (2,1-3), em razão de seu delito contra Edom, ao profanar a tumba do rei como forma de destruir as memórias do inimigo. Sua punição será novamente o fogo, o extermínio em batalha, a supressão de suas autoridades políticas.

O sétimo oráculo se volta contra Judá (v. 4-5). Formalmente ele é semelhante a outros oráculos, mas o pecado a ser execrado aqui é diferente: já não se trata mais de crimes contra o homem, mas do pecado contra o Senhor, cujos preceitos são desprezados. A motivação dessa punição, portanto, é teológica, já que consiste em rejeitar a lei do Senhor e preferir a "mentirosa", ou seja, a lei dos ídolos.

Oráculo contra Israel (Am 2,6-16)

Completou-se assim a série representada pelo número sete, símbolo da universalidade, razão pela qual surpreende o fato de que ainda persista um oitavo oráculo (v. 6-16). Dessa vez ele se destina a Israel, sendo o mais extenso, o mais articulado, tanto na enumeração das culpas quanto na ilustração do castigo. Depois de apresentar o mensageiro, o oráculo denuncia a ausência de justiça. Independentemente da avaliação de detalhes particulares, geralmente filologicamente problemáticos, o quadro apresenta um espetáculo desolador. Primeiramente corrupção do sistema judiciário, com subornos de juízes que se deixam comprar para condenar inocentes (geralmente um pobre – 'ebyón) e favorecer os ricos e os poderosos; opressão dos pobres até crimes de exploração sexual (talvez prostituição sagrada ou crime de incesto como uma jovem serva, que por essa razão se torna parte da família); usura com os devedores... Além disso, nos atos de culto se utilizam os bens confiscados como indenização. Como se não bastasse, trata-se de casos que acorrem "na casa do deus deles", isto é, em Betel, o santuário mais importante no Reino do Norte.

Existe também outro agravante: ingratidão do povo pelos benefícios recebidos do Senhor como a libertação do Egito, sua presença ao longo do deserto, o dom da terra. Some-se a isso o fato de que Israel tenta anular os dons atuais de YHWH, como a profecia e o nazireato, ao tentar impedir que os profetas profetizem e ao tentar corromper os nazireus obrigando-os a tomar bebidas inebriantes, a eles proibidas (cf. Nm 6,1-4; Jz 13,5.7).

A punição de Israel não prevê o fogo para destruí-lo, nem uma ação militar dos inimigos: é o próprio Deus que intervirá contra seu povo. A ruína de Israel é comparada a uma carruagem sobrecarregada, que acaba afundando na terra e se autodestruindo. É exatamente a terra, sinal da promessa divina, que se traduz em instrumento de punição, porque profanada pelo comportamento sacrílego de Israel. E do fracasso bélico se mostram sete tentativas inúteis de subtrair-se ao castigo inexorável. A imagem do guerreiro mais forte que foge nu, sem a armadura, para salvar-se, é metáfora do desmascaramento que a Palavra de Deus faz do pecado oculto de Israel.

Oráculos de denúncia (Am 3–4)

A essa altura o primeiro objetivo da pregação de Amós já está definido: advertir Israel antes que seja tarde demais, a fim de prepará-lo para o encontro com Deus (cf. 4,12).

O Senhor faz uma ameaça aos "filhos de Israel" (3,1-8). A eleição que o povo experimentou como libertação do Egito não é privilégio, mas responsabilidade, e ser "conhecido" de Deus significa que Ele lhes pedirá contas (paqád), lhes fará assumir todas as culpas. Palavras duras, que talvez Amós nem quisesse pronunciar, mas que profere em razão de seu irresistível chamado ao serviço profético. A uma causa implica um efeito, como previa as perguntas históricas que se sucedem evocando sempre imagens de desventura. O Senhor preparou uma armadilha para Israel, e o profeta não pode silenciá-la.

No versículo 7 existe, em forma de glosa, uma reflexão – próxima à teologia deuteronomista – sobre o carisma profético como participação no conselho (*sod*) da corte divina. O profeta é quase um confidente do Senhor, mas é também seu servo plenamente disponível ao seu plano sobre a história.

O Senhor se dirige em seguida às nações estrangeiras (v. 9-12) para que visitem a Samaria e descubram como por detrás das belas fachadas dos palácios se escondem prevaricações e violência: lições de injustiça oferecidas aos especialistas da opressão (egípcios e filisteus). Se a punição é inevitável, com certeza a culpa não é do Senhor, assim como não é a do pastor que, para não ser acusado de furto, deve mostrar um pedaço de orelha ou pedaços de patas do animal que foi devorado por alguma fera (cf. Ex 22,12).

Assim os sobreviventes de Samaria testemunharão que YHWH não é responsável por seu desastre, visto que a culpa é do povo. Para os culpados é anunciada pelo próprio Senhor a destruição de todas as casas de inverno e verão – ou seja, os palácios dos poderosos –, começando pela própria "Casa de Deus", Betel (v. 13-15).

O juízo divino também se abaterá com o exílio sobre as mulheres nobres da Samaria (4,1-3), responsáveis por pressionar seus poderosos maridos a comportamentos injustos e vexatórios contra os mais fracos, e inclusive por gozarem de uma vida luxuosa e confortável. Por isso são comparadas às "vacas de Basã", região célebre por suas criações.

Inutilmente os "filhos de Israel" buscam salvação no culto; daqui o irônico convite a multiplicar os sacrifícios, a oferecer dízimos e pão fermentado, a fazer doações voluntárias em santuários do reino, como Betel e Guilgal, tornados lugares de cultos sincréticos (v. 4-5). Isso não beneficiará a ninguém, já que se trata de coisas agradáveis aos "filhos de Israel" e não ao Senhor.

Mais importante, porém, seria se eles soubessem ler os sinais da história e discernissem a vontade de Deus que os chama à conversão (v. 6-12). Como numa ladainha, o Senhor lembra uma série de fatos que deveriam ter conduzido Israel à conversão, ao retorno a Ele. Alguns desses lembram um pouco as pragas do Egito, que encontraram o faraó insensível e obtuso de coração. Da mesma forma Israel parece não compreender a lição divina pelos acontecimentos da história. Portanto, deve preparar-se para uma decisão e um encontro direto com o "seu Deus".

O encontro o colocará diante de uma revelação que o Senhor faz de si mesmo enquanto Criador (v. 13). Nesse fragmento hínico – associado às outras duas doxologias de 5,8-9 e 9,5-6 – mostra-se o poderio do Criador, o "Senhor dos exércitos", que manifesta o próprio Nome e revela ao homem seu projeto. Isso faz emergir, por contraste, toda a gravidade da recusa de seu convite à conversão.

Seção dos "ais" (Am 5–6)

Agora se abre a seção das lamentações, também conhecida como "Livro dos Ais". Trata-se de lamentações fúnebres que supõem uma opção de morte, de mal, e não de bem e de vida, por parte de Israel.

A grande escolha (Am 5,1-17)

A primeira lamentação (Am 5,1-17) entoada pelo profeta diz respeito à "casa de Israel", aqui definida também como "virgem de Israel"; onde se condensa o núcleo fundamental da mensagem de Amós, com o convite à verdadeira busca de Deus, do bem e da vida. E a ameaça do castigo paradoxalmente é um convite à vida.

Procedendo segundo uma estrutura literariamente bem definida, construída de forma claramente concêntrica, em primeiro lugar emerge o lamento do profeta pela aniquilação do povo, comparada por ele à morte prematura e dramática de uma moça virgem (v. 1-3). Segue o convite à verdadeira busca do Senhor, sem a ilusão de que seja suficiente buscá-lo na frequentação dos santuários e seus cultos (v, 4-6). Todos esses santuários serão destruídos. Assim, a "Casa de Deus", Betel, transformar-se-á em "Casa de um nada", e Guilgal tristemente soará como profecia de "exílio" (*goláh*).

O anúncio do castigo é em nome daquele Deus criador que criou as Plêiades e o Órion, que transformou as trevas em manhã, que escureceu o dia em noite, que convocou as águas do mar e as despejou sobre a terra firme. Trata-se do mesmo Deus que fez e fará cair sua ruína sobre o homem prepotente, denominado YHWH, Deus criador e Senhor da história (v. 7-9). E, com tamanha força, Ele julgará os que – sem tolerar críticas e reprimendas[56] – praticam a injustiça com ganhos desonestos, com corrupção judiciária, com intimidações violentas contra os pobres (v. 10-13).

---

56. O v. 13 ("Por isso o sábio se cala neste tempo, porque é um tempo de desgraça") é um tanto quanto enigmático. Alguns afirmam que se refere a alguma ausência de pessoas sábias que saibam reconhecer e denunciar as injustiças presentes na sociedade; outros veem no "sábio" aquele que sabe ler os sinais dos tempos e por isso fica atônito, apavorado diante da desgraça iminente.

Os versículos 14-15 correspondem aos precedentes versículos 4-6, e nestes se reitera o convite a buscar e a amar o bem e a odiar o mal. Se este convite for ouvido com obediência, o Templo será realmente o lugar da presença de Deus, e Deus terá piedade dos que amam a justiça ("o resto de José").

À lamentação inicial corresponde, em forma de conclusão, outra que soará em todas as praças, estradas e campos (v. 16-17). Por todo lado ecoarão prantos de luto, ecoados não apenas pelos profissionais da lamentação fúnebre, mas por todo o povo.

A razão do pranto é que a vinda do Senhor se traduziu em visita judiciária, punitiva.

É um triunfo da morte que implicitamente faz compreender como Israel não soube aceitar o apelo a uma vida voltada para o Senhor.

Contra um culto destituído de justiça (Am 5,18-27)

O "ai" de Am 5,18 introduz um desabafo surpreendente porque dirigido contra os que esperam o *dia do Senhor* (Am 5,18-20). As imagens dos três animais – leão, urso, serpente –, que ameaçam numa sequência impressionante a vida de um pobre homem, ilustram a natureza do dia do Senhor, absolutamente diferente do esperado. O paradoxo é que, pela experiência e memória da libertação divina, o dia do Senhor se transforma em momento de punição, projetada para um futuro próximo.

As falsas esperanças também são nutridas por um culto degenerado (v. 21-27). O profeta desmarcara a inutilidade de um culto sem justiça. Pelo menos sete são as coisas que Deus não tolera (festas, reuniões, holocaustos...), a ponto de o profeta se questionar se existe algo de bom que Deus realmente deseja. Mas eis a surpresa: quando já parece incontentável, o Senhor diz agradar-se de duas coisas simples: justiça e direito. O versículo 25 chega a idealizar um tempo atual igual ao do deserto, sem oferendas e holocaustos. A mesma ideia aparece em Jr 7,22, para quem no tempo do deserto faltava o culto sacrificial, mas não a proteção do Senhor.

Os versículos 26-27 são igualmente difíceis porque fazem referência aos cultos a outros deuses, que possivelmente prosperavam também em Israel. Seria, pois, um ataque à idolatria ou aos cultos sincréticos. O castigo é sempre a perda da terra prometida e o exílio.

Contra as ilusões de segurança (Am 6)

O "ai" seguinte ataca os poderosos da Samaria[57], denunciando sua vida despreocupada e feliz (6,1-7). A segurança deles é ilusória e suas riquezas não os salvarão. Eles se acham seguros e não aprendem com a história, não se dão conta do que aconteceu com cidades e reinos poderosos. Por isso ignoram o aproximar-se do dia do juízo, e se afundam numa vida de prazeres e luxos (móveis raros, comidas e vinhos valiosos, música nos banquetes...). Este estilo de vida os leva a ignorar a "ruína de José", ou seja, a não sentir o sofrimento dos pobres, cuja exploração torna possível a própria boa vida. E se não se preocupam com a ruína do povo, talvez seja também no sentido de não se dar conta da iminente catástrofe que faz parte do plano divino. O exílio será a sorte deles, eliminando seus festejos. Um paralelo desse oráculo se encontra em Is 5,11-12, onde a vida feliz torna as pessoas obtusas em relação ao desígnio divino sobre a história.

A essa altura o profeta se demora na descrição do extermínio (v. 8-11) como pena pelo luxo desmedido de "Jacó". Macabra cena de peste com cadáveres espalhados por toda a parte, agentes funerários contornando as fogueiras crematórias, e sobreviventes que se fingem de mortos. O inimigo do qual se deve fugir é YHWH, já que foi Ele que decretou o aniquilamento da cidade e de cada família. Essa é a razão pela qual seu Nome sequer é mencionado.

O fato é que Deus deplora a degeneração de Israel, que transformou o direito em veneno e a justiça em amargor; despropósito tamanho que equivaleria a lançar em disparada os cavalos sobre os rochedos ou lavrar o mar com os bois (v. 6,12). Trata-se do despropósito do orgulho, pelo qual as pessoas se satisfazem com coisas insignificantes, como o pretenso sucesso militar na conquista do vilarejo amonita de *Carnaim* ("dois cornos"), ou da conquista de *Lo-Dabar* ("exatamente nada"). Deus esmagará este orgulho ridículo por meio da invasão de um povo feroz (v. 12-14).

Ciclo das visões (Am 7,1–9,10)

Após essa série de ditos, o profeta relata na primeira pessoa cinco visões que teve sobre o fim de Israel. Depois da terceira e da quarta visão aparecem

---

57. Segundo o TM, o "ai" de Am 6,1 é dirigido não somente aos notáveis da Samaria, mas também aos "despreocupados de Sião". Expressão dura que a LXX pensa em corrigir em "ai dos que desprezam Sião". Tendemos a conservar o TM, vendo nele a aplicação, por parte do redator, a novos destinatários, aos judeus poderosos que confiam na riqueza perversa.

ampliações de narrativas e oráculos. Nelas existe um *crescendo* inexorável rumo à perspectiva do fim de Israel.

As primeiras três visões (Am 7,1-9)

Na primeira visão (7,1-3) aparece a invasão dos gafanhotos que devastam os campos justamente na época do segundo corte do feno, aquele isento das taxas do rei e que beneficiava os agricultores. Amós intercede – segundo a função própria dos profetas – e Deus tem compaixão, se arrepende (*nichàm*) e renuncia ao castigo imposto ao "pequeno Jacó".

A mesma mensagem se repete na segunda visão (v. 4-6), a da grande seca, que provoca incêndios devastadores. Mais uma vez o arrependimento divino é obtido pela intercessão do profeta que invoca o perdão sobre a pequenez de Jacó.

Portanto, nem a primeira nem a segunda ameaça tem por finalidade última a concretização do castigo, mas a conversão de Jacó. Por ora, entretanto, só se percebe a conversão do Senhor.

A terceira visão (v. 7-9) é de particular ambiguidade filológica, pois não se compreende bem o que se quer dizer com "fio de prumo" (*'anák*). Poderia ser efetivamente o instrumento do pedreiro que evidencia como o muro é mal-construído e destinado ao desabamento; ou, talvez, uma arma feita de uma massa metálica ligada a um cabo, com a qual se destrói as muralhas inimigas. Seja como for, o muro cairá: os santuários de Israel serão destruídos e a casa de Jeroboão aniquilada pela espada.

O ator de tudo isso é o Senhor, que deixa de perdoar e declara que Ele mesmo vai colocar o fio de prumo (ou estanho) no meio do povo. Não obstante tudo, o Senhor continua declarando-o "meu povo".

Vocação de Amós e quarta visão (Am 7,10–8,3)

Impressiona que na terceira visão o profeta não eleve nenhuma intercessão. O texto não esclarece imediatamente o porquê de tudo isso, mas logo em seguida dá uma resposta implícita, com a discussão entre Amasias e Amós, e a expulsão do profeta de Betel (7,10-17). Amasias – sacerdote e administrador de Betel, santuário principal do reino – acusa Amós, diante de Jeroboão, de ter conspirado contra ele e contra o povo. Suas palavras se tornaram insuportáveis, tanto que é acusado de alta traição: ousa, de fato, a declarar que o Rei Jeroboão morrerá pela espada e o povo será deportado.

Portanto, urge proibir-lhe a entrada no santuário de Betel, enquanto capela real, e remetê-lo ao seu país de Judá, onde não viverá mais à custa de Israel.

A réplica de Amós diz respeito ao fundamento de sua missão profética: não o fez por interesse econômico – visto que teve que renunciar um duplo e remunerado trabalho (criador de gado e cultivador de sicômoros) –, nem porque membro de alguma associação profética, mas exclusivamente porque foi como que sequestrado (*laqách*) por YHWH para que profetizasse para Israel, ainda chamado pelo Senhor de "meu povo" (*'ammí*).

Após ter afirmado ser profeta em obediência à iniciativa divina, Amós profetiza então contra o sacerdote Amasias e sua família: os espera um exílio inexorável.

Ao embate entre Amasias e Amós segue a quarta visão, a da cesta de frutas (8,1-3). Esta apresenta a mesma dinâmica da terceira, uma vez que o Senhor é o executor do juízo. O profeta vê uma cesta com frutas de verão (*qaytz*), isto é, frutas maduras. Estado de maturação que o profeta é chamado pelo Senhor a discernir: da mesma forma amadureceu o fim (*qetz*) para Israel. E o Senhor se declara não mais disposto a perdoar.

Por isso, aos cantos do Templo sucederão as lamentações diante do espetáculo dos cadáveres jogados em todos os lugares. Em seguida impõe-se o silêncio. De qual silêncio se trata? Permanece uma ambiguidade: ou é o silêncio que segue o massacre, ou é o imposto por Deus ao profeta que gostaria de interceder.

Motivação do juízo e quinta visão (Am 8,4–9,10)

Surge então a ameaça do fim, mas por qual motivo? Eis alguns elementos da acusação (8,4-8). O Senhor não esquece a injustiça de Jacó. Embora se pratique a observância do sábado, na verdade o repouso serve somente para tramar melhor o dia seguinte, quando são retomadas as atividades desonestas e os lucros à custa dos indigentes (se lhes vendem as sobras e as balanças são manipuladas). Por isso o Senhor sentencia um castigo cósmico, semelhante a um terremoto no qual a terra sobe e desce como as cheias do Nilo.

À acusação segue a sentença: o "dia do Senhor" virá. Não será dia de alegria, mas de luto, como sugerido pelo vestir-se de pano de saco e raspar-se a cabeça. Em pleno meio-dia, ao invés da luz descerão as trevas e manifestar-se-á a opressora dor da perda do filho único (v. 9-10). Por detrás da expressão ambígua "farei luto" poderia, de fato, esconder-se não um luto imposto aos outros, mas o luto que o próprio Deus sente.

Segue a ameaça mais terrível: a do silêncio do Senhor (v. 11-14). Ele pretende não mais oferecer sua palavra (visto que Israel impôs silêncio aos seus profetas e ao próprio Amós). Haverá fome e sede da palavra do Senhor, e estas não pouparão ninguém. A busca inútil das novas gerações atestará essa desolação total, e o culto praticado na Samaria – doravante pervertido porque infestado de sincretismos – resultará ineficaz para a salvação.

Eis, pois, a quinta visão, na qual se preconiza a destruição do Templo (9,1-4). Este ruirá sobre os presentes, sob os golpes desferidos pelo próprio profeta, obrigado a colaborar com a demolição. Inúteis serão as tentativas de fugir da catástrofe, porque o Senhor alcançará todos os fugitivos, seja nas profundezas do inferno, seja no Monte Carmelo, seja no fundo do mar. Ninguém poderá subtrair-se ao senhorio de Deus, que voltará seu olhar para eles, mas com uma dolorosa surpresa: não será para beneficiá-los, mas para despejar sobre eles o mal.

E aqui o Livro de Amós se detém novamente na contemplação do nome do Senhor dos exércitos, isto é, no Todo-poderoso que exerce seu domínio sobre a criação e sobre a história (v. 5-6). É o último fragmento hínico presente no Livro de Amós, no qual aparece a metáfora da perturbação cósmica provocada pelo Senhor com o terremoto e o maremoto precipitando as águas sobre a terra como um novo dilúvio. Em meio a tanta catástrofe, Ele, porém, faz ouvir o próprio Nome.

Poderia surgir uma objeção: Onde foi parar a fidelidade do Senhor que libertou com braço forte o seu povo do Egito? Deus responde com um oráculo contra o mal-entendido que considera a eleição de Israel um privilégio e não uma responsabilidade (cf. Am 3,1-2). Ora, Israel deve saber que YHWH é o Deus do êxodo também para os filisteus, que os fez sair de Cáftor (Creta), e para os arameus, que os fez sair de Quir (9,7-9).

A última palavra na seção das visões tem por objeto não somente o fim de Israel, mas o fim de todos os pecadores (v. 8-10).

Temos aqui a imagem do juízo como uma espécie de crivo, presente também em Is 30,28. Amós fala de *kebaráh*, isto é, de uma grande peneira de vime com a qual se separa os cereais da casca, conservando o que é bom e deixando que o vento leve o que não presta. Portanto, Deus peneira a história dos homens para que o bom grão não seja perdido (figura, esta, do *resto*), mas a casca será espalhada, para representar o fim dos pecadores que, por outro lado, se consideram impunes.

Anúncios de salvação (Am 9,11-15)

A seção final corrige a impressão amarga deixada por Am 9,10, com a punição de todos os pecadores do povo do Senhor. A tensão é desfeita no epílogo. Trata-se de apêndices – devidos a um redator pós-exílico de origem judaica – nos quais é prometida a restauração da sorte de Israel. Se, já precedentemente, no *crescendo* das acusações e ameaças de castigo, transparecia aqui e acolá o aceno para a salvação de um pequeno *resto*, agora o tema da salvação abarca tudo.

Em primeiro lugar emerge a promessa divina de erguer o povo da desolação total em que se havia embrenhado (9,11-12). A imagem da tenda de Davi, que é reerguida, retoma a promessa davídica de 2Sm 7,14-16 e a expectativa de uma monarquia ideal, capaz de levar novamente o reino ao esplendor de suas origens. A referência ao castigo de Edom (v. 12) cria um vínculo com o tema do sucessivo escrito dos "Doze Profetas", o pequeno Livro de Abdias.

Virá um tempo de prosperidade, sugerido pela hiperbólica fertilidade da terra na qual quem lavra cruza com quem colhe, e de alegria, presente na imagem dos pés de frutas carregados e na abundância do vinho (v. 13-15). Mas, sobretudo, a possessão da terra será definitiva. Como carimbo indelével de tudo isso está a palavra do Senhor enquanto Deus da aliança: "Diz o Senhor teu Deus".

A mensagem

A brevidade do escrito de Amós é inversamente proporcional à densidade de sua mensagem. Não importa aqui estabelecer o que remonta realmente ao profeta do século VIII a.C. e o que é obra redacional, mas reconhecer como nesse escrito se evidencia as estruturas fundamentais da profecia bíblica.

Inicialmente a profecia de Amós parece direta contra os pecados do povo que lesam os direitos do homem. Ele fala em nome de YHWH, o Deus de Israel, a quem, entretanto, cabe o direito sobre cada nação; o Senhor, de fato, é aquele que tem o domínio sobre a criação e sobre a história, na qual faz ressoar com poder seu próprio Nome (cf. os três fragmentos hínicos de Am 4,13; 5,8-9; 9,5-6).

Mas tudo isso leva a evidenciar ainda mais a gravidade do delito cometido por Israel, o povo da eleição. E, por isso, o tom de Amós é predominantemente o da ameaça e o da acusação.

Denuncia-se sistematicamente a injustiça, que geralmente tentam esconder ou legitimar. Amós mostra como os aparatos jurídicos e políticos, que deveriam garantir justiça e bem-estar, são profundamente corrompidos em favor dos interesses dos poderosos, perpetrando assim a exploração dos pobres com sentenças iníquas e taxas vexatórias.

Também o culto, que deveria buscar uma autêntica relação com o Senhor, é muito frequentemente submetido às lógicas do poder e da riqueza. Por isso Amós questiona um culto formalista, que não busca o que realmente agrada a Deus, isto é, o direito e a justiça (cf. Am 5,24), mas oferece falsas seguranças, embrulhadas em aparências de esperança no Senhor. Basta pensar naqueles que aguardam esperançosos o "dia do Senhor" que, ao contrário de suas expectativas, se revelará em dia tremendo, em tempo de punição.

É uma mensagem extremamente concreta, que não se contenta em indicar as grandes acusações, mas elenca detalhadamente as culpas que motivam o severo juízo divino. Entretanto, o objetivo da profecia não é a condenação, mas o convite à conversão, a preparar-se para o encontro com Deus, para que seja um encontro de vida e não de morte. Central é então a proposta do capítulo 5, com a exortação urgente a buscar o Senhor e não a um deus domesticado aos desejos humanos, a perseguir o bem (ou seja, uma convivência humana justa e solidária) e odiar o mal. Eis, portanto, a tarefa do profeta: evitar que o povo se enverede para o mal, e, nesse sentido, para a morte.

Entretanto, segundo o que aparece na seção dos "ais" e na das "visões", parece que a escolha do povo seja irremediavelmente negativa e o conduza a um fim inexorável (cf. 8,2). O *fim* não é, no entanto, a última palavra sentenciada irrevogavelmente pelo Senhor; em seu plano está antes a salvação de um *resto*, como várias passagens o demonstram.

Em primeiro lugar faz-se a opção pelo gênero do *rib*, que tem mais especificamente em mira não o juízo, mas a recomposição de uma relação bilateral, tornada possível pela fidelidade de um dos dois litigantes, isto é, pelo Senhor.

Além disso, também nas páginas mais sombrias, nas quais o profeta parece recusar-se a interceder em favor do povo, continuam ressoando o Nome (do Senhor) e a expressão "meu povo", com os quais Ele atesta a continuidade dos vínculos de aliança com Israel (cf. Am 7,8.15; 8,2; 9,10).

Enfim, no epílogo, o redator não força indevidamente em direção positiva a mensagem do profeta, mas explica uma de suas potencialidades: para além do juízo, justamente em razão da purificação que este comporta, é dada uma esperança numa total superação de toda forma de injustiça e de mal.

12

Abdias

Introdução

Não temos nenhuma indicação biográfica acerca do Profeta Abdias, cujo nome significa "servo do Senhor", e ao qual é atribuído o escrito mais breve de todo o Antigo Testamento, ou seja, 21 versículos. As tentativas de preencher essa lacuna de informação pretendem fazer de Abdias um personagem histórico, como o faz, por exemplo, o Talmude Babilônio (*Sanhedrin*, 39b), identificando-o com o mordomo de Acab enviado por Elias (cf. 1Rs 18,3-16). Hoje a tendência é ver no escrito de Abdias uma profecia literária, provavelmente utilizada num contexto de liturgia no Templo, como maldição contra os inimigos de Israel.

A obra de Abdias se apresenta como uma visão (*chazón*), na qual o Senhor lhe mostra o iminente castigo de Edom, do qual se denuncia principalmente a crueldade e a soberba, com uma referência explícita à sua participação na catástrofe de Jerusalém (Ab 1-14).

Na segunda parte (Ab 15-21) o profeta anuncia a iminência do "dia do Senhor", dia em que Edom sofrerá a condenação por seus delitos, ao passo que Sião será restaurada. Os versículos 19-21 comentam o anúncio da salvação e projetam as conquistas do povo do Senhor, coincidindo aqui com a volta dos exilados da Babilônia, aos quais é reservado um reino universal.

Quanto à datação do escrito, ela é controversa, dado que os episódios relativos aos conflitos entre Israel e Edom se disseminam ao largo de vários séculos: entre a alta época davídica e da monarquia do século IX (cf. 2Rs 8,20-22) até o século V a.C. Particularmente odiosas foram, entretanto, as atitudes oportunistas de Edom em detrimento de Jerusalém no ano 587, quando esta foi conquistada definitivamente pelos babilônios. De fato, com a queda de Jerusalém os países vizinhos, e em particular Edom, buscaram ampliar seus territórios à custa de Judá, inclusive com várias pilhagens (cf. Ez 35,10; 36,5). Eis explicada a animosidade não só de Abdias, mas também de outros profetas e salmistas (cf. Sl 137,7; Ex 25,12-14; Jr 49,7-22; Lm 4,21-22; Ml 1,4).

A atual localização canônica de Abdias entre Amós e Jonas pode ser explicada com o fato de que no capítulo conclusivo de Amós se fala da restauração da "tenda de Davi" e da conquista do "resto de Edom" (Am 9,11-12). Esses temas são desenvolvidos justamente por Abdias. Mas, já que a relação com os outros povos parece aqui problemática, negativa, o Livro de Jonas, que vem logo em seguida, oferecerá uma correção de perspectiva, aliás, uma radical reviravolta.

Guia de leitura

Contra Edom (Ab 1-14)

O título de Ab 1 qualifica a profecia de Abdias como visão contra Edom. Na realidade, mais do que uma visão, é uma palavra do Senhor Deus por intermédio de seu mensageiro (*tsir*). O Senhor mesmo se declara partícipe da proeza militar contra Edom.

O juízo contra Edom, que o transformará na menor e na mais desprezível das nações, é motivado pela arrogância com a qual seu povo se sente seguro em seus próprios territórios montanhosos sobre os quais está refugiado; de lá, no entanto, deverá descer. Serão seus próprios aliados os responsáveis por sua queda e pela pilhagem de todos os seus tesouros; e se viticultores e ladrões sempre deixam alguma coisa para trás, os inimigos de Edom, ao contrário, não deixarão pedra sobre pedra. Eis manifestada a ignorância de Edom (v. 2-7). E isso em contraste com certa tradição bíblica na qual Edom goza de prestígio por sua sabedoria (cf. Jó 2,11; 15,18; 1Rs 5,10-11; Pr 30,1; 31,1).

O Senhor relança então o discurso contra os sábios de Edom, incapazes de prever a catástrofe que vai se abater sobre eles e denuncia as graves culpas de Tema, capital de Edom (v. 8-14). Estas são, definitivamente, a violência e a avidez exercidas em detrimento dos povos vizinhos, e particularmente contra aquele povo (chamado aqui Jacó; mas, de fato, é Judá e Jerusalém) com o qual Edom/Esaú está ligado por relações de fraternidade. O Senhor não pode tolerar o que Edom fez ao seu povo com suas roubalheiras, assassinatos, aprisionamento de pessoas para vendê-las como escravas.

O "dia do Senhor": a retaliação sobre Edom e a salvação de Jacó (Ab 15-21)

A essa altura o profeta se dirige ao povo para encorajá-lo, lembrando-lhe que Deus tem o poder sobre todos os povos (v. 15-18). Assim a lei do talião se abaterá sobre Edom: "Olho por olho, dente por dente" (Ex 21,24). Haverá, portanto, um "dia do Senhor" como dia do juízo no qual Edom e as nações responsáveis pelo sofrimento de Jerusalém deverão beber o cálice da ira divina (cf. Jr 25,15-29). Contrariamente, haverá uma salvação plena para o povo do Senhor (indicado como "casa de Jacó" e "casa de José"). O Monte Sião, em contraste com a Montanha de Edom, baluarte ilusório, será refúgio seguro e santificado (pela presença do Senhor). Dia de castigo para uns, dia de salvação para outros. Esta, de um lado, comportará o retorno dos exilados e dos dispersos na diáspora também das regiões mais distantes, incluindo uma misteriosa Safarad e, de outro lado, haverá uma recuperação total dos próprios territórios e o domínio sobre os que pertencem aos vizinhos inimigos (Ab 19-21).

A novidade está no fato de que a recuperação da própria terra e a possessão dos territórios dos outros povos não se fará por meio da força militar, mas será uma herança (*yarásh*); expressão que remete ao agir de YHWH que, com esses dons, revela a própria realeza: "Então, o reino pertencerá ao Senhor" (v. 21).

A mensagem

À primeira vista o texto de Abdias poderia soar como expressão de um profundo ressentimento contra os povos vizinhos, incapazes de solidariedade e prontos a aproveitar-se das desgraças do povo de Deus.

Na verdade os textos bíblicos conhecem uma perspectiva muito diferente, como emerge das páginas do *Gênesis* sobre o cansativo e lento processo de reaproximação entre os dois irmãos hostis entre si, Esaú e Jacó, cujo resultado é uma admirável reconciliação (cf. Gn 33,10).

Referindo-se a Abdias, a questão é a seguinte: Será que a mensagem do profeta se inscreve nessa história do ressentimento ou, antes, lembrando a culpa de Edom, ela pretende manter vivo o sentido da justiça sem resignar-se ao espetáculo do mal e incutir a certeza de uma salvação que vem do Senhor?

No escrito de Abdias, de fato, emerge um acentuado espírito nacionalista, mas que, por outro lado, é quase sublimado na frase conclusiva, quando afirma que o "reino pertencerá ao Senhor". O reino, portanto, não pertence nem a Israel nem a Judá, visto que a promessa não contempla um senhorio político-humano, mas divino, e, além disso, a partir de Israel pretende estender-se a todos os povos.

Nessa ótica o tema central de Abdias, isto é, o anúncio do "dia do Senhor", mais do que supostamente direcionado para a ameaça do castigo do culpado, é destinado a dar conforto à comunidade de fé, testada pelas tragédias da história. Dessa forma parece desfazer-se uma possível unilateralidade da mensagem, que pareceria reservar a salvação exclusivamente a Jacó e o castigo a Edom. Essa pretensa unilateralidade, como acenado acima, é corrigida pela atual localização canônica do livro, já que o livro que o sucede, o de Jonas, coloca o leitor diante de um Deus misericordioso, que perdoa a culpa e quer a salvação da humanidade inteira, inclusive aquela parte que parece afundada no abismo da desgraça moral.

13

Jonas

Introdução

Autor do Livro de Jonas e posição no cânon

Em 2Rs 14,25 é mencionado um certo Jonas, filho de Amati, de Gat--Ofer, que profetiza em favor de Jeroboão II, rei da Samaria, a ponto de apresentá-lo como o libertador de Israel, ao modo dos antigos "juízes".

Jonas, em hebraico, significa "pomba" (*yonáh*), e Amati significa "Deus é fiel". A profecia do personagem histórico do Jonas do século VIII, portanto, é levada a cabo em nome da fidelidade de Deus às promessas feitas ao seu povo; nesse sentido ele encarna a figura do amigo de Israel. Contrariamente, o Jonas que emerge do livro homônimo é relutantemente chamado a ser amigo das nações, inclusive do inimigo de Israel por antonomásia: a Assíria e sua capital Nínive.

Por outro lado, o Livro de Jonas não se apresenta como uma compilação de oráculos, mas como uma narração na terceira pessoa sobre a figura desse profeta, enviado a converter justamente Nínive. O único oráculo são as cinco palavras (como está no hebraico) que sintetizam sua pregação na cidade (Jn 3,4).

Desde já emergem as perguntas sobre o autor e a datação desse esplêndido relato. A exegese, em base a razões de cunho linguístico, mas também por motivos de conteúdo, tende hoje a vincular a composição do livro ao ambiente pós-exílico, quando Judá era uma pequeníssima porção do Império Persa e buscava na pureza étnico-religiosa a própria identidade. O perigo para Israel era o de fechar-se em si mesmo e favorecer um nacionalismo rancoroso em relação aos outros povos, justificado em nome de princípios religiosos.

O Livro de Jonas – aliás, como os demais livros, dentre os quais nomeadamente o de Rute – vai contra essa corrente dominante, que levará inclusive a opções políticas específicas, como o separatismo de Neemias que chega a renegar todos os casamentos mistos (cf. Ne 13,1.3.23-30). Por outro lado, é uma época na qual a voz dos profetas, que quase por definição é voz não alinhada ao poder, não se faz mais ouvir. Ora, um escriba ressuscita essa voz profética, dando corpo a um personagem de ficção, disfarçado em aparências históricas: Jonas. Dessa forma ele restitui aos próprios leitores a imagem de um Deus que está correndo o risco de ser ofuscada por um clima de observância excessivamente escrupulosa, ou seja, aquela imagem de um Deus compassivo e misericordioso, revelado a Israel no Sinai. É em nome dessa misericórdia que o autor imagina possível a salvação e o perdão divinos às nações. Sua breve mas genial obra circula rapidamente entre os fiéis judeus e passa a ser copiada, a receber reconhecimento e respeitabilidade, até tornar-se um escrito a integrar o cânon profético.

O Texto Massorético coloca canonicamente o Livro de Jonas entre Abdias e Miqueias, isto é, em quinto lugar, e por uma razão de cunho cronológico, já que o protagonista é identificado com o Profeta Jonas da época de Jeroboão II. Na LXX ele aparece em sexto lugar. A realeza universal de YHWH proclamada em Ab 21 é reconhecida pelos povos em Jonas: primeiramente pelos marinheiros (Jn 1,14-15), em seguida pelos ninivitas (3,5-9). Infelizmente Nínive não perseverará no caminho da conversão e atrairá sobre si o juízo divino, assim como o supõem os escritos de Miqueias e Naum, que aparecem logo após o escrito de Jonas (Mq 5,4-5; Na 2,4–3,19).

Aspectos literários e estruturais do livro

Ao invés de escolher a via da contraposição e da polêmica direta com o nacionalismo religioso que levava ao separatismo, o autor opta pela via do relato, que finalmente é mais eficaz e convincente. Assim se explicam também os traços sapienciais presentes no texto, bem como alguns aspectos didáticos. Na conclusão o relato assume a natureza da parábola, como aparece na pergunta final que deixa aberta a resposta de Jonas, isto é, do leitor.

Mas esses elementos – que, por outro lado, explicam as leituras sucessivas com a abordagem do método tipológico e alegórico – não negam a natureza seriamente profética do texto. Jonas, para todos os efeitos, é "profecia literária", mas oferecida em forma de oráculo e narrativa.

Quanto à estrutura, a obra se articula em quatro cenas correspondentes aos quatro capítulos. Essas cenas são reunidas de forma articulada em duas partes: Jn 1–2 e 3–4. A fluidez do relato e a linearidade da estrutura fazem tender para a tese que considera o Livro de Jonas uma obra unitária, não estratificada, talvez com a exceção da oração em forma de salmo de Jn 2,3-10, não obstante bem inserida no contexto e colocada em paralelo com a precedente oração dos marinheiros.

As duas partes são particularmente caracterizadas por dois cenários diferentes: na primeira o cenário é o mar, na segunda é a cidade de Nínive, vista primeiramente de seu interior e em seguida do exterior, através do horizonte. Também os personagens são diferentes, salvo os dois protagonistas fundamentais: YHWH e Jonas. Assim, na primeira parte encontramos os marinheiros, seu capitão e, com um papel ativo, o próprio navio e o grande peixe; na segunda parte intervêm os habitantes de Nínive, seu rei, os animais da cidade e a mamoneira.

Guia de leitura

O profeta, a fuga para o mar, a tempestade e o peixe (Jn 1–2)

O livro começa sem nenhum título, mas introduzindo imediatamente a primeira cena na narrativa: o chamado de Jonas e sua desobediência (1,1-3). A palavra do Senhor chama Jonas, filho de Amati, a proferir uma palavra de juízo à cidade de Nínive. Esta é definida como "a grande cidade" justamente porque deve representar a metrópole do mal, da iniquidade. A resposta de Jonas é a execução de uma sistemática estratégia de fuga: ao invés de dirigir-se para o Noroeste, desce ao Sul até o porto de Jope e em seguida, dali, se dirige ao Oeste, a Társis, lugar não alcançado pela palavra do Senhor (cf. Is 66,19). A razão dessa recusa não é aqui explicitada.

Mas, o Jonas em fuga deve acertar as contas com o Senhor. De fato, não basta que ele se esconda no porão do barco e caia num sono profundo, porque também lá o Senhor o alcança. Eis então que, sob a ordem de YHWH, sobrevém uma forte tempestade e o caos se instala no navio (v. 4-16).

O primeiro a dar-se conta da grave situação é o próprio navio, que "pensa" (em hebraico *chasháb*) estar a ponto de desmontar-se. Em seguida os marinheiros se dão conta, e começam a invocar os seus deuses. Somente Jonas continua dormindo; mas, mesmo relutando, é acordado para que também reze e invoque o seu Deus. O sono é a última defesa de uma responsabilidade da qual está fugindo. Os marinheiros interpretam a tempestade como punição divina. Por isso lançavam a sorte para individuar o culpado que os está envolvendo no castigo. A sorte recai sobre Jonas, que reconhece a própria culpa e o faz em palavras desconcertantes porque se declara hebreu, adorador do Deus criador do céu, da terra e do mar, mas não mostra nenhum arrependimento pela própria desobediência. E pede para ser jogado ao mar, para que assim a tempestade cesse; e o fez não para pedir a justa punição, mas para subtrair-se definitivamente à tarefa que o desagradou profundamente. Prefere o mar, símbolo do mal e da anticriação, ao invés do acolhimento da palavra do Senhor. Nisso Jonas parece ter esquecido que Deus pode desmascarar os culpados inclusive no fundo do mar (Am 9,3; Sl 139,7). Mas a ele urge apenas o desejo de fugir para longe da face do Senhor (v. 10).

Os marinheiros não gostariam de acolher o pedido de Jonas de lançá-lo ao mar, mas é justamente ele que lhes faz tal pedido. Dessa forma não rezam mais aos seus deuses, mas a YHWH, e pedem para que não lhes seja imputado aquele sangue inocente. Quando posteriormente, ao abrandar-se a fúria do mar, atracam em terra firme, oferecem sacrifícios ao Senhor e se comprometem solenemente com Ele. De politeístas se transformam em adoradores de YHWH.

O relato continua e se encaminha para o momento mais conhecido de todo o livro: Jonas é engolido por um grande peixe e permanece incólume em seu ventre (2,1-2). Tudo é grande: a tempestade, a cidade de Nínive, e aqui o peixe. Por outro lado, o termo hebraico aparece primeiramente no masculino (*dag*), mas em seguida passa para o feminino (*dagáh* – v. 2), sugerindo assim uma espécie de útero no qual Jonas relutantemente se encontra, revivendo o momento de sua gestação até o seu renascimento, que acontecerá quando o peixe o "devolver" à praia.

Nesse quadro narrativo, que cronologicamente abarca três dias e três noites, é inserida uma maravilhosa oração (v. 3-10). É uma ação de graças, uma *todáh* ao Senhor por tê-lo libertado da angústia mortal. Em primeiro lugar, a oração é uma espécie de dar voz à angústia, invocando, porém, o Único que realmente pode libertá-lo do abismo no qual se encontra imerso. A simbologia aquática – com as correntes marinhas, as ondas do mar, as algas que se aproximam da garganta como um cordão umbilical e, em seguida, o descer às raízes das montanhas, às profundezas da terra – sugere justamente o tema de um novo nascimento. É o tempo no qual o profeta deve tornar-se um homem novo, encontrando o sentido da misericórdia do Senhor. Eis então a reviravolta que faz passar da súplica ao louvor. De fato, justamente quando parece ter tocado o fundo do poço, Jonas experimenta a libertação do Senhor, o dom de uma salvação que somente pode advir dele, não dos ídolos. Não lhe resta senão agradecer e reconhecer a fidelidade divina.

Em Nínive: um arrependimento contagioso e o ressentimento de Jonas (Jn 3–4)

Este relato mostra uma espécie de renovação da vocação do profeta, que dessa vez aceita a missão e vai para onde a palavra do Senhor o envia: Nínive, a grande cidade (3,1-3a). Aqui ele faz sua pregação, que obterá uma aceitação plena, até provocar a conversão dos destinatários (v. 3b-10). Jonas não desperdiça palavras, ele se limita a anunciar a proximidade do juízo divino: "Ainda quarenta dias e Nínive será destruída (*hapák*)" (v. 4). Os termos por ele usados fazem pensar no fim inexorável de Sodoma e Gomorra, e não parecem estar pedindo arrependimento e conversão, possibilidade que Jonas realmente não acredita. Surpreendentemente a reação da população de Nínive é outra, já que ela acolhe sua palavra e inicia um caminho de conversão, praticando uma série de ritos penitenciais, como jejuar, usar roupas de saco, colocar cinzas na cabeça...

O mais surpreendente é que todos se deixam envolver nessa transformação, a ponto de o próprio rei intervir por meio de um decreto exigindo penitência de todos os habitantes, animais incluídos, para que dessa forma seja afastada toda violência, que parece ser o maior pecado de Nínive. O decreto do rei parece ser uma imposição; mas, na verdade, é uma simples constatação do que está acontecendo. Os habitantes de Nínive não reivindicam o perdão, mas deixam aberta a possibilidade de o próprio Deus mudar de ideia e, paradoxalmente, volte atrás (v. 9).

E é exatamente o que acontece: diante da humilhação e da conversão dos ninivitas, Deus se "converte" e desiste do castigo prometido (v. 10).

A essa altura Jonas tem uma reação muito dura. Ele se mostra extremamente irritado com o que está acontecendo: diante da conversão dos ninivitas, na qual, aliás, ele não acreditava, repreende a Deus por estar sempre pronto a perdoar, desmentindo assim sua costumeira ameaça de juízo (4,1-4). E aqui o profeta julga necessário esclarecer sua inicial não aceitação da missão: não fugiu para Társis por medo da reação violenta dos ninivitas, mas por estar convencido de que Deus haveria de perdoá-los. Jonas cita a revelação exílica de YHWH como Deus misericordioso e piedoso, lento na ira e sempre amoroso (cf. Ex 34,6-7), omitindo, entretanto, a menção do castigo do pecado presente naquele texto do Êxodo.

Deus, no entanto, parece não dar muito peso à contrariedade de Jonas, que se esconde nas imediações de Nínive, convencido de que a conversão de seus habitantes será de breve duração, e que então, finalmente, abater-se-á sobre ela o castigo divino.

Na expectativa, se constrói uma cabana, mas algo inesperado acontece (v. 5-11). Junto à cabana cresce uma árvore sempre-verde – de fato, uma mamoneira [*qiqayòn*] – que, com sua sombra, dá um certo alívio a Jonas. Suas reações são sempre desproporcionais, de forma que do grande desgosto passa rapidamente a uma grande alegria. Mas ela acaba quase imediatamente, já que um verme repentinamente faz a árvore secar. Nisso tudo Jonas vê uma espécie de provocação, um desaforo, da parte de Deus. Seu estado de ânimo o oprime por um ressentimento tão lacerante que chega a desejar a morte. Entretanto, as surpresas não acabaram, pois a essa altura Deus novamente lhe dirige a palavra. Por meio dela Deus faz compreender que nem mesmo Jonas consegue viver sem algum sinal da misericórdia divina: foi-lhe dada aquela mamoneira sem exigir-lhe nenhum esforço, ou seja, literalmente de graça. Se Jonas reclama a necessidade daquela árvore, sinal da graça, como poderá Nínive – e seus habitantes, e inclusive seus animais – não ter necessidade da piedade divina?

O relato de Jonas se conclui, portanto, com uma pergunta provocativa. Em primeiro lugar ela é dirigida ao profeta, mas em última análise se dirige a cada leitor e leitora a fim de que se interroguem sobre a verdadeira face de Deus: Trata-se de um Deus-juiz implacável, ou de um Deus-misericordioso que vence o mal com seu perdão?

A mensagem

A leveza da narrativa não deve encobrir a densidade de sua mensagem. É exatamente a pergunta final que exibe a natureza mais profunda do Livro de Jonas, ou seja, a de ser uma parábola profética em cujo centro se encontram algumas questões teológicas essenciais para a fé de Israel. Muito frequentemente se reduziu a mensagem do Livro de Jonas a uma crítica ao separatismo judaico, lendo assim de modo caricatural a figura do profeta, e não compreendendo, ao contrário, que ele encara problemas muito sérios, que podem tornar-se escandalosos para a fé. Jonas se depara com a opção entre o rosto de um Deus que inexoravelmente castiga e outra que misericordiosamente perdoa. Mas é justamente aqui que nasce a questão verdadeiramente aguda. Nínive representa a potência que aniquilou Israel, causando-lhe gravíssimos sofrimentos. Pois bem, seria o perdão divino uma indiferença em relação à causa das vítimas de injustiça? Basicamente Jonas se depara com a revelação de um Deus para quem o bem de suas criaturas é mais importante que o cumprimento de sua palavra, quando ela anuncia o juízo e a punição.

A resposta a tais questões não é oferecida ao profeta num plano teórico, mas fazendo-o compreender que ele mesmo necessita da experiência da graça e da misericórdia; um mundo desprovido dessa graça e misericórdia (como o sugere a história da *mamoneira*, que o profeta não poderia dispensar), seria inabitável para o próprio Jonas, ou seja, para qualquer fiel.

Além disso, o livro mostra como o perdão não se dá de forma mecânica, mas pede coerência da parte de quem o acolhe. Ele jamais pode ser exigido, tampouco presumido, como o evidenciam as palavras dos ninivitas: "Quem sabe? Talvez Deus volte atrás, se arrependa..." (3,9). A disponibilidade de acolher o perdão se manifesta numa conversão que toma distância da prepotência, da violência, e na adoção de um autêntico caminho penitencial, do qual os ninivitas oferecem um exemplo esplêndido.

Coerentemente com este aspecto da mensagem, a tradição hebraica vincula a leitura de Jonas ao dia mais sagrado do ano litúrgico, isto é, ao *Yom Kippur*, dia da expiação, do perdão.

Este apelo à conversão é sublinhado também na tradição neotestamentária, quando fala de um "sinal de Jonas" como convite à conversão de uma geração adúltera e pecadora (cf. Mt 12,39.41; 16,4; Lc 11,29-30.32).

A história de Jonas interessa ao Novo Testamento também pelos três dias e três noites passadas no ventre do peixe, vendo nessa história a figura profética do mistério pascal do Filho do homem (Mt 12,40).

14

Miqueias

Introdução

O Profeta Miqueias, cujo nome significa "quem é como YHWH?", é originário do vilarejo judeu de Morasti. Nada sabemos sobre sua família e profissão. Em sua pregação ele mostra simpatia profunda pelos segmentos mais pobres, agricultores e pastores, ao passo que enfrenta com severidade as injustiças dos abastados habitantes da cidade; disso, porém, não se pode argumentar sobre sua possível pertença a este ou aquele segmento social.

Do título do livro (Mq 1,1), que vincula Miqueias aos reis Joatão, Acaz e Ezequias, podemos deduzir que sua missão profética se desenvolveu na segunda metade do século VIII, portanto, contemporânea à do Profeta Isaías. Entretanto, a compilação de seus oráculos, em sua forma atual, é um trabalho pós-exílico, como uma explícita referência ao exílio e ao seu término (Mq 4,10) o prova.

Seus destinatários não são exclusivamente os habitantes de Judá, mas também os do Norte, no período que antecede a catástrofe da Samaria, ocorrida em 722 a.C. Internacionalmente falando, o contexto em que a missão de Miqueias se desenvolve é caracterizado por turbulências políticas e militares que envolvem todo o Oriente Médio Antigo, particularmente em razão da política extremamente agressiva do Império Neoassírio; internamente a situação é marcada por graves injustiças sociais e jurídicas e por uma degradação religiosa devida à difusão de práticas idolátricas que comportavam inclusive sacrifícios humanos.

Canonicamente incluído nos "Doze Profetas", o Texto Massorético situa o Livro de Miqueias depois do escrito de Jonas, ao passo que a LXX o coloca depois de Oseias e Amós.

Do ponto de vista literário, o livro apresenta uma grande variação de gêneros: ele é estruturado segundo uma certa alternância entre anúncios de desgraça e anúncios de salvação. Os exegetas oscilam entre uma estrutura dividida em três ou quatro partes: e a esta última divisão que aqui nos alinhamos[58].

1,1	Título
1,2–3,12	Primeira seção: anúncios de desgraça, lamentações do profeta e denúncias
4–4	Segunda seção: promessas escatológicas
6,1–7,7	Terceira seção: castigo divino pelas culpas do povo
7,8-20	Quarta seção: oráculos de salvação

Guia de leitura

Anúncios de desgraça, lamentações do profeta e denúncias (Mq 1–3)

Após o título (Mq 1,1), que serve de frontispício, Miqueias propõe um primeiro anúncio de desgraça para proclamar a manifestação punitiva de Deus que repercutirá sobre a terra e o povo da Samaria e de Judá (Mq 1).

O Senhor se apresenta em sua dupla função de testemunha de acusação e juiz, lembrando particularmente as exigências da aliança que com sua infidelidade o povo infringiu. O juízo do Senhor apresenta traços cósmicos para sublinhar seu transcendente poderio que se abate sobre a Samaria e seus cultos idolátricos, que serão aniquilados juntamente com seus símbolos (1,2-7).

A punição não poupará nem Jerusalém nem Judá, das quais algumas localidades são mencionadas, incluída a de origem do profeta (v. 8-16). O profeta eleva uma veemente lamentação pela catástrofe que se abate sobre o país, mostrando-se assim sensível com a desgraça do povo, causada pela invasão estrangeira, com a consequente deportação da população.

Em seguida a denúncia-lamentação se concentra nos pecados relativos à falta de justiça social, à usurpação, à ilegalidade (2,1-5). Aos projetos malé-

---

58. Adotamos aqui, em linhas gerais, a divisão proposta de JEREMIAS, J. *Die Propheten Joel, Obadja, Jona, Micha*. Göttingen: Vandenhoeck und Ruprecht, 2007, p. 115-116.

ficos maquinados pelos exploradores corresponderá um castigo do Senhor fundamentado no princípio da aplicação da pena segundo a gravidade do delito: serão, pois, loteados os campos dos usurários, que assim procedendo se tornaram latifundiários.

A desgraça envolverá também os falsos profetas, servis e complacentes para com os poderosos, que se agarram à falsa confiança no Senhor que dá como certa sua misericórdia. Eles também são responsáveis pela ruína que está para abater-se sobre a comunidade (v. 6-11).

Num cenário tão sombrio, eis que um raio de esperança surge, confiado a um breve oráculo de salvação, trazendo a promessa de um reagrupamento do resto disperso de Israel operado pelo Senhor, na qualidade de pastor e soberano inabalável do povo (v. 12-13).

Em seguida recomeçam as acusações e os anúncios de desgraça. Uma denúncia se refere aos funcionários do povo do Norte – denominados genericamente de chefes de Jacó e de Israel –, ou seja, justamente os que deveriam garantir a justiça em meio ao povo eleito. Ao invés disso, esses chefes cometem crimes, movidos por uma avidez desenfreada, quase numa espécie de canibalismo à custa dos mais fracos. Por isso, quando invocarem a Deus, este se calará (3,1-4).

Outra acusação é contra os falsos profetas que, ávidos por riquezas, de guias se transformam em defensores de aberrações (v. 5-8). Por outro lado, em contraposição a estes, se oferece um vigoroso retrato das qualidades morais do verdadeiro profeta: força interior dada pelo espírito do Senhor; coragem em denunciar os poderosos; paixão pela justiça; preocupação com o destino do povo: "Eu, contudo, estou cheio de força, do espírito do Senhor, de direito e de coragem, para anunciar a Jacó sua rebeldia e a Israel o seu pecado" (v. 8).

Uma ulterior acusação (v. 9-12) é voltada para as classes dirigentes de Sião/Jerusalém, denunciadas de corrupção. Magistrados, sacerdotes e profetas, todos se assemelham na venalidade e na consciência distorcida que busca servir-se de Deus como garante do próprio bem-estar, ao invés de ouvirem seu chamado à conversão. O versículo 12 é particularmente significativo porque será lembrado um século mais tarde, durante o processo contra Jeremias, em razão de seu discurso contra o Templo (Jr 26,18).

Promessas escatológicas (Mq 4–5)

Na segunda seção do livro predominam as promessas de salvação para Sião, com uma forte mudança de tonalidade em relação aos capítulos precedentes. O material aqui reunido – redigido segundo um esquema concêntrico – é de épocas diferentes, que vai dos tempos da pregação de Miqueias até o período exílico ou imediatamente pós-exílico.

O quadro inicial, em contraposição ao cenário de ruína precedente (cf. Mq 3,12), projeta uma visão da Sião escatológica, meta da peregrinação dos povos (4,1-5). O texto, retomado também em Is 2,1-5, delineia uma definitiva intervenção divina que, com a palavra e a lei do Senhor, introduz na história um movimento ascensional e centrípeto rumo à montanha da casa de YHWH. É um movimento de unidade contrário à dispersão, um movimento de ascensão contrário à degradação, e símbolo de uma elevação moral e religiosa dos povos. O conjunto é acompanhado pela transformação das forças de morte em energia de vida. Em seguida entra em cena a imagem da vinha e da figueira – sob as quais Israel se sentava no tempo da paz salomônica (cf. 1Rs 5,5) – para indicar a paz escatológica envolvendo todas as nações. Por ora, no entanto, a vocação de Israel é a de trilhar as vias do Senhor.

Um oráculo de salvação se destina em seguida ao "resto" do povo (4,6-8), com a promessa da reunificação dos exilados judeus em Sião, designada "Torre do rebanho", isto é, "redil". Promessa em que aparece uma especial predileção divina pelos últimos, pelos marginalizados.

O texto de Mq 4,9-13 mostra claramente os traços de sua origem exílica. São anunciadas, de fato, a deportação babilônica e a sucessiva libertação. A imagem das dores de parto sofridas pela "filha de Sião" quer significar que o exílio é um tempo de grande provação, mas misteriosamente fecundo. À salvação de Sião se contrapõe o juízo sobre as nações, debulhadas como grãos na eira: ignorando a vontade de Deus, causam a ruína dos próprios projetos.

O centro do anúncio de salvação do Livro de Miqueias está na promessa de um príncipe messiânico (5,1-5): Deus quer revitalizar plenamente o seu povo por meio da obra de um rei justo. Entretanto, Ele não recomeçará pela capital, Jerusalém, mas pela pequena Belém, visto que vinculada à gratuidade divina da eleição de Davi (cf. 1Sm 16,1-13).

Por ora, no entanto, urge um tempo de purificação, período no qual Israel será submetido às outras potências. Isso se concluirá com o nascimento do novo rei, que governará com firmeza e com a assistência de um pastor para o próprio rebanho. Ele agirá, sobretudo, "com a majestade do nome do Senhor, seu Deus", e trará a paz a ponto de ser Ele mesmo a paz (cf. Is 9,5)[59]. A paz messiânica comportará também a destruição do agressor que, para Miqueias, se identifica com a Assíria.

Nesse plano de salvação também é reservado um lugar para o "resto de Jacó", preservado das grandes catástrofes históricas e disperso entre as nações. Sua presença em meio às nações será um dom divino, uma espécie de orvalho benéfico que irriga as gramíneas; mas, para os ímpios, será também um sinal de castigo, uma espécie de leão devorador (5,6-8).

E, paradoxalmente, também é visto como anúncio de salvação aquele relativo à eliminação pelo Senhor de todas as falsas seguranças postas ou em recursos militares ou em práticas pseudorreligiosas, eivadas de magia e idolatria. A ira divina se abaterá também sobre os povos que se recusaram a ouvir o anúncio do Senhor (v. 9-14).

Castigo divino pelas culpas do povo (Mq 6,1–7,7)

Imediatamente temos outro julgamento (*rib*) contra Israel no qual o Senhor, na qualidade de acusador e juiz, processa seu povo (6,1-8), convocando montanhas e colinas como testemunhas. Diante das recriminações de Deus, que lembra os próprios serviços históricos prestados a Israel – a libertação do Egito, a condução no deserto até a entrada da terra prometida –, o povo se mostra incompreensivo e ingrato. De fato, este povo declara ao Senhor a própria disponibilidade de oferecer cultos, pensando inclusive que Ele não se satisfaça com os sacrifícios habituais, mas que exija inclusive o sacrifício do primogênito (praticado em Israel, mas contra a lei do Senhor – cf. Lv 18,21; 20,2). Pois bem, a tamanho delírio o Senhor contrapõe a manifestação de sua vontade: "Já te foi revelado, ó ser humano, o que é bom e o que o Senhor exige de ti: nada mais do que praticar o direito, amar a bondade (*chésed*) e caminhar humildemente com teu Deus" (v. 8).

Infelizmente o comportamento do povo é diametralmente oposto, marcado por fraudes de avidez de lucros, violência e mentiras delirantes. A maldição subsequente à transgressão da aliança (note-se a proximidade entre

---

59. Essa profecia será retomada no NT, e interpretada com realizada em Jesus, nascido em Belém (cf. Mt 2,6), verdadeiro pastor que se preocupa com seu rebanho disperso e exausto (cf. Mt 9,36).

Mq 6,14-15 e as maldições de Dt 28,30-33) recai sobre a cidade de Jerusalém, que imitou o mau exemplo de Amri e Acab, reis de Israel (6,9-16).

O anúncio de desgraça se transforma enfim em lamentação sobre a corrupção geral (7,1-7), razão pela qual existe um vazio moral tamanho que não há mais nenhum homem justo ou devoto. Deus, na pessoa do profeta, se tornou um respigador, para quem, no entanto, nenhuma sobra restou. É uma situação de ausência total de bem e presença de um mal que devasta sociedades, famílias e relações humanas. Não obstante tão sombria perspectiva, o profeta não perde a esperança, pois sabe que Deus é sua única salvação.

Oráculos de salvação (Mq 7,8-20)

A esperança do profeta recolocada somente em Deus se abre agora à expectativa de uma reconstrução da cidade destruída, ao retorno dos exilados e, sobretudo, ao perdão dos pecados (7,8-20).

O convite dirigido de Jerusalém a uma desconhecida cidade inimiga, a fim de que esta não a ridicularize, cede espaço a uma confissão de fé na promessa de restauração divina do povo, e de castigo aos territórios inimigos.

Irrompe em seguida a súplica a Deus para que novamente realize as maravilhosas obras de salvação, confundindo assim todos os inimigos de seu povo.

Mas, a obra de Deus mais maravilhosa sem dúvida é seu perdão ilimitado, revelando-se assim o Deus fiel às promessas feitas a Abraão e a Jacó. Em lugar dos carros e cavalos do faraó arrastados pelo mar naqueles idos, aqui são as culpas do povo que são afundadas e sepultadas. É o triunfo divino sobre seu mais perigoso inimigo: o pecado. O triunfo mostra a incompatibilidade do Deus de Jacó com os outros deuses.

A mensagem

A mensagem de Miqueias tem na justiça um de seus eixos principais.

O profeta emerge como a consciência crítica da comunidade, como aquele que desmascara a injustiça escondida, perpetrada justamente por aqueles que detêm a riqueza e o poder, e podem contar também com um aparato judiciário mancomunado com eles. A denúncia de Miqueias também se volta contra o poder religioso que, ao invés de proteger os mais fracos, os pobres, busca as próprias vantagens econômicas. Infelizmente, ao invés de fazer conhecer a vontade do Senhor, também os que se arrogam o dom da profecia miram o poder e, almejando o próprio enriquecimento, apoiam os que oprimem o povo. Não são os sacrifícios ou os ritos que salvam, mas somente a busca da justiça, pois esta, unida à misericórdia e a humildade, é o que o Senhor quer de seu povo. Eis o que Miqueias reitera com a veemência de quem se sabe movido pelo espírito do Senhor, do qual recebe a necessária força para elevar seu anúncio de desgraça, embora este provoque dor ao próprio profeta.

A mesma veemência transparece também nos anúncios de salvação, fundados não num otimismo irrealista, mas numa profunda experiência de Deus. O Deus de Miqueias, de fato, é o Deus da aliança, que assume a causa de seu povo justamente para oferecer seu perdão não obstante a infidelidade do povo da aliança. Deus pune porque tem uma relação apaixonada com seu povo, mas é essa mesma paixão que o leva a perdoar plenamente o pecado de Israel. É sobre essa fidelidade que se funda a esperança que Miqueias intimamente carrega e quer infundir em seus destinatários ao anunciar um futuro de salvação: peregrinação dos povos para Jerusalém, dom de um rei e de uma paz messiânica.

15

Naum

Introdução

Colocação canônica, autor, texto

Depois de Miqueias, com o anúncio do juízo sobre Jerusalém e sua salvação, o Texto Massorético insere o escrito de Naum. Aqui o juízo não se restringe apenas à Samaria e Judá, mas engloba Nínive, como paradigma do inimigo. Na LXX, Naum é precedido por Jonas, também este preocupado com Nínive e seu destino.

Acerca do Profeta Naum, cujo nome significa "consolado", não há informação alguma, a não ser seu lugar de origem: Elcós, aliás, de difícil identificação. As únicas referências históricas deduzidas do livro são a queda de Nínive e a queda de Tebas. A primeira foi destruída em 612 a.C. pelos medos, babilônios e citas, e Tebas, por sua vez, foi tomada pelos assírios em 663.

Essas referências são insuficientes para datar o livro, visto que seria necessário saber com clareza se a queda de Nínive é realmente o anúncio de um acontecimento futuro ou uma profecia *post eventum*. Além disso, uma leitura atenta do texto apresenta frequentes referências ou alusões a outros textos proféticos (cf., p. ex., a proximidade entre Na 2,1 e Is,52,7a), fato que levou vários estudiosos a afirmar que, mais do que uma pregação oral, a profecia de Naum é uma elaboração literária.

Quanto à crítica textual, as maiores dificuldades residem em sua natureza poética, embora se recomende, na medida do possível, antes de introduzir correções ou modificações, sugeridas pela comparação de traduções antigas, privilegiar o Texto Massorético.

De Qumran nos vieram cinco fragmentos do texto e fragmentos de um comentário dele, o *4QPescherNahum*, que interpretam Na 1,3-6; 2,12-24; 3,1-12.14. Nesse texto se evidencia uma forte vontade de atualização da mensagem de Naum aos acontecimentos contemporâneos do autor do comentário.

Aspectos literários e estrutura

O livrinho de Naum revela a grande habilidade de seu autor no uso da língua hebraica. Trata-se de um aspecto não perceptível nas traduções, muito embora presente na plasticidade das imagens.

Quanto à articulação do texto, as propostas são múltiplas, mas aqui preferimos a opção que – de acordo com o cabeçalho de Na 1,1 – reconhece três partes distinguíveis pela forma e dimensão, embora possamos questionar a delimitação exata das perícopes[60].

1,1	Título	
1,2-14	Primeira parte: Deus rei e juiz justo	
	1,2-8	a teofania
	1,9-14	sentenças proféticas sobre Nínive e Judá
2,1-14	Segunda parte: queda e destruição de Nínive	
3	Terceira parte: Nínive e Tebas	
	3,1-7	lamentação fúnebre sobre Nínive
	3,8-13	ruína de Nínive e catástrofe de Tebas
	3,14-19	outro oráculo contra Nínive

Guia de leitura

Deus rei e juiz justo (Na 1)

O título (1,1) apresenta a obra como "oráculo/fardo (*massá'*) sobre Nínive", especificando assim a qualidade da ameaça.

A continuação do cabeçalho deixa evidentes dúvidas acerca de uma pregação histórica proferida oralmente por um profeta de nome Naum. De fato – caso único no *corpus* profético –, após ter definido como *massá'*

---

60. Quanto à estruturação adotamos aqui, em termos gerais – mesmo se não em todos os detalhes –, as indicações de SCAIOLA, D. *Naum, Abacuc, Sofonia*. Cinisello Balsamo: San Paolo, 2013, p. 13-14.

a natureza da mensagem, se fala propriamente de "livro (*séper*) da visão". Provável indício de que se trata de uma profecia literária.

Após o título aparece o hino acróstico (v. 2-8) que descreve a poderosa aparição de Deus. Neste as letras iniciais dos versículos seguem o alfabeto do *alef* ao *kat*, exceto o *dalet*.

O hino se abre dirigindo-se a YHWH e identificando-o três vezes como "vingador" (*noqém*), termo que não indica tanto uma sede de vingança, mas a vontade de restabelecer a justiça por meio da punição inclusive do opressor. Nisso, YHWH se sente movido por um amor apaixonado, razão pela qual é um Deus ciumento (*qannó'*). A mesma dialética emerge logo em seguida, quando YHWH é declarado "lento na ira", capaz de paciência para com os responsáveis pelo mal, mas reconhecido também como aquele que não deixa impune as culpas. Seu grande poder se manifesta em sua invocação constante entre tempestade e temporais, enquanto toda a terra treme diante de sua ira ardente; resta perguntar quem resistiria diante de tamanho poder. A essa questão responde o versículo 7, que propõe uma reflexão sobre a realidade de Deus: "Bom é YHWH". Ele é um refúgio para quem o busca, mas decreta também punição, uma espécie de dilúvio, sobre os que se voltam contra Ele.

Terminado o hino acróstico, surge uma disputa profética (1,9-14) na qual o Senhor interpela os que conjuraram contra Ele e que, embora sendo numerosos e potentes, serão inexoravelmente ceifados (*gazár*), dizimados. Suas divindades, com seus respectivos ídolos, serão destruídas.

Queda e destruição de Nínive (Na 2)

No oráculo precedente, a desejada punição de YHWH a Judá é apenas temporariamente declarada, com uma finalidade educativa. De fato, Judá terá um tempo de paz: terminará o domínio do malfeitor e será aniquilado o poder opressivo do terrível inimigo: Nínive (2,1-2).

Até o momento ainda não foi especificado quem seria o principal destinatário do juízo punitivo de Deus. Segundo os versículos 3-14 seria Nínive. Neles faz-se uma descrição de um inimigo cruel totalmente armado, que conquista a cidade e a devasta brutalmente. Mas ainda não está claro nem de que cidade nem de qual inimigo se trate. Só no versículo 9 menciona-se o nome da cidade: Nínive, a capital da Assíria, pouco antes comparada a uma dama arrastada para o exílio com todas as suas criadas (v. 8). E quem seria então o inimigo tão poderoso capaz de espoliar e devastar uma cidade cuja força a tornava semelhante a um bando de leões? O versículo 14 esclarece que se trata "do Senhor dos exércitos". É Ele que realizará o juízo sobre Nínive e destruirá aquele bando de animais ferozes.

Nínive e Tebas (Na 3)

Eleva-se aqui uma lamentação fúnebre, um "ai", sobre Nínive, a cidade responsável por tantos massacres e pilhagens em detrimento dos povos subjugados (3,1-7). Agora chegou a sua vez: sobre ela transitarão os carros de guerra, faiscarão as espadas dos inimigos, com incontáveis mortes. Nínive é comparada em seguida a uma prostituta em razão de tantas manipulações político-militares com as quais aumenta sua riqueza e influência. O Senhor a despirá, a apresentará totalmente nua a todos e a recobrirá de imundícies. Todos fugirão dela, ninguém terá piedade dela, tampouco haverá quem a console.

Em paralelo ao destino de Nínive apare a capital do Egito, Tebas (v. 8-14). Também esta dispunha de uma força desmedida e contava com as alianças dos poderosos, mas mesmo assim foi deportada, suas crianças foram mutiladas e seus nobres vendidos como escravos ou acorrentados na própria terra. Dessa forma Tebas é comparada a uma mulher bêbada que busca inutilmente uma saída. Suas muralhas caem nas mãos dos inimigos assírios como caem na primeira sacudida os primeiros figos temporãos de uma árvore. As tentativas de resistir ao cerco são inúteis, já que as portas serão queimadas e suas trancas inutilmente reparadas.

Mas a Nínive que invade Tebas também será invadida, incendiada e aniquilada, não obstante suas forças militares tão numerosas quanto gafanhotos (v. 15-19). Impotentes serão os reis de Assur e todos os seus comandantes: sem piedade seu povo será disperso; não haverá nenhuma esperança para a cidade: sua crueldade cobrará seu preço.

A mensagem

O Livro dos "Doze Profetas" já falou mais vezes de Nínive. Precedentemente, no Livro de Jonas, Nínive era o paradigma da cidade pecadora e pagã, mas que tinha a possibilidade de converter-se e, portanto, evitar a ira de YHWH. Nínive fez penitência e assim obteve a paradoxal "conversão" do Senhor.

Na realidade histórica, porém, Nínive nunca se converteu, já que o poderio assírio perseverou numa política de opressão, agindo com grande crueldade com os povos subjugados que demonstrassem qualquer sinal de indiferença ou revolta. O próprio Israel foi vítima dessa crueldade. Por isso, se Nínive não fosse punida, poder-se-ia suspeitar que Deus não fosse justo e imparcial, visto que não defendeu as vítimas de Nínive. O Livro de Naum quer afirmar, portanto, que YHWH cuida dos oprimidos com especial atenção, e particularmente de Judá e Israel (2,1-3).

Por essa razão YHWH nunca deixa impune qualquer mal (cf. 1,3), revelando sua soberania sobre a criação e sobre a história, por meio de um juízo que às vezes assume aspectos de estremecimentos cósmicos. Ele é movido por um vínculo profundo com o seu povo, por um amor tão apaixonado que a qualquer custo quer restabelecer a justiça, sendo, nesse sentido, o Deus "Vingador". E se seu rosto parece ser o de um Deus vingador e inflexível, também é verdade que YHWH continua sendo, para quem nele se refugia, "abrigo seguro no dia da desgraça" (1,7). Dessa forma reaparece o tema do "dia do Senhor", que será retomado e aprofundado por dois profetas posteriores: Habacuc e Sofonias.

16

Habacuc

Introdução

O escrito de Habacuc é o oitavo dos "Doze Profetas", inserindo-se entre Naum e Sofonias. Dessa forma a secessão canônica considera contemporâneos os profetas a quem esses três escritos se referem, isto é, situando-os no final do século VII a.C. É um período atormentado, que vê o fim do poderio assírio e o emergir do Império Neobabilônico (cf. Hab 1,6).

Hab 1,4-11 mostra a emergência dos poderosos caldeus, com provável referência à ascensão de Nabopolassar (626 a.C.). Daí a dúvida: Essa profecia foi efetivamente feita antes da queda de Nínive (612) ou se estaríamos diante de uma profecia *post eventum*? A considerar essa última hipótese, a pregação de Habacuc se teria realizado no primeiro período do governo de Joaquim, entre 609 e 605, com o objetivo de mostrar a forma como os caldeus se transformaram em instrumento do juízo divino.

Dentre os estudiosos também houve uma proposta (que parece menos convincente) de corrigir no texto hebraico o termo *kasdím*, substituindo-o por *kittím*, e assim estaríamos nos referindo aos macedônios, fato que levaria a deslocar a datação do livro para pelo menos três séculos depois.

Acerca da pessoa de Habacuc não temos informações. Dentre as várias explicações etimológicas do nome, uma o faz derivar da raiz hebraica *chbq*, que significa "abraçar". Nesse sentido o profeta seria aquele que abraça o seu povo, o conforta, o consola. Certamente a figura de Habacuc é misteriosa e fascinante, e isso explica o surgimento de muitas lendas em torno dela. Uma dessas lendas consta no deuterocanônico relato de *Bel e o dragão*, em

Daniel 14,23-39, onde Habacuc é levado pelo espírito divino à cova dos leões para alimentar Daniel que lá havia sido jogado.

A estrutura do Livro de Habacuc apresenta algumas características que o diferenciam dos outros Livros Proféticos. De fato, ele não se apresenta como um livro de oráculos dirigidos imediatamente ao povo, mas como um diálogo entre o profeta e Deus (Hab 1–2), seguido de uma oração (Hab 3).

1,1	Título	
1–2	Diálogo entre o profeta e Deus	
	1,2-4	súplica do profeta
	1,5-11	resposta divina
	1,12–2,1	lamentação do profeta
	2,2-5	nova resposta divina
	2,6-20	cinco "ais" divinos contra os caldeus
3	Oração de Habacuc	

Quanto ao texto e sua transmissão, o livro hebraico apresenta muitos problemas, o que explica as inúmeras propostas de emendas pelos comentaristas. Entretanto, como critério de leitura é recomendável ater-se ao Texto Massorético, salvo algumas raríssimas exceções. Por outro lado, é bom lembrar que o manuscrito grego dos "Profetas menores" de Wadi Murabba't (Mur 88) – datado do século II de nossa era – apresenta quase que inteiramente o texto de Habacuc (1,3–2,11; 2,18–3,19).

Habacuc despertou grande interesse no médio judaísmo, como é atestado pela conclusão da obra deuterocanônica de Daniel e pelo comentário a Hab 1–2, encontrado em Qumran (*1QPesher Abacuc*). Sua datação provável é do século I a.C., e sua característica mais significativa é a tentativa de atualizar o escrito profético em face dos problemas enfrentados pela comunidade.

Guia de leitura

Diálogo do profeta com Deus (Hab 1–2)

Súplica do profeta e resposta divina (Hab 1)

O escrito de Habacuc se abre literalmente com o termo "fardo" (*massá'* – 1,1). Isso indica que sua profecia terá um tom predominantemente de juízo, de ameaça. De Habacuc diz-se simplesmente que é um *nabí'*, justamente porque a atenção, mais do que em sua pessoa, recai sobre sua mensagem, já que revelação divina na modalidade de visão.

Ao título segue um diálogo. Em sua primeira fala o profeta suplica e pede a Deus explicação para o problema do mal (1,2-4), e imediatamente recebe uma resposta divina em forma de visão (1,5-11). Em sua lamentação o profeta descreve uma situação de violência e de opressão crescente, com a corrupção da sociedade e uma obstinada perversão da justiça.

Os muitos abusos perpetrados no país chegam a enfraquecer a própria Lei, a distorcer o direito. A preocupação do profeta é que Deus parece passivo, indiferente. Eis por que Habacuc se dirige a Ele com um "até quando?" (1,2). Não se trata, entretanto, da expressão de uma falta de fé, mas de uma súplica vigorosa para que Deus intervenha.

A essa primeira invocação o Senhor não responde à pergunta do profeta relativa à sua possível tolerância do mal (v. 5-11). O Senhor, ao contrário, avança uma nova ameaça: a iminente invasão dos caldeus, sua força terrível e sua espantosa violência usada contra os vencidos. E diz mais: o invasor caldeu faz da própria força o próprio deus (v. 11).

A resposta divina, portanto, é desconcertante, mas comunica uma mensagem, embora de modo obscuro ainda: o Senhor continua perseguindo seu plano de salvação, fazendo das forças históricas instrumentos ao próprio serviço.

Lamentação do profeta e nova resposta divina (Hab 1,12–2,5)

A resposta que Habacuc recebe não resolve sua interrogação (v. 1-12–2,1); aliás, ela aprofunda o tema do escândalo do mal e de Deus que, em face do sofrimento, parece indiferente: "Teus olhos são puros demais para ver o mal... por que, vendo os pérfidos, te calas?" (v. 13). Habacuc pergunta se o Senhor quer realmente permitir o desaparecimento de Israel pela violência dos caldeus, comparando-a com a violência com que os pescadores emboscam e capturam seus peixes. Como entender a santidade de Deus e sua eleição de Israel em meio a tanta ferocidade de invasores por Ele designados, que idolatram a própria violência como o faz o pescador endeusando arrastões, redes e anzóis por ele usados na pesca? Não obstante tudo o profeta se prepara para receber a resposta: põe-se então de sentinela, perscruta o horizonte, por sobre os muros da cidade (2,1).

A segunda resposta do Senhor é realmente o centro ao redor do qual gravita todo o livro (2,2-5). Deus ordena ao profeta-sentinela que escreva a visão e a grave direitinho sobre as tabuinhas. Obviamente, se a mensagem não encontra atualmente ouvintes dispostos a acolhê-la, melhor é entregá-la à memória futura, na esperança de que alguém a acolha. O importante é deixar claro que a palavra divina tem sua própria eficácia e, nesse sentido, sempre guarda sua verdade. Esta se realiza segundo os tempos e de acordo com a vontade de Deus; ao homem compete esperar com confiança sua realização. Mesmo que ela pareça tardar, nenhuma dúvida sobre sua realização deve perturbar o coração do fiel: "Se tardar, espera por ela, porque certamente ela virá, não tardará" (v. 3).

A história parece mostrar o contrário, mas a fé sabe perfeitamente que Deus salvará quem que confia plenamente nele. Para este há uma palavra decisiva: "O justo viverá por sua fé" (v. 4b).

Oposta à figura do justo é a figura de quem conta orgulhosamente e apenas com suas próprias capacidades e recursos; por carência de reto sentimento, sucumbirá. O versículo 5 ulteriormente retrata o orgulhoso (encarnado justamente no invasor caldeu), cujo único destino são as fauces dos infernos (*she'ól*)[61].

Cinco "ais" divinos contra os caldeus (Hab 2,6-20)

O Senhor continua respondendo à lamentação de Habacuc com uma série de cinco maldições (ou lamentações fúnebres) contra o cruel invasor, imagem do ímpio (2,6-20).

O primeiro "ai" é referido às pessoas que buscam riquezas por caminhos perversos e violentos, como os caldeus em suas pilhagens. A pena será correspondente ao delito, portanto, o saqueador será saqueado (v. 6-8).

O segundo "ai" trata de uma temática afim ao primeiro, razão pela qual a acusação feita aos caldeus se estende a todos os que confiam no ganho injusto, pensando estar se subtraindo à ruína (v. 9-11).

O terceiro "ai" olha mais uma vez para a violência dos conquistadores, cujos faustosos edifícios não podem encobrir o sangue e os abusos sobre os quais foram edificados. Mas, justamente no meio do castigo, resplandece

---

61. A nova tradução da Bíblia, feita pela Conferência Episcopal Italiana (CEI), prefere o termo do TM "vinho", que deriva de outra raiz, isto é, "riqueza", que é renegada em sua pretensa capacidade de dar segurança.

luminoso o conhecimento da glória do Senhor, em contraste com a vaidade daquilo pelo qual a humanidade se fatiga (v. 12-14).

O quarto dispara contra a degradação moral com práticas ofensivas à dignidade humana, tais como as orgias e os abusos sexuais cometidos contra os vencidos. Ele também censura as imagens idolátricas e os ídolos mudos (v. 15-18).

O último "ai" retoma a denúncia contra as práticas idolátricas (v. 19-20). A essas se contrapõe a majestade do Senhor: "Mas o Senhor está no seu Templo santo: silencie, diante dele, a terra inteira!" (v. 20).

Nesse silêncio imposto à terra inteira está um convite à escuta e à adoração como condição para acolher a revelação da santidade de YHWH.

Oração de Habacuc (Hab 3)

Habacuc se dirige ao Senhor com uma súplica (*t*ᵉ*lláh*) de grande delicadeza de sentimentos e cheia de temor religioso (cap. 3).

Ele primeiramente faz memória das grandes obras do Senhor (v. 2-7), a fim de que Ele continue realizando plenamente sua obra de libertação, fazendo prevalecer sua compaixão (*rachém*, cuja raiz remete ao útero materno).

Dentre as obras do Senhor, o profeta destaca a história do Êxodo alusiva à chegada de Deus em Temã e Farã, lugares associados às regiões do sul do Sinai (cf. Dt 33,2). A majestade que eclipsa os céus e os clarões dos raios é igualmente referida à teofania do Êxodo.

O versículo 4 é particularmente interessante porque, no exato instante em que ele proclama a revelação de Deus, também sublinha como a manifestação deve ocultar seu mistério a fim de que o homem possa sobreviver: "... raios saem de sua mão, lá está o segredo de sua força". Para Habacuc, Deus se esconde na limpidez de sua luz, cegando-nos com seu fulgurante poder.

Seguem as imagens clássicas do Deus que avança com as forças destrutivas que formam seu tribunal: peste e febre. E diante da marcha imponente do Senhor as montanhas eternas desmoronam e as antigas colinas se nivelam, tornando-se uma imensa planície na qual o Senhor desencadeia todo o poder de seu exército que parte em batalha.

A essa altura a oração de Habacuc assume um estilo dialógico, dirigindo-se a Deus na segunda pessoa (v. 8-15). É como um guerreiro em pleno combate, descrito com imagens cósmicas que evocam a criação, o dilúvio e a libertação do Êxodo.

A manifestação do poderio de Deus criador é em vista da salvação de seu povo, e o fim dos inimigos não é devido a uma intervenção de Deus que os mata, mas ao fato de que suas armas se voltam contra si mesmas. A luta de YHWH é em favor do restabelecimento da ordem do mundo contra os violentos e para proteger Israel.

Habacuc reage diante da teofania divina com um sentimento de temor e tremor religioso: o íntimo treme, os lábios se contraem, as pernas vacilam e os ossos quase se desmontam. É uma espera espasmódica da batalha de Deus, na qual o povo será libertado da presente desolação e angústia, e voltará a uma vida saudável, ordenada (v. 16-19).

À chegada do Senhor, o Deus salvador, o profeta sente as próprias pernas recuperar as forças, os próprios passos se tornarem seguros como os das gazelas nas montanhas. O temor é substituído pela alegria, a tristeza pela dança. Eis a inabitual conclusão do Livro de Habacuc: uma das anotações musicais que normalmente se encontram na abertura dos salmos de louvor.

A mensagem

A mensagem de Habacuc é apresentada em termos muito pessoais, como um caminho interior que o próprio profeta deve percorrer, até aquela linha de chegada delineada na conclusão do escrito, quando é diretamente envolvido no canto e na dança em razão da salvação operada pelo Senhor. Ele passa, de fato, da dilacerante interrogação inicial ("até quando?") ao entusiástico louvor final.

O percurso, porém, não foi fácil. O próprio andamento dialógico do texto mostra as dificuldades que o profeta teve que enfrentar, e em particular com a questão radical, ou seja: se existe um governo de Deus sobre a história; questão que se torna particularmente espinhosa quando a crueldade, a violência, a avidez e o orgulho parecem prevalecer.

O problema não é encarado de forma teórica, mas num percurso feito não somente de perguntas, lamentações e súplicas, mas também de silenciosa espera, acompanhada da esperança de poder receber uma resposta convincente da parte do Senhor. E a resposta chega a Habacuc, que se coloca na postura de sentinela que observa ao longe para ver no horizonte a chegada do socorro divino. Essa resposta também é conservada para a futura memória, e por essa razão é escrita a fim de superar a eventualidade de que seu destinatário não a compreenda ou a recuse: "O injusto está inchado de orgulho, mas o justo viverá por sua fé (*'emunáh*)" (Hab 2,4). Ter "fé", como transparece no *hiph'il* do verbo *'amán* é confiar-se até chegar a "apoiar-se em", para, dessa forma, encontrar segurança e estabilidade.

Habacuc se alinha, portanto, aos grandes textos relativos à fé da Torá (cf. Gn 15,6; Ex 14,31) e à mensagem de Isaías, para quem o poder de subsistir é dado somente pela fé (cf. Is 7,9b). E para Habacuc a atitude própria da fé é a de saber esperar, a de perscrutar o horizonte na certeza de que Deus vem libertar.

Em seguida o profeta reitera que crer vai de par e passo com a opção pela justiça e com o distanciamento de um estilo de vida marcado pela avidez, pela violência, pela idolatria. O justo confia sua própria estabilidade não à riqueza e ao poder, mas somente a Deus.

Essa mensagem é amplamente aceita, razão pela qual o personagem de Habacuc é colocado em cena no relato de Dn 14,33-42, onde a importância simbólica daquele alimento levado por Daniel à cova dos leões é evidente: trata-se da fé que dá força para enfrentar as provações e inclusive o martírio. Mas a retomada mais importante da mensagem de fé de Habacuc é a de Paulo, na Carta aos Romanos, onde se torna síntese do anúncio evangélico da salvação: "Pois nele a justiça de Deus se revela de fé a fé, conforme está escrito: *O justo vive da fé*" (Rm 1,17).

17

Sofonias

Introdução

O nono escrito dos "Doze Profetas" é atribuído a Sofonias, do qual só conhecemos o nome e a genealogia, que parece dar ao profeta uma ascendência real, caso o Ezequias de Sf 1,1 seja o rei homônimo. A preocupação parece ser a de querer radicar na autêntica tradição javista a mensagem de Sofonias, não obstante a origem estrangeira de seu pai: "Cusi", nome de seu pai, significa "etíope".

O nome Sofonias pode significar "O Senhor escondeu/O Senhor se esconde"; entendido em sentido negativo aludiria ao aspecto ameaçador da pregação, mas em sentido positivo se referiria à proteção divina ao "resto" do povo que continua fiel.

A data de sua pregação é situada por Sf 1,1 no tempo do reinado de Josias (640-609). Entretanto, não há unanimidade na individuação de um período mais delimitado, razão pela qual há quem tenda a situar sua pregação no período do sucessor de Joaquim.

É um período em que o domínio assírio está se enfraquecendo, embora mantendo uma influência no plano cultural e religioso. Para Judá isso significa a disseminação de cultos a deuses estrangeiros, sincretismos, e um estilo de vida não inspirado na fé javista.

Internamente o país é marcado por violências e injustiças, não contrariadas, mas favorecidas, pelas práticas idolátricas e pela falsa profecia. Por isso a atenção do profeta se voltará para as camadas do povo mais oprimidas, mais humildes.

Quanto à estrutura do escrito, as propostas dos exegetas não são unânimes, visto que alguns preferem seguir critérios ligados ao conteúdo, ao passo que outros preferem indícios formais, literários. No livro, no entanto, existem três partes distintas. Sugerimos a articulação abaixo, que mostra uma "leitura escatológica" do escrito de Sofonias semelhante à leitura do Livro de Ezequiel, do Proto-Isaías e de Jeremias (texto grego).

1,1	Título
1,2–2,3	*Dies irae*
2,4–3,8	Oráculos contra os povos e Jerusalém
3,9-20	Promessas de salvação

O texto hebraico de Sofonias está bastante conservado; este encontra, também em Qumran, alusões em três fragmentos de um manuscrito dos "Doze Profetas" (4QXII[b]), ao passo que em 4QXII[g] temos apenas algumas letras que se referem a Sf 3,3-5. Entretanto, para Sofonias temos um extenso testemunho do texto grego no "Pergaminho dos Doze Profetas" de Wadi Mubabba'at (Mur 88).

Guia de leitura

Dies irae *(Sf 1,1–2,3)*

O escrito de Sofonias se abre com um título que perpassa todo o livro. Se lhe reconhece a autoridade da palavra divina, como consta literalmente: "Palavra de YHWH que foi dirigida a Sofonias..." (1,1).

Nessa lógica, imediatamente se anuncia o juízo divino, de abrangência universal, razão pela qual nem Judá nem Jerusalém serão poupadas: "Vou acabar com tudo que há sobre a terra" (v. 2). Toda a criação – e por isso não somente a humanidade, mas também os animais, os pássaros do céu e os peixes do mar – será golpeada por um ato de destruição (1,2-3), que visa a eliminação dos maus.

Em seguida entra a proclamação de um castigo que envolve Judá e Jerusalém (v. 4-13). Os motivos são centrados principalmente na idolatria, mas também na avidez e na corrupção das classes dirigentes, nos ricos de propriedades e bens e nos comerciantes abastados. Este estilo de vida é justificado por uma tese teológica que afirma que Deus se comportaria com indiferença diante da história ("O Senhor não pode fazer nem o bem nem o mal" – v. 12). Para Sofonias, os fatos dizem exatamente o contrário: Deus tem absoluta soberania sobre tudo e não suporta superstições, violência, opressão e derramamento de sangue. Eis, portanto, a razão do juízo divino indicado com o valor simbólico da expressão "dia do Senhor". Na expectativa da chegada desse dia o profeta convida os responsáveis a um silêncio semelhante ao exigido dos sacerdotes antes da celebração do sacrifício. Aqui, no entanto, ele se revelará um silêncio de luto em face de uma punição tremenda, envolvendo inclusive vários bairros de Jerusalém, pelos quais o Senhor passará discursando e desmascarando os ímpios.

Sf 1,14-18 é um escrito largamente conhecido pelo fato de propor o tema do *dies irae*, que inspirou poetas, músicos, liturgistas. O tema do "dia do Senhor" não é uma novidade de Sofonias; singular é o rigor com que o profeta fala da proximidade, da inexorabilidade e da tragicidade de tal dia.

Diante desse dia não servem as riquezas econômicas, mas somente a conversão, à qual o profeta convida antes que seja tarde demais (2,1-3). A conversão deve traduzir-se numa tríplice busca: busca do Senhor, busca da justiça, busca da humildade. Tal busca – já indicada pelos profetas precedentes (cf. Am 5,4.6.14-16) – é uma questão existencial, e a ela aderem os pobres da terra, isto é, os que somente encontram refúgio no Senhor. O termo "pobre" (*'anawím*), aqui, não é entendido apenas em sentido sociológico; o conceito se alarga a todos os que buscam a humildade (*'anawáh*), ou seja, os que manifestam aquela atitude de submissão e docilidade ao Senhor. Tema em consonância com a pregação de Miqueias (6,8).

Oráculos contra os povos e Jerusalém (Sf 2,4–3,8)

Sofonias proclama um juízo divino contra as nações, envolvendo inclusive Judá. Desse juízo o povo do Senhor deveria deduzir uma advertência para si mesmo. Do contrário, a revolta e a infidelidade desse povo tornar-se-iam bem mais graves.

O primeiro oráculo (v. 4-7) é contra os filisteus e a Ilha de Creta – lugar de sua procedência –, que juntamente com Canaã são associados ao mesmo destino: o afastamento da própria terra por obra do Senhor. O castigo dos filisteus, entretanto, é associado a uma mudança de destino do resto da casa de Judá, resto entendida aqui não em sentido étnico, mas como comunidade dos que vivem a justiça e a humildade. À luz da sequência da profecia de

Sofonias (cf. 3,9-13), o "resto" também envolverá pessoas de outras nações, entretanto, movidas por uma fé que se traduz em opções éticas coerentes.

O segundo oráculo é contra Moab e Amon (v. 8-11) e suas orgulhosas pretensões expansionistas. A punição é a desolação da própria terra e sua conquista pelo resto de Judá, povo que desprezaram e insultaram.

Segue um oráculo contra a Etiópia e a Assíria (v. 12-15), unidas pela ilusão de uma inabalável e eterna segurança.

Na realidade, todos esses oráculos contra as nações têm por destinatário último o povo de Deus, a fim de que se converta e, ao invés da via do orgulho, encarnada no comportamento desses povos objeto do juízo, trilhe os caminhos da humildade. Só dessa maneira ele se tornará o "resto" visitado pela salvação do Senhor.

Quase inesperadamente surge um oráculo contra Jerusalém, acusada de rebeldia e infidelidade (3,1-8). Eis os temas fundamentais da acusação: opressão, desprezo pela palavra de correção, falta de confiança no Senhor, avidez e corrupção das classes dirigentes (civis e religiosas). O Senhor, não obstante a ameaça, contava com a aceitação, por parte do povo, da correção. Ao invés disso Ele viu propagar-se sobre Jerusalém a perversão, razão pela qual o castigo divino abater-se-á sobre ela, sendo suas nações inimigas instrumento do "ciúme divino". Este, posto em paralelo com a ira divina, constitui paradoxalmente a expressão de um amor obstinado, que não consegue renunciar a aliança com o povo.

Promessas de salvação (Sf 3,9-20)

A profecia de Sofonias parte decisivamente para o anúncio da salvação divina.

Em primeiro lugar uma comunidade nova se forma (3,9-13), composta por pessoas provenientes dos povos e por pessoas dispersas de Israel. Os povos, purificados pelo Senhor, são habilitados a adorar e a invocar o seu Nome. A purificação divina envolve também Jerusalém, já que no meio dela se encontra o "resto de Israel", este povo humilde e pobre. A indigência dessas pessoas não é mais vista como sinal de maldição, mas como uma paradoxal bênção, já que elas confiam inteiramente no Senhor, tendo-o por único e verdadeiro bem. É uma pobreza que se abre à verdadeira humildade, condição necessária para beneficiar-se da salvação.

Agora o Senhor convida à alegria a "filha de Sião", que representa os que vivem na fidelidade e na humildade. O motivo de tal alegria é a presença do Senhor que luta por seu povo e por sua cidade como um rei vitorioso (v. 14-17). "...Ele te renovará no seu amor" (v. 17): o texto hebraico fala literalmente de um "fazer silêncio em seu amor"; é o silêncio de Deus que cala por amor e deixa de mencionar as infidelidades do povo.

O versículo 18 é de difícil interpretação, como aparece também nas antigas versões.

A conclusão do livro (v. 19-20) reitera o anúncio de salvação com a perspectiva de uma mudança de destino, anúncio do qual os destinatários serão testemunhas diretas ("diante de vossos olhos"). O socorro divino aos mais fracos, a reunião dos dispersos, o retorno à terra dos pais constituem o núcleo dessa mensagem de esperança, que reverte totalmente a situação inicial, na qual tudo era submetido ao juízo.

A mensagem

O anúncio do juízo, ou o "dia do Senhor", está no cerne da mensagem de Sofonias. Primeiramente este anúncio é destinado a Judá e a Jerusalém em razão de seus pecados de injustiça, de violência, de imoralidade, de idolatria. Mas o juízo também se destina aos pagãos por causa da arrogância e males causados ao povo da eleição.

A exemplo de outros profetas, Sofonias interpreta sua missão como um trazer à luz o que obscurece a consciência dos grandes, levando-os a um estilo de vida justificado por uma distorcida visão teológica. Segundo essa visão, Deus é indiferente ao agir humano e não se preocupa com o bem ou o mal. O anúncio do "dia do Senhor" serve para lembrar como Deus realmente se interessa pelo "aqui" e "agora" da história humana, pelo ser humano. É o que Sofonias, com grande *vis polemica*, reitera ao denunciar a realidade social e religiosa, caracterizadas respectivamente por uma falta de justiça e por um sincretismo que beira à apostasia.

Entretanto, o ápice da mensagem de Sofonias não está na simples perspectiva de um juízo inexorável de dimensões universais, mas principalmente no anúncio da salvação ao resto do povo, povo este entendido em sua dimensão social e religiosa. Socialmente trata-se dos pobres, dos marginalizados, dos desprovidos de recursos econômicos e de poder; religiosamente se trata da visão moral e ética dos indivíduos, que os coloca diante de um tipo de justiça e de humildade que os leva a situar-se diante de Deus como filhos confiantes, que reconhecem a presença do Senhor na história, que só nele encontram seu refúgio.

Certamente a mensagem de Sofonias contém ainda acentos nacionalistas, mas essa mensagem não é destituída de uma abertura universalista, perceptível no anúncio da conversão dos povos, que do próprio Senhor recebem lábios puros para invocar e adorar o seu Nome.

18

Ageu

Introdução

O Livro de Ageu, o décimo dos "Doze Profetas", se apresenta como a crônica da atividade desse profeta na segunda metade do ano 520 a.C. Ele encoraja os judeus repatriados – e particularmente os chefes religiosos e políticos, representados pelo sumo sacerdote Josué e pelo governador Zorobabel – a assumir os trabalhos de reconstrução do Templo. Isso é o que sabemos a respeito de Ageu, confirmado também por Esd 5,1-2; 6,14.

O momento histórico no qual o profeta atua, portanto, é o período posterior ao edito de Ciro, promulgado em 538, a partir do qual vários descendentes dos deportados para a Babilônia começaram a reentrar na terra de seus pais em pequenos intervalos. Mas Jerusalém permanecia sem muros, portanto, desprotegida; e o Templo, sobretudo, se encontrava em grave ruína. De fato, a missão de Sasabassar, em 537, se limitou a levar de volta os vasos sagrados roubados pelos babilônios, bem como recolocar no Templo o altar dos sacrifícios, a fim de garantir as condições mínimas para a prática cultual (cf. Esd 1,11; 3,1-6).

Chegamos assim ao segundo ano do reinado de Ciro quando, sob o impulso espiritual dos profetas Ageu e Zacarias, iniciam-se os trabalhos de reconstrução ou restauração dos edifícios da área do Templo.

O livrinho não tem propriamente um cabeçalho, mas se apresenta como uma narração na terceira pessoa das intervenções de Ageu para estimular a iniciar e em seguida continuar os trabalhos no Templo do Senhor. As intervenções oraculares são reagrupadas em quatro partes, cada uma associada a uma data específica.

A primeira parte (Ag 1,1-15) apresenta um discurso do profeta datado do primeiro dia do sexto mês do segundo ano de Dario (29 de agosto de 520). A exortação do profeta é bem-acolhida e, por isso, a comunidade põe-se a trabalhar na reconstrução do Templo, como se deduz dos versículos 12-15. É o dia 24 do sexto mês do segundo ano de Dario (24 de setembro de 520).

A segunda parte (2,1-9) apresenta um discurso datado do dia 21 do sétimo mês (17 de outubro de 520) e anuncia a glória do novo Templo.

A terceira parte (2,10-19) apresenta um oráculo com uma questão dirigida aos sacerdotes acerca do problema da pureza e da impureza (v. 10-14). A datação é de 24 do nono mês (18 de dezembro de 520). Segue outro discurso (v. 15-19), não introduzido por uma datação, referindo-se a uma promessa de prosperidade caso os trabalhos do Templo forem bem-sucedidos.

A última parte (2,20-23) também é datada do dia 24 do mês (supõe-se o mesmo, i. é, o nono, e assim estaríamos em 18 de dezembro de 520). Eis uma demonstração sintética:

1,1-15	Apelo à reedificação do Templo
2,1-9	A glória de novo Templo
1,10-19	Do tempo da impureza ao tempo da bênção
2,20-23	Oráculo a Zorobabel

Guia de leitura

Apelo à reedificação do Templo (Ag 1,1-15)

A figura de Ageu é introduzida em forma de chegada da palavra do Senhor (1,1), situada cronologicamente no primeiro dia do sexto mês do segundo ano de Dario. Imediatamente são indicados também os primeiros destinatários aos quais o profeta deve dirigir-se: Zorobabel, filho de Salatiel, que é governador a mando do Império Persa, e Josué, filho de Josedec, autoridade religiosa máxima.

Ageu, em nome do Senhor, profere seu primeiro discurso (v. 2-13), no qual ele desmascara primeiramente a profunda negligência do povo em relação à reedificação do Templo. O povo se esconde atrás da desculpa de que não teria chegado ainda o tempo oportuno para "vir" à Casa do Senhor, ao passo que parece oportuno a cada pessoa correr para sua cômoda casa revestida de madeira. A exortação leva a refletir a fundo sobre a própria situação a fim de descobrir uma profunda insatisfação, da qual o marasmo econômico é apenas um sintoma. Ora, trata-se de uma insatisfação ligada a uma razão maior: a falta de ânimo e paixão na construção da obra desejada por Deus, ou seja, o Templo. É chegada a hora, pois, de subir ao Templo, de encomendar a madeira e de reconstruir a Morada do Senhor.

Ageu reitera que a presente situação de desconforto econômico foi desejada pelo Senhor justamente para induzir o povo a refletir sobre o próprio comportamento, ou seja, sobre a indiferença diante da situação penosa em que o Templo se encontra.

O convite veemente é acolhido por Zorobabel, como autoridade política, por Josué, como autoridade religiosa, e pelo *resto do povo*, isto é, por aquela porção da comunidade que fez sua a causa do Templo. Assim, três semanas após a intervenção de Ageu, na qualidade de "mensageiro" do Senhor (título presente também em 2Cr 36,15-16 e em Ml 3,1), os trabalhos começam. O narrador sublinha que essa profunda mudança é devida sobretudo à intervenção do Senhor, que *desperta o espírito* de todas essas pessoas, suscitando nelas o entusiasmo e a paixão pela empresa.

A crítica atual do texto situa o início desses trabalhos em 24 do sexto mês (21 de setembro de 520).

A glória do novo Templo (Ag 2,1-9)

Logo em seguida, em Ag 2,1, é explicado o tema do discurso: mais do que Ageu, simples instrumento, trata-se da palavra de YHWH (cf. tb. 1,1.3). A datação indicada situa o discurso no dia 21 do sétimo mês (17 de outubro de 520). Estamos no final da Festa das Tendas, e o desânimo está sorrateiramente se introduzindo no meio do povo, retardando assim a retomada dos trabalhos no Templo. Ageu faz uma tríplice pergunta a Zorobabel, a Josué e ao resto do povo. Trata-se do confronto entre o Templo antes de sua destruição por obra dos babilônios e sua atual situação. Confronto, em si, degradante. Daí a exortação à coragem, à força na retomada dos trabalhos e na perseverança na empreitada, exortação fundada na promessa do Senhor que garante a própria presença – exigida pela fidelidade à palavra da aliança estipulada no tempo do Êxodo – e o dom de seu espírito.

Ageu adverte em seguida que este período de esforço, de cansaço, será breve, pois virá um tempo de abundância absolutamente surpreendente. Acontecerá uma espécie de reviravolta universal cujo desfecho não se dará com um desastre, mas com a paz, a plenitude. O destino do povo será totalmente invertido: seus bens não serão mais depredados e levados pelas outras nações como despojos de guerra, mas são os tesouros das nações[62] que agora afluirão para o Templo do Senhor, resplandecendo-o de glória. Talvez Ageu tenha percebido um sinal dessa reviravolta no fato de que a administração persa tenha mandado ajuda para a reconstrução do Templo (cf. Esd 6,3-4). Aqui se delineia uma teologia do Templo de Jerusalém como centro de atração universal, tema presente em vários textos proféticos (cf., p. ex., Is 2,2-4; 60,5-17; 66,18-21; Zc 8,20-23; 14,16-17).

Será uma época nova, de prosperidade e riqueza, em que o Templo se tornará sede do *shalóm*, da plenitude garantida pelo dom do Senhor (literalmente: "Neste lugar eu concederei [*natán*] paz"), que transcenderá inclusive os mais radiosos tempos do passado.

Do tempo da impureza ao tempo da bênção (Ag 2,10-19)

Outro oráculo é proposto por Ageu no dia 24 do nono mês (18 de dezembro de 520), mas é apresentado em forma de ação simbólica na qual o profeta, sob ordem do Senhor, interroga os sacerdotes sobre questões relativas à pureza e à impureza (2,10-14).

Enquanto uma realidade qualquer, carregada de sacralidade – como a carne levada ao altar para os sacrifícios –, não consegue, como tal, transmitir tal sacralidade, com a impureza o mesmo não acontece. Uma realidade impura, de fato, tem uma força tão contagiosa que contamina tudo aquilo com o qual ela entra em contato. O confronto aqui instituído é assimétrico porque não se dá entre o sagrado e o profano, mas entre o sagrado e o impuro. O sagrado em si também é contagioso; mas, segundo Ageu, a impureza tem uma força invasiva maior. Entretanto, a perícope apresenta uma dificuldade interpretativa, confirmada já pela versão grega da LXX, que vincula essa força contagiosa da impureza mais a razões morais do que a regras de pureza. A ideia central aqui é que uma comunidade que busca primeiramente – e por vezes também sem justiça – os próprios interesses, ao invés da glória de Deus, expõe-se à força generalizada e contagiosa do pecado. Ela é como um corpo corrompido por uma de suas partes já morta, putrefata.

---

62. No texto da Vulgata o v. 7, onde se fala das riquezas de todas as nações, o hebraico *chemdáh*, que significa "desejo" ou "objeto de desejo", é interpretado em sentido pessoal, assumindo assim um implícito sentido messiânico: *Veniet desideratus cunctis gentibus* ("virá o Desejado de todas as nações").

A resposta obtida nessa consulta aos agentes sacerdotais é aplicada por Ageu à situação cultual do povo, cujas ofertas são impuras (v. 14: "...o que me oferecem é impuro").

A interpretação dessa perícope dá azo a explicações muito divergentes. Alguns exegetas veem aqui uma polêmica antissamaritana, segundo a qual a aceitação dos aportes de gente samaritana nos trabalhos do Templo seria não somente inoportuna, mas causa de impureza numa construção assim realizada. Esd 4,1-5, de fato, narra a inicial oposição dos habitantes da Samaria à reconstrução do Templo de Jerusalém, e, em seguida, a iniciativa de se apresentarem como colaboradores para os trabalhos, fato que deixou muitos judeus perplexos, razão pela qual a oferta foi recusada.

Mas essa leitura tem pouco suporte no texto. A explicação mais simples talvez seja a de que Ageu quisesse superar as hesitações dos sacerdotes na retomada dos trabalhos do Templo; estes pareciam contentar-se com o fato de já poder oferecer seus sacrifícios no altar minimamente restaurado por Sasabassar em 537 (cf. Esd 3,1-6). Pois bem, se o resto do Templo continuava em ruínas, isso parecia ser um sinal claro de no centro da vida do povo havia uma realidade impura, fortemente contagiosa, a ponto de comprometer a qualidade do culto.

A segunda parte da terceira seção apresenta uma promessa divina, no entanto, sem nenhuma indicação de data (Ag 2,15-19). O objetivo é induzir o povo e os chefes a considerar a positividade da reconstrução do Templo e, portanto, a encorajar os trabalhos. Já que a situação de marasmo econômico está se agravando no país, o risco é o de deixar-se frear por ela, perdendo o necessário impulso e entusiasmo no empreendimento. A razão da situação de miséria está na falta de conversão do povo ao Senhor ("não retornastes a mim"), e o desconforto em que se encontra é uma advertência divina a vencer a inércia. Voltar ao Senhor significa refletir bem sobre o tempo presente e compreender que está amadurecendo um momento realmente decisivo, um momento de virada, coincidindo com o dia em que foram postos os fundamentos do Templo do Senhor. À miséria sucederá a abundância plena.

Oráculo a Zorobabel (Ag 2,20-23)

A quarta seção do livro é dirigida a Zorobabel (2,20-23). A datação é a mesma: 24 do (nono) mês. Em si não há aqui nenhuma alusão a uma situação precisa ou a determinadas testemunhas; por isso não é possível saber se o oráculo foi efetivamente destinado a Zorobabel ou se é profecia literária devida ao redator do livro. Com a colocação da primeira pedra se delineia um grandioso horizonte de esperança, no qual os principais atores adquirem traços messiânicos: no caso presente, Zorobabel.

Zorobabel é destinatário de uma palavra de promessa do Senhor, que o chama de "meu servo", título privilegiado e reservado a Davi, e aqui conferido a ele enquanto portador de descendência davídica. Além disso, ele é designado "anel de selar" (*chotám*), para indicar a relação pessoal e indestrutível entre ele e o Senhor, exatamente como o sugere a imagem do anel com o qual se autenticavam os documentos sobre os quais este anel era aplicado, dando assim valor executório.

Sua tomada de posse como representante de YHWH realizar-se-á numa espécie de turbulência cósmica – aquela "agitação" já anunciada em Ag 2,6 –, na qual todas as potências políticas e seus arsenais de guerra serão arrasados.

A mensagem

À primeira vista pode parecer que o cerne temático do Livro de Ageu seja o Templo e sua reconstrução. Este, embora importante, não passa de um objetivo parcial. Teologicamente, central é o tema da Palavra de Deus, sua eficácia, sua mediação. É essa palavra que consente chegar a um discernimento do momento crítico presente e intuir a vontade divina nele expressa. É uma palavra capaz de remover obstáculos – não somente externos, mas também os mais profundos – do espírito dos repatriados, desanimados e desmotivados diante da urgência de reconstruir o Templo. É uma palavra que convida à responsabilidade, ao trabalho perseverante, e a uma esperança capaz de olhar para além das misérias e das fadigas do tempo presente.

A reedificação da Casa do Senhor não significará apenas um árduo empreendimento imobiliário, mas contribuirá também para a edificação da própria comunidade do Senhor (o *resto* do seu povo). Não é somente questão de reativar o culto (os sacrifícios já eram oferecidos sobre o altar preparado por Sasabassar), mas de colocar no centro da própria tensão da vida presente a Morada do Senhor como sinal visível de sua presença, de sua vontade de ser o "Deus conosco" (cf. Ag 1,13; 2,5). Trata-se de cultivar uma esperança cujos horizontes transcendem os limites da terra de Judá, envolvendo assim a criação inteira.

19

Zacarias

Introdução

O profeta e sua época

O Livro de Zacarias vem, dentre os "Doze Profetas", após o de Ageu, com o qual tem uma estreita conexão. De fato, ambos os profetas atuam no mesmo período e perseguem o mesmo objetivo: reconstruir Jerusalém e, sobretudo, o Templo de YHWH. É um momento em que a comunidade deve encontrar os elementos fundamentais de identidade e de coesão, sem deixar-se levar pelo desânimo diante das dificuldades da reconstrução e das resistências que de vários lados se manifestam. A atividade profética de Zacarias, segundo Zc 1,1, começa dois meses após a missão de Ageu; mais precisamente, no oitavo mês do segundo ano de Dario (outubro do ano 520). Em Esd 5,1 e 6,14 fala-se de uma concordância entre os profetas Ageu e Zacarias em termos de incentivar os trabalhos de reedificação do Templo. A atividade da missão de Zacarias continua por mais dois anos e, segundo Zc 7,1, desenvolver-se-á até o nono mês do quarto ano de Dario (novembro de 518).

Zacarias carrega um nome muito presente no Antigo Testamento, e significa "o Senhor lembra", isto é, é fiel à promessa, nome bastante coerente com o próprio conteúdo do livro a ele atribuído.

Em Zc 1,1 ele é apresentado como "filho de Baraquias, filho de Ado". Portanto, provavelmente pertenceu a uma família sacerdotal, como se pode evidenciar na menção desse seu antepassado em Ne 12,4. Essa pertença justifica ulteriormente seu forte interesse pelo Templo e pelas práticas cultuais, como, por exemplo, o jejum.

Os personagens históricos que aparecem no interior do escrito e que pertencem à época de Zacarias são, além de Ageu, o sumo sacerdote Josué e o governador Zorobabel.

A segunda parte do livro (Zc 9–14) não oferece indicações históricas precisas, mas é possível entrever alguns acontecimentos históricos de épocas sucessivas como, por exemplo, a conquista do Oriente Médio por Alexandre Magno.

Natureza e estrutura literária do Livro de Zacarias

Uma parte considerável de exegetas distingue no Livro de Zacarias duas partes, diferentes por características literárias e de conteúdo: fala-se de um *Primeiro/Proto-Zacarias* (1–8) e de um *Segundo/Dêutero-Zacarias* (9–14), este de teor fortemente apocalíptico. Nessa segunda parte também é possível distinguir outras duas partes, fato que induziu alguns exegetas a falar, além de um *Segundo-Zacarias* (9–10), também de um *Terceiro-Zacarias* (12–14).

Os aspectos literários do texto de Zacarias seguramente depõem a favor da tese dos que sustentam a existência de uma diversidade de autores (pelo menos dois), ou seja, trata-se de um livro que recebeu um profundo trabalho redacional.

De fato, a parte atribuída ao *Primeiro-Zacarias* é predominantemente em prosa e faz referência – embora com uma linguagem muito imaginativa, quase surrealista – à situação em que se encontra Judá nos anos 520-518, anos da reconstrução do Templo. O ciclo das visões oscila entre o gênero clássico da visão profética e o da visão apocalíptica, gênero muito mais complexo, quase racional.

Igualmente ao gênero literário profético pertence o relato da ação simbólica relativa aos dois consagrados, bem como o discurso sobre o jejum e os dez oráculos de salvação, que concluem o *Proto-Zacarias*.

A segunda parte – a do *Dêutero-Zacarias* – pode ser enquadrada num período sucessivo, o da transição entre a época persa e a helenística. A linguagem torna-se cada vez mais próxima da apocalíptica, e em conformidade com esta abundam as referências e as alusões a outros textos do Antigo Testamento.

O *Primeiro* e o *Segundo-Zacarias*, embora muito diferentes, formam um todo unitário no interior de um projeto teológico redacional que quis sublinhar alguns temas unificadores: Jerusalém reconstruída como cidade aberta; renovação da aliança com a purificação do povo; retorno dos exilados; expectativa messiânica; juízo contra as nações; sua conversão e sua adoração do Senhor nos tempos escatológicos.

Eis uma demonstração sintética da estrutura do livro:

1–8	*Primeiro-Zacarias*	
	1,1-6	prólogo
	1,7–6,15	ciclo das visões
	7–8	livrinho dos discursos
9–14	*Segundo-Zacarias*	
	9–11	oráculos sobre os tempos messiânicos
	12–14	a transformação final

Guia de leitura

Prólogo e ciclo das visões (Zc 1–6)

O escrito de Zacarias começa sem um verdadeiro título, mas indicando um evento da palavra do Senhor (1,1) cronologicamente datado entre outubro e novembro do ano 520.

Prólogo (Zc 1,2-6)

O prólogo apresenta um convite veemente à conversão, associando-o a uma promessa divina: "Voltai a mim... e eu voltarei a vós". E se as ameaças do castigo divino se cumpriram, como de fato aconteceu, isso significa que os ouvintes de Zacarias igualmente devem ficar atentos. Por outro lado, o tempo da profecia está acabando ("Acaso os profetas vivem para sempre?" – v. 5). Por isso, enquanto ainda há tempo, urge acolher o convite à conversão.

As primeiras visões (Zc 1,7–2,17)

Com a indicação de uma data precisa (dia 24 do décimo primeiro mês do segundo ano de Dario, ou seja, 15 de fevereiro de 519) começa o ciclo das visões que, pormenorizadamente, consiste em sete ou oito visões, segundo se considere Zc 3–4 uma única visão subdividida em dois momentos, ou duas visões (3,1-10; 4,1-14). De nossa parte optamos por sete visões.

Na primeira visão (1,7-17) Zacarias vê um homem e atrás dele uma multidão de pessoas montadas em cavalos de várias cores, ocupadas em inspecionar toda a terra. Por intermédio de um misterioso porta-voz (o homem entre as murtas), está o anjo do Senhor a apresentar o resultado da inspeção:

toda a terra está em paz. Mas essa aparente tranquilidade torna o problema de Jerusalém e Judá mais agudo – como se deduz das palavras do anjo do Senhor –, porque, se nada se move, a condição penosa parece perpetuar-se, embora já se tenham passado sete anos da tomada de Jerusalém.

Zacarias, magoado, precisa ser confortado pelo anjo do Senhor, que lhe relata a resposta divina à sua súplica. O Senhor confirma seu amor apaixonado por Jerusalém e seu desdém contra as nações culpadas por sua destruição. Em sua compaixão visceral (*rachamím*) o Senhor tomará providências na reedificação de sua Casa e de toda a cidade, intensificando a abundância de todos os bens. Assim Sião experimentará novamente a consolação e a eleição divina.

A segunda visão (2,1-4) apresenta a imagem dos quatro chifres (possivelmente um metal), significando as quatro potências estrangeiras que devastaram Jerusalém. Os "chifres" são, de fato, símbolo de poder e violência (cf. Mq 4,13; Jr 48,25; Dn 7,7-8). O número quatro é frequentemente usado para indicar a universalidade[63]. Para remover e destruir esses quatro chifres, quatro ferreiros entram em cena, imagem da intervenção divina a favor da cidade e do território de Judá.

A terceira visão (2,5-17) mostra um personagem carregando um cordel de medir (cf. 1,16). O profeta o interroga sobre o que ele pretende medir, e ele responde que medirá a largura e o comprimento de Jerusalém. Subitamente, porém, outro anjo intervém com uma mensagem extraordinária: não vale a pena medi-la, pois Jerusalém será uma cidade aberta, grande, acolhedora, sem muralhas, e será o centro do mundo. Seu baluarte não serão as obras militares de defesa, mas nela o Senhor mesmo habitará, e como uma muralha de fogo a protegerá.

A cidade só aguarda o repovoamento. Daí a razão da exortação dirigida aos exilados que vivem na Babilônia para que a abandonem e voltem para a terra de seus pais. Nenhum mal eles deverão temer, pois o Senhor os tem como a pupila de seus olhos, e a eles submeterá inclusive aquelas nações que os escravizaram. Segue um convite à filha de Sião para que se rejubile com a presença do Senhor, e porque numerosas nações unir-se-ão aos repatriados, tornando-se com eles "um povo".

---

63. Basta pensar nos "quatro ventos", imagem do espírito de Deus em Ez 37,9.

Um silêncio profundo deve impor-se sobre tudo e sobre todos, pois o Senhor está como que se acordando e elevando-se de seu leito para realizar suas promessas. É um silêncio religioso, que predispõe a acolher a intervenção de Deus (como em Sf 1,7 e Hab 2,20).

Quarta visão: o Rebento, o candelabro e as duas oliveiras (Zc 3–4)

A quarta visão, articulada em dois momentos (3,1-10 e 4,1-14), mostra em primeiro lugar a investidura do sumo sacerdote Josué. Verifica-se primeiramente sua purificação, realizada não pela água ou pelo banho lustral, mas pelo fogo. À semelhança de uma cerimônia litúrgica se realiza uma espécie de juízo no qual o acusado é Josué, como representante do povo[64]. A acusação é feita por satanás que, entretanto, não está em condições de provar as acusações avançadas contra Josué. Por isso o Juiz divino, por meio do anjo, o censura. São tiradas de Josué as roupas sujas, símbolo do pecado que arrasta consigo a ira divina, e revestido em seguida de roupas novas, preciosas, e de um turbante purificado, para significar o perdão e a graça divinos. Finalmente é dirigida a Josué uma palavra que lhe garante o governo da Casa do Senhor, contanto que caminhe em seus caminhos.

A essa altura o anjo do Senhor envolve também os companheiros de Josué, que se sentam à sua frente (provavelmente o sinédrio). A eles o Senhor promete o envio de uma figura messiânica, chamada "meu servo Rebento", e mostra também uma pedra realmente singular, com sete olhos e uma inscrição. "Rebento" é título messiânico (cf. Is 11,1; Jr 23,5; 33,15), vinculado à casa davídica. A alusão, portanto, parece relativa a Zorobabel que, segundo 1Cr 3,19, é justamente um descendente davídico, já que bisneto de Jeconias (Joaquim).

A identificação do significado dessa pedra, porém, é bastante problemática. Nela é possível entrever a pedra do peitoral sacerdotal, ou a pedra da fundação do Templo. Os sete olhos sugerem a presença vigilante do Senhor. A inscrição indica a consagração ao Senhor e a função expiatória.

---

64. Qual é a culpa do sumo sacerdote? Garbini antecipa a hipótese de que essa teria sido a eliminação física de Zorobabel e do Profeta Zacarias, seu maior defensor. O texto de Zacarias teria sofrido em seguida uma revisão favorável a Josué, transferindo para a classe sacerdotal as profecias inicialmente dirigidas ao governo da descendência davídica; cf. GARBINI, G. *Il ritorno dall'esilio babilonese*. Bréscia: Paideia, 2001, p. 15-162 [Studi Biblici, 129].

A vitória sobre o pecado, testemunhada por esta pedra, permite a experiência de uma vida pacífica e feliz, simbolizada pelo estar debaixo da vinha e da figueira (cf. 1Rs 5,5; Mq 4,4).

O segundo momento da quarta visão (4,1-14) retoma o simbolismo largamente atestado no Oriente Médio Antigo, o de um candelabro ou o de uma tocha fumegante, como sinais da presença da divindade no Templo. Zacarias vê um candelabro de ouro maciço que tem sobre sua base sete bocais com sete bicos para as lamparinas. A simbologia numérica 7 × 7 indica o grande esplendor, a intensa luminosidade de toda a cena.

Ao lado do candelabro estão duas oliveiras. Zacarias não compreende a visão e pede explicações ao interlocutor angélico. Este responde primeiramente com uma palavra cujo destinatário é Zorobabel (autoridade civil) para que saiba que o que acontecerá (reconstrução do Templo) não será fruto de capacidades e recursos humanos, mas somente resultado da intervenção do Senhor: "Não pelo poder, nem pela força, mas sim pelo meu espírito" (v. 6). Com a ajuda do espírito de Deus, Zorobabel removerá o acúmulo dos escombros sobre o monte do Templo até alcançar os fundamentos e ali reconstruir a Casa do Senhor. A explicação angélica prossegue aclarando o significado das sete lamparinas: são símbolos da vigilância divina sobre toda a terra. Em seguida vem a explicação da imagem das duas oliveiras e a dos dois ramos de oliveira que vertem óleo por meio dos dois bicos de ouro: são os dois consagrados que o Senhor escolheu para si. Mesmo sem explicá-lo, é evidente que se trata do sacerdote Josué e do governador Zorobabel, que exercem os dois ofícios messiânicos relativos à vida religiosa e civil de Jerusalém.

Últimas três visões (Zc 5–6)

Na quinta visão (5,1-4)[65] Zacarias vê um enorme pergaminho voando que, desenrolado, mede aproximadamente 10 metros de comprimento e 5 de largura (medidas que correspondem às do pátio do Templo de Salomão – cf. 1Rs 6,3). Ele representa a maldição que se estende (literalmente se "espalha") por toda a face da terra contra todo malfeitor. O fato de que o pergaminho voe para longe alude ao distanciamento do santuário, coisa que, na verdade, diz respeito aos ladrões e às falsas testemunhas, expulsos da

---

65. Na Bíblia Vozes, cuja divisão do Livro de Zacarias opta por oito visões e não por sete, como o presente autor propõe, essa quinta visão é apresentada como sendo a sexta [N.T.].

comunidade; também a casa deles se tornará vítima da maldição. O perjúrio que eles perpetram representa o abuso no uso do nome do Senhor em suas falsas declarações. É possível que isso acontecesse de forma generalizada na questão dos direitos de propriedade que frequentemente questionavam entre si os residentes em Jerusalém e os retornados do exílio.

A sexta visão (5,5-11) apresenta a purificação de Judá e Jerusalém do culto às divindades estrangeiras. Nessa visão aparece uma *'efá* – isto é, uma grande vasilha que serve como medida de capacidade –, objeto de atenção e atração por toda a terra. Por um momento a tampa da vasilha é erguida, revelando dentro dela uma senhora sentada, reconhecida como a maldade, isto é, o inverso de Deus. A tampa é imediatamente abaixada para que a senhora não saia. Imediatamente alçam voo duas mulheres com grandes asas de cegonhas – demônios femininos –, e carregam a *'efá* para a região mesopotâmica de Senaar. Dessa forma, a terra é libertada da presença idolátrica.

Na sétima visão (6,1-8) vemos o desencadeamento da ira do Senhor sobre os opressores. Quatro carros que saem do meio de duas montanhas de bronze entram em cena (na mitologia trata-se da entrada na morada dos deuses). Eles procedem do mundo divino e são puxados por cavalos de diferentes cores (vermelho, preto, branco): os cavalos do quarto carro são malhados e matizados (literalmente: "fortes"). Estão ansiosos para percorrer toda a terra, levando o espírito de Deus, que deve inaugurar um novo mundo. Para tanto, diferentemente dos cavaleiros inspetores da primeira visão, primeiramente farão uma expedição punitiva no País do Norte – Senaar (i. é, Babilônia, segundo Gn 10,10; 11,2), onde se instalou a maldade –, em seguida na terra do Sul, isto é, no Egito. Ali toda a ira divina será derramada, criando assim uma situação de paz, de repouso para o espírito de Deus. Este repouso parece reavivar uma situação já favorável à volta dos exilados.

A última visão segue a indicação de uma ação simbólica que Zacarias deveria realizar a fim de indicar a subdivisão das competências entre os dois consagrados, mas também a profunda harmonia que reinou entre eles (6,9-15). Assim, na cabeça do sumo sacerdote Josué é colocada uma coroa de prata e ouro, mas lhe é também comunicado que o governo será exercido pelo "Rebento" (alusão a Zorobabel), que reconstruirá o Templo de YHWH. O sacerdote estará à sua direita, e entre ambos reinará uma paz perfeita.

Enfim, existe uma indicação na coroa, que deverá ser conservada no Templo como testemunho visível da contribuição dos repatriados para a sua fabricação – alguns de seus nomes são lembrados – e, mais geralmente, para a reedificação do Templo do Senhor.

Livrinho dos discursos (Zc 7–8)

Ao ciclo das visões segue um livrinho de discursos (cap. 7-9) que recolhe diferentes ditos no conteúdo, mas unidos pela perspectiva de uma era messiânica acompanhada de uma salvação nacional, que em seguida se universaliza.

Essa parte da profecia de Zacarias, datada de 7 de dezembro de 518, se abre falando de uma delegação de hebreus provenientes da Babilônia, que submetem aos sacerdotes e aos profetas a pergunta se eles deviam continuar a jejuar pelo Templo quando os trabalhos de reconstrução já estavam em andamento (7,1-3).

A resposta supera o risco de uma compreensão formalista e ritualista de um ato de culto como o jejum, e o faz revisitando primeiramente as lições dos antigos (v. 4-14). A comunidade pratica o jejum no quinto mês para lembrar a tomada de Jerusalém e a destruição do Templo (cf. 2Rs 25,8-9; Jr 52,12-14), e no sétimo mês para recordar o assassinato de Godolias, governador de Judá (cf. 2Rs 25,25; Jr 41,1-3). Mas, para que seja algo realmente feito em nome do Senhor, o jejum deve ser acompanhado da prática da justiça autêntica, bem como do amor e da misericórdia para com o próximo. A isso incitaram as palavras não ouvidas dos profetas (não obstante os jejuns). O resultado é, por um lado, a obstinação do coração humano, que se tornou duro como pedra; por outro, é o grande desprezo do Senhor. A consequência é a dispersão do povo entre as nações e o abandono da terra dos pais, transformada em desolação.

Mas, para além do castigo, existe a esperança. É o que anunciam os dez oráculos presentes em Zc 8,1-17.

No primeiro (v. 1-2) se afirma primeiramente o grande amor de YHWH por Sião. No segundo oráculo (v. 3) YHWH garante que voltará a Jerusalém, que voltará a ser "Cidade fiel" e "Monte santo". Na terceira promessa (v. 4-5) propõe-se o dom de uma vida pacífica e longeva para uma cidade novamente repovoada.

E se essas promessas parecem excessivas aos ouvintes de Zacarias, no quarto oráculo (v. 6) o profeta apresenta a resposta do Senhor às suas objeções: "naqueles dias" o Senhor oferecerá sua maravilhosa salvação, por mais que humanamente isso pareça impossível.

A quinta promessa é de uma nova libertação, de um novo êxodo, de uma nova aliança (v. 7-13). Essa promessa está diretamente relacionada com o reinício dos trabalhos de reconstrução do Templo, novamente e vivamente encorajados pela palavra do Senhor. Assim cumprir-se-ão também as promessas feitas a Abraão, a fim de que o povo se torne bênção para as nações.

O sexto oráculo (v. 14-15) projeta uma transformação na própria atitude do Senhor que da ira "se converte" e promete ser benévolo para Jerusalém e Judá.

O sétimo oráculo (v. 16-17) especifica as condições para que os bons projetos possam realizar-se: a assunção das exigências éticas da aliança renovada, isto é, uma comunicação baseada na verdade, justiça nos tribunais, retidão de intenção.

A oitava promessa (v. 18-19) retoma a questão inicial sobre o jejum. Pois bem, uma vez instaurada a justiça, o jejum estabelecido para as várias ocasiões (cf. 7,1-3) se transformará em alegria, em dias de festa[66].

A nona promessa (v. 20-22) ecoa os textos proféticos que veem Jerusalém como centro de uma peregrinação universal de todos os povos, que se exortam mutuamente para ali consultarem o Senhor e invocá-lo.

A décima e conclusiva promessa (v. 23) mostra os estrangeiros associados ao serviço do Senhor em companhia dos judeus. Esses povos são atraídos pelo Deus adorado em Judá, como o sugere a cena vivida pelas dez pessoas de línguas diferentes que agarram um judeu pelas vestes argumentando: "Nós iremos contigo, porque ouvimos dizer que Deus está convosco".

Oráculos sobre os tempos messiânicos (Zc 9–11)

Submissão escatológica dos inimigos (Zc 9,1-8)

Começa aqui a segunda parte do Livro de Zacarias, muito diferente do ponto de vista literário e conteudístico, parte em que o elemento apocalíptico

---

66. Além dos precedentemente esclarecidos jejuns do quinto e do sétimo mês, se mencionam também os do quarto e do décimo mês. O jejum do quarto mês lembrava o buraco feito nas muralhas de Jerusalém em 587 (cf. 2Rs 25,3-4; Jr 52,6-7), e como a cidade ficou indefesa em razão da fuga dos soldados. O jejum do décimo mês lembrava o início do cerco da cidade por Nabucodonosor em 589 (cf. 2Rs 25,1; Jr 39,1).

é cada vez mais acentuado. Numa série de quadros se descreve a restauração de Jerusalém, do povo de Deus e a humilhação das potências inimigas.

O oráculo – ou melhor, o "fardo/ameaça" – de 9,1-8 mostra o juízo divino que se desencadeia contra as nações fronteiriças de Judá: a Assíria (aludida talvez na menção de Hadrac), a Síria (Damasco, definida como "pupila de Aram"), a Fenícia (indicada como Emat, Tiro e Sidônia) e a Filisteia (Ascalon, Gaza, Acaron e Azoto).

O juízo de Deus se abate sobre as nações em razão de seu orgulho e idolatria. Algumas dessas nações, no entanto, serão incorporadas a Judá, como já acontece para os jebuseus. Tudo isso se traduz em salvação para o povo do Senhor, porque Ele vela sobre sua casa e impede a passagem do opressor. (Profecia *ex eventu* que alude à campanha vitoriosa de Alexandre Magno na região siro-palestiniana?)

O Messias e o tempo da salvação (Zc 9,9–10,2)

Sem forma oracular é em seguida introduzida a figura misteriosa de um Messias humilde e portador de paz não somente para Jerusalém, mas para todas as nações (v. 9-10). Assim se realizam as promessas relativas a um Messias real. Ele, paradoxalmente, une em si as expectativas do messianismo real davídico e as do povo dos "humildes do Senhor" (*'anawím*). Efetivamente é definido como "justo" por ser beneficiário da justiça divina, isto é, da proteção do Senhor; "humilde" por endossar as qualidades próprias do povo do tempo da salvação (cf. Sf 3,12). Ele renunciará ao aparato bélico, significado pelos carros e cavalos, e montará a antiga cavalgadura dos príncipes, isto é, o asno, animal não associado à guerra.

O oráculo seguinte anuncia a libertação dos prisioneiros e a vitória do Senhor sobre os inimigos – expressa em tons apocalípticos –, justamente para salvar o seu povo (Zc 9,11-17). Vitória tanto mais clamorosa, já que agora, entre os inimigos, também constam as nações do Ocidente (Javã, que em Gn 10,4, indica os habitantes do Mediterrâneo Oriental).

O profeta profere em seguida uma advertência no sentido de dirigir-se ao Senhor apenas para obter alguns benefícios necessários como, nesse caso, para obter o dom da chuva tardia de primavera, tão importante para a fecundidade dos campos e o crescimento das colheitas; de fato, de nada valem as práticas idolátricas e o confiar-se em consolações humanas (10,1-2).

Contra os maus pastores (Zc 10,3–11,17)

Em seguida anuncia-se novamente o dom da salvação (10,3–11,3). Primeiramente o Senhor se declara contra os indignos chefes do povo e se apresenta Ele mesmo como pastor e guia que infundirá coragem nos combatentes. Promete reconduzir para Efraim e Judá os que foram dispersos entre as nações e os restabelecerá novamente na terra dos pais. Enquanto isso se assistirá à humilhação dos poderosos, comparados a florestas de cedros, ciprestes e carvalhos entregues ao fogo, devastadas. Os espera um desastre gigantesco, marcado pelo lamento dos pastores (os guias incapazes) e pela fuga dos "leõezinhos", ou seja, dos chefes tiranos, violentos.

A profecia do Segundo Zacarias deságua na alegoria, ou melhor, na ação profética simbólica relativa aos dois pastores (11,4-17).

De um lado existe um bom pastor que se dedica totalmente à tarefa de manter o rebanho unido, eliminando os maus pastores; infelizmente ele não é bem compreendido, é afastado das ovelhas e assim, irritado e descontrolado, quebra os dois cajados com os quais exerce seu ofício de pastor, o primeiro chamado "Benevolência", o segundo "União". O primeiro bastão é quebrado para significar a ruptura do pacto com as nações para que não agridam o seu povo, e assim é deixado à mercê de seus inimigos. A essa altura o pastor exige o pagamento que lhe é devido e é remunerado com um cifra irrisória, trinta siclos de prata, que os funde e os atira no tesouro do Templo. Em seguida despedaça o bastão chamado "União" como sinal da divisão que se infiltra no povo (talvez este sinal represente a fratura causada pelo cisma samaritano).

A essa altura a alegoria faz entrar em cena outro pastor, inepto, insensato, simplesmente interessado em desfrutar das ovelhas. A maldição que está para abater-se sobre ele, ferindo-o e cegando-o de um olho, é uma implícita e severa advertência sobre suas más conduções do povo.

O combate final (Zc 12–14)

Os agressores dispersados (Zc 12,1-9)

As cores apocalípticas se fazem sempre mais presentes. Ao redor de Jerusalém se desencadeia a batalha final, que assistirá à derrota definitiva de seus inimigos (12,1-9). De fato, o Senhor transformará Jerusalém numa espécie de copo cheio de uma bebida tóxica que provocará vertigens, ou uma pedra que ferirá quem tentar levantá-la. O Senhor, cujo olhar de proteção é pousado sobre a casa de Judá, cegará os cavalos dos inimigos, tornando-os assim impotentes. A presença do Senhor – que será como um escudo para Jerusalém – infundirá força nos chefes e nos cidadãos de Judá, que dispersarão todos os povos agressores, como uma tocha acesa que faz incendiar o fogo entre montes de lenha e palheiros. Em meio a tanto incêndio salvar-se-ão, porém, as tendas de Judá e a casa de Davi.

A lamentação sobre o traspassado e purificação de Jerusalém (Zc 12,10–13,9)

Misteriosamente, numa cena de vitória sobre os inimigos, irrompe um lamento desolador sobre um personagem esfaqueado à morte; o lamento sobre ele leva o povo a converter-se ao Senhor (12,10-14). Deus mesmo se declara traspassado[67], golpeado, por essa morte, e a dor é geral e tamanha que chega a ser comparada à dor lancinante diante da perda de um filho único. A lamentação que se eleva em toda a parte lembrará, por intensidade, aqueles rituais que, no culto cananeu em Adad-Rimon, eram feitos na planície galilaica de Meguidon. Luto generalizado, que envolve os clãs, os homens e as mulheres, começando pela família real e pelas famílias de sacerdotes e de profetas.

A morte do traspassado provocará uma grande purificação dos pecados da casa de Davi e habitantes de Jerusalém. Lá não existirão mais ídolos, nem pseudoprofetas com suas mentiras e dúbias práticas de adivinhação, e inclusive as que envolvem, por exemplo, práticas de incisões no corpo entre os membros das corporações proféticas (13,1-6). Da dolorosa purificação emergirá um povo novo, que será como um rebanho que passou por tremendas experiências, como o assassinato do pastor, a dispersão das ovelhas e a aniquilação de dois terços do rebanho, ou que passou pelo crisol de provações duríssimas.

O resultado de tudo isso será a reconciliação e o restabelecimento definitivo da aliança entre o Senhor e o seu povo (v. 7-9).

A vitória divina e a instauração do Reino (Zc 14)

Diante de Jerusalém se desencadeia a última batalha. Para o assalto final se reúnem todos os seus inimigos que, coligados contra a cidade, a invadem,

---

67. Zc 12,10 é aplicado – passando, porém, da primeira à terceira pessoa – à contemplação de Jesus crucificado e traspassado por um golpe de lança (Jo 19,37).

a saqueiam e a devastam, matando e deportando seus habitantes, mesmo que um pequeno grupo resista. Quando tudo parece irremediavelmente perdido, eis que intervém diretamente o Senhor no combate contra os invasores. À sua chegada as montanhas se abrem, rasgando um caminho sobre o qual Ele avança irresistivelmente com os seus santos, os seres celestes de sua corte divina (v. 1-5).

No último confronto vitorioso acontecerá a transformação profunda de Jerusalém e da Judeia, tornando-se assim uma espécie de paraíso terrestre (v. 6-11). Desaparecerão as depressões, a terra tornar-se-á uma vasta e fecunda planície, e as estações cederão lugar a uma eterna primavera. As trevas serão eliminadas e uma fonte de águas vivas e abundantes jorrará perenemente sobre Jerusalém, fazendo fluir suas águas tanto em direção ao mar oriental quanto ao mar ocidental. Dessa forma será instaurado definitivamente o Reino de Deus: "O Senhor será rei de toda a terra. Naquele dia o Senhor será o único, e único o seu nome" (v. 9). E se, para Jerusalém, segurança e tranquilidade reinarão, seus inimigos conhecerão um fim terrificante, com a putrefação de seus corpos ainda vivos; além disso, uns se lançarão contra os outros, matando-se reciprocamente. Seus acampamentos também serão dizimados, e suas riquezas saqueadas pelos judeus (v. 12-15).

Jerusalém será o centro religioso do mundo inteiro (v. 16-21). Assim, até os povos anteriormente inimigos afluirão para ela, a fim de adorar o Senhor dos exércitos e celebrar a Festa das Tendas, pois, doravante, essa será a festa de todos os povos. E os que não participarem dessa peregrinação provarão da maldição. A presença do Senhor, com sua plenitude de vida e santidade, atingirá tudo o que existe em Jerusalém. Inclusive os guizos dos cavalos (até então tidos como artefatos idolátricos) tornar-se-ão sagrados pela ação do Senhor, e a sacralidade se estenderá para todos os objetos: dos instrumentos de uso litúrgico aos de uso cotidiano.

A mensagem

Por muitos aspectos a mensagem de Zacarias não é nova, muito embora ela se limite a propor novamente, com novo vigor e linguagem diferente, as temáticas mais importantes da tradição profética precedente. Na prática, um objetivo perseguido pela pregação de Zacarias é o de encorajar e incentivar a reconstrução do Templo, pois deste irradiar-se-á a bênção divina para todo o povo. Entretanto, a empresa não se realizará por forças humanas, mas com a ajuda do espírito de Deus (4,6-10). Também será bem-vinda a colaboração humana e a justa harmonia entre os dois poderes, o civil representado por Zorobabel, e o religioso representado pelo sumo sacerdote Josué.

A reconstrução do Templo inaugurará uma era de prosperidade e bênção. O castigo dos inimigos será necessário, mas somente como momento prévio. A prosperidade desse tempo não será somente material, mas muito mais profunda, já que resultante da presença do Senhor em Jerusalém. Esta se tornará uma cidade aberta não somente aos judeus, mas a todos os que quiserem chegar até ela em peregrinação. Nesse sentido Zacarias visita novamente a mensagem dos profetas precedentes sobre a reconstrução de Jerusalém. A expectativa de tão grande futuro deve incentivar a ação presente a colocar pedra sobre pedra e estimular a conversão e um agir moral coerente com o culto (veja o caso do jejum).

No Segundo Zacarias o centro da mensagem está no anúncio da vitória final da parte do Senhor contra todas as forças do mal, inimigas de seu povo. Emerge aqui uma atenção ao ideal messiânico, com a presença de um Messias com vários rostos: o rosto real, o rosto pastoral e o rosto "traspassado" (Zc 12,14), cuja morte realiza uma purificação dos pecados da casa de Davi e de todos os ambientes de Jerusalém. A falta de uma identificação exata permite ler, de tempo em tempo, figuras diversas que, no entanto, comportam o traço do martírio. Aí também se pode vislumbrar uma retomada da figura martirizada e não obstante gloriosa do Servo do Senhor – cantada por Is 53 –, cujas chagas são uma paradoxal fonte de cura para um povo normalmente confuso e disperso.

20

Malaquias

Introdução

O escrito de Malaquias é o último dos "Doze Profetas". É provável que o nome seja um pseudônimo, visto que o termo hebraico *mal'akí* significa "meu mensageiro"; a pessoa do profeta desaparece assim atrás da sua missão. O termo *mal'akí* se torna "Malaquias" como nome de pessoa nas antigas traduções, mas não ainda na LXX, que lê "meu mensageiro", e nem sequer no *Targum*.

A época na qual o escrito pode ser situado, segundo os problemas aos quais ele entende responder, é a pós-exílica, provavelmente anterior à drástica proibição dos casamentos mistos, imposta por Neemias. Por outro lado, confirma a datação de época persa a presença na Judeia de um governador (*pecháh* – Ml 1,8). O escrito poderia ser datado entre 480 e 450 a.C., mas resta o problema de saber se o Livro de Malaquias nasceu como obra por si mesma pensada como conclusão do Livro dos "Doze Profetas". Como argumento em favor dessa última hipótese alegam-se as múltiplas relações linguísticas de Malaquias com os outros livros dos "Doze Profetas", mas também com Isaías e com os "Profetas anteriores".

A obra se apresenta como uma série de vivas discussões do profeta com seus contemporâneos, nas quais se enfrentam os problemas mais graves da comunidade pós-exílica, mas que também interessam aos fiéis de qualquer geração. Tais discussões têm um esquema fixo: uma afirmação de Deus por meio do profeta; objeção por parte dos destinatários; resposta na qual se afasta a objeção e se motiva mais a fundo a asserção inicial. Essa forma literária é ulterior argumento a favor da hipótese que o escrito de Malaquias seja desde o início uma profecia literária, mais do que a reunião de ensinamentos e oráculos proferidos oralmente.

A estrutura do livrinho vê seis discussões ou ensinamentos do profeta emoldurados por um título e por dois apêndices, que concluem o inteiro Livro dos "Doze Profetas".

1,1	Título
1,2–3,21	Seis controvérsias
	1,2-5 primeira controvérsia: o amor do Senhor por Israel
	1,6–2,9 segunda controvérsia: corrupção no culto
	2,10-16 terceira controvérsia: crise generalizada dos casamentos
	2,17–3,5 quarta controvérsia: a visita do Senhor
	3,6-12 quinta controvérsia: importância dos dízimos
	3,13-21 sexta controvérsia: retribuição e justiça divina
3,22-24	Duplo apêndice

Guia de leitura

Título e seis controvérsias (Ml 1,1–3,21)

O título (1,1) fala de *massá'* ("carga, fardo"), geralmente referido a oráculos contra as nações. É provável a vontade de estabelecer uma ligação com o precedente Livro de Zacarias. Logo após o termo "fardo" aparece a expressão "palavra do Senhor", mas sem a fórmula de um acontecimento. O destinatário se chama "Israel", mas coincide com a comunidade judaica do pós-exílio. O mediador dessa palavra é justamente "o meu mensageiro".

Primeira controvérsia: o amor do Senhor por Israel (Ml 1,2-5)

A primeira discussão (v. 2-5) se abre com a afirmação fundamental do Senhor que declara seu amor por seu povo: "Eu vos amei" (v. 2). É a síntese do escrito de Malaquias, mas também dos "Doze Profetas", a partir daquela sinfonia de amor de Deus que é o Livro de Oseias.

O povo argumenta que não consegue ver em que consiste este amor divino. Ao que, paradoxalmente, YHWH responde que seu amor consiste em odiar Esaú. Este representa a nação de Edom, que tinha se aproveitado da desgraça de Jacó (mesmo que, rigorosamente falando, também possa ser Judá) durante as devastações feitas pelos babilônios. Nesses fatos históricos, de fato, Edom-Esaú, nos textos pós-exílicos, geralmente representa a função escatológica de hostilidade final, de inimigo de Deus. Por outro lado, o que é posto na boca dos edomitas representa uma insolência sem limites e um ódio desmesurado, fatos diante dos quais o Senhor não pode senão opor-se. Com linguagem passional o livro afirma que o Senhor não se faz indiferente diante das injustiças sofridas por seu povo que, por sua vez, confessa o senhorio divino que atravessa os confins de Israel (v. 5).

Segunda controvérsia: corrupção do culto (Ml 1,6–2,9)

Na segunda controvérsia o Senhor acusa particularmente os sacerdotes por suas falhas no exercício do culto (1,6–2,9). Ele se sente como um pai e também como um patrão a quem não são tributados o afeto e o respeito devidos. Na denúncia o Senhor repreende os ministros do culto por aceitarem inclusive ofertas roubadas, e de tamanha má qualidade que ninguém jamais ousaria apresentá-las ao governador; chega a desejar que deixem de oferecer-lhes sacrifícios. Como se não bastasse, os sacerdotes andam com tamanha negligência e apatia por entre os altares que as nações estrangeiras honram o Senhor mais do que o seu povo. Ml 1,11, talvez uma glosa, chega a afirmar que em qualquer outra parte da terra são oferecidos sacrifícios aceitos pelo Senhor.

A discussão avança alegando que a aliança de YHWH com Levi está comprometida, visto que os sacerdotes não somente consentem graves irregularidades no culto, mas pervertem inclusive sua função de ensinar a Lei. Visto que essa culpa é ainda mais grave, o castigo do Senhor se abaterá severamente sobre eles.

Terceira controvérsia: crise generalizada dos casamentos (Ml 2,10-16)

Nessa controvérsia se entrelaçam duas questões: a dos divórcios fáceis e a dos casamentos mistos (2,10-16). YHWH lembra a própria paternidade para com Israel, sua criatura; o que deveria levar a relações fraternas e fidedignas. Entretanto, as traições são generalizadas inclusive em âmbito matrimonial. Repudia-se com facilidade e casa-se com mulheres estrangeiras que têm outro deus por pai. Perpetra-se uma abominação, uma profanação, atentando assim contra o caráter único da paternidade de YHWH.

Entre vida e culto, portanto, existe uma mistura que tolhe deste último toda validade e eficácia. O povo se pergunta a razão pela qual o Senhor não escuta suas orações, nem aceita seus sacrifícios. A resposta está na desordem que atenta contra o próprio significado da relação conjugal. Malaquias, de fato, não se limita a denunciar os abusos, mas indica o verdadeiro valor do matrimônio: ser uma aliança, uma *berít* da qual o Senhor é testemunha, o garante (cf. v. 14).

Este versículo é uma das passagens mais importantes sobre o significado do casamento, que aqui não é interpretado apenas do ponto de vista civil e jurídico, mas também em sua dimensão teológica. O casamento reproduz em seu interior uma estrutura de aliança cujo garante é o próprio Deus da aliança. O versículo 15, muito problemático na ótica da crítica textual, recorda o plano de Deus relativo à criação do homem e da mulher, e parece acenar para Gn 1,27; 2,7.18.

"Eu odeio o repúdio, diz o Senhor" (v. 16). A interpretação, no entanto, é difícil, como já se vê nas antigas versões. Há quem se incline a afirmar: "Se o odeias, abandone-o", com o significado diametralmente oposto. Parece-nos preferível a interpretação adotada pela tradução da Bíblia da Conferência Episcopal Italiana, à luz do contexto da controvérsia, que quer sublinhar a importância da relação conjugal.

Quarta controvérsia: a visita do Senhor (Ml 2,17–3,5)

Malaquias introduz uma última controvérsia (2,17–3,5) com uma avaliação peremptória: o Senhor está cansado, exaurido pelos cínicos e rasteiros discursos do povo. O que exaspera Deus é ouvir os discursos dos ímpios que invertem o conceito de "retribuição", afirmando que suas riquezas injustamente acumuladas seriam sinal de bênção, e seu agir desonesto seria objeto da complacência divina.

Nem todos, obviamente, têm uma abordagem tão inescrupulosa em relação à existência humana, mas substancialmente todos duvidam da justiça divina, a ponto de perguntar-se: "Onde está o Deus da justiça?" (v. 17). O Senhor responde colocando-se não tanto no plano especulativo para enfrentar o problema do mal em relação à justiça divina, mas comprometendo-se numa promessa objetiva: Ele virá para purificar e salvar. Promete, pois, o envio de um mensageiro (3,1), definido como "anjo da aliança", espécie de envio preparatório para a chegada do próprio Senhor ou – segundo outra interpretação – de um Messias por Ele enviado.

Essa visita do Senhor (mediada ou direta) parece ter uma finalidade judicial, não, porém, por castigo, mas para purificar do pecado e consolidar a *b^erít*; é como o trabalho do fundidor que retira as impurezas do material precioso, ou como o trabalho da lavadeira que com uma solução alcalina (*borít*) embranquece a roupa. Destinatária dessa purificação é primeiramente a classe sacerdotal, aqui definida como "filhos de Levi". Decisivo é que a oferta dos sacerdotes ao Senhor seja finalmente segundo a justiça, aquela idealizada pelo profeta dos tempos antigos. Não se trata apenas de respeitar os regulamentos do culto, mas de superar a dissociação entre vida e liturgia. Procede-se, portanto, a um juízo sobre os ímpios que praticam a injustiça e pretendem atribuir seus desonestos ganhos à bênção divina.

Quinta controvérsia: importância dos dízimos (Ml 3,6-12)

O profeta lembra as responsabilidades de cada um para garantir o bom funcionamento e a continuidade do culto. Em particular cada um deverá apresentar fielmente as taxas devidas para isso, versando os dízimos das colheitas e primícias dos campos. O povo compreenderá assim que o Senhor realmente não mudou e continua amando-o. Ao mostrarem uma responsabilidade pessoal em relação aos deveres do culto, os israelitas poderão experimentar que a maldição, superada pela bênção divina, cessará. Também os outros povos poderão felicitar Israel: "Todas as nações vos proclamarão felizes, pois sereis uma terra de delícias, diz o Senhor dos exércitos" (v. 12).

Sexta controvérsia: retribuição e justiça divinas (Ml 3,13-21)

Na última controvérsia (3,13-21) o Senhor declara sentir-se ofendido pelos discursos que circulam inclusive junto aos seus tementes que, provados pelo espetáculo da injustiça, duvidam da justiça divina, já que esta deveria garantir aquela retribuição das obras que estes não veem realizada em suas existências. Parece não haver nenhuma vantagem em servir a Deus e em observar os seus mandamentos.

Deus responde fazendo escrever um livro de memórias a fim de garantir a permanência de sua resposta. Pois bem, o Senhor está preparando o dia em que os justos serão sua herança especial e no qual será finalmente restaurada a diferença entre o justo e o ímpio. A contraposição de destinos é delineada por imagens opostas, muito eficazes: de um lado fogo ardente de fornalha, sol escaldante, aridez, cinzas e poeira contra os orgulhosos e os injustos; de outro um sol que cura as feridas, animais livres e gordos. É um sol de justiça que faz os tementes a Deus experimentarem a compaixão divina para com os seus fiéis, atormentados intimamente pela arrogância dos ímpios, mas agora curados e libertos de toda forma de mal.

Duplo apêndice (Ml 3,22-24)

Os últimos versículos de Malaquias, que, aliás, apresentam uma significativa variação entre o Texto Massorético e a versão da LXX, não são somente a conclusão do escrito do profeta, mas também a de todo o Livro dos "Doze Profetas", bem como o fechamento de todo o *corpus* canônico dos Profetas. Este também lembra contemporaneamente a conclusão do Pentateuco (Dt 34) e, em perspectiva cristã, introduz o Novo Testamento.

O primeiro apêndice de Malaquias (3,22) remete ao início dos escritos proféticos (Js 1,2.7-8), lá onde se diz que Josué, que medita a Torá, conseguirá percorrer a estrada que leva à terra prometida, à vida. Pois bem, nesse apêndice se esclarece como a profecia está ao serviço da Torá de Moisés.

O segundo apêndice (v. 23-24) lembra Elias, já que dentre os profetas é o mais semelhante a Moisés. E já que de Elias não se narra a morte, mas sua condução ao céu por carros de fogo (cf. 2Rs 2,11-12), espera-se seu retorno para restabelecer uma comunhão entre as gerações fundada no ensinamento da Torá. Este motivo da volta de Elias está presente no médio judaísmo (cf. Eclo 48,10) e é retomado no Novo Testamento, e é especificamente aplicado à figura do Batista (cf. Mt 11,10; Mc 1,2; Lc 7,27).

Temos, portanto, um apêndice com duplo desdobramento. O primeiro, mais adequado à perspectiva hebraica, se dirige ao fundamento: à Lei dada por Moisés. O segundo, caro à perspectiva cristã, olha para um futuro messiânico, aliás, já pressentido na promessa do envio do anjo da aliança e na vinda do Senhor mesmo.

A mensagem

Os temas de Malaquias são múltiplos, e sua mensagem bastante complexa. De fato, as três primeiras controvérsias condenam delitos ou culpas específicas, ao passo que os últimos três assumem uma cadência sempre mais escatológica. Em tudo isso, no entanto, emergem questões fundamentais relativas à vida dos fiéis: a relação com o Senhor na fé e no culto; a prática da Torá como expressão da fidelidade à aliança; o restabelecimento das relações constitutivas do humano (relação esponsal e relações paternas); a questão da justiça e da retribuição dos bons e dos ímpios; o sentido do "dia do Senhor".

Nessa multiplicidade de temas, no entanto, é possível encontrar um ponto unificador, isto é, uma mensagem sobre o Senhor como o Deus da aliança. Eis por que desde o início se evidencia o amor singular que o liga ao seu povo: "Eu vos amei".

Justamente por ser o Deus da aliança e considerado um pai para Israel (1,6; 3,17), Ele promete visitá-lo. É uma visita que se traduz em salvação, enquanto sua chegada purifica do pecado e supera a transgressão da aliança. Por outro lado, a visita do Senhor exige uma preparação, justamente para que o povo não se veja diante de um Deus acusador e juiz, mas diante daquele que purifica e liberta. Nesse sentido é explicada a promessa do envio de um mensageiro cuja missão é preparar o caminho do Senhor.

Malaquias anuncia uma realização escatológica já iminente, e por isso o povo, a partir dos sacerdotes, deve preparar-se para o juízo inexorável que Deus realizará sobre o mal. Não surpreende então a leitura neotestamentária de várias passagens de Malaquias em referência à missão de João Batista.

21

Os profetas: uma palavra para o hoje

Toda a Escritura quer ser uma mensagem para o *hoje*, para aquele que dela se aproxima, mas todo escrito singular da Bíblia o é de modo particular. Quanto às Escrituras canônicas de Israel (Primeiro/Antigo Testamento), a Torá oferece um relato fundador, aquele colocado no símbolo dos inícios, de um passado que se torna fundador da fé de Israel para todos os tempos. Os *k^etubím* (Escritos) exibem a sabedoria realizável no cotidiano no interior do horizonte universal da criação. Os *n^ebi'ím* (Profetas) focam na reinterpretação e na atualização da Torá, no transcendente desígnio divino que se desenvolve na opacidade das vicissitudes humanas. Nesse sentido a palavra profética emerge constitutivamente como uma palavra para o *hoje*. Não apenas para o hoje de seus primeiros destinatários, mas para o hoje de cada geração que se aproxima dos escritos a eles referidos, escritos que sofreram, justamente por isso, um prolongado e profundo trabalho de reinterpretação e de atualização.

Buscaremos evidenciar aqui alguns dos núcleos da mensagem profética particularmente significativos para a vivência atual, sem esquecer a perspectiva de uma leitura eclesial da Palavra.

"Não tereis outros deuses diante de mim"

Para os profetas, Deus não é uma afirmação abstrata resultante de um dogma, tanto no tocante ao seu caráter único quanto em relação à sua transcendência. Ele é antes a concretização de um encontro, uma realidade que os agarra e invade desde o momento do chamado, da vocação. Assim, é Deus que comanda o falar e o agir, o sentir e o "ver" dos profetas.

Em nome do primeiro mandamento (Ex 20,3; Dt 5,7) a palavra e a vida profética são luta vigorosa contra a idolatria.

Nessa batalha contra a idolatria entra certamente a condenação dos ídolos, entendidos como artefatos aos quais se reconhece uma qualidade sagrada, e dos lugares de culto a eles dedicados (montanhas). Aqui se inscrevem as palavras mordazes e as sátiras maliciosas do Dêutero-Isaías (mais exatamente: Is 40,19-20; 41,6-7; 44,9-20; 46,5-7) e da assim chamada "Carta de Jeremias" (Br 6), que miram nos ídolos e seus fabricantes. Mas antes deles se haviam erguido as vozes de Oseias contra o culto sincrético do bezerro de ouro na Samaria (Os 8,4-6), as de Miqueias e Isaías contra as práticas religiosas idolátricas, e mais tarde as acusações de Jeremias e as denúncias de Ezequiel contra uma idolatria que chega inclusive a corromper o culto praticado no Templo de Jerusalém. Os profetas mostram como a atribuição aos ídolos de uma capacidade de influenciar a vida humana é, por um lado, ignorar a verdade de Deus que não pode ser de forma alguma manipulada, como acontece com os ídolos, e, por outro, é uma desvalorização da liberdade humana, nutrindo ilusões e alimentando os medos. Pungente é a sátira contra os ídolos de Jr 10,1-16, quando os compara a espantalhos num campo de pepinos, e conclui que não é necessário temê-los porque "não podem prejudicar nem ajudar" (v. 5).

De fato, na adoração dos ídolos os profetas veem um ato de orgulho, dado que o homem adora o que suas mãos fizeram (Is 2,8-9), e, portanto, se prostra diante de si mesmo. É orgulho que beira à insensatez, visto que os ídolos são inúteis e vazios, e transmitem este vazio a seus adoradores (Jr 2,5).

Os ídolos mais dissimulados e poderosos

Mas o enfrentamento duro que os profetas têm contra a idolatria é muito mais profundo, visto que se dirige a todas as realidades humanas que o homem absolutiza, diviniza.

Em primeiro lugar emerge a crítica ao *poder*. Aqui se questiona um modo de ver a política como busca de projetos de predomínio das classes sociais abastadas perseguindo sonhos imperialistas de submissão dos outros povos.

Contra as aspirações e os projetos imperialistas se elevam os oráculos contra as nações, presentes tanto nos Profetas maiores quanto nos vários textos do Livro dos "Doze Profetas". Se inicialmente esses oráculos também podiam ser vistos como expressão de nacionalismo e de ressentimento político contra os dominadores, na redação final, canônica, eles declaram que o senhorio é de Deus, e que nenhuma realidade humana pode erigir-se como absoluta. Paradigmática dessa pretensão de fazer do poder humano algo de divino é a sátira contra o rei da Babilônia (Is 14,5-23), que pretende escalar os céus e erguer o próprio trono acima dos astros divinos.

Semelhante é o ponto de vista assumido pelo oráculo contra o rei de Tiro (Ez 28,1-19), que encarna o homem que ilusoriamente pensa eliminar Deus, reivindicando seu lugar e seu poder: "Teu coração se tornou orgulhoso e disseste: 'Sou um deus, ocupo um trono divino no coração dos mares'. Entretanto, és um mortal e não um deus, mas pensaste ter a mente igual à de um deus" (v. 2). Essa divinização da própria força por parte das grandes potências torna-se uma insolência que os leva a se considerar dominadores da história, esquecendo-se que são apenas instrumentos nas mãos de YHWH que, apesar dos projetos imperialistas dos poderosos, é Ele que realiza o próprio plano de salvação na história. Iluminadora, nesse sentido, é a denúncia de Isaías contra as pretensões da Assíria, semelhantes às de um machado e um serrote que pretendem sobrepor-se aos que os manejam (Is 10,15).

Mas tampouco Israel e Judá, especialmente nas pessoas de seus chefes políticos e religiosos, evitam a tentação de divinizar o poder. Essa tentação os leva a considerar-se inteligentes e astutos e a idolatrar essa pretensa sabedoria, convictos de que podem realizar os próprios projetos sem confrontar-se com a vontade de Deus e pensando poder esconder dele suas maquinações (cf. Is 29,14-15). Idolátrica igualmente é a certeza e a confiança por eles depositadas nas armas, nas fortificações, como se fossem a solução de seus problemas (cf., p. ex., Is 2,7; 30,16; Os 8,14; Mq 5,9-10). Um retrato eficaz dessa confiança nos recursos militares é o de Acaz, que examina as fortificações da cidade por temor do ataque siro-efraimita, ao invés de confiar no Senhor e buscar nele uma segurança não ilusória (Is 7,1-9). E quando não se tem um poderio militar adequado, busca-se uma política de (falsas) alianças, que, além de historicamente ineficazes, são causa de outros desastres. Também nisso os profetas vislumbram uma forma de culto ao poder, que só pode levar à falência (cf., p. ex., Is 30,1-7).

O culto ao poder caminha lado a lado com o culto ao *ter*. Os profetas não demonizam a riqueza em si mesma; mas, além da origem muito frequentemente injusta, eles também denunciam seu uso distorcido. Em muitos aspectos o ensinamento profético está muito próximo do sapiencial, como,

334

por exemplo, quando Jr 17,11 lembra que quem acumula riqueza injusta "na metade de seus dias ela o abandonará, e no fim ele será tido por idiota". Mas, o específico dos profetas é desmascarar o traço idolátrico pelo qual essas riquezas acabam incrementando a prática da construção de ídolos e prometem segurança ilusória. Eis Amós falando contra os ricos fanfarrões da Samaria, que não se dão conta da ruína já iminente (Am 6,1-7), ou Sofonias, que anuncia o ciúme divino contra a ilusão de que o ter garante a salvação ("Nem a prata nem o ouro poderão salvá-los. No dia da ira do Senhor toda a terra será devorada no fogo de seu zelo" – Sf 1,18).

Em última análise a riqueza leva a pensar ser possível viver sem Deus e sua salvação e, assim, paradoxalmente, de sinal de bênção ela se torna caminho de desgraça, de ruína: "Eu os apascentei e eles se saciaram; saciados, seu coração se exaltou; por isso se esqueceram de mim" (Os 13,6).

O poder e o ter alimentam também as *aparências*, que, por sua vez, nutrem a vaidade. Eis então a dura acusação de Isaías contra as exibições de luxo das mulheres nobres de Jerusalém (Is 3,16-24), e contra todas as formas de ostentação da própria força e riqueza, como, por exemplo, no caso de Sobna, o administrador do palácio, que se faz construir uma tumba imponente (Is 22,15-18).

Essas denúncias proféticas de idolatria em suas várias formas, das mais impressionantes às mais dissimuladas, têm também um forte poder de provocação para o nosso *hoje*. A mensagem profética, nesse aspecto, constitui uma espécie de intimação a perseguir com sinceridade de coração o primeiro mandamento ("Não terás outros deuses além de mim") e preservar-se das tentativas de manipulação do mistério de Deus, contra os quais se eleva o segundo mandamento: "Não farás para ti ídolos nem imagem alguma..." (Ex 20,4). O poder, o ter e as *aparências* nunca deixam de exercer seu fascínio e sua força de sedução no coração humano, e na denúncia dessa força de sedução reside a atualidade permanente da luta profética contra os desvios idolátricos.

Mas tem mais: a palavra profética, com suas recorrentes polêmicas contra um culto formalístico e corrompido, aponta a possibilidade de a idolatria dissimular-se por detrás de aparências de religiosidade. No caso de Israel denuncia-se o risco de manipular Deus fazendo do êxodo e da libertação do Egito mais um privilégio do que uma responsabilidade; o risco de pensar a aliança mais como uma garantia do que um compromisso integral; o risco de fazer do Templo um lugar onde se alimenta mais a inocência do que um lugar onde se forja uma mudança de vida. Paradigmático, nesse sentido, é o discurso de Jeremias contra o Templo, já que reduzido a um "covil de ladrões" (Jr 7).

Até mesmo a expectativa do "dia do Senhor" pode tornar-se idolátrica, se ela suscitar uma esperança de salvação destituída de uma verdadeira vontade de conversão (Am 5,18-20). Daí essa intimação ao leitor de todos os tempos: é necessário velar contra qualquer uso instrumental da religião, já que, paradoxalmente, este é o perigo que mais de perto ameaça o homem religioso.

O Deus escondido, o Santo de Israel, o Salvador

A crítica profética à idolatria é acompanhada por um anúncio de Deus, respeitoso de seu mistério, como se lê em Is 45,15: "Verdadeiramente és um Deus escondido, Deus de Israel, salvador". O profeta não luta somente contra a idolatria que pretende adulterar o mistério de Deus, mas acompanha os destinatários de sua missão na via do temor a Deus.

Para evidenciar as estruturas que carregam a mensagem sobre Deus dos profetas é necessário referir-se à experiência fontal de sua vocação. Nessa vocação os profetas descobrem que YHWH é o Deus a quem interessa extremamente o destino do povo com o qual alimenta um vínculo de aliança, mas trata-se também de um Deus preocupado com o destino de toda a criação. Por um lado, este Deus do qual fazem experiência é o radicalmente "Outro", diferente de todas as realidades que povoam a vida cotidiana; por outro lado, sua presença é mais concreta que qualquer outra coisa experimentável, e a relação com Ele é sentida como algo tão importante que se torna questão de vida ou morte. Tudo isso é explicitado com um título que aparece desde as primeiras linhas dos Livros Proféticos: YHWH, o Santo de Israel. "Santo" (*qadósh*) poderia sugerir a ideia de uma distância intransponível, mas este vínculo com Israel diz, porém, uma proximidade, aliás, uma espécie de intimidade quase inefável. É o paradoxo teológico que está no coração da fé vivida e confessada por Israel.

Uma linguagem afim é a da "glória" (*kabód*). Somente Deus tem a "glória" porque somente Ele pode preencher tudo em si, e mesmo assim permanecer o Transcendente, aquele que nem os céus nem a terra, cheios de sua glória, podem abraçar e conter. É este o paradoxo proclamado pelos serafins por ocasião da vocação de Isaías (Is 6,3), e é o que Ezequiel encontra na visão inicial de sua vocação (Ez 1).

Por ser totalmente santo e glorioso, YHWH não pode ser senão Único, incomparável a qualquer outra realidade. Por isso os deuses não são nada diante dele, mas também o homem, que com soberba e arrogância gostaria de elevar-se, não passa de um sopro.

Antes que uma afirmação teórica, este "caráter único" é sentido pelos profetas como a razão principal da competência de YHWH em julgar tanto Israel quanto os demais povos, como já aparece nas primeiras falas de Amós, quando o profeta afirma que todas as nações deverão prestar contas ao Senhor de seu respeito aos "direitos" humanos (vida, liberdade, dignidade).

É justamente em nome do Deus único, santo e glorioso que os profetas radicam suas denúncias e acusações contra o mal que parece dominar o coração humano, e também o do povo da aliança. Nessa ótica parece que o Deus dos profetas não passa de um Deus do juízo, pronto a condenar e a castigar. Na verdade, não é assim, visto que os oráculos e as acusações proféticas geralmente focam na superação do mal – especialmente na forma de injustiça –, e porque YHWH é o Deus que pode e quer salvar.

Ele o pode, já que é o "Deus dos exércitos", título que diz sua onipotência no âmbito da criação e da história. Ele o quer porque, para Israel, é como um pai, uma mãe, um amigo, um esposo; e também porque Ele é criador, razão pela qual realiza seu desígnio salvífico sobre Israel e sobre o mundo inteiro. Sua ação criadora está em relação estreitíssima e sempre atual com seu agir salvífico no presente; por isso, o Senhor, no *Dêutero*-Isaías, diz: "Agora te faço ouvir coisas novas, mantidas em segredo e por ti ignoradas. Só agora foram criadas, e não há muito tempo" (Is 48,6-7).

Lembramos ainda um título divino que já aparece em Is 6, quando o Senhor é denominado "Rei" (*hammélek*). Ele é Rei pela solicitude que primeiramente tem para com o seu povo, solicitude que transparece na multiplicidade de verbos com os quais os profetas (e particularmente o *Dêutero*-Isaías) exprimem o quanto YHWH faz por Israel: Ele sustenta, carrega, ajuda, chama, elege, conduz, instrui, faz vencer, guia, consola, abençoa, ama, suporta, envia, faz voltar, resgata, salva, faz renascer, sara, dá vigor, salvação, justiça, luz...

Dessa forma o leitor dos escritos proféticos é provocado a redescobrir a via do santo temor, isto é, a nutrir um profundo e amoroso respeito pelo mistério de Deus, sentido como algo que não compreende plenamente, mas que, ao contrário, determina sua vida.

YHWH, o Senhor da história

Anunciando que Deus é o "Senhor dos exércitos", os profetas têm uma certeza tão clara que ela se torna um traço peculiar da própria profecia (ainda que testemunhada também nos outros *corpora* canônicos): a história é o lugar onde se manifesta o senhorio de YHWH. A função do profeta é, portanto, a de infundir nos destinatários de sua missão a certeza dessa presença soberana do Senhor e de ajudá-los a interpretar o sentido dos acontecimentos também de forma pontual e não somente de forma genérica. É o que faz, por exemplo, Isaías, quando chega a conhecer as tramoias para envolver Judá na coalizão egípcio-etíope contra a Assíria; pois bem, ele declara que Deus assiste com serenidade àquilo que, ao contrário, cria tanta agitação diplomática e militar. De fato, YHWH olha para a Assíria como uma vinha que gostaria de alastrar-se por sobre toda a terra, mas não o conseguirá, pois Ele lhe cortará os ramos e arrancará suas folhas (Is 18,1-6).

Interpretar a história é tarefa árdua, pois não se trata de ler apenas a superfície dos acontecimentos, mas de investigá-los em profundidade, até fazer emergir algumas linhas do plano salvífico de Deus. Por outro lado, o período de ouro da profecia em Israel e Judá coincide com um tempo de grandes perturbações históricas, causadas pela sucessão de várias dominações imperiais: neoassíria, babilônica, persa (e em alguns textos mais tardios existem alusões ao domínio helenístico com os diádocos, ou epígonos, sucessores de Alexandre Magno). Por outro lado, a presença do Egito, mesmo que tivesse perdido grande parte de seu esplendor, continuava a fazer-se sentir na região; além disso, existem contrastes e guerras contínuas com alguns reinos limítrofes, como Arã, Moab, Edom.

O cenário se presta a interpretações múltiplas, que vão da avaliação das forças militares em campo à componente econômico-demográfica e cultural com as várias ideologias mais ou menos imperialistas. Entretanto, todas essas considerações interessam pouco aos profetas, que se interrogam sobre o lugar que Deus tem nessa história e como Ele apresenta o próprio governo sobre ela, e qual é, portanto, a postura que o fiel deveria ter.

Propomos aqui alguns outros exemplos para iluminar essa leitura profética da história. Durante a ascensão do Império Neobabilônico, muitos judeus consideravam que a eleição divina de que eram portadores deveria garantir-lhes a independência, aliás, o triunfo sobre as pretensões imperialistas da

Babilônia. Jeremias, ao contrário, entende que o fato de acreditar em YHWH não garante uma vitória militar sobre a Babilônia, mas requer uma aceitação das ordens divinas sobre a história, e que, ao invés de focar no domínio, é necessário preocupar-se seriamente com a própria conversão.

Em algumas ocasiões essa leitura pontual da história se faz absolutamente premente, como, por exemplo, quando Amós anuncia que está decretado o fim do reino da Samaria, mesmo que seus dias de pregação pareçam coincidir com momentos de particular prosperidade e força. Simultaneamente, porém, das experiências da história – inclusive as traumáticas – Israel deve aprender a tirar a lição: urge converter-se antes que seja tarde.

Da mesma forma Isaías exorta Acaz, o rei judeu, a não temer a coalizão siro-efraimita, porque o Senhor já decretou sua falência. E durante o exílio, quando os deportados se iludem acerca de um iminente desmoronamento do poder babilônio, e sua libertação, Ezequiel, ao contrário, profetiza a queda de Jerusalém, último baluarte de suas esperanças.

Por outro lado, quando estão quase conformados com a derrota e a submissão às potências que parecem invencíveis, os profetas anunciam o fim do opressor, dado que somente YHWH é o senhor da história, o Deus dos exércitos.

Um senhorio misterioso

Entretanto, o sofrimento escandaliza e parece negar este senhorio divino sobre a história: "Até quando, Senhor, pedirei socorro e não ouvirás, gritarei para ti: 'Violência', e não salvarás? Por que me fazes ver a iniquidade e permaneces expectador da desgraça'?" (Hab 1,2-3). Os profetas, portanto, não ignoram este problema, mas o perscrutam até alcançar sua evidência: a ação de Deus na história não atrasa nem se apressa, mas chega no momento oportuno, mesmo se este se afasta das avaliações e dos desejos humanos. É o que garante Habacuc: "É uma visão que atesta um fim, fala de uma expiração e não mente; se tardar, espera por ela, porque certamente virá, não tardará" (Hab 2,3).

Uma experiência semelhante atormenta Jeremias, quando em suas "confissões" denuncia o sucesso dos ímpios e o sucumbir dos justos. E a resposta que obtém de Deus não explica o mal na história, mas pede que se convertam, ou seja, que aprendam a entrar na ótica divina (Jr 15,19) e consigam assim discernir os tempos e as modalidades do agir do Senhor. É um agir sábio e maravilhoso que o homem só pode reconhecer e acolher numa atitude de fé.

Este traço da mensagem profética ainda hoje provoca, fascina, embora impregnado de dificuldades, visto que, como diz Is 55,8-9, as vias e os pensamentos do Senhor se elevam acima das vias e dos pensamentos do homem. De fato, o senhorio do Senhor não se impõe como evidência imediata, mas somente por meio de um caminho de reflexão, de humilde entrega, de capacidade de surpreender-se. De certa forma é um caminho de purificação por meio do qual o fiel treina para poder observar a história com um olhar diferente, aquele instruído pela Palavra que parece sucumbir, mas logo se eleva eternamente soberana sobre as vicissitudes humanas (Is 40,8; 55,9-11).

Paradigma desse difícil percurso de discernimento e de entrega a que é chamado o leitor dos escritos proféticos é a figura de Baruc, secretário e legatário de Jeremias, quando, durante a apresentação por escrito do pergaminho profético, se lamenta com Deus por causa daquelas palavras que só fazem aumentar sua dor (Jr 45,1-5). A Baruc o Senhor pede a renúncia de seus sonhos de glória, a aceitação do amargor da desilusão e o reconhecimento, no dom da vida (de refugiado), do espólio, isto é, de um paradoxal sinal de vitória. Mas, mais profundamente ainda, nessa resposta a Baruc, Deus afirma a própria dor quando, em relação à própria criação, deve agir demolindo o que edificou e arrancando o que plantou.

Mais uma vez o leitor dos textos proféticos se depara com o *pathos* divino, pelo qual, quando na história se intensificam a névoa e o não sentido, lhe é pedido o que foi pedido a Baruc: sentir em si mesmo a dor de Deus, sua compaixão por suas criaturas, e jamais esmorecer na esperança.

Em defesa dos pobres, dos oprimidos

O profeta é chamado, portanto, a interpretar a história.

> O profeta revela a seus ouvintes o sentido da história e é a essa verdade que ele pede que se dê consentimento... A história, de fato, é o lugar onde Deus se manifesta, e o profeta a narra em sua totalidade, do início ao fim, para que nesta seja revelada aquela presença que é o sentido de tudo... A profecia é um relato do que foi e do que será; e essa narração serve para iluminar o presente[68].

---

68. BOVATI, P. "Il profetismo come lettura del senso della storia". In: BOVATI, P. *"Così parla il Signore"* – Studi sul profetismo biblico. Bolonha: EDB, 2008, p. 111.

Mas isso não é tudo, pois o profeta não recebe somente a missão de interpretar a história, mas também de influenciá-la, de mudar seus processos, enquanto portador de uma palavra eficaz que incide nas consciências para transformar a sociedade. Ele entende que a sociedade não é boa e vê nela alguma coisa que deve ser mudada. Assim sendo, a voz dos profetas incessantemente se levanta para defender os direitos dos fracos, dos ameaçados e vilipendiados em sua dignidade. O fazem porque fizeram a experiência da paixão de Deus pelos últimos, pelos deserdados, pelos oprimidos. Dessa forma os profetas se tornam porta-vozes de um Deus que não pode ficar calado diante da injustiça e buscam edificar uma comunidade na qual seja superada a miséria, as discriminações e toda forma de opressão.

Como foi sublinhado várias vezes, a denúncia dos profetas não é fruto da lucidez de uma análise dos fenômenos sociais, de uma mente iluminada diante das dificuldades econômicas, tampouco de uma coragem e de uma determinação específica no caráter particular desses mensageiros, mas é fruto de alguma coisa que eles advertem como um dom: o da visão. De fato, os profetas "veem" aquilo que permanece escondido aos olhos dos outros.

O que os profetas afirmam acerca da sociedade quer ser a comunicação do olhar divino sobre ela, e não tanto um exercício de crítica social por parte do próprio profeta. A palavra profética, no entanto, não quer simplesmente informar, mudar. Se um determinado modo de vida não corresponde à vontade de Deus, também não corresponde ao bem humano; por isso não pode ser tolerado e, portanto, deve ser radicalmente mudado.

Dessa visão resulta para os profetas uma tarefa premente: trazer à luz o que está escondido aos olhos dos outros, revelando acima de tudo as injustiças em mil formas disfarçadas. Este disfarce coloca o profeta em constante situação de conflito com os centros de poder e contra toda forma de idolatria. Desde o início da aventura profética a justiça entra em primeiro plano. Assim, nos Profetas anteriores, destaca-se a figura de Elias em sua defesa do inocente Nabot, privado da vinha e da vida pela injustiça de Acab e da Rainha Jesabel (1Rs 21). A luta pela justiça também permeia quase todos os seus escritos dos Profetas posteriores, começando pelo mais antigo, Amós, que acusa os chefes de Israel de terem transformado o direito em veneno e jogado por terra a justiça, como uma rainha destronada (Am 5,7).

Pois bem, o paradoxo é que frequentemente a injustiça, proibida pela lei, não emerge na consciência de quem a executa. Não se trata de uma ignorância, mas de um processo de autoengano com o qual se busca escamotear aos outros, e às vezes a si mesmo, as irresponsabilidades do próprio agir e congratular-se com a falsidade (*shéqer*). Os profetas se sentem no dever de desentranhar os subterfúgios com os quais os culpados se autoabsolvem, de revelar o mal que às vezes se disfarça em legalidade, em fidelidade à tradição, em práticas religiosas; é indispensável o carisma profético para descobrir a perversão da injustiça. De fato, o sistema de injustiça age sobre os corações, isto é, sobre as consciências; ele ofusca o juízo alterando os sentimentos, fazendo com que se considere bom o que é danoso e se despreze o que é justo: "Ai dos que ao mal chamam bem e ao bem, mal; que transformam as trevas em luz e a luz em trevas; que mudam o amargo em doce e o doce em amargo" (Is 5,20).

O que aparece é despreocupação, regozijo, inclusive amor pela cultura, mas no fundo existe uma negligência em relação aos sofrimentos dos pobres, dos oprimidos. Urge que o profeta faça emergir o que está escondido, disfarçado, assim como o faz Amós, quando, na Samaria, faz uma espécie de invasão aos palácios do poder, revelando como por detrás das fachadas existem desordens, violências, roubos e arbitrariedades.

Assim percebe-se que, enquanto com declarações e ações alguns se apresentem como promotores da justiça e do bem, na realidade visam apenas a conquistar as próprias vantagens, em detrimentos dos mais fracos. Com este objetivo manipulam a lei e o sistema judiciário para dar uma aparência de legalidade ao que é profundamente injusto. É o que denuncia Amós, afirmando que se vende o justo por dinheiro e o pobre por um par de sandálias (Am 2,6; 8,6); e tudo acontece legalmente, segundo as leis sobre o ressarcimento em caso de insolvência, embora haja uma intolerável desproporção entre o débito a saldar e a venda de um ser humano. E a lei, justa em si, é interpretada pendendo para os interesses dos poderosos, como acusa Jeremias: "Como podeis dizer: 'Somos sábios e a lei do Senhor está conosco?' Sim, mas eis que a pena mentirosa do escriba a transformou em mentira!" (Jr 8,8). E existem também as sentenças iníquas, proferidas por juízes que deveriam garantir a justiça. De fato, o sistema judiciário é corrupto, como o afirma Jr 5,28, e o é a ponto de Sofonias declarar que os juízes são ávidos como "lobos da tarde que não roeram nada pela manhã" (Sf 3,3). E se Miqueias denuncia repetidamente a corrupção dos juízes (Mq 3,11; 7,3), Isaías os descreve no exercício de suas funções como se estivessem sob o efeito de bebidas inebriantes (Is 28,7). Daqui um terrível "ai" elevado contra os que "decretam leis injustas e escrevem rapidamente sentenças opressivas, para negar a justiça aos miseráveis, para privar do direito os pobres do meu povo, para fazer das viúvas sua presa e roubar os órfãos" (Is 10,1-2).

Nesse processo de manipulação da consciência usa-se também do culto. Dessa forma a riqueza, mesmo se injustamente acumulada, é tida como uma bênção divina. As festas religiosas, os sacrifícios, as orações, ao invés de ajudar a discernir a qualidade do próprio agir, servem para entorpecer a consciência, para julgar-se inocente e justo e, inclusive, predileto de Deus. Eis então o duro ataque que Jeremias, não obstante contra sua vontade, faz contra o Templo, arriscando inclusive a própria vida (cf. Jr 7 e 26).

Eis que enfim, para tranquilizar as consciências, se tenta calar as vozes incômodas, impedindo que os profetas do Senhor profetizem, preferindo as vozes complacentes dos falsos profetas, que se transformam numa espécie de profissionais da mentira.

As palavras dos profetas em favor da justiça continuam conservando sua força de penetração espiritual e de inquietação nas consciências que não se sentem atordoadas pela injustiça que alimentam. Mesmo aquele que se aproxima dos textos proféticos sem nenhuma adesão de fé se impressiona com a força dessa luta pela justiça e pela paixão intensa com que os profetas defendem o direito da pessoa (e não só de Israel) à vida, à liberdade, à dignidade. Resta não obstante um aspecto da mensagem profética que não pode prescindir de uma ótica de fé: o profeta não pretende comunicar seu juízo particular sobre a sociedade, mas quer evidenciar o olhar divino sobre ela. Disso resulta também que a prática da justiça depende de um conhecimento de Deus (Os 4,1; Jr 9,3), e não apenas no sentido intelectual, mas como experiência do encontro com um mistério que exige escuta obediente e total acolhimento.

A serviço da esperança

O profeta propõe instruir as consciências guiando-as no discernimento da vias efetivamente praticáveis para incrementar a justiça e para que se estabeleça um direito realmente respeitoso do humano. Ao mesmo tempo, no entanto, o profeta sublinha uma insuperável diferença entre a justiça humana (possível e realizável por meio do compromisso das pessoas) e a justiça divina. E é exatamente no anúncio dessa justiça divina que se projeta um futuro radicalmente novo que não dá para além da história, mas nela própria.

Sem dúvida os profetas anunciam juízos divinos que se realizam em acontecimentos históricos concretos, como a queda da Samaria, o exílio babilônico, o triunfo de Ciro e a volta do exílio. Frequentemente esses anúncios seguem o esquema da alternância entre oráculos de juízo e palavras de salvação, e isso pode suscitar a questão se o senhorio divino sobre a história pretende colocar nela um ato absoluto, decisivo, que ofereça uma vitória definitiva sobre as forças do mal. Essa vitória se apresenta como a realização das promessas divinas e a realização perfeita dos projetos do Deus criador. Assim, aos olhos do profeta o retorno dos exilados da Babilônia aparece como um novo êxodo no qual Deus cria realmente uma coisa nova, que está em germinação diante dos olhos dos beneficiários dessa libertação surpreendente.

A realização das promessas divinas é exatamente o objeto daqueles anúncios proféticos que geralmente são definidos como "escatológicos".

Por outro lado, parece que a mensagem escatológica também interveio no percurso redacional dos textos proféticos, constituindo o assim chamado "esquema escatológico", que caracteriza textos como o *Proto*-Isaías e, segundo algumas opiniões exegéticas, também o próprio Livro dos "Doze Profetas", além de ter interferido em cada escrito particular desse livro.

As imagens com as quais os profetas apresentam um futuro de salvação definitiva são diferentes entre si, mas harmônicas. Basta citar algumas. Isaías imagina um povo constituído por um pequeno resto, estável na fé em Deus e no reconhecimento de sua santidade, governado por um rei justo e fiel. Ezequiel prefigura uma ressurreição espiritual do povo e o dom de um coração novo. Joel sonha com um futuro no qual Deus infundirá seu espírito que transformará intimamente o povo, superando as diferenças que se transformam em barreiras: diferenças geracionais, sociais, sexuais. Malaquias prospecta a eliminação de toda espécie de mal por parte do Deus fiel à própria promessa; também será derrotada a dúvida que atormenta os justos a respeito da retribuição divina em relação ao diabólico ou ao agir correto.

Todas essas expectativas são frequentemente sintetizadas no conceito de "dia do Senhor" (*yom YHWH*), dia em que Deus manifestará seu próprio senhorio sobre a história. Mesmo se essa expressão se encontra presente apenas nos textos proféticos, é provável que originalmente o "dia do Senhor" indicasse o tempo de sua intervenção em favor do Israel, ameaçado em sua própria sobrevivência, como no momento da passagem do mar, na fuga do Egito: "Naquele dia o Senhor salvou Israel das mãos dos egípcios..." (Ex 14,30). As ações prodigiosas realizadas pelo Senhor para salvar o seu povo – não somente nos inícios, mas ao longo de toda a sua história – são posteriormente ritualizadas no memorial litúrgico, razão pela qual o dia do Senhor acabou coincidindo com os momentos de celebração solene das *magnalia Dei* (cf., p. ex., Ex 12,14; Sl 118,24). A retomada desse conceito por parte dos profetas, no entanto, é original. Assim, no início encontramos uma severa crítica à expectativa do dia do Senhor como o tempo no qual Ele intervém em favor de seu povo, já que essa esperança não assume seriamente o dever da conversão, assim como a eliminação da opressão do pobre e proclame o triunfo da justiça (Am 5,18-20). Em Isaías o dia do Senhor é o dia em que Deus julga a soberba humana (cf. Is 2,11-12; 13,6.9; 22,5; 34,8) e, Sofonias, radicalizando essa posição, faz coincidir o dia do Senhor com o dia amargo da ira divina (Sf 1,15-16). O conceito de "dia do Senhor", portanto, acaba assumindo um significado judicial tanto contra o povo de Deus quanto em relação aos outros povos (cf. Ez 30,1-4; Ab 15; Zc 14,1).

O exílio varre todas as falsas e hipócritas esperanças colocadas numa salvação que prescinde da conversão. Só assim a expectativa do dia do Senhor opera em favor de seus justos (cf. Ez 13,20-22; Is 44,6-8; Jl 3,1; 4,18-21; Zc 14,16-21), distribuindo toda espécie de bens, tanto materiais quanto espirituais. Justamente este aspecto de transformação também material do mundo evidencia como o *éschaton* anunciado pelos profetas tem a ver com a história presente e não se refere apenas ao além da história. Será um mundo libertado da opressão e da injustiça, e Israel deverá constituir um modelo para todas as sociedades do mundo, centro e ponto de atração de todos os povos; será testemunha de Deus e luz das nações, portador de justiça para o mundo inteiro (cf. Is 42,3; 51,4-5; 55,4-5). A transformação operada por Deus em favor dos pobres de seu povo promove a transformação social da humanidade inteira. Definitivamente, os profetas alimentam a esperança num futuro de paz, de fraternidade, de diálogo universal.

No fundo, entretanto, permanece um problema radical: A morte será superada? Estamos, pois, nos confins, entre a escatologia profética e a apocalíptica, que, por outro lado, conhece algumas certificações canônicas no interior do próprio *corpus* profético. Na escatologia a promessa diz respeito a uma vida boa, interiormente renovada, dilatada no tempo, mas não ainda vitoriosa sobre a morte. Quando, ao contrário, se afirma a vitória sobre a morte, atinge-se o pensamento apocalíptico. Na tradição profética isso significa a certeza de uma intervenção libertadora por parte do Senhor, mas vai além, pois ela prospecta o fim da ordem presente e a instauração de um mundo novo, no qual a morte será definitivamente superada. As modalidades dessa superação são imprecisas (cf., p. ex., Is 25,8; 26,19), ou assumem a direção da esperança numa ressurreição. Também aqui, porém, permanecem duas questões: tanto a de saber se a ressurreição diz respeito somente aos justos de Israel ou à humanidade inteira quanto a questão acerca do destino dos ímpios, dos maus.

Nas escatologias proféticas, a expectativa do dia do Senhor é certamente viva, mas não particularmente destinada a acolher os sinais de uma inversão iminente da situação. Por isso Jeremias, mesmo anunciando um futuro cheio de esperança, pede ao exilados para entrarem na ótica de uma libertação que certamente virá, mas num tempo vindouro, distante (setenta anos).

Na apocalíptica, marcada por um clima de perseguição e de provação da fé, existe, ao contrário, uma profunda tensão entre o acolher os sinais de uma iminente derrota das forças do mal e a já próxima instauração do Reino de Deus, que terá uma dimensão universal, cósmica. Entretanto, também os textos apocalípticos bíblicos, diferentemente de certa apocalíptica não canônica, não ensinam vias de fuga, de renúncia, mas antes de luta diante do mal que afeta a história. Por isso a apocalíptica canônica se apresenta como uma literatura de martírio, pensada para incentivar o testemunho, a fidelidade à lei, mesmo diante das mais violentas perseguições.

Messianismo e Messias

Frequentemente os oráculos proféticos de salvação são definidos como "messiânicos". É um uso impróprio e vago do termo, fazendo-o coincidir com a expectativa de um cumprimento salvífico irreversível, aquele que normalmente o Antigo Testamento faz coincidir com a instauração do Reino de Deus. A ideia correta de messianismo comporta o aspecto de uma mediação da salvação, que em alguns textos é indicada pelo termo hebraico *mashí*ᵃ*ch*, que significa "Ungido", "consagrado mediante a unção". A figura do Messias (em grego *Christós*) é, portanto, a de um mediador de salvação, por intermédio do qual Deus realiza suas promessas.

Além disso, o termo "Messias" quase nunca aparece na Bíblia: nos profetas se encontra somente em Is 45,1, referindo-se a Ciro, e em Hab 3,13, num contexto litúrgico.

Se o conceito parece claro, nos textos bíblicos, entretanto, ele se complica um pouco. Em primeiro lugar nem sempre essa figura coincide com uma pessoa singular, mas pode também designar um grupo; por isso se fala de messianismo individual ou de messianismo coletivo. Independentemente da ênfase geralmente posta na distinção entre os dois tipos de messianismo, é preciso reconhecer que o mais decisivo não é se a ideia de "Messias" deve ser referida a um grupo ou a um indivíduo, mas qual conceito de messianismo está em jogo, que figura concreta de messias os vários textos bíblicos pretendem veicular.

Para compreender a efetiva densidade do conceito de "messianismo" é necessário partir do dado da existência de uma pluralidade de significados e de figuras coligadas à ideia de *Messias*. Podemos distinguir ao menos quatro formas de messianismo: real, profético, sacerdotal e apocalíptico.

A primeira forma, ou seja, o messianismo *real*, é a mais antiga e a mais conhecida. Vale lembrar aqui a profecia de 2Sm 7, na qual o Senhor promete a Davi, por meio de Natã, um reino eterno, com a finalidade última de beneficiar o povo com a salvação. Sob tal promessa se desenvolve o messianismo real, com a expectativa de um descendente davídico segundo o coração de Deus[69]. O messianismo real elabora a esperança crítica para com os poderes consolidados, em nome de um rei ideal, que reine segundo a justiça (Sl 72), e deságua num messianismo real coletivo, no qual todo Israel se torna herdeiro das promessas messiânicas (Sl 132; Is 55,3-5). A democratização da promessa davídica é apenas um aspecto das fortes oscilações de pensamento ligadas ao messianismo real, que encontra na literatura profética sua fundamental indicação. No pós-exílio o messianismo real reaparece ligado à figura de Zorobabel[70]; a este era associado também um sacerdote "consagrado", encarnado pela figura do sumo sacerdote Josué (Zc 4,2; 6,9-15).

---

69. Para esse tipo de messianismo contribuem fortemente as profecias de Is 7,14-15; 9,5-6; 11,1-9; Mq 5,1-3.

70. Basta pensar, particularmente, em Ag 1,12-15; 2,21-23; cf. Jr 33,17-18.

Outro tipo de messianismo é o *profético*, e é ligado à expectativa de um profeta escatológico, de um novo Moisés (Dt 18,15-19); trata-se de um salvador de caráter profético, que é também descrito nos cânticos do Servo de YHWH de Isaías, especialmente no último poema (Is 52,13–53,12). Aqui aparece a figura de um mediador de salvação que, embora com características reais, se apresenta como profeta e servo de Deus que, com o próprio sofrimento e morte, se torna instrumento de salvação para o povo e para a inteira humanidade. Os textos de Isaías mostram aqui uma oscilação entre a leitura individual e a coletiva. Assim, se na interpretação hebraica prevalece o significado coletivo dessa figura, no Novo Testamento ela é lida como prefiguração (inclusiva) do destino de Jesus, e do sentido de sua vida e de sua morte por nós.

O terceiro tipo de messianismo, o *sacerdotal*, está ligado ao papel do sacerdócio, particularmente importante no período pós-exílio. A figura de Josué atestada em Ageu e em Zacarias já tem um colorido messiânico, entretanto, nesses dois profetas o messianismo sacerdotal não suplanta o davídico-real, mas a ele se associa. Posteriormente o messianismo sacerdotal, do qual temos traços em Mq 2,4-7, cresce em importância, como o testemunham vários textos de Qumran e apócrifos, bem como a exaltação que Eclo 50 faz do sumo sacerdote Simão.

Enfim, também se fala de um messianismo *apocalíptico*, ligado à figura de um Filho do homem (Dn 7), que garante a passagem do tempo presente ao tempo futuro do Reino de Deus. O Filho do homem é tal porque faz reinar uma ordem em favor do humano, não com um poder autoconstituído, mas recebido de Deus. Portanto, é um messianismo glorioso que, porém, não nega certa componente de sofrimento, já que a figura do Filho do homem aparece para salvar num contexto de perseguição.

Um dom que permanece

Zacarias, um dos sucessores do movimento profético, se pergunta se não estaria chegando o momento do fim da profecia: "Os profetas vivem para sempre?" (Zc 1,5). A cessação das redações proféticas selaria este fim. No entanto, o próprio Malaquias, no momento em que o cânone profético se conclui, projeta a certeza de que a profecia continuará na figura de Elias, enviado novamente a Israel pelo Senhor (Ml 3,23-24).

As Escrituras proféticas se encerraram, mas sua interpretação permanece aberta, e o carisma profético continua a ser suscitado pela iniciativa misericordiosa do Senhor. Espera-se, portanto, que o Senhor ainda faça surgir no meio de Israel profetas capazes de comunicar sua vontade, com a força que tinha caracterizado os antigos profetas, e assim se cumpra a profecia de Joel de uma plena efusão do Espírito que transforme todos em profetas (Jl 3,1-5).

Quando Jesus inicia sua missão, suas palavras e seu agir parecem dizer justamente que a profecia está novamente e plenamente presente como dom de Deus ao seu povo. Nele parecem realizar-se plenamente os anúncios proféticos: "Mas vossos olhos são felizes porque veem, e vossos ouvidos, porque ouvem! Pois eu vos digo: Muitos profetas e justos desejaram ver o que vós vedes e não viram, e ouvir o que ouvis e não ouviram" (Mt 13,16-17).

Como os antigos profetas, Jesus denuncia as injustiças, as hipocrisias, as falsas conversões, a idolatria da busca de falsas seguranças; como os profetas Ele convida a converter-se sinceramente, a retornar ao verdadeiro e único Deus, a produzir bons frutos. Como os antigos profetas, também Ele anuncia castigos e catástrofes (como a ruína do Templo e a queda de Jerusalém), e conjuntamente a glória da salvação para os que acreditam. Também alguns de seus milagres lembram de perto os realizados pelos profetas. Ele mesmo se compara aos profetas quando, na sinagoga de Nazaré (Lc 4,16-27), identifica com sua própria pessoa e com o *hoje* de sua missão a realização do oráculo de Is 61,1-3, e depois associa os milagres por Ele realizados aos de Elias e Eliseu.

Ele mesmo adverte essa profunda continuidade da própria pessoa com os profetas de Israel, como eles num contexto de rejeição e morte ("É necessário, entretanto, que caminhe hoje, amanhã e depois de amanhã, porque não é admissível que um profeta morra fora de Jerusalém" – Lc 13,33). Assim como os profetas, Jesus se refere continuamente a Deus e interpreta a própria missão como serviço a Ele.

Por isso, quando a Igreja das origens relê as Escrituras proféticas de Israel não sente dificuldade de interpretá-las em sentido cristológico, justamente porque lhe aparecem claramente os traços proféticos da pessoa e da ação de Jesus. A comunidade cristã compreende, portanto, o *corpus* profético – mas também os outros escritos canônicos – à luz de sua fé em Jesus Messias, e exalta particularmente os textos denominados "messiânicos" na convicção teológica de que os profetas buscavam e esperavam um Messias com a totalidade de sua existência, mesmo desconhecendo sua exata fisionomia. É uma releitura das Escrituras que privilegia a tensão profética direcionada para a realização messiânica já iniciada em Jesus que, embora usando a Escritura com métodos formalmente afins aos rabínicos, não tira seu ensinamento desta, mas oferece uma revelação da qual Ele mesmo é testemunha e sentido profundo. De fato, o Jesus histórico preconiza as Escrituras de Israel como testemunho profético sobre a própria missão, dando às passagens bíblicas uma interpretação diferente da exegese rabínica, movido por um princípio hermenêutico advindo do anúncio do Reino.

A interpretação profético-messiânica das Escrituras é, portanto, uma entrega que Jesus mesmo faz aos próprios discípulos. É o que acontece no caminho de Emaús quando, abrindo-se à luz da fé pascal, os discípulos reconhecem Jesus vivo nas Escrituras que o anunciam, muito embora Jesus mesmo as torne vivas e portadoras de salvação: "E, começando por Moisés e por todos os profetas, foi explicando tudo o que a Ele se referia em todas as Escrituras" (Lc 24,27).

Se a profecia aparece perfeitamente realizada na pessoa e na missão de Jesus, outro elemento de novidade afirmado pelo Novo Testamento é que este dom se estende também à comunidade cristã. Nela a dimensão profética está presente de forma muito evidente. De fato, a existência dos *profetas* – homens e mulheres – é documentada pelos Atos dos Apóstolos nas Igrejas de Jerusalém (At 11,27; 21,10), de Antioquia (13,1), de Cesareia de Filipe (21,9); e, nas cartas paulinas, para as Igrejas de Tessalônica (1Ts 5,19-22), de Corinto (1Cor 12,10.28; 14,29.32.37), de Roma (Rm 12,6) e de Éfeso (Ef 2,20; 3,5; 4,11); e, na tradição joanina, para as Igrejas do Apocalipse (Ap 11,18; 16,6; 18,20.24; 22,9).

Significativo é o que afirma a Carta aos Efésios quando considera os profetas, unidos aos apóstolos, *themélios*, ou seja, "fundamento" da Igreja (Ef 2,20). Além disso, eles não são concebidos apenas como um patrimônio do passado, mas como uma riqueza atual e constitutiva da comunidade eclesial, como aparece no *nyon*, "agora/neste momento", em Ef 3,5.

A importância da profecia na vida das Igrejas das origens deixa transparecer a convicção de que o Espírito Santo, enquanto Espírito de Cristo, o Crucificado e ressuscitado, intervém para vivificar e guiar a comunidade por meio dos vários carismas e ministérios e, especificamente, pelo dom profético. Mesmo que não sejam imediatamente bem definíveis as modalidades com as quais o carisma profético se manifesta na vida eclesial, aos profetas se reconhece a missão de exortar, de advertir, de indicar as opções que a comunidade deve fazer (At 13,2), e talvez também contribuir na elaboração de uma teologia do mistério cristão. E, assim como os profetas de Israel tinham o dom de revelar o mistério dos corações, assim também acontece com os profetas da comunidade cristã (1Cor 14,24-25). Dessa forma explica-se a preferência de Paulo pelo carisma da profecia, em relação ao da glossolalia, profecia que fala aos homens para sua edificação, exortação e conforto (1Cor 14,3). Também está presente, mas apenas mencionado, o aspecto de pregação de coisas futuras como expressão da profecia (At 11,28; 21,10-11). E o fato de que essas manifestações do Espírito sejam chamadas "profecias", e os autores humanos "profetas", evidencia como a comunidade cristã está convencida de que a profecia de Israel não acabou, mas continua na comunidade de Cristo por meio da plenitude do dom do Espírito que decorre do mistério pascal.

A estima que a comunidade cristã tem para com a profecia não evita que a comunidade se preocupe em discernir entre verdadeira e falsa profecia, como o era para Israel. Paulo propõe então uma espécie de princípio para bem julgar: "Os espíritos dos profetas devem estar submissos aos próprios profetas. Porquanto, Deus não é um Deus da confusão, mas da paz" (1Cor 14,32-33). Concretamente permanece a dificuldade de chegar a um discernimento, a um equilíbrio entre a justa prudência e a necessária abertura às "sugestões" do Espírito, o que leva Paulo a advertir os cristãos de Tessalônica nestes termos: "Não extingais o Espírito. Não desprezeis as profecias. Examinai tudo e ficai com o que é bom. Abstende-vos de toda espécie de mal" (1Ts 5,19-22).

O profetismo continua nas Igrejas das gerações pós-apostólicas, e uma alta estima lhe é acordada, como transparece, por exemplo, na *Didaqué*, quando este livro declara que os profetas são os "vossos sumos sacerdotes" (*Didaqué*, 13,3).

Permanece, no entanto, o problema de distinguir entre verdadeira e falsa profecia, problema que se torna particularmente agudo com o montanismo no século II por causa dos excessos desse movimento, caracterizado pela pretensão de ser portador de uma "nova profecia" e de marcar, portanto, uma nova fase da revelação divina. Mas, mesmo nesses excessos, aparece uma verdade: o dom da profecia deve acompanhar a vida da comunidade cristã ao longo de sua caminhada histórica. Por um lado, trata-se da dimensão profética da vida cristã decorrente do chamado batismal a viver a tríplice missão (*munus*) sacerdotal, profética e real; por outro lado, trata-se do dom especial que o Espírito de Deus continua oferecendo às comunidades eclesiais, por meio de acontecimentos e pessoas, a fim de que saibam discernir os sinais dos tempos e viver também elas profeticamente, servindo com coragem e coerência o Evangelho.

A profecia, quando autêntica, pode ser incômoda, mas o Espírito, mesmo assim, continua suscitando em muitos corações o mesmo sonho que repousava no coração de Moisés quando, a um Josué preocupado em controlar o *rú^ach* de Deus e suas manifestações proféticas, respondia: "Quem dera que todo o povo do Senhor fosse profeta e que o Senhor lhe concedesse o seu espírito" (Dt 11,29).

Bibliografia comentada

Nessa apresentação da bibliografia relativa aos Livros Proféticos, propomos somente as obras dos últimos cinquenta anos, sem preocupação com exaustividade, mas em oferecer indicações sobre os títulos que parecem mais úteis para quem busca estudar a profecia bíblica. Em alguns casos propomos para determinados temas alguns títulos de obras recentes particularmente significativas em língua inglesa ou alemã.

Introdução geral ao profetismo e ao *corpus* canônico profético

No final da década de 1970 o estudo sobre o profetismo bíblico tentou reavaliar as várias problemáticas tomando distância de pressupostos filosóficos e teológicos que condicionaram fortemente as perspectivas hermenêuticas que por vezes faziam do profeta um revolucionário, um detentor da tradição, um gênio religioso inovador, um psicopata etc.

Além disso, a herança dessas abordagens oferece enfoques que já são quase que automaticamente repetidas pelas pesquisas exegéticas e de teologia bíblica sobre os *Nᵉbi'ím*. A pesquisa sobre o profetismo como fenômeno abrangente diz respeito em primeiro lugar à tipologia, à sociologia dos profetas de Israel, suas relações com as confrarias proféticas, com o Templo, com o culto, com a corte. Dessa forma delineiam-se dois tipos de profetas: profetas profissionais (e, portanto, ligados aos centros de poder) e profetas individuais, livres, geralmente em oposição a esses centros.

Outro problema complexo, que se ocupa das introduções ao profetismo ou de determinados Livros Proféticos, diz respeito à relação entre o profeta e o livro ao qual empresta seu nome. Daqui emergem toda uma série de pesquisas voltadas para a reconstituição das camadas originais e os acréscimos progressivos atribuídos ao trabalho redacional. Com a assunção da ideia de um processo de crescimento dos Livros Proféticos introduz-se então a ideia do "profeta literário" e não somente do profeta pregador. Trata-se, portanto, de reconstruir o processo de autoconsciência e de reivindicação da profecia canônica de Israel em confronto com a "falsa" profecia e com o fenômeno da profecia não israelita no contexto do Oriente Médio Antigo.

Mas o ponto nodal do estudo dos profetas veterotestamentários é o de esclarecer o significado teológico da Profecia a respeito das outras formas de revelação "atestadas" pela Escritura: a Lei e a Sabedoria.

É nisso que consiste o estudo relativo aos aspectos gerais do profetismo bíblico e dos escritos proféticos. Daqui a utilidade das "introduções ao profetismo", onde tais aspectos são apresentados e discutidos no contexto das linhas fundamentais de pesquisa exegética na época moderna e contemporânea. Várias dessas apresentações do profetismo bíblico se encontram tanto nas publicações relativas a todo o Antigo Testamento quanto na introdução aos livros da literatura profética, como também em obras dedicadas especificamente à pesquisa sobre a peculiaridade do profetismo bíblico.

AAMSLER, S.; ASSURMENDI, J.; AUNEAU, J. & MARTIN ACHARD, R. *I profeti e i libri profetici*. Roma: Borla, 1994 [orig. francês: 1985] [Piccola Enciclopedia Biblica, 4].

ABREGO DE LACY, J.M. *I libri profetici*. Bréscia: Paideia, 1996 [orig. espanhol: 1993] [Introduzione allo Studio della Bibbia, 4].

ALONSO SCHÖKEL, L. & SICRE DIAZ, J.L. *I Profeti*. Roma: Borla, Roma 1984 [orig. espanhol: 1980]. Para a introdução ao profetismo, cf. p. 16-93.

BENZI, G.; SCAIOLA, D. & BONARINI, M. (orgs.). *La profezia tra l'uno e l'altro Testamento* – Studi in onore del prof. Pietro Bovati in occasione del suo settantacinquesimo compleanno. Roma: Gregorian/Biblical, 2015 [Analecta Biblica – Studia, 4].

BLENKINSOPP, J. *Storia della profezia in Israele* (Biblioteca Biblica, 22). Bréscia: Queriniana, 1997 [2. ed. inglesa: 1996].

_____. *Sapiente, sacerdote, profeta* – La leadership religiosa e intellettuale nell'Israele antico. Bréscia: Paideia, 1995 [orig. inglês: 1995] [Studi Biblici, 146].

BOVATI, P. *"Così parla il Signore"* – Studi sul profetismo biblico. Bolonha: EDB, 2008.

BUBER, M. *La fede dei profeti*. Casale Monferrato: Marietti, 1985 [orig. alemão: 1950].

CALDUCH-BENAGES, N. *I Profeti, messaggeri di Dio* – Presentazione essenziale. Bolonha: EDB, 2013.

CORINI, G.M. *Dona al tuo servo un "cuore in ascolto"* – Itinerario sintetico dei testi profetici e sapienziali. Milão: Glossa, 2015 [Strumento, 3].

CUCCA, M. *La parola intimata* – Introduzione ai libri profetici. Cinisello Balsamo: San Paolo, 2016 [Parola di Dio – II serie].

GRABBE, L.L. *Sacerdoti, profeti, indovini, sapienti nell'antico Israele*. Cinisello Balsamo: San Paolo, 1998 [orig. inglês: 1995].

GROTTANELLI, C. *Profeti biblici*. Bréscia: Morcelliana, 2003.

HESCHEL, A.J. *Il messaggio dei profeti*. Roma: Borla, 1981 [orig. inglês: 1962].

LOMBARDINI, P. *I profeti* – Chiamata individuale e ministero comunitario. Bolonha: EDB, 2014 [Studi Biblici, 67].

MARCONCINI, B. (org.). *Profeti e Apocalittici*. Leumann: Elledici, 1995 [Logos, 3].

MELLO, A. *La passione dei profeti* – Temi di spiritualità profetica. Magnano: Qiqajon. 2000.

NEHER, A. *L'essenza del profetismo*. Casale Monferrato: Marietti, 1984 [orig. francês: 1955] [Radici, 4].

OBARA, E.M. & SUCCU, G.P.D. (orgs.). *Uomini e profeti* – Scritti in onore di Horacio Simian-Yofre. Roma: Gregorian/Biblical, 2013 [Analecta Biblica, 202].

PAGANO, G. *I profeti tra storia e teologia*. Bolonha: EDB, 2016 [Studi Biblici, 74].

PRATO, G.L. (org.). *La profezia apologetica di epoca persiana ed ellenistica; La manipolazione divinatoria del passato a giustificazione del presente* – Atti del X Convegno di Studi Veterotestamentari (Rocca di Papa, 8-10 Settembre 1997). Bolonha: EDB, 1999 [Ricerche Storico Bibliche, 11].

ROFÉ, A. *Introduzione alla letteratura profetica*. Bréscia: Paideia, 1995 [orig. hebraico: 1988].

_____. *Storie dei profeti* – La narrativa sui profeti nella Bibbia: generi letterari e storia. Bréscia: Paideia, 1991 [orig. inglês: 1988] [Biblioteca di storia e storiografia dei tempi biblici, 8].

SICRE DIAZ, J.L. *Profetismo in Israele* – Il profeta – I profeti – Il messaggio. Roma: Borla, 1995 [orig. espanhol: 1992].

SPREAFICO, A. *La voce di Dio* – Per capire i profeti. 2. ed. Bolonha: EDB, 2002 [Studi Biblici, 33].

TOTTOLI, R. *I profeti biblici nella tradizione islamica*. Bréscia: Paideia, 1998 [Studi Biblici, 121].

Comentários a todos os profetas

Obra que recolhem o comentário a todos os profetas, segundo o cânone cristão, que incluem inclusive Daniel.

ALONSO SCHÖKEL, L. & SICRE DIAZ, J.L. *I Profeti* – Tradução e comentário. Roma: Borla, 1984 [orig. espanhol: 1980], p. 95-156 [compreende o comentário ao deuterocanônico Baruc, mas não às Lamentações].

Bibliografia sobre os "Profetas maiores"

Aqui são consideradas as publicações relativas aos assim chamados "Profetas maiores": Isaías, Jeremias, Ezequiel. A bibliografia sobre as Lamentações, Baruc e Daniel é inserida aqui.

Isaías

Comentários a Isaías (integrais ou parciais)

Os comentários a Isaías seguem a articulação já clássica que divide Is 1–39 e 40–66 (*Dêutero e Trito* Isaías). Essa prática editorial nem sempre corresponde às opções atuais dos comentários, como, por exemplo, quando se assumem os dados textuais de Qumran e se articula o Livro de Isaías em duas partes (1–33; 34–66).

BLENKINSOPP, J. *Isaiah 56-66* – A new translation with introduction and commentary. Nova York/Londres: Doubleday, 2003 [The Anchor Bible, 19C].

_____. *Isaiah 40-55* – A new translation with introduction and commentary. Nova York/Londres: Doubleday, 2002 [The Anchor Bible, 19B].

_____. *Isaiah 1-39* – A new translation with introduction and commentary. Nova York/Londres: Doubleday, 2000 [The Anchor Bible, 19].

CHILDS, B.S. *Isaia*. Bréscia: Queriniana, 2005 [orig. inglês: 2001].

DONORA, A. *Isaia 40-66* – Israele, servo di Dio, popolo liberato. Bréscia: Queriniana, 1988 [Leggere Oggi la Bibbia, 1.19].

HANSON, P.D. *Isaia 40-66*. Turim: Claudiana, 2006 [orig. inglês: 1995] [Strumenti – Commentari, 29].

KAISER, O. *Isaia (capitoli 13-39)* – Traduzione e commento. Bréscia: Paideia, 1998 [orig. alemão: 1981] [Antico Testamento, 17].

MELLO, A. *Isaia* – Introduzione, traduzione e commento. Cinisello Balsamo: San Paolo, 2012 [Nuova Versione della Bibbia dai testi antichi, 10].

MOTYER, A. *Isaia* – Introduzione e commentario. Roma: GBU, 2002 [orig. inglês: 1999].

SEITZ, R. *Isaia 1-39*. Turim: Claudiana, 2012 [orig. inglês: 1993] [Stumenti – Commentari, 61].

SWEENEY, M.A. *Isaiah 1-39, with an Introduction to Prophetic Literature*. Grand Rapids: Eerdmans, 1996 [The Forms of the Old Testament Literature, 16].

VIRGULIN, S. *Isaia*. Roma: Paoline, 1968 [6. ed.: 1995] [Nuovissima Versione della Bibbia, 24].

WESTERMANN, C. *Isaia (cap. 40-66)* – Traduzione e commento. Bréscia: Paideia, 1978 [orig. alemão: 1970].

Monografias científicas sobre Isaías

BENZI, G. *Ci è stato un figlio* – Il libro dell'Emmanuele (Is 6,1-9.6): Struttura retorica e interpretazione teologica. Bolonha: EDB, 2008 [Biblioteca di Teologia dell'Evangelizzazione, 3].

GRELOT, P. *I canti del Servo del Signore* – Dalla lettura critica all'ermeneutica. Bolonha: EDB, 1983 [orig. francês: 1981] [Studi biblici, 9].

Textos de caráter espiritual e de divulgação sobre Isaías

BENZI, G. *La profezia dell'Emmanuele* – I testi di Is 6-9 tra attesa e avvento della salvezza. Bolonha: EDB, 2014 [Studi biblici, 68].

DE ZAN, R. *Isaia (capitoli 1-39)* – Introduzione e commento. Pádua: Messaggero, 2010.

_____. *Isaia (capitoli 40-66)* – Introduzione e commento. Pádua: Messaggero, 2010.

DELL'ORTO, G. (org.). *Isaia*. Pádua: Messaggero, 2013 [a obra reúne as contribuições publicadas no ano de 1999 dedicadas inteiramente ao Livro de Isaías pela revista bimestral da Associação Bíblica Italiana *Parole di vita* (ano 44)].

MARCONCINI, B. *Il libro de Isaia (40-66)*. Roma: Città Nuova, 1996.

_____. *Il libro de Isaia (1-39)*. Roma: Città Nuova, 1993.

SIMIAN-YOFRE, H. *Testi isaiani dell'Avvento* – Esegesi e liturgia. Bolonha: EDB, 1996 [Studi biblici, 29].

STANCARI, P. *Fino a quando, Signore?* Una lectio divina del libro di Isaia. Gênova/Milão: Marietti, 2009.

VIRGILI, R. *Vostro giudice sarà la pace* – Lectio divina su testi di Isaia. Milão: Paoline, 2006.

Traduções interlineares de Isaías

REGGI, R. (org.). *Isaia Testo ebraico con traduzione interlineare italiana*. 2. ed. Bolonha: EDB, 2009.

Jeremias

Comentários a Jeremias (integrais e parciais)

BRUEGGEMANN, W. *Geremia*. Turim: Claudiana, 2015 [orig. inglês: 1998] [Strumenti – Commentari, 68].

FISCHER, G. *Geremia 1-25* – Übersetzt und auslegt. Friburgo/Basileia/ Viena: Herder, 2005.

_____. *Geremia 26-52* – Übersetzt und auslegt. Friburgo/Basileia/Viena: Herder, 2005.

LOMBARDI, L. *Geremia, Baruc*. Roma: Paoline, 1979 [Nuovissima Versione della Bibbia, 25].

LOPASSO, V. *Geremia* – Introduzione, traduzione e commento. Cinisello Balsamo: San Paolo, 2013 [Nuova Versione della Bibbia dai testi antichi, 11].

WEISER, A. *Geremia (cc. 1,1-25,14)*. Bréscia: Paideia, 1987 [8. ed. orig. alemã: 1981] [Antico Testamento, 20].

_____. *Geremia (cc. 25,15-52,34)*. Bréscia: Paideia, 1971 [7. ed. orig. alemã: 1982] [Antico Testamento, 21].

Monografias científicas sobre Jeremias

BARBIERO, G. *"Tu mi hai sedotto, Signore"* – Le confessioni di Geremia alla luce della sua vocazione profetica. Roma: Gregorian & Biblical Press, 2013 [Analecta Biblica – Studia, 2].

CUCCA, M. *Il corpo e la città* – Studio sul rapporto di significazione paradigmatica tra la vicenda de Geremia e il destino di Gerusalemme. Assis: Cittadella, 2010.

FAVALE, A. *Dio d'Israele e dei popoli* – Anti-idolatria e universalismo nella prospettiva di Ger 10,1-16. Roma: Gregorian & Biblical Press, 2016 [Analecta Biblica – Dissertationes, 211].

MANFREDI, S. *Geremia in dialogo* – Nessi con le tradizioni profetiche e originalità in Ger 4,5-6,30. Caltanisetta/Roma: Salvatore Sciascia Editore, 2002 [Studi – Facoltà Teologica di Sicilia, 6].

ROSSI, B. *L'intercessione nel tempo della fine* – Studio dell'intercessione profetica nel libro di Geremia. Roma: Gregorian & Biblical Press, 2013 [Analecta Biblica. Dissertationes, 204].

Textos de caráter espiritual e de divulgação sobre Jeremias

MAIER, M.P. *Geremia* – Vita e annuncio di un profeta di Israele. Gênova/ Milão: Marietti, 2010 [orig. alemão: 2004].

MELLO, A. *Geremia – Commento esegetico-spirituale*. Magnano: Qiqajon, 1997.

NEHER, A. *Geremia*. Florença: Giuntina, 2005 [orig. francês: 1960] [Schulim Vogelmann, 126].

VIRGILI, R. *Geremia, l'incendio e la speranza* – La figura e il messaggio del profeta. Bolonha: EDB, 1999 [Quaderni di Camaldoli, 13].

Traduções interlineares de Jeremias

REGGI, R. (org.). *Geremia* – Testo ebraico con traduzione interlineare italiana. 2. ed. Bolonha: EDB, 2008.

Lamentações

Introduções e comentários a Lamentações

BONORA, A. *Nahum – Sofonia – Abacuc – Lamentazioni*: Dolore, protesta e speranza. Bréscia: Queriniana, 1989 [Leggere Oggi la Bibbia, 1.25].

COLOMBO, D. *Le Lamentazioni*. Roma: Paoline, 1968 [Nuovissima Versione della Bibbia, 26].

DOBBS ALLSOPP, F.W. *Lamentazioni*. Turim: Claudiana, 2012 [orig. inglês: 2002] [Strumenti – Commentari, 59].

MORLA [ASENSIO], V. *Lamentazioni*. Roma: Borla, 2008 [orig. espanhol: 2004].

OBARA ELZBIETA, M. *Lamentazioni* – Introduzione, traduzione e commento. Cinisello Balsamo: San Paolo, 2012 [Nuova Versione della Bibbia dai testi antichi, 24].

Traduções interlineares de Lamentações

REGGI, R. (org.). *Megillot: Rut, Cantico dei Cantici, Qoèlet, Lamentazioni, Ester* – Traduzione interlineare in italiano. Bolonha: EDB, 2006.

Baruc

Introduções e comentários a Baruc

BOGGIO, G. *Gioele – Baruc – Abdia – Aggeo – Zaccaria – Malachia*: Gli ultimi profeti. Bréscia: Queriniana, 1991 [Leggere Oggi la Bibbia, 1.26].

LOMBARDI, L. *Geremia, Baruc*. Roma: Paoline, 1979 [Nuovissima versione della Bibbia, 25].

Ezequiel

Comentários a Ezequiel

BLENKINSOPP, J. *Ezechiele*. Turim: Claudiana, 2006 [orig. inglês: 1990] [Strumenti – Commentari, 25].

CORTESE, E. *Ezechiele*. Roma: Paoline, 1981 [Nuovissima versione della Bibbia, 27].

EICHRODT, W. *Ezechiele (capitoli 1-24)* – Traduzione e commento. Bréscia: Paideia, 2001 [5. ed. orig. alemã: 1986] [Antico Testamento, 22/1].

_____. *Ezechiele (capitoli 25-48)* – Traduzione e commento. Bréscia: Paideia, 2001 [3. ed. orig. alemã: 1984] [Antico Testamento, 22/2].

ZIMMERLI, W.T. *Ezechiele*. Vol. II: 25-48. Neukirchen/Vluyn: Neukirchener Verlag, 1969 [2. ed. 1979] [Biblischer Kommentar Altes Testament, 13/2].

_____. *Ezechiele*. Vol. I: 1-24. Neukirchen/Vluyn: Neukirchener Verlag, 1955 [2. ed. 1979] [Biblischer Kommentar Altes Testament, 13/1].

Textos de caráter espiritual e de divulgação sobre Ezequiel

ANGELINI, G. *Il profeta ammutolito* – Meditazioni su Ezechiele. Milão: Glossa, 2000 [Contemplatio, 16].

ANTONIOTTI, G. *Ezechiele* – Introduzione e commento. Pádua: Messaggero, 2003.

NERI, U. *Il libro di Ezechiele* – Indicazioni letterarie e spirituali. Bolonha: EDB, 1999 [Catechesi di Monteveglio, 9].

SAVOCA, G. *Il libro di Ezechiele*. Roma: Città Nuova, 1991.

VIRGILI, R. *Ezechiele* – Il giorno dopo l'ultimo. Bolonha: EDB, 2000 [Quaderni di Camaldoli, 16].

Traduções interlineares de Ezequiel

REGGI, R. (org.). *Ezechiele* – Testo ebraico con traduzione interlineare italiana. Bolonha: EDB, 2009.

Daniel

Introdução à apocalíptica

O conceito de *apocalíptica* é muito debatido e existem autores que atribuem o Livro de Daniel à apocalíptica, ao passo que outros redimensionam tal pertença. Para uma introdução à apocalíptica confira:

BOCCACCINI, G. *I giudaismi del Secondo Tempio* – Da Ezechiele a Daniele. Bréscia: Morcelliana, 2008 [Antico e Nuovo Testamento, 1].

RUSSEL, D.S. *L'apocalittica giudaica (200 a.C.-100 d.C.)*. Bréscia: Paideia, 1991 [3. ed. orig. inglesa: 1980] [Biblioteca di Teologia, 23].

SACCHI, P. *L'apocalittica giudaica e la sua storia*. Bréscia: Paideia, 1990 [Biblioteca di cultura religiosa, 55].

Comentários a Daniel (integrais e parciais) e estudos

BERNINI, G. *Daniele*. Roma: Paoline, 1976 [Nuovissima Versione della Bibbia, 28].

COLLINS, J.J. *Daniel* – A commentary on the Book of Daniel, with an essay by A.Y. Collins. Mineápolis: Augsburg Fortress Press, 1994 [Hermeneia, 27].

HAAG, R. *Daniele*. Bréscia: Morcelliana, 2000 [orig. alemão: 1993].

MARCONCINI, B. *Daniele* – Nuova versione, introduzione e commento. Milão: Paoline, 2004 [I Libri Biblici. Primo Testamento, 28].

_____. *Daniele* – Un popolo perseguitato ricerca le sorgenti della speranza. Bréscia: Queriniana, 1982 [Leggere Oggi la Bibbia, 1.22].

PORTEOUS, N.W. *Daniele* – Traduzione e commento. Bréscia: Paideia, 1999 [3. ed. orig. alemã: 1978] [Antico Testamento, 23].

SETTEMBRINI, M. *Sapienza e storia in Dn 7–12*. Roma: Editrice Pontificio Istituto Biblico, Roma 2007 [Analecta Biblica. Dissertationes, 169].

SIBLEY TOWNER, W. *Daniele*. Turim: Claudiana, 2007 [orig. inglês: 1984] [Strumenti – Commentari, 37].

Traduções interlineares de Daniel

REGGI, R. (org.). *Daniele* – Testo ebraico con traduzione interlineare italiana. Bolonha: EDB, 2009.

Bibliografia sobre os "Doze Profetas"

Introdução aos "Doze Profetas" como obra unitária

Abundam as publicações sobre cada um dos profetas menores, ao passo que são ainda poucas as dedicadas explicitamente às questões exegéticas e teológicas ligadas à leitura unitária dos "Doze Profetas".

SCAIOLA, D. *I Dodici Profeti: perché "Minori"?* Esegesi e teologia. Bolonha: EDB, 2011.

Comentários ao inteiro Livro dos "Doze Profetas"

ACHTEMEIER, E. *I dodici profeti* – Vol. 2: Nahum, Abacuc, Sofonia, Aggeo, Zaccaria, Malachia. Turim: Claudiana, 2007 [orig. inglês: 1986] [Strumenti – Commentari, 24].

LIMBURG, J. *I dodici profeti*. Vol. 1: Osea, Gioele, Amos, Abdia, Giona, Michea. Turim: Claudiana, 2005 [orig. inglês: 1988] [Strumenti – Commentari, 23].

Comentários a cada escrito dos "Doze Profetas"

Para as introduções e os comentários de cada um dos profetas confira as obras de introdução aos Livros Proféticos e os comentários gerais ao *corpus* profético acima indicados. [Não repetimos a indicação bibliográfica quando o comentário mencionado se refere a mais escritos e se o título já foi mencionado para um escrito profético precedente.]

Oseias

BERNINI, G. *Osea, Michea, Nahum, Abacuc*. Roma: Paoline, 1970 [Nuovissima Versione della Bibbia, 30].

FANULI, A. *Osea; Il profeta dell'amore sempre disposto a innamorarsi* – Michea; L'uomo dell'acuta coscienza. Bréscia: Queriniana, 1984 [Leggere Oggi la Bibbia, 1.23].

JEREMIAS, J. *Osea*. Bréscia: Paideia, 2000 [orig. alemão: 1983] [Antico Testamento, 24/1].

SIMIAN-YOFRE, H. *Il deserto degli dei* – Teologia e storia nel libro di Osea. Bolonha: EDB, 1994 [orig. espanhol: 1993].

Joel

BERNINI, G. *Sofonia, Gioele, Abdia, Giona*. Roma: Paoline, 1972 [Nuovissima Versione della Bibbia, 31].

JEREMIAS, J. *Die Propheten Joel, Obadja, Jona, Micha*. Göttingen: Vandenhoeck und Ruprecht, 2007 [Das Alte Testament Deutsch, 24,3].

LUCCI, L. *Gioele* – Introduzione e commento. Cinisello Balsamo: San Paolo, 2011 [Nuova Versione della Bibbia dai testi antichi, 14.1].

Amós

BONORA, A. *Amos, il profeta della giustizia*. Bréscia: Queriniana, 1988 [Leggere Oggi la Bibbia, 1.24].

BOVATI, P. & MEYNET, R. *Il libro del Profeta Amos*. Roma: Dehoniane, 1995 [orig. francês: 1994] [Retorica Biblica, 2].

JEREMIAS, J. *Amos* – Traduzione e commento. Bréscia: Paideia, 2000 [orig. alemão: 1995] [Antico Testamento, 24/2].

LOSS, N.M. *Amos e introduzione al profetismo biblico*. Roma: Paoline, 1979 [Nuovissima Versione della Bibbia, 29].

LUCCI, L. *Amos* – Introduzione e commento. Cinisello Balsamo: San Paolo, 2012 [Nuovissima Versione della Bibbia dai testi antichi, 14.2].

SIMIAN-YOFRE, H. *Amos* – Nuova versione, introduzione e commento. Milão: Paoline, 2002 [I Libri Biblici – Primo Testamento, 15].

SOGGIN, J.A. *Il Profeta Amos* – Traduzione e commento. Bréscia: Paideia, 1982 [Studi Biblici, 61].

Abdias, Naum e Habacuc

CHRISTENSEN, D.L. *Naum* – A new translation with introduction and commentary. Garden City: Doubleday, 2009 [The Anchor Bible, 43].

SAVOCA, G. *Abdia, Naum, Abacuc, Sofonia* – Nuova versione, introduzione e commento. Milão: Paoline, 2006 [I Libri Biblici. Primo Testamento, 18].

SCAIOLA, D. *Abdia, Giona, Michea*. Cinisello Balsamo: San Paolo, 2012 [Nuova Versione della Bibbia dai testi antichi, 15].

Jonas

NICCACCI, A.; PAZZINI, M. & TADIELLO, R. *Il libro di Giona* – Analisi del testo ebraico del racconto. Jerusalém: Franciscan Printing Press, 2004 [SBF Analecta, 65].

VIGNOLO, R. *Un profeta tra umido e secco* – Sindrome e terapia del risentimento nel libro di Giona. Milão: Glossa, 2013.

Miqueias

ANDERSEN, F.I. & FREEDMAN, D.N. *Micah* – A new translation with introduction and commentary. Garden City: Doubleday, 2000 [The Anchor Bible, 24E].

MAILLOT, A. & LELIÈVRE, A. *Attualità di Michea*: Un grande "profeta minore". Bréscia: Paideia, 1978 [orig. francês: 1977] [Studi Biblici, 47].

NICCACCI, A. Il libro del Profeta Michea – Testo, traduzione, composizione, senso. *Studii Biblici Franciscani Liber Annuus*, 57, 2007, p. 83-161.

Sofonias

SPREAFICO, A. *Sofonia*. Gênova: Marietti, 1991 [Commentario storico ed esegetico all'Antico e al Nuovo Testamento: Antico Testamento, 38].

SWEENEY, M.A. *Zephaniah* – A commentary. Mineápolis: Fortress Press, 2003 [Hemeneia, 36].

Ageu, Zacarias, Malaquias

BERNINI, G. *Aggeo, Zaccaria, Malachia*. Roma: Paoline, 1974 [Nuovissima Versione della Bibbia, 32].

BOGGIO, G. *Gioele, Baruc, Abdia, Aggeo, Zaccaria, Malachia:* Gli ultimi profeti. Bréscia: Queriniana, 1991 [Leggere Oggi la Bibbia, 1.26].

REVENTLOW, H.G. *Aggeo, Zaccaria e Malachia* – Traduzione e commento. Bréscia: Paideia, 2010 [orig. alemão: 1993] [Antico Testamento, 25/2].

TAYLOR, R.A. & CLENDENEN, E.R. *Haggai, Malachi*. Nashville: Broadman and Holman, 2004 [The New American Commentary, 21A].

Os "Doze Profetas" no texto do Texto Massorético, no aramaico do Targum e no grego da LXX

CARBONE, S.P. & RIZZI, G. *Il libro di Osea:* secondo il testo ebraico masoretico, secondo la traduzione greca detta dei Settanta, secondo la parafrasi aramaica del Targum. Bolonha: EDB, 1993 [Testi e Commenti. La Parola e la sua Tradizione, 1].

_____. *Il libro de Amos*: lettura ebraica, greca e aramaica. Bolonha: EDB, 1993 [Testi e Commenti – La Parola e la sua Tradizione, 2].

_____.*Il libro de Michea*: secondo il testo ebraico masoretico, secondo la versione greca della LXX, secondo la parafrasi aramaica targumica. Bolonha: EDB, 1996 [Testi e Commenti – La Parola e la sua Tradizione, 3].

_____. *Abacuc, Abdia, Naum, Sofonia:* secondo il testo ebraico masoretico, secondo la versione greca della LXX, secondo la parafrasi aramaica targumica. Bolonha: EDB, 1998 [Testi e Commenti – La Parola e la sua Tradizione, 4].

_____. *Aggeo, Gioele, Giona, Malachia:* secondo il testo ebraico masoretico, secondo la versione greca della LXX, secondo la parafrasi aramaica targumica. Bolonha: EDB, 2001 [Testi e Commenti – La Parola e la sua Tradizione, 5].

Traduções interlineares dos "Doze Profetas"

REGGI, R. (org.). *Profeti minori* – Testo ebraico con traduzione interlineare italiana. Bolonha: EDB, 2005.

Índice

Sumário, 5

Apresentação da coleção original italiana – Manuais de introdução à Escritura, 7

Prefácio, 11

1 Introdução aos Livros Proféticos, 15

Terminologia relativa ao profeta, 16

A profecia de Israel: um caso único?, 18

Base de tudo: a vocação, 20

O encontro com o *pathos* divino, 24

O profeta, homem da Palavra, 26

O profeta "inspetor" da aliança, 29

A comunidade, primeira destinatária da palavra profética, 31

A relação da comunidade com o profeta, 34

Verdadeira e falsa profecia, 37

Desenvolvimento histórico da profecia: o profetismo pré-clássico, 40

Desenvolvimento histórico da profecia: o profetismo clássico, 43

A linguagem dos Livros Proféticos, 44

Da oralidade à escrita profética, 48

2 Isaías, 50

Introdução, 50

O Livro de Isaías: uma obra complexa e uma longa história redacional, 50

O Profeta Isaías e sua época, 53

O texto de Isaías, 55

Guia de leitura, 55

Título e denúncias iniciais (Is 1), 55

Primeira compilação de oráculos sobre Judá e Jerusalém, 56

Uma palavra definitiva sobre a história humana (Is 2,1-5), 56

Do juízo divino à esperança de um novo início (Is 2,4-6), 57

O canto da vinha e os "ais" (Is 5), 58

A vocação de Isaías (Is 6), 59

A fé, o Emanuel, a invasão assíria (Is 7), 61

Um escrito para ter esperança (Is 8,1-20), 62

Um nascimento que traz luz (Is 8,21-28), 64

Juízo sobre Israel e Assíria, e esperança para o resto
(Is 9,7–10,27a), 65

O rebento de Jessé e o canto dos salvos (Is 10,27b–12,6), 66

Oráculos contra as nações (Is 13–23), 67

Oráculos sobre nações: contra a Babilônia e seu rei
(Is 13,1–14,23), 67

Oráculos sobre as várias nações (Is 14,24–17,14), 68

Contra a Etiópia e o Egito e anúncio de conversão (Is 18–19), 70

Ação simbólica e oráculos diversos (Is 20–23), 71

O fim do mundo presente e início do novo (Is 24–27), 73

Oráculos sobre Samaria e sobre Jerusalém (Is 28–33), 75

"Ai" a Efraim: contra os guias embriagados de Samaria e Jerusalém
(Is 28), 75

Ai a Ariel, ai ao povo, ai aos filhos rebeldes (Is 29–30), 76

Ai dos que confiam no Egito: juízo sobre a Assíria e salvação de
Jerusalém (Is 31–32), 78

Ai ao devastador devastado (Is 33), 79

Juízo sobre Edom e salvação de Sião (Is 34–35), 80

Relatos históricos sobre Isaías (Is 36–39), 81

A salvação de Sião está no Senhor (Is 36–37), 81

Doença e cura de Ezequias (Is 38–39), 83

O Dêutero-Isaías (A: Is 40–48), 83

A Palavra eterna e a grandeza de YHWH, o Redentor (Is 40–41), 84

O Servo do Senhor: da cegueira de Israel ao seu testemunho (Is 42,1–43,13), 85

Novo êxodo e perdão das culpas (Is 43,14–44,23), 87

Deus age sozinho na criação e na história (Is 44,24–47,15), 88

Anúncio de coisas novas, ocultas (Is 48), 89

O Dêutero-Isaías (B: Is 49–55), 90

Com imenso e terno amor (Is 49,1–50,3), 90

A serviço da Palavra de salvação para Sião (Is 50,4–52,12), 91

Paixão e glorificação do Servo (Is 52,13–53,12), 93

Uma aliança renovada e eterna (Is 54–55), 95

O Trito-Isaías (Is 56–66), 96

Paz para próximos e distantes (Is 56–57), 96

O culto agradável a Deus (Is 58–59), 97

A glória da nova Jerusalém (Is 60–62), 98

Amargurada súplica (Is 63–64), 99

Novo céu e nova terra (Is 65–66), 101

A mensagem,103

O Senhor como Santo de Israel, criador e salvador, 103

Sião: a comunidade da salvação, 105

3 Jeremias, 107

Introdução, 107

A época e a pessoa de Jeremias, 107

Disposição canônica e formas textuais do Livro de Jeremias, 109

Estrutura e aspectos literários, 111

Hipótese sobre a formação do Livro de Jeremias, 112

Guia de leitura, 113

Vocação de Jeremias (Jr 1), 113

A primeira pregação do profeta (Jr 2–6), 115

Fidelidade de Deus e traição do povo (Jr 2), 115

Convite à conversão (Jr 3,1–4,4), 116

O inimigo vem do Norte (Jr 4,5–6,30), 117

Pregação sob o reinado de Joaquim (Jr 7–10), 118

Crítica ao Templo e ao culto (Jr 7,1–8,3), 118

Anúncios de castigo, lamentos do profeta e sátira contra a idolatria (Jr 8,4–10,25), 119

Oráculos, ações simbólicas, confissões do profeta (Jr 11–20), 121

A aliança violada (Jr 11,1-17), 121

Questão de justiça (Jr 11,18–12,6), 122

Uma severa mensagem (Jr 12,7–13,25), 123

Flagelos: seca e outros flagelos (Jr 14,1–15,9), 124

Deus é confiável? (Jr 15,10-21), 125

O sinal do celibato de Jeremias (Jr 16), 126

O coração doente e sua cura (Jr 17), 126

O oleiro, a argila, o pote quebrado (Jr 18–19), 128

O cadafalso e a zombaria (Jr 20), 129

Oráculos contra a casa real e os falsos profetas (Jr 21–25), 130

Oráculos sobre os reis de Judá e promessa de um luminoso futuro (Jr 21,1–23,8), 130

Contra os falsos profetas (Jr 23,9-40), 131

Os dois cestos de figos (Jr 24), 132

Primeiro balanço do ministério de Jeremias e a taça da ira (Jr 25), 132

Processo ao profeta (Jr 26), 134

Verdadeira e falsa profecia (Jr 27–29), 134

O símbolo da canga (Jr 27), 134

Verdadeira e falsa profecia (Jr 28–29), 135

O Livro da Consolação (Jr 30–31), 136

Mensagem de esperança (Jr 32–33), 139

Compromissos traídos (Jr 34), 140

Um exemplo de fidelidade (Jr 35), 141

A história do pergaminho profético (Jr 36), 141

Jeremias e a catástrofe de Jerusalém (Jr 37–39), 142

O profeta perseguido (Jr 37,1–38,13), 142

Último encontro com Sedecias (Jr 38,14-28), 143

Conquista de Jerusalém e destino de Jeremias (Jr 39), 144

Últimas histórias de Jeremias (Jr 40–44), 144

O profeta e o governador Godolias (Jr 40,1–41,4), 144

Jeremias pego como refém (Jr 41,5–43,7), 145

No Egito: os últimos anos do profeta (Jr 43,8–44,30), 146

Oráculo a Baruc (Jr 45), 147

Oráculos contra o Egito (Jr 46), 147

Oráculos contra filisteus, moabitas e outros povos (Jr 47–49), 148

Oráculos contra a Babilônia (Jr 50–51), 149

Apêndice histórico (Jr 52), 150

A mensagem, 151

Pecado e juízo, 151

Plano divino e salvação, 152

O profeta, testemunha sofredora da Palavra, 153

Homem solidário, 155

4 Lamentações, 156

Introdução, 156

Guia de leitura, 158

Primeira e segunda lamentações (Lm 1; 2), 158

Terceira lamentação (Lm 3), 159

Quarta e quinta lamentações (Lm 4; 5), 160

A mensagem, 160

5 Baruc, 162

Introdução, 162

Guia de leitura, 163

Prólogo penitencial (Br 1,1-14), 163

Confissão dos pecados (Br 1,15–3,8), 164

Exortação sapiencial (Br 3,9–4,4), 165

Anúncio da volta do exílio (Br 4,5–5,9), 166

A Carta de Jeremias (Br 6), 166

A mensagem, 168

6 Ezequiel, 170

Introdução, 170

Ezequiel e sua época, 170

Natureza e estrutura literária do Livro de Ezequiel, 171

Guia de leitura, 172

Vocação e ações simbólicas domésticas (Ez 1–5), 172

A visão da glória divina (Ez 1), 172

O profeta chamado à missão (Ez 2,1–3,23), 174

Ações simbólicas (Ez 3,24–5,17), 175

Oráculos de juízo sobre os montes e sobre a terra de Israel (Ez 6–7), 176

Visão do Templo abandonado pela glória divina (Ez 8–11), 176

Idolatria no Templo e violência na comunidade (Ez 8), 176

O abater-se do castigo (Ez 9–10), 177

Juízo contra os culpados e salvação para os exilados (Ez 11), 178

Anúncios de juízo sobre Israel e ações simbólicas (Ez 12–24), 178

O emigrante (Ez 12), 178

Contra os falsos profetas e os idólatras, e a parábola da vinha
(Ez 13–15), 179

História de um casamento difícil (Ez 16), 180

Alegoria da grande águia (Ez 17), 181

Responsabilidade pessoal e urgência da conversão (Ez 18), 181

Elegia sobre os últimos reis (Ez 19), 182

Uma história de pecado (Ez 20), 182

O cântico da espada e Jerusalém no cadinho (Ez 21–22), 183

As duas irmãs prostitutas (Ez 23), 183

O profeta mudo (Ez 24), 184

Oráculos contra povos estrangeiros (Ez 25–32), 185

Contra os povos limítrofes e contra Tiro (Ez 25–27), 185

Condenação e lamentação irônica sobre o rei de Tiro (Ez 28), 186

Oráculos contra o Egito (Ez 29–32), 187

Anúncio de salvação para o povo de Deus (Ez 33–39), 188

O profeta sentinela e trovador do amor (Ez 33), 188

Deus, verdadeiro pastor de Israel (Ez 34), 189

Contra as montanhas de Edom e em favor das montanhas de Israel
(Ez 35,1–36,15), 190

Uma extraordinária transformação (Ez 36,16-38), 190

Os ossos secos e o sopro de vida (Ez 37,1-14), 191

Reunificação de Judá e Israel (Ez 37,15-28), 192

Contra Gog, rei de Magog: a vitória definitiva sobre o mal
(Ez 38–39), 193

A nova Torá de Ezequiel (Ez 40–48), 194

O novo Templo: os átrios, os salões e os edifícios anexos (Ez 40–42), 194

O retorno da glória do Senhor e o novo altar (Ez 43), 195

Novo serviço litúrgico (Ez 44), 196

Espaços e tempos sagrados (Ez 45–46), 197

O rio do Templo e os novos confins do país (Ez 47–48), 197

A mensagem, 198

7 Daniel, 201

Introdução, 201

Um livro singular, 201

O texto de Daniel, 202

Daniel e a apocalíptica, 204

Guia de leitura, 205

Daniel e seus companheiros de exílio (Dn 1), 205

Sonho de Nabucodonosor (Dn 2), 206

Relatos de martírio (Os três jovens na fornalha – Dn 3,1–23.91-97), 207

Oração de Azarias e cântico dos três jovens (Dn 3,24-90 LXX), 208

Juízo divino oposto sobre Nabucodonosor e Baltazar (Dn 4–5), 209

Sonho, juízo e conversão de Nabucodonosor (Dn 3,98–4,34), 209

O banquete de Baltazar e a escrita na parede (Dn 5), 210

Relatos de martírio (Daniel na cova dos leões – Dn 6), 211

Os quatro animais e o filho do homem (Dn 7), 212

O carneiro e o bode (Dn 8), 214

Oração de Daniel e profecia das setenta semanas (Dn 9), 216

A luta escatológica e a vitória divina (Dn 10–12), 217

O homem vestido de linho (Dn 10,1–11,1), 217

Revelação angélica sobre a história (Dn 11,2-20), 217

Uma esperança maior: a ressurreição dos justos (Dn 12), 218

A casta Susana e os dois anciãos perversos (Dn 13), 219

Daniel e os sacerdotes de Bel (Dn 14,22), 220

Daniel e o ídolo do dragão (Dn 14,23-42), 220

A mensagem, 221

Uma teologia da história, 221

Figuras de mediação, 222

Um livro aberto?, 223

8 O Livro dos "Doze Profetas", 224

A tradição e o Livro dos "Doze Profetas", 224

Uma antologia ou o projeto de uma obra unitária?, 225

Problemática da sequência canônica de cada um dos escritos, 226

Os temas unificadores, 228

9 Oseias, 230

Introdução, 230

A época de Oseias, 230

Localização canônica e estrutura literária, 231

Guia de leitura, 232

Casamento de Oseias e nascimento dos três filhos (Os 1,1–2,3), 232

Do divórcio à reencontrada comunhão (Os 2,4-25), 233

O resgate da mulher adúltera (Os 3), 235

Contra os sacerdotes, o povo e seus chefes (Os 4,1–5,7), 236

Processo contra Israel (Os 4,1-3), 236

Contra os sacerdotes (Os 4,4-11a), 236

Contra o povo e os chefes políticos (Os 4,11b–5,7), 237

Denúncias diversas e apelo à conversão (Os 5,8–7,16), 237

Estéreis alianças (Os 5,8-15), 237

Uma conversão de fachada (Os 6,1-6), 238

Israel culpado ontem e hoje (Os 6,7–7,16), 238

Corrupção da política e do culto (Os 8), 239

Israel punido com o exílio (Os 9,1-9), 239

Meditações sobre a história da salvação (Os 9,10–11,11), 240

O pecado em Baal-Fegor e em Guilgal (Os 9,10-17), 240

Pecados na terra (Os 10), 240

Como pai amoroso (Os 11), 241

Ensinamentos da história (Os 12,1–13,11), 242

Liturgia penitencial e epílogo (Os 13,12–14,10), 243

A mensagem, 244

No centro da história de Israel: a aliança, 244

O amor divino: fonte e concretização da aliança, 245

10 Joel, 247

Introdução, 247

Guia de leitura, 249

O flagelo dos gafanhotos e exortação à penitência (Jl 1,1–2,17), 249

Praga dos gafanhotos e convite ao lamento (Jl 1,1-12), 249

Chegada do "dia do Senhor" e convite à conversão (Jl 2,1-17), 249

O resgate de Judá (Jl 2,18–4,21), 251

Fim da praga dos gafanhotos (Jl 2,18-27), 251

Promessa da efusão do Espírito (Jl 3), 251

Juízo sobre as nações hostis (Jl 4,1-17), 251

Restauração final de Judá (Jl 4,18-21), 252

A mensagem, 252

11 Amós, 254

Introdução, 254

A época histórica de Amós, 254

Estrutura do livro, 255

Guia de leitura, 256

Título e oráculos contra as nações e Israel (Am 1–2), 256

Oráculos contra as nações (Am 1,3–2,5), 256

Oráculo contra Israel (Am 2,6-16), 257

Oráculos de denúncia (Am 3–4), 258

Seção dos "ais" (Am 5–6), 260

A grande escolha (Am 5,1-17), 260

Contra um culto destituído de justiça (Am 5,18-27), 261

Contra as ilusões de segurança (Am 6), 262

Ciclo das visões (Am 7,1–9,10), 262

As primeiras três visões (Am 7,1-9), 263

Vocação de Amós e quarta visão (Am 7,10–8,3), 263

Motivação do juízo e quinta visão (Am 8,4–9,10), 264

Anúncios de salvação (Am 9,11-15), 266

A mensagem, 266

12 Abdias, 269

Introdução, 269

Guia de leitura, 270

Contra Edom (Ab 1-14), 270

O "dia do Senhor": a retaliação sobre Edom e a salvação de Jacó (Ab 15-21), 271

A mensagem, 271

13 Jonas, 273

Introdução, 273

Autor do Livro de Jonas e posição no cânon, 273

Aspectos literários e estruturais do livro, 274

Guia de leitura, 275

O profeta, a fuga para o mar, a tempestade e o peixe (Jn 1–2), 275

Em Nínive: um arrependimento contagioso e o ressentimento de Jonas (Jn 3–4), 277

A mensagem, 278

14 Miqueias, 280

Introdução, 280

Guia de leitura, 281

Anúncios de desgraça, lamentações do profeta e denúncias (Mq 1–3), 281

Promessas escatológicas (Mq 4–5), 283

Castigo divino pelas culpas do povo (Mq 6,1–7,7), 284

Oráculos de salvação (Mq 7,8-20), 285

A mensagem, 285

15 Naum, 287

Introdução, 287

Colocação canônica, autor, texto, 287

Aspectos literários e estrutura, 288

Guia de leitura, 288

Deus rei e juiz justo (Na 1), 288

Queda e destruição de Nínive (Na 2), 289

Nínive e Tebas (Na 3), 290

A mensagem, 290

16 Habacuc, 292

Introdução, 292

Guia de leitura, 293

Diálogo do profeta com Deus (Hab 1–2), 293

Súplica do profeta e resposta divina (Hab 1), 293

Lamentação do profeta e nova resposta divina (Hab 1,12–2,5), 294

Cinco "ais" divinos contra os caldeus (Hab 2,6-20), 295

Oração de Habacuc (Hab 3), 296

A mensagem, 297

17 Sofonias, 299

Introdução, 299

Guia de leitura, 300

Dies irae (Sf 1,1–2,3), 300

Oráculos contra os povos e Jerusalém (Sf 2,4–3,8), 301

Promessas de salvação (Sf 3,9-20), 302

A mensagem, 303

18 Ageu, 305

Introdução, 305

Guia de leitura, 306

Apelo à reedificação do Templo (Ag 1,1-15), 306

A glória do novo Templo (Ag 2,1-9), 307

Do tempo da impureza ao tempo da bênção (Ag 2,10-19), 308

Oráculo a Zorobabel (Ag 2,20-23), 309

A mensagem, 310

19 Zacarias, 311

Introdução, 311

O profeta e sua época, 311

Natureza e estrutura literária do Livro de Zacarias, 312

Guia de leitura, 313

Prólogo e ciclo das visões (Zc 1–6), 313

Prólogo (Zc 1,2-6), 313

As primeiras visões (Zc 1,7–2,17), 313

Quarta visão: o Rebento, o candelabro e as duas oliveiras (Zc 3–4), 315

Últimas três visões (Zc 5–6), 316

Livrinho dos discursos (Zc 7–8), 318

Oráculos sobre os tempos messiânicos (Zc 9–11), 319

Submissão escatológica dos inimigos (Zc 9,1-8), 319

O Messias e o tempo da salvação (Zc 9,9–10,2), 320

Contra os maus pastores (Zc 10,3–11,17), 321

O combate final (Zc 12–14), 321

Os agressores dispersados (Zc 12,1-9), 321

A lamentação sobre o traspassado e purificação de Jerusalém (Zc 12,10–13,9), 322

A vitória divina e a instauração do Reino (Zc 14), 322

A mensagem, 323

20 Malaquias, 325

Introdução, 325

Guia de leitura, 326

Título e seis controvérsias (Ml 1,1–3,21), 326

Primeira controvérsia: o amor do Senhor por Israel (Ml 1,2-5), 326

Segunda controvérsia: corrupção do culto (Ml 1,6–2,9), 327

Terceira controvérsia: crise generalizada dos casamentos (Ml 2,10-16), 327

Quarta controvérsia: a visita do Senhor (Ml 2,17–3,5), 328

Quinta controvérsia: importância dos dízimos (Ml 3,6-12), 329

Sexta controvérsia: retribuição e justiça divinas (Ml 3,13-21), 329

Duplo apêndice (Ml 3,22-24), 330

A mensagem, 330

21 Os profetas: uma palavra para o hoje, 332

"Não tereis outros deuses diante de mim", 332

Os ídolos mais dissimulados e poderosos, 333

O Deus escondido, o Santo de Israel, o Salvador, 336

YHWH, o Senhor da história, 338

Um senhorio misterioso, 339

Em defesa dos pobres, dos oprimidos, 340

A serviço da esperança, 343

Messianismo e Messias, 346

Um dom que permanece, 348

Bibliografia comentada, 353

Introdução geral ao profetismo e ao *corpus* canônico profético, 353

Comentários a todos os profetas, 356

Bibliografia sobre os "Profetas maiores", 356

Isaías, 356

Comentários a Isaías (integrais ou parciais), 356

Monografias científicas sobre Isaías, 358

Textos de caráter espiritual e de divulgação sobre Isaías, 358

Traduções interlineares de Isaías, 358

Jeremias, 359

Comentários a Jeremias (integrais e parciais), 359

Monografias científicas sobre Jeremias, 359

Textos de caráter espiritual e de divulgação sobre Jeremias, 360

Traduções interlineares de Jeremias, 360

Lamentações, 360

Introduções e comentários a Lamentações, 360

Traduções interlineares de Lamentações, 360

Baruc, 361

Introduções e comentários a Baruc, 361

Ezequiel, 361

Comentários a Ezequiel, 361

Textos de caráter espiritual e de divulgação sobre Ezequiel, 361

Traduções interlineares de Ezequiel, 362

Daniel, 362

Introdução à apocalíptica, 362

Comentários a Daniel (integrais e parciais) e estudos, 362

Traduções interlineares de Daniel, 363

Bibliografia sobre os "Doze Profetas", 363

Introdução aos "Doze Profetas" como obra unitária, 363

Comentários ao inteiro Livro dos "Doze Profetas", 363

Comentários a cada escrito dos "Doze Profetas", 363

Oseias, 364

Joel, 364

Amós, 364

Abdias, Naum e Habacuc, 365

Jonas, 365

Miqueias, 365

Sofonias, 365

Ageu, Zacarias, Malaquias, 366

Os "Doze Profetas" no texto do Texto Massorético, no aramaico do Targum e no grego da LXX, 366

Traduções interlineares dos "Doze Profetas", 366

Coleção Introdução aos Estudos Bíblicos

- *Livros Proféticos*
Patrizio Rota Scalabrini
- *Introdução geral às Escrituras*
Michelangelo Priotto
- *Cartas Paulinas*
Antonio Pitta
- *Livros Históricos*
Flavio Dalla Vecchia

CULTURAL
- Administração
- Antropologia
- Biografias
- Comunicação
- Dinâmicas e Jogos
- Ecologia e Meio Ambiente
- Educação e Pedagogia
- Filosofia
- História
- Letras e Literatura
- Obras de referência
- Política
- Psicologia
- Saúde e Nutrição
- Serviço Social e Trabalho
- Sociologia

CATEQUÉTICO PASTORAL
Catequese
- Geral
- Crisma
- Primeira Eucaristia

Pastoral
- Geral
- Sacramental
- Familiar
- Social
- Ensino Religioso Escolar

TEOLÓGICO ESPIRITUAL
- Biografias
- Devocionários
- Espiritualidade e Mística
- Espiritualidade Mariana
- Franciscanismo
- Autoconhecimento
- Liturgia
- Obras de referência
- Sagrada Escritura e Livros Apócrifos

Teologia
- Bíblica
- Histórica
- Prática
- Sistemática

REVISTAS
- Concilium
- Estudos Bíblicos
- Grande Sinal
- REB (Revista Eclesiástica Brasileira)

VOZES NOBILIS
Uma linha editorial especial, com importantes autores, alto valor agregado e qualidade superior.

PRODUTOS SAZONAIS
- Folhinha do Sagrado Coração de Jesus
- Calendário de mesa do Sagrado Coração de Jesus
- Agenda do Sagrado Coração de Jesus
- Almanaque Santo Antônio
- Agendinha
- Diário Vozes
- Meditações para o dia a dia
- Encontro diário com Deus
- Guia Litúrgico

VOZES DE BOLSO
Obras clássicas de Ciências Humanas em formato de bolso.

CADASTRE-SE
www.vozes.com.br

EDITORA VOZES LTDA.
Rua Frei Luís, 100 – Centro – Cep 25689-900 – Petrópolis, RJ
Tel.: (24) 2233-9000 – Fax: (24) 2231-4676 – E-mail: vendas@vozes.com.br

UNIDADES NO BRASIL: Belo Horizonte, MG – Brasília, DF – Campinas, SP – Cuiabá, MT
Curitiba, PR – Fortaleza, CE – Goiânia, GO – Juiz de Fora, MG
Manaus, AM – Petrópolis, RJ – Porto Alegre, RS – Recife, PE – Rio de Janeiro, RJ
Salvador, BA – São Paulo, SP